AF606280

WORD

(versiones 2024 y Microsoft 365)

Incluye **Copilot**,
la IA de Microsoft

Descarga

Documentos
de ejemplo

Word es una marca registrada de Microsoft Corporation.
Todas las otras marcas citadas han sido registradas por su respectivo editor.

Reservados todos los derechos. El contenido de esta obra está protegido por la ley, que establece penas de prisión y/o multas, además de las correspondientes indemnizaciones por daños y perjuicios, para quienes reprodujeren, plagiaren, distribuyeren o comunicaren públicamente, en todo o en parte, una obra literaria, artística o científica, o su transformación, interpretación o ejecución artística fijada en cualquier tipo de soporte o comunicada a través de cualquier medio, sin la preceptiva autorización.

Copyright - Editions ENI - Diciembre 2025
ISBN: 978-2-409-05279-8
Edición original: 978-2-409-04854-8

Ediciones ENI es una marca comercial registrada de Ediciones Software.

Ediciones ENI
P° Ferrocarriles Catalanes, 97-117, 2a pl. of. 18
08940 - Cornellà de Llobregat (Barcelona)

Tel: 934 246 401
Fax: 934 231 576

e-mail: info@ediciones-eni.com
http://www.ediciones-eni.com

Colección **Ofimática Profesional** dirigida por Jonathan LOMBARD

Para poder acceder durante un año
a la versión online de este libro,
envíenos su justificante de compra a

librodigital@ediciones-eni.com

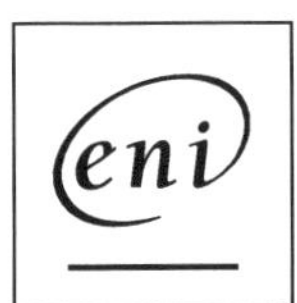

Prefacio

Este manual está destinado a los usuarios que disponen de la versión **Word 2024** o de la versión **Word Microsoft 365** disponible con una suscripción Microsoft 365. El contenido está basado en la versión 2021 de Word. Ha sido concebido para que el usuario encuentre rápidamente las opciones que debe activar y los pasos que debe seguir para realizar distintas operaciones. Las capturas de pantalla que aparecen ilustran la operación que se está realizando al mostrar el cuadro de diálogo asociado al comando correspondiente u ofreciendo un ejemplo concreto. Este libro se divide en 14 partes:

El libro empieza con una presentación del entorno y de los diferentes modos de visualización.

En la segunda parte se presentan los comandos que permiten guardar, abrir, enviar por correo electrónico, buscar documentos y publicarlos en OneDrive o en un blog.

En esta tercera parte podrá ver las técnicas que permiten introducir y modificar texto, símbolos y la fecha del sistema; también se muestra cómo crear elementos rápidos, introducir ecuaciones matemáticas e insertar campos de datos variables.

En esta sección se detallan las funciones para configurar una página y la impresión de documentos: encabezados, pies de página, vista preliminar, numeración de páginas.

El usuario descubrirá el conjunto de técnicas que permiten dar formato a caracteres, párrafos y páginas: aplicación de atributos, estilos, creación de portadas, marcas de agua, listas numeradas y división del texto en columnas.

Para optimizar el proceso de dar forma al documento, el usuario aprenderá a utilizar temas, estilos y a crear sus propias plantillas de documento.

El usuario optimizará, en esta parte, la gestión del texto y aprenderá a buscar un texto concreto, a corregirlo con las utilidades de verificación ortográfica y a utilizar las herramientas que permiten la traducción y la búsqueda de sinónimos.

© Editions ENI - Reproducción prohibida

Gestión de documentos extensos . . . . páginas 267 a 318

En esta parte se tratan en concreto los documentos largos: creación de marcadores, notas al pie de página, referencias cruzadas, esquema, tablas de contenido, índices, documentos maestros, etc.

Tablas . . . . páginas 319 a 350

El usuario podrá insertar fácilmente en el documento tablas que le darán un aspecto profesional gracias a las numerosas funciones de diseño disponibles: tablas predefinidas, estilo de las tablas, personalización de las celdas, los bordes, etc.

Objetos gráficos. . . . . páginas 351 a 416

Para ilustrar los documentos el usuario también puede insertar distintos objetos gráficos: dibujos, iconos, imágenes, objetos WordArt, diagramas.

Correspondencia . . . . páginas 417 a 450

Word también permite crear formularios e imprimir un mailing para poder enviar un mismo documento a un conjunto de destinatarios catalogados en un archivo Excel, en una base de datos Access o a los contactos de Outlook.

Trabajo en equipo . . . . páginas 451 a 492

En este apartado el usuario descubrirá cómo proteger un documento y compartirlo de modo que se pueda llevar un seguimiento de los cambios aportados por otros usuarios.

Funciones avanzadas diversas . . . . páginas 493 a 520

En esta última parte el usuario se acercará a funciones más específicas: importación, de datos a Excel, personalización de la interfaz, gestión de las cuentas de usuario y creación de macros.

Copilot . . . . páginas 521 a 546

Esta nueva parte presenta las posibilidades de uso de Copilot (la inteligencia artificial de Microsoft) en Word. Copilot en Word está disponible para los usuarios que tienen una suscripción Microsoft 365 y una licencia Copilot. Descubrirá cómo optimizar su productividad utilizando Copilot para redactar o reescribir un texto; resumir o buscar informaciones en un documento; o incluso, enriquecer el texto con imágenes. Para ayudarle a sacar el máximo partido de esta nueva herramienta, en un capítulo específico encontrará consejos prácticos para redactar prompts eficaces.

En el **Anexo** se encuentra la lista de los principales métodos abreviados.

En las últimas páginas de este volumen se presenta un **índice temático** que será muy útil para poder encontrar rápidamente las explicaciones correspondientes de las distintas operaciones.

Prefacio

Convenciones tipográficas

Para que el usuario pueda encontrar e interpretar con facilidad las informaciones que le interesan, se han adoptado las siguientes convenciones tipográficas.

Estos estilos de caracteres se utilizan para:

Negrita destacar la opción de un menú o de una ventana de diálogo que va a activarse.

Cursiva recalcar un comentario que introduce una operación o que explica las modificaciones que aparecen en pantalla.

Ctrl simbolizar las teclas del teclado que se deberán pulsar; si aparecen dos teclas juntas, deben pulsarse simultáneamente.

Los siguientes símbolos representan:

la operación que hay que realizar (activar una opción, hacer clic con el ratón, etc.).

una observación de orden general del comando actual.

un truco que hay que conocer y memorizar.

© Editions ENI - Reproducción prohibida

Prefacio

Contenido

Microsoft Word

Entorno

Visualización

Gestión de documentos

Documentos

© Editions ENI - Reproducción prohibida

Introducir/modificar datos

Escribir y modificar el texto

Autotexto

Ecuaciones matemáticas

Campo

Contenido

Impresión

Presentación de datos

© Editions ENI - Reproducción prohibida

Contenido

Contenido

Temas, estilos y plantillas

Revisiones de texto

© Editions ENI - Reproducción prohibida

Contenido

Tablas

Crear tablas

Aplicar formato a una tabla

© Editions ENI - Reproducción prohibida

Contenido

Objetos gráficos

Objetos de dibujo

Imágenes/vídeos

Gestión de objetos

Correspondencia

Formularios

Mailing

© Editions ENI - Reproducción prohibida

Contenido

Trabajo en equipo

Proteger un documento

Uso compartido

Funciones avanzadas diversas

Importación de datos

Personalizar la interfaz

Contenido

© Editions ENI - Reproducción prohibida

Contenido

Anexo

Métodos abreviados de teclado

Entorno

Ejecutar y descubrir Word

Actualmente existen varias versiones de Word. Este libro presente las principales opciones y manipulaciones posibles en las versiones escritorio de Word 2024 y de Word Microsoft 365 (disponible con una suscripción Microsoft 365). Por defecto, las capturas de pantalla se han tomado de la versión Word 2024, pero también se describen las diferencias con la versión Word Microsoft 365 cuando son apreciables.

Iniciar Word desde Windows

- En Windows 10 haga clic en el botón de **Inicio** y en la letra **W**, haga clic en la aplicación **Word**.

  En Windows 11, abra el menú **Inicio** y luego haga clic en el icono **Word 2024**; si no es visible en la sección **Anclado**, escriba **Word** en la zona de búsqueda y luego haga clic en el icono.

  Si el acceso directo de la aplicación puede verse en el escritorio, haga doble clic sobre su icono .

  También es posible buscar la aplicación escribiendo **Word** en el cuadro de búsqueda de la barra de tareas.

  La aplicación Microsoft Word se abre.

  *Al iniciar la aplicación, Word propone crear un nuevo documento en blanco, escoger una plantilla o abrir un documento utilizado recientemente (lista **Recientes**) o abrir un documento existente.*

© Editions ENI - Reproducción prohibida

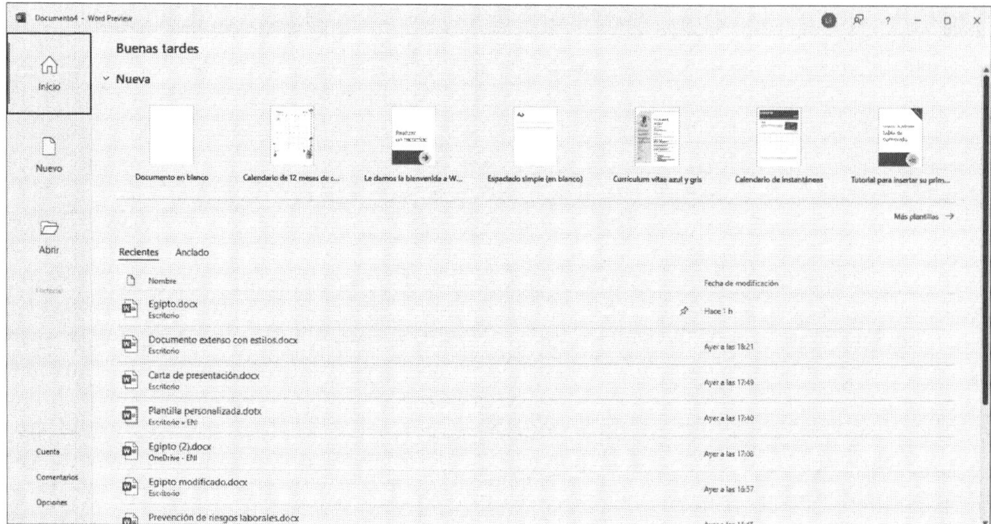

- Haga clic en **Documento en blanco** para crear un nuevo documento en blanco, haga clic en la viñeta de alguna de las plantillas que se ofrecen para crear un nuevo documento basado en esa plantilla, abra un documento utilizado recientemente haciendo clic en su nombre en la lista **Recientes** o bien haga clic en el vínculo **Más documentos** para abrir un documento existente.

Aparece la pantalla de trabajo:

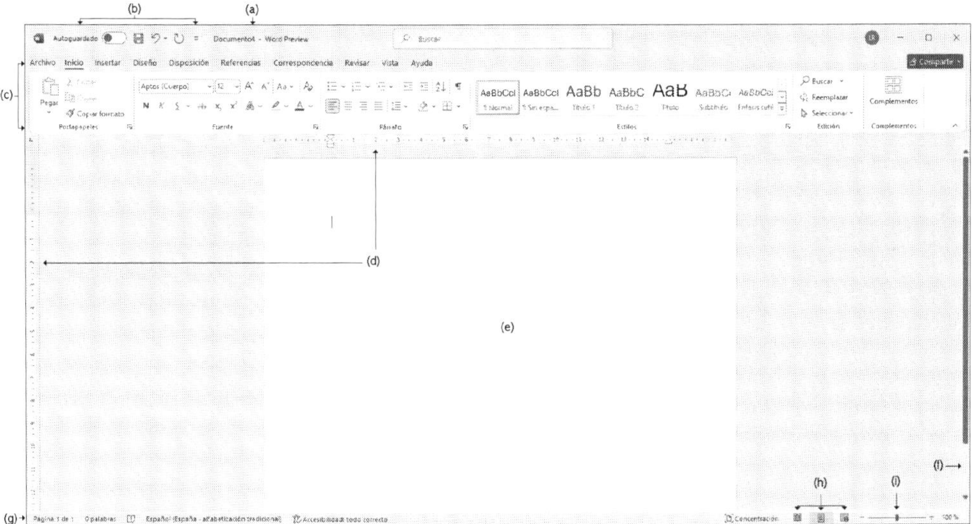

Los elementos de la pantalla son los siguientes:

La **barra de título** (a): al izquierda aparece el nombre del documento activo (en este caso **Documento1**, pues se trata de un nuevo documento), seguido del nombre de la aplicación (**Word**).

La zona de **búsqueda intuitiva** permite introducir una petición de ayuda relacionada con un comando y ejecutarlo cuando aparezca en la lista de los resultados (véase Utilizar la ayuda).

A la derecha se muestran las iniciales del usuario conectado, los botones **Minimizar**, **Maximizar** (o **Restaurar**) que permiten mostrar la ventana a pantalla completa (o restaurar el tamaño de la ventana) y el botón **Cerrar** que permite cerrar la aplicación Word si solo un documento está abierto, o cerrar el documento activo si están abiertos varios documentos.

© Editions ENI - Reproducción prohibida

La barra de herramientas de **Acceso rápido** (b) contiene las herramientas usadas con mayor frecuencia. Es posible añadir otras herramientas a la barra (véase Personalizar la interfaz - Personalizar la barra de herramientas de acceso rápido).

La **cinta de opciones** (c) contiene la mayoría de los comandos de la aplicación. Estos comandos se agrupan por tareas y cada una de ellas dispone de su correspondiente **pestaña** (**Archivo**, **Inicio**, **Insertar**, etc.). Al seleccionar un objeto, como una imagen, un dibujo o una tabla, aparecen pestañas adicionales, llamadas **pestañas contextuales.** Éstas aparecen a la derecha de las pestañas normales y contienen los comandos apropiados para el objeto seleccionado. Cada pestaña presenta diferentes **grupos de comandos** (la pestaña **Inicio**, por ejemplo, está formada por seis grupos de comandos: **Portapapeles**, **Fuente**, **Párrafo**, **Estilos**, **Edición**, y **Complementos**) en los que se encuentran los botones de comandos que permiten realizar la mayoría de las operaciones. Algunos grupos presentan un iniciador de cuadro de diálogo , que permite desplegar un cuadro de diálogo o un panel de tareas para acceder a opciones complementarias. La cinta de opciones puede ocultarse utilizando el botón **Contraer la cinta de opciones** . Para activar un comando utilizando el teclado, pulse la tecla Alt para mostrar los métodos abreviados de teclado en cada una de las pestañas.

De manera predeterminada se muestra la cinta de opciones estándar para su utilización con el ratón. Si está utilizando una pantalla táctil, puede activar el **modo táctil** para aumentar ligeramente el espacio entre los comandos de la cinta de opciones y facilitar su accesibilidad: haga clic en el botón de la barra de herramientas **Acceso rápido** y luego haga clic en la opción **Modo mouse/táctil** para mostrar la herramienta correspondiente. A continuación, haga clic en la herramienta y luego en la opción **Táctil** para activarla.

La pestaña **Archivo** da acceso a las funciones básicas de la aplicación (crear un nuevo documento, abrir, guardar y cerrar un documento, imprimir, etc.) así como a otras funciones como la que permite compartir un archivo o, incluso, personalizar la aplicación Word. Cuando la pestaña **Archivo** está activa, su contenido oculta las otras pestañas de la cinta de opciones: para desactivar la pestaña **Archivo**, y poder visualizar la cinta de opciones, haga clic en el botón .

El botón Compartir permite compartir con otros usuarios el documento guardado en OneDrive (o SharePoint) (ver capítulo Uso compartido).

La **regla** (d) permite que el usuario intervenga rápidamente en la presentación de un texto. Para mostrar/ocultar las reglas, haga clic en la pestaña **Vista** y marque la opción **Regla** del grupo **Mostrar**; las reglas no aparecen de forma predeterminada.

Área de trabajo (e): es el espacio donde se introduce y se da forma al texto. A la izquierda del área de trabajo, la **barra de selección** permite seleccionar líneas de texto. Cuando el puntero del ratón se encuentra en esta barra, se muestra en forma de flecha blanca apuntando a la derecha.

La **barra de desplazamiento** (f): el cursor que aparece en la barra de desplazamiento indica la posición que ocupa el cursor en el documento y se utiliza también para desplazar el contenido de la ventana cuando el usuario está trabajando en textos que exceden de la altura o el ancho de la ventana. La barra de desplazamiento se oculta automáticamente cuando el puntero del ratón deja de moverse durante algunos segundos (unos cinco segundos aproximadamente) o cuando el puntero está posicionado en la cinta de opciones.

La **barra de estado** (g): presenta información sobre el entorno de Word. Para personalizarla, haga clic en ella con el botón secundario del ratón y luego seleccione las opciones que desea para activarlas.

Vistas (h): **Modo de lectura**, vista **Diseño de impresión** y **Diseño Web**. La vista **Diseño de impresión** es la vista activa por defecto (ver Cambiar la vista del capítulo Visualización). El modo **Modo de lectura** oculta la cinta de opciones y la barra de estado para mostrar solo el documento. Más específicamente, lo usan con un lector de pantalla las personas con problemas de visión.

El cursor deslizante **Zoom** (i) permite acercar o alejar la vista del documento (ver Acercar o alejar un documento del capítulo Visualización).

Es posible que la interfaz esté en modo oscuro (ver Cambiar el color de la ventana Word).

© Editions ENI - Reproducción prohibida

Iniciar Word desde el portal de Microsoft 365

Los usuarios que disponen de una suscripción Microsoft 365 tienen la posibilidad de acceder a Word desde el portal de Microsoft 365.

- Para iniciar Word desde el portal de Microsoft 365, abra el iniciador de aplicaciones y haga clic en el icono de Word.

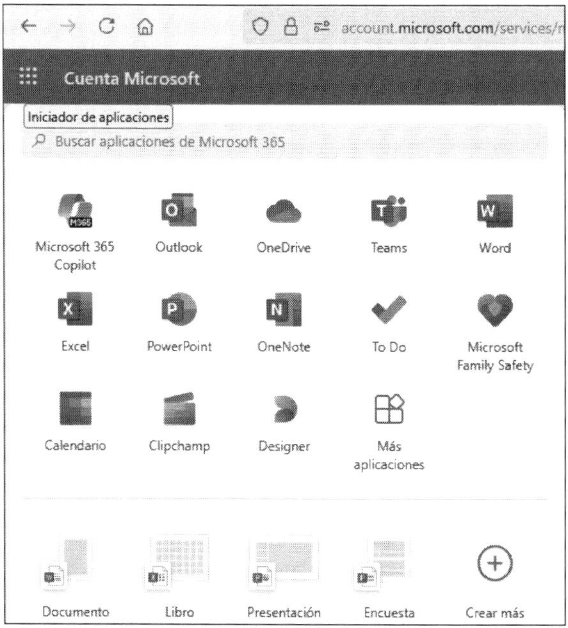

*Si hace clic en una de las opciones para crear documentos o en un documento existente, el documento se abrirá en **Word para la Web**. Word para la Web es la versión de Word Microsoft 365 accesible desde el navegador Internet. Word para la Web tiene una apariencia ligeramente diferente a la versión de escritorio de Word y determinadas funciones pueden no estar disponibles.*

- Para abrir un documento existente en la aplicación de escritorio de su ordenador, sitúe con el puntero el archivo que desea abrir y haga clic en el botón que aparece, llamado **Más opciones**. A continuación, despliegue la lista de la opción **Abrir y seleccione Abrir en el escritorio**.

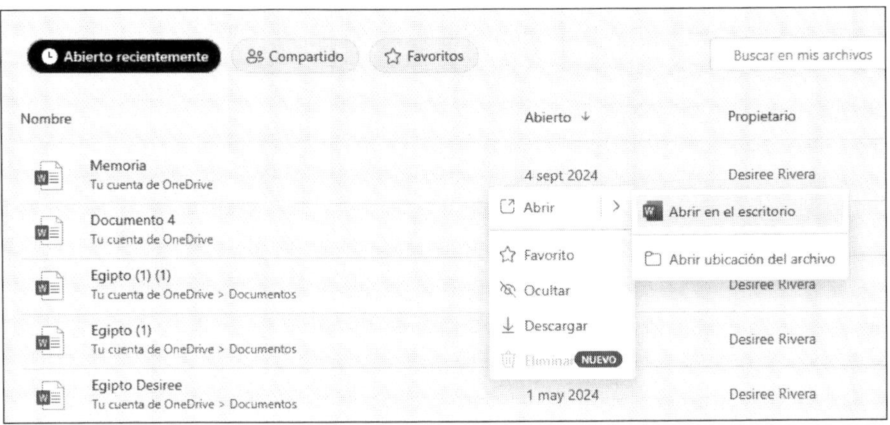

Compruebe la versión Word de su cuenta

Si tiene dudas sobre el tipo de licencia Microsoft utilizada para conectarse a la aplicación de escritorio de Word, puede consultar esta información desde la pantalla Archivo de Word.

Haga clic en **Archivo** para acceder a la pantalla de inicio de Word si fuera necesario. A continuación, seleccione la opción **Cuenta**.

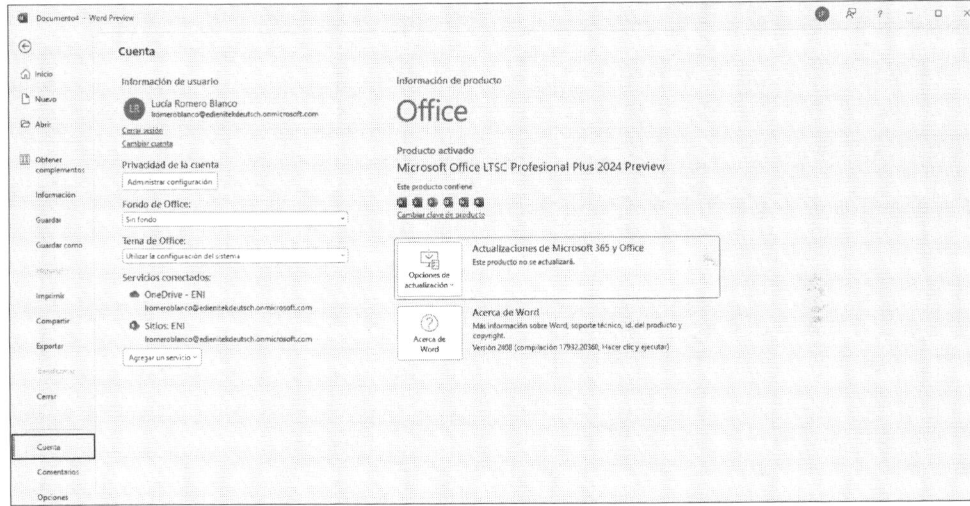

Encontrará más información sobre el uso de sus cuentas en el apartado Funciones avanzadas diversas - capítulo Gestión de cuentas.

Salir de Word

- Utilice el método abreviado Alt F4 o, si solo hay un documento abierto, haga clic en la opción **Cerrar** ✕ de la ventana.

  Si intenta salir de Word y no ha guardado el documento, aparecerá un mensaje de aviso.

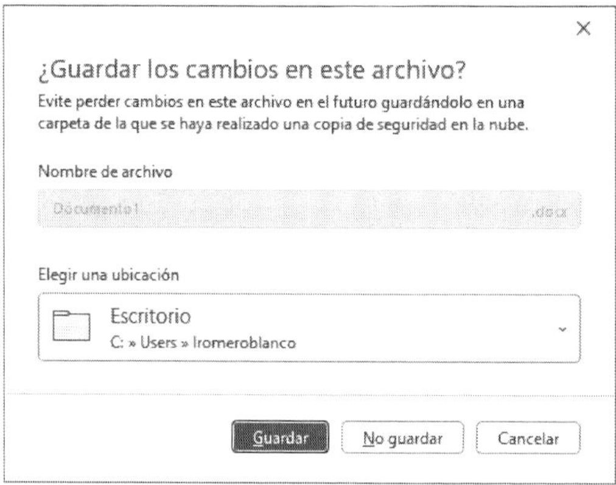

- Haga clic en el botón **Guardar** o en el botón **No guardar**.

Cambiar el color de la ventana de Word

Puede poner toda la interfaz en modo blanco, negro o gris oscuro.

- Haga clic en **Archivo** y luego seleccione **Opciones**.
- En la categoría **General** y en la sección **Personalizar la copia de Microsoft Office**. Haga clic en la lista desplegable **Tema de office** y seleccione **Gris oscuro** o **Negro** para oscurecer la ventana, o en **Blanco** para que aparezca de color blanco.
- Active la opción **No cambiar nunca el color de la página del documento** si quiere que las páginas se sigan viendo en blanco.

Haga clic en **Aceptar**.

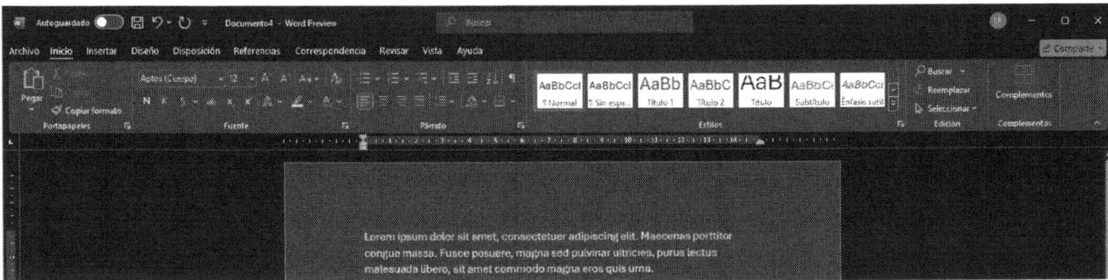

Se ha aplicado el tema de Office ***Negro****.*

Para volver al color original, seleccione **Multicolor** en la lista desplegable **Tema de Office**.

Utilizar/gestionar la cinta de opciones

La cinta de opciones reúne la mayoría de los comandos de la aplicación.

Para ver el contenido de una pestaña, haga clic en ella: el nombre de la pestaña activa aparece subrayado.

Cada pestaña se divide en diferentes grupos.

En este ejemplo podemos ver la pestaña ***Disposición****. Los comandos que contiene están repartidos en tres grupos:* ***Configurar página****,* ***Párrafo*** *y* ***Organizar****.*

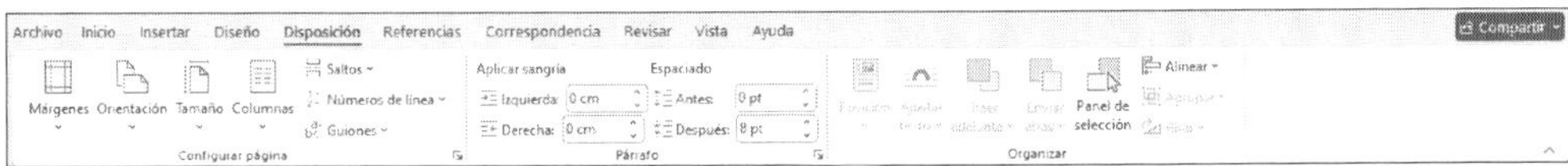

Para poder ver el texto que describe un comando, señale con el puntero la herramienta o el botón del cual desea obtener la explicación.

© Editions ENI - Reproducción prohibida

De forma predeterminada, el texto descriptivo de un comando aparece en una ayuda emergente en pantalla.

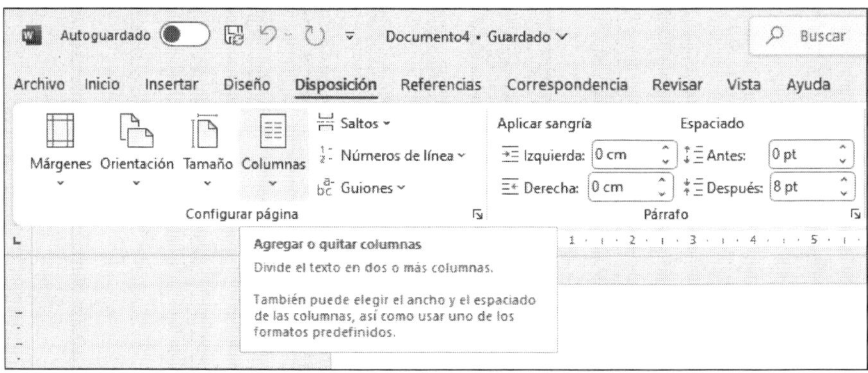

- Para hacer desaparecer la información en pantalla, desplace el ratón fuera de la cinta de opciones.
- Para reducir la cinta de opciones y, así, liberar espacio en la pantalla, haga clic en el botón **Contraer la cinta de opciones** que se encuentra a la derecha de la cinta de opciones o haga doble clic en una pestaña o, también, utilice el método abreviado de teclado Ctrl F1.

  En pantalla solo se verán las pestañas, lo que permite aumentar el espacio reservado al documento. Al hacer clic en una pestaña, aparece el símbolo en la parte inferior a la derecha de la cinta de opciones y permite que la cinta de opciones vuelva a mostrarse permanentemente.
- Un doble clic en una pestaña o el método abreviado de tecla Ctrl F1 permite que la cinta de opciones se muestre permanentemente.
- Para ocultar automáticamente la cinta de opciones mientras está trabajando en un documento y que la ventana de Word está reducida, haga clic en la pestaña **Archivo**, seleccione **Opciones.** En la categoría **General**, sección **Opciones de interfaz de usuario**, marque la opción **Contraer la cinta de opciones automáticamente**.

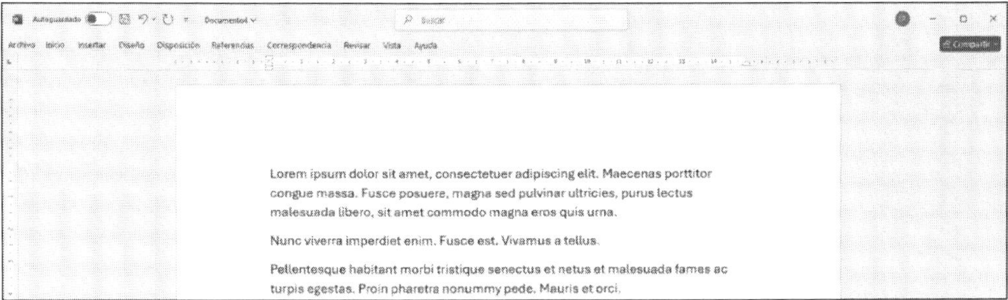

La cinta de opciones está oculta.

- Para ver el cuadro de diálogo o el panel asociado a un grupo, pulse la herramienta ⧉ (llamado **Iniciador de cuadro de diálogo**) situado en la parte inferior derecha del grupo de comandos correspondiente.

Según la resolución de la pantalla, la cinta de opciones puede visualizarse de distintos modos. Así, por ejemplo, es posible que las opciones de un grupo aparezcan reunidas en un único botón, o podría pasar que los botones se muestren sin ninguna etiqueta.

De forma predeterminada, cuando el puntero se sitúa encima de un comando de la cinta de opciones, aparece un texto descriptivo en una ventana emergente en pantalla. Si el usuario lo desea, puede determinar que dichas informaciones no se visualicen o que solo aparezca el nombre del comando, sin el texto descriptivo. Para ello, utilice la lista **Estilo de información en pantalla** en el cuadro de diálogo **Opciones de Word** (pestaña **Archivo** - **Opciones** - categoría **General**).

Deshacer/rehacer/repetir las operaciones

Deshacer las últimas operaciones

Word conserva un historial de las últimas 100 operaciones realizadas.

- Para deshacer la última operación, haga clic en la herramienta **Deshacer** ↶ que se muestra en la barra de herramientas de **Acceso rápido**, o utilice el método abreviado de teclado Ctrl **Z**.
- Para deshacer las últimas operaciones, abra la lista de la herramienta **Deshacer Escritura** ↶ ˅ de la barra de herramientas de **Acceso rápido**.

© Editions ENI - Reproducción prohibida

Las acciones destacadas sobre fondo oscuro se revertirán.

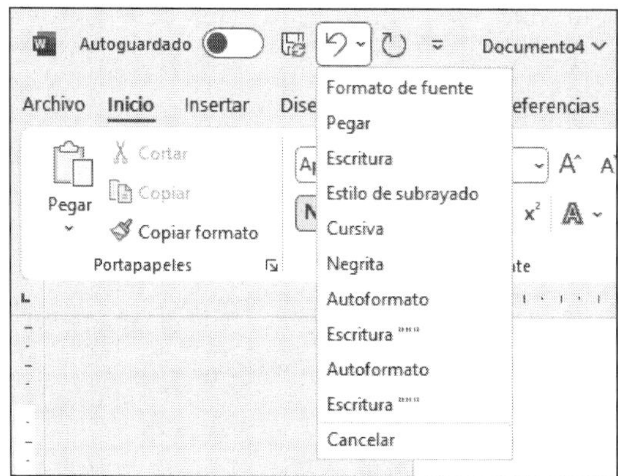

Haga clic en la última acción que desee deshacer; se deshará esta acción y todas las que la preceden en la lista.

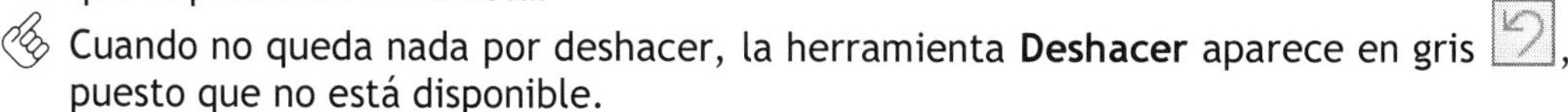

Cuando no queda nada por deshacer, la herramienta **Deshacer** aparece en gris, puesto que no está disponible.

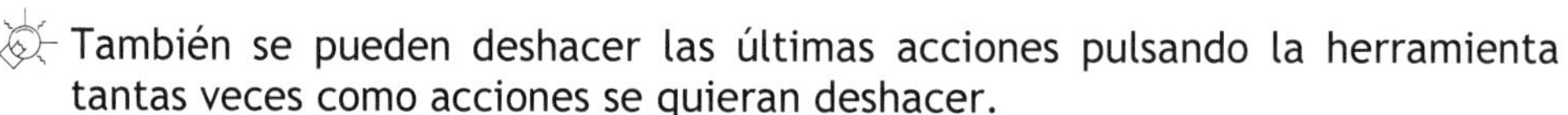

También se pueden deshacer las últimas acciones pulsando la herramienta tantas veces como acciones se quieran deshacer.

Rehacer las operaciones

*Si el resultado del comando **Deshacer** es peor que el propio error, se pueden rehacer las operaciones anuladas.*

- Para rehacer la última operación que se ha anulado, pulse una vez el botón **Rehacer** situado en la barra de herramientas de **Acceso rápido** o utilice el método abreviado Ctrl **Y**.
- Para rehacer las últimas acciones anuladas, pulse el botón **Rehacer** de la barra de herramientas de **Acceso rápido** tantas veces como sea necesario.

Repetir la última operación

En vez de rehacer varias veces seguidas la misma operación, es posible repetirla.

- Haga clic en **Repetir** que aparece en la barra de herramientas de **Acceso rápido** o utilice el método abreviado Ctrl **Y** o F4.

- En la barra de herramientas de **Acceso rápido**, las herramientas **Rehacer** y **Repetir** nunca están visibles al mismo tiempo. De hecho, ocupan el mismo espacio en la barra de herramientas y son visibles según la operación que se acaba realizar: si se acaba de deshacer una acción, aparecerá la herramienta **Rehacer** , mientras que si se acaba de efectuar cualquier otra operación, aparecerá la herramienta **Repetir** .

Utilizar la ayuda

Para acceder a la ayuda de Word, puede introducir su consulta en el cuadro de ayuda intuitiva Buscar *que aparece en la barra de título de la ventana, o bien usar las herramientas de la pestaña* ***Ayuda****.*

La ayuda intuitiva

La ayuda intuitiva, integrada en todas las aplicaciones de Office, es un asistente de búsqueda llamado ***Información*** *que se presenta bajo la forma de cuadro de búsqueda en el extremo derecho de la barra de pestañas de la cinta de opciones. De acuerdo con la búsqueda introducida, las sugerencias que se proponen permiten ejecutar el comando en cuestión sin que el usuario deba buscarlo para poderlo ejecutar.*

© Editions ENI - Reproducción prohibida

- Active el cuadro de búsqueda **Buscar** (Alt **Q**).
- Introduzca la palabra o palabras clave del comando buscado.

  Los comandos asociados a las palabras introducidas aparecerán en la lista; la opción ***Obtenga ayuda sobre*** *permite acceder a la ayuda clásica de Word:*

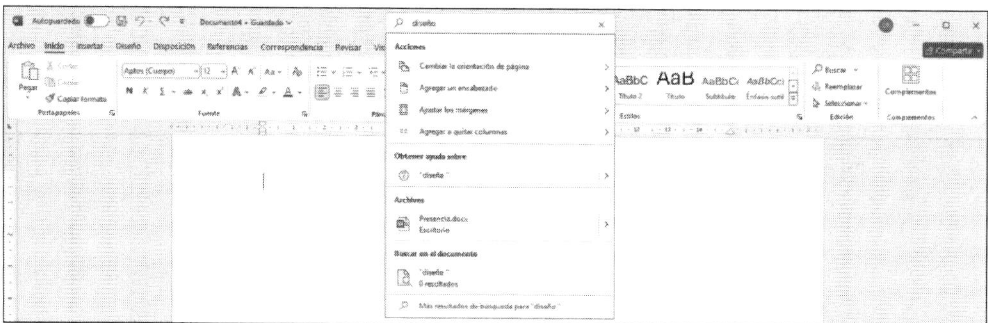

- Seleccione el comando que desea ejecutar entre las sugerencias que se proponen.

  Para consultar únicamente la ayuda asociada a la palabra o palabras clave, seleccione la opción **Obtenga ayuda sobre**.

  Para buscar información en Internet (con ayuda del motor de búsqueda Bing), seleccione la opción **Más resultados de búsqueda para**.

La pestaña Ayuda

La pestaña ***Ayuda*** *dispone de cuatro botones:*

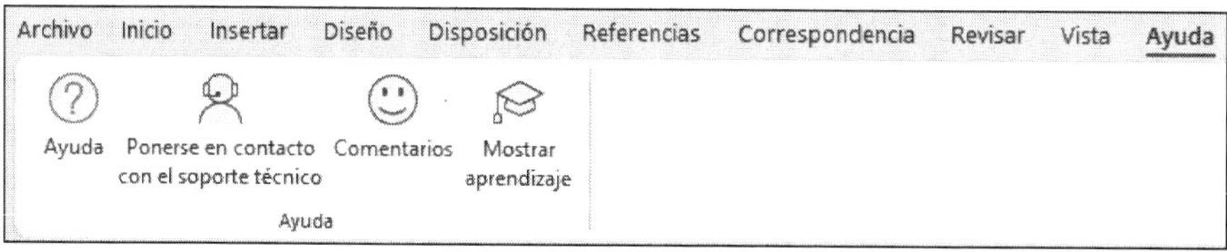

El botón **Ayuda** (o F1) da acceso a los artículos de ayuda de la aplicación, que se mostrarán en el panel **Ayuda**, a la derecha de la ventana.

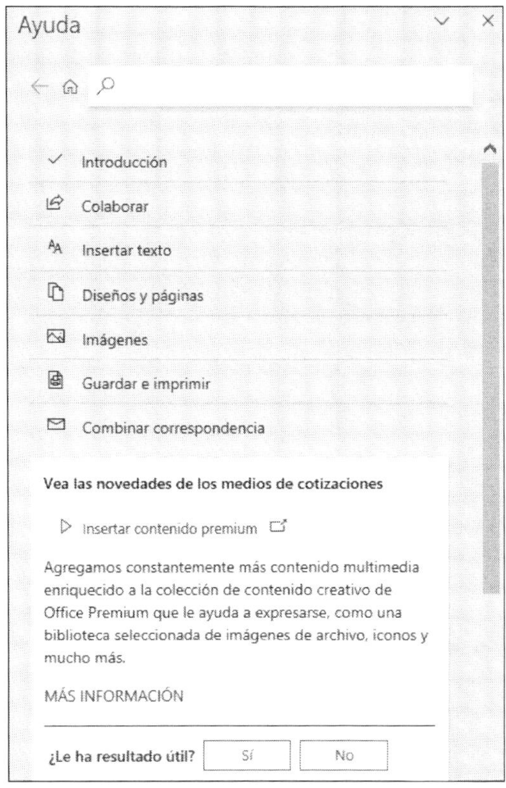

En este panel se ofrecen varios temas de ayuda: **Introducción**, **Colaborar**, **Insertar texto**, **Diseños y páginas**...

- Para consultar los artículos de ayuda asociados a cada tema, haga clic en el título del tema en cuestión y, a continuación, en el artículo que desee.

© Editions ENI - Reproducción prohibida

- Para realizar una búsqueda, introduzca una palabra o una expresión en el campo **Buscar ayuda**, situado en la parte superior del panel **Ayuda**, y pulse en la herramienta o pulse la tecla .

  A continuación, haga clic en uno de los artículos propuestos para consultar su contenido.

  El botón **Ponerse en contacto con el soporte técnico** Ponerse en contacto con el soporte técnico permite obtener ayuda de un agente del soporte técnico de Office.

  El botón **Comentarios** Comentarios da acceso al panel **Comentarios**, que permite enviar a Microsoft información relativa al uso de la aplicación con el objetivo de mejorar su funcionamiento.

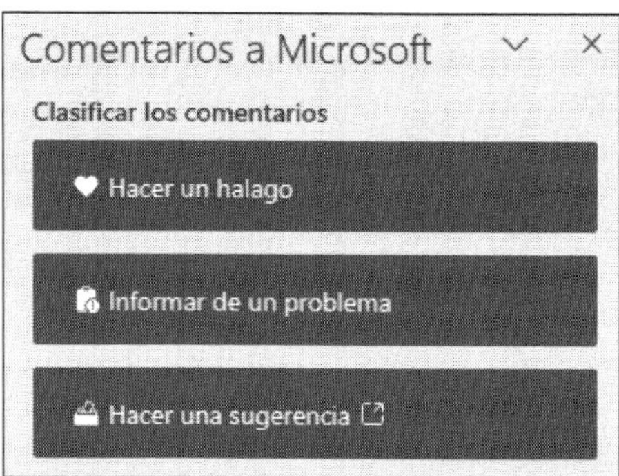

- Pulse en el tipo de información que desee enviar: **Hacer un halago**, **Informar de un problema** o **Hacer una sugerencia**.

El botón **Mostrar aprendizaje** Mostrar aprendizaje da acceso a vídeos de formación o a instrucciones de uso de la aplicación. Si pulsa en él, se abre el panel **Ayuda**, que propone diferentes temas de formación:

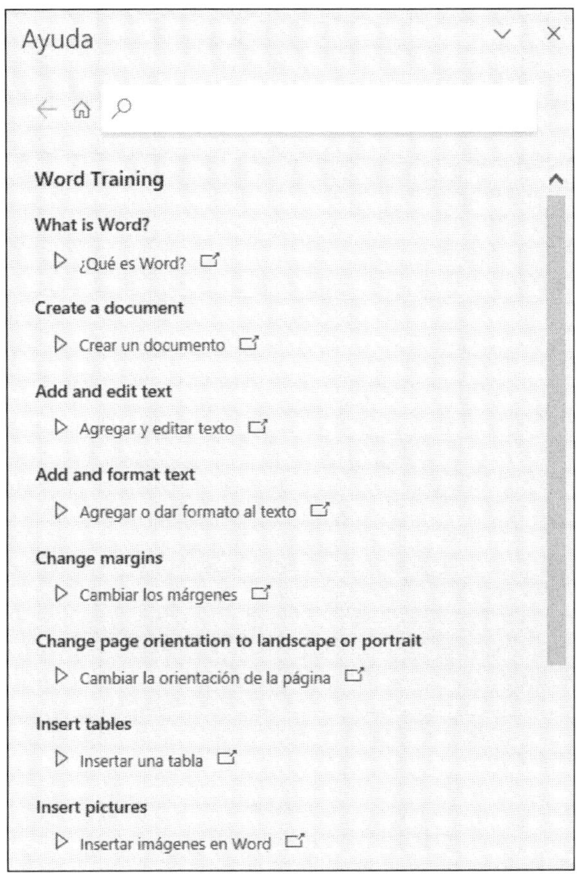

- Pulse en uno de los temas propuestos y, a continuación, en el título de la formación que desee consultar.
- Si se trata de un vídeo de formación, haga clic en el vínculo de acceso para verlo.

© Editions ENI - Reproducción prohibida

Mostrar u ocultar las marcas de formato

La visualización de estas marcas permite ver fácilmente los cambios de párrafo, los espacios, etc. No obstante, dichas marcas no se imprimen.

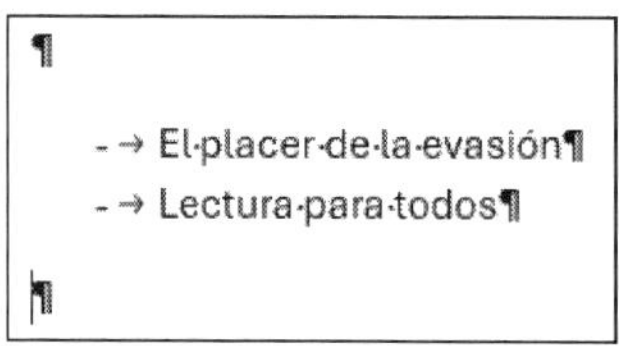

- Para mostrar las marcas de formato, haga clic en la herramienta ¶ situada en el grupo **Párrafo** de la pestaña **Inicio**.

  Las siguientes marcas de formato aparecen:

  ¶ *cuando se utiliza la tecla* ↵,

  . *cuando se utiliza la barra espaciadora* Espacio,

  → *cuando se utiliza la tecla* ⇥,

  ° *cuando existe un espacio indivisible o duro entre dos caracteres o palabras.*

- Para ocultar las marcas de formato, haga clic de nuevo en la herramienta ¶.

Puede establecer qué marcas de formato desea que aparezcan siempre, incluso cuando la herramienta ¶ esté desactivada. Para ello, acceda a la pestaña **Archivo** - **Opciones** - categoría **Presentación** y seleccione las opciones correspondientes en la sección **Mostrar siempre estas marcas de formato en la pantalla.**

Acercar o alejar un documento

- Para aumentar o disminuir rápidamente el zoom, arrastre el cursor **Zoom** situado en el extremo derecho de la barra de estado o pulse tantas veces como sea necesario en los botones **Alejar** − o **Acercar** +.

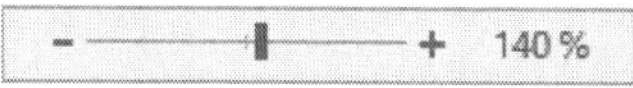

En este ejemplo, se ha aplicado un zoom del 140 %.

Para aplicar un zoom predefinido, acceda a la pestaña **Vista**.

*El grupo **Zoom** dispone de los siguientes botones:*

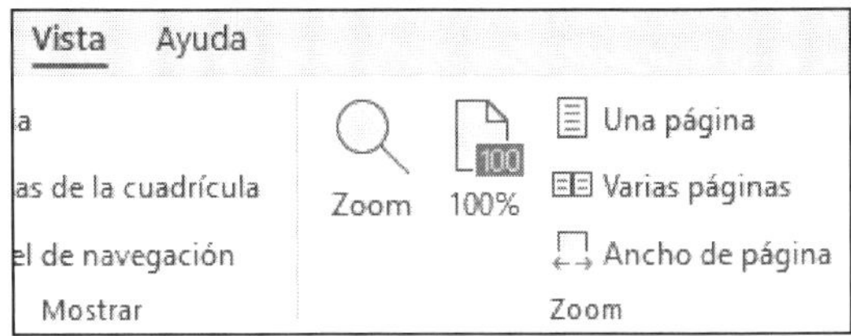

Haga clic en el botón:

100%	Para aplicar un zoom del 100 % al documento, es decir, para visualizarlo a tamaño real.
Ancho de página	Para que el ancho de la página coincida con el ancho de la ventana (se mantienen visibles los márgenes izquierdo y derecho).
Una página	Para ver una página entera en pantalla.
Varias páginas	Para ver varias páginas en pantalla.
Zoom	Para acercar o alejar el documento a una distancia específica. Para ello, también puede pulsar en el valor de zoom que se encuentra en la barra de estado.

*Se abre el cuadro de diálogo **Zoom**.*

Introduzca el valor que desee en el campo **Porcentaje** o utilice los botones en forma de flecha.

Para visualizar varias páginas en pantalla, seleccione la opción **Varias páginas** y, a continuación, haga clic en el botón .

© Editions ENI - Reproducción prohibida

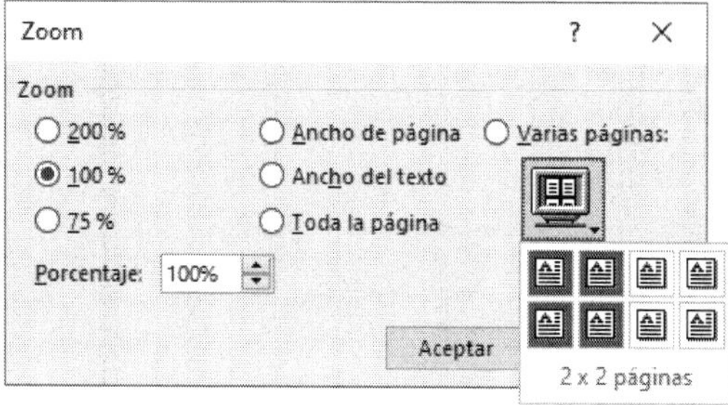

Seleccione el número de páginas que desee visualizar y su disposición.

Pulse en **Aceptar**.

- Para ampliar el zoom sobre un objeto gráfico (forma, imagen, gráfico SmartArt...) o sobre una tabla, active la vista en **Modo de lectura** (herramienta situada en la barra de estado) y después haga doble clic sobre el objeto que desea acercar.

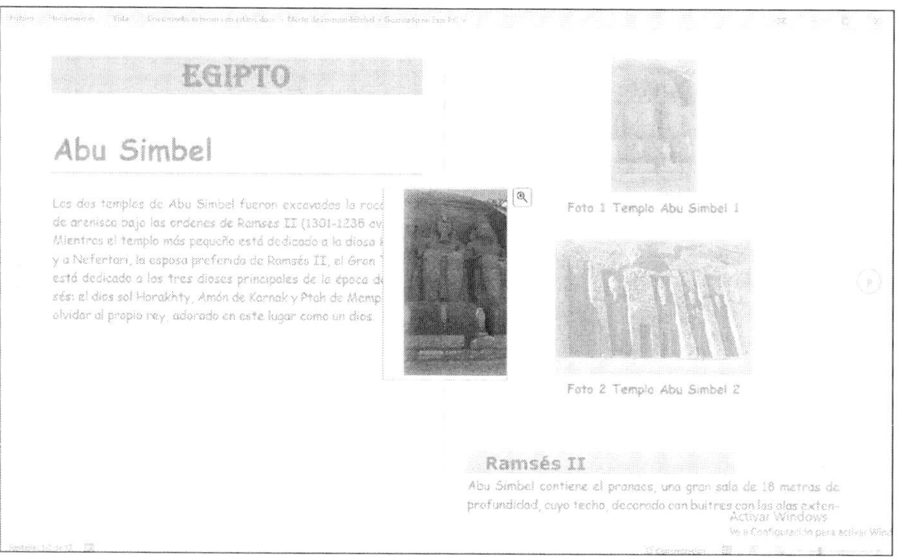

Para aumentar el zoom, haga clic en el botón situado en la esquina superior derecha del objeto gráfico o de la tabla. Para restablecer el zoom anterior, haga clic en el botón .

Para desactivar el zoom y continuar con la lectura del documento, haga clic fuera del objeto o la tabla.

Cambiar la vista

La vista Diseño de impresión

*La vista **Diseño de impresión** permite visualizar toda la página, incluidos los márgenes y la disposición real de la página, por ejemplo, la presentación del texto en columnas. Esta es la vista activa por defecto cuando se abre un documento.*

- En la pestaña **Vista** haga clic en el botón **Diseño de impresión** del grupo **Vistas** o haga clic en la herramienta situada en la parte derecha de la barra de estado.

  También puede utilizar el método abreviado de teclado Ctrl Alt ***P**.*

- Para ocultar los espacios visibles en la zona superior e inferior de cada página del documento, sitúe el puntero en uno de estos dos espacios y después haga doble clic cuando el puntero tome esta forma: .

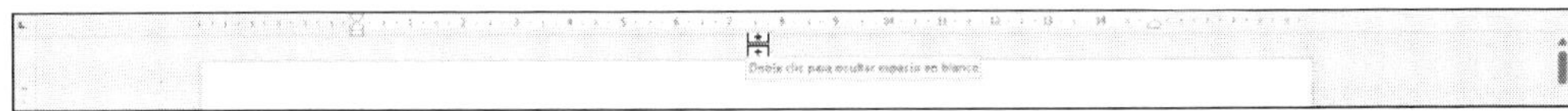

- Para mostrar de nuevo los espacios, haga doble clic cuando el puntero tome la siguiente forma: .

La vista Borrador

*La vista **Borrador** resulta útil cuando se desea modificar únicamente el texto del documento. Esta vista muestra el documento con un formato muy sencillo, y algunos elementos, como los encabezados y los pies de página, no están visibles. Por lo tanto, no permite visualizar la disposición real del texto en la página; los saltos de página, por ejemplo, aparecen representados por una línea discontinua.*

- En la pestaña **Vista** haga clic en el botón **Borrador** del grupo **Vistas** o utilice el método abreviado de teclado Ctrl Alt **N**.

© Editions ENI - Reproducción prohibida

La vista Modo de lectura

*La vista **Modo de lectura** facilita la lectura de los documentos en pantalla. Al aplicar esta vista, Word oculta la cinta de opciones y muestra el documento en el tamaño que ofrece mayor legibilidad. Por defecto, esta vista no muestra el documento tal y como se imprimirá, por ejemplo, los saltos de página no siempre se corresponden con los reales.*

- En la pestaña **Vista**, pulse en el botón **Modo de lectura** del grupo **Vistas** o pulse en la herramienta situada en la barra de estado.

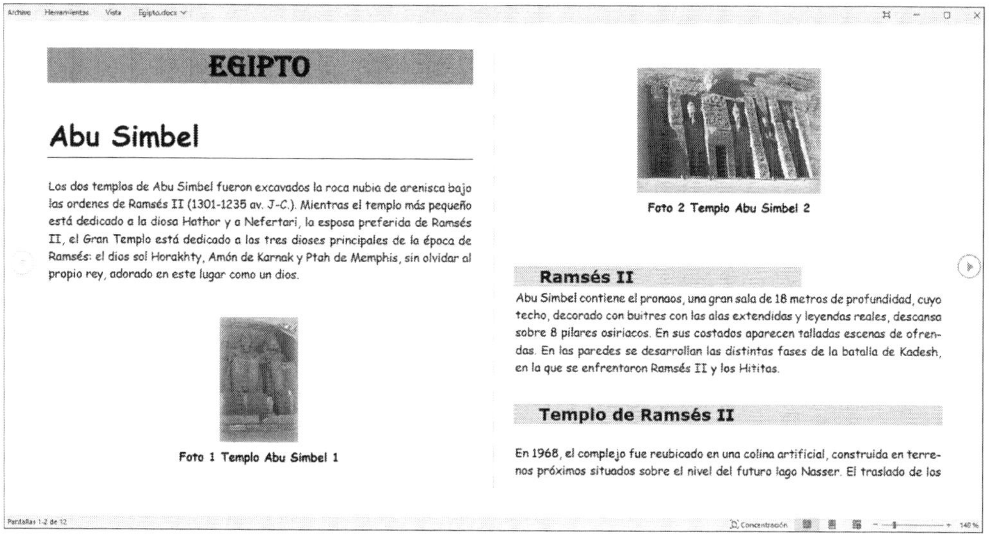

*En la esquina superior izquierda de la ventana, la barra de lectura muestra los menús **Archivo**, **Herramientas** y **Vista**.*

- Para desplazarse por el documento, haga clic en el botón situado en el borde izquierdo para acceder a la pantalla anterior o en el botón situado en el borde derecho para acceder a la siguiente pantalla.

Asimismo, puede utilizar las flechas o del teclado para pasar de pantalla, la tecla Inicio para acceder a la primera pantalla y la tecla Fin para acceder a la última.

- Para ir a una página específica, haga clic en el menú **Vista** y después en la opción **Panel de navegación.** Si fuera necesario, acceda a la pestaña **Páginas** del panel y haga clic en la miniatura correspondiente a la pantalla que desee visualizar.

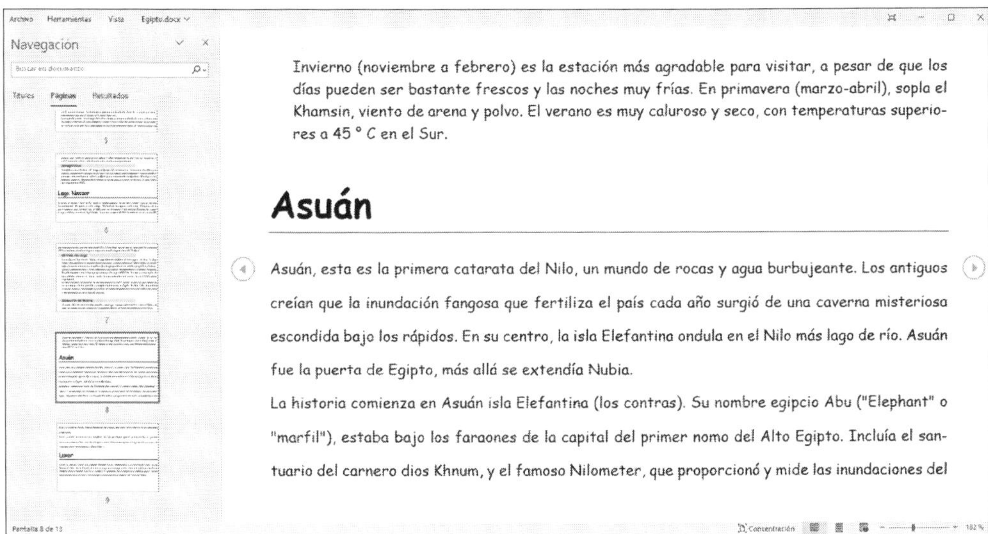

*Para ocultar o mostrar el panel Navegación, también puede hacer clic en la indicación **Pantalla** que aparece en la esquina inferior izquierda de la ventana.*

Si desea conocer más información sobre el uso del panel Navegación, consulte el apartado Utilizar el panel Navegación del capítulo Esquemas y tablas.

- Para escoger en cuántas columnas debe mostrarse el documento, haga clic en el menú **Vista**, sitúe el puntero sobre la opción **Ancho de columna** y, por último, escoja entre **Estrecho**, **Predeterminado** o **Ancho** para visualizar el documento en tres, dos o una columna respectivamente.

- Para modificar el color de las páginas, haga clic en el menú **Vista**, sitúe el puntero sobre la opción **Color de página** y después haga clic en la opción que desee. La opción **Ninguno** está activa por defecto.

- Para visualizar las páginas tal y como se imprimirán, haga clic en el menú **Vista**, sitúe el puntero sobre la opción **Disposición** y haga clic en **Diseño de página**. Si desea volver al modo que facilita la lectura, haga clic en **Diseño de columna**.

- Para visualizar los comentarios del documento, en caso de que los contenga, haga clic en el menú **Vista** y después en la opción **Mostrar comentarios**.

© Editions ENI - Reproducción prohibida

Los comentarios se muestran al lado del documento, que pasará a ocupar una única columna.

Si desea destacar el texto asociado a un comentario, sitúe el puntero sobre el comentario en cuestión.

Para ocultar los comentarios, haga clic de nuevo en la opción **Mostrar comentarios** del menú **Vista**.

- Para ocultar automáticamente la barra de lectura situada en la parte superior de la ventana, haga clic en la herramienta situada en la esquina superior derecha.

  Los menús desaparecen y a la izquierda de la herramienta aparecen tres puntos , que indican que la barra de lectura está oculta.

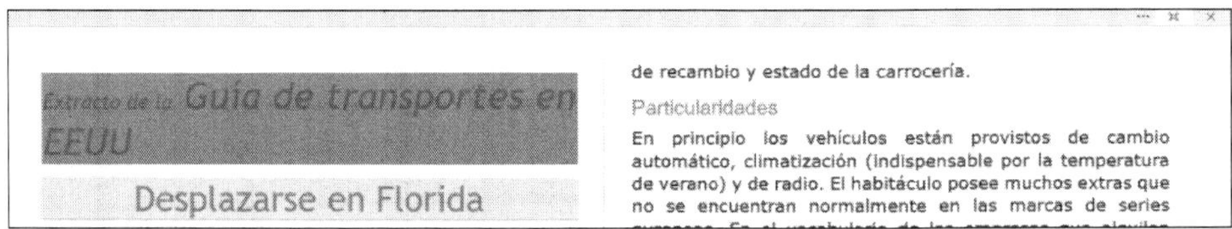

El tamaño de la ventana de la aplicación Word aumenta automáticamente cuando se oculta la barra de lectura.

Para mostrar de manera provisional la barra de lectura, haga clic en cualquier punto de la barra que contiene los tres puntos. La barra de lectura desaparecerá de nuevo automáticamente si hace clic en el documento.

Si lo que desea es volver a anclar la barra de lectura, haga clic en la herramienta .

Preste atención, si vuelve a la vista Diseño de impresión sin haber anclado la barra de lectura, la cinta de opciones también se ocultará automáticamente cuando haga clic en el documento. En este caso, para mostrar la cinta de opciones de manera provisional, haga clic en cualquier parte de la barra que contiene los tres puntos , situada en la parte superior de la ventana. Si lo que desea es anclar el Modo de lectura, pulse en el botón situado en la esquina superior derecha de la ventana. Si ha decidido ocultar automáticamente la cinta de opciones en la vista Diseño de impresión, la barra de lectura también se ocultará cuando aplique la vista Modo de lectura.

- Para salir de la vista **Modo de lectura**, haga clic en el menú **Vista** y después en **Editar documento** o pulse en la tecla esc.

En Modo de lectura también se pueden realizar algunas acciones como traducir texto, realizar búsquedas con Bing, dejar comentarios o subrayar texto. Para ello, seleccione el texto que desee, haga clic derecho sobre la selección para acceder a su menú contextual y, por último, elija la acción que desee realizar.

La vista Diseño web

*La vista **Diseño web** permite visualizar el documento como si estuviera abierto en un navegador web.*

- Para aplicarla, acceda a la pestaña **Vista** y haga clic en el botón **Diseño web** del grupo **Vistas** o haga clic en la herramienta de la barra de estado.

La vista **Esquema**, que permite visualizar el esquema de un documento con el objetivo de facilitar la reorganización de su estructura, se trata en el capítulo Esquemas y tablas.

Aplicar y utilizar las vistas En paralelo y Miniaturas

La vista En paralelo permite ver y desplazarse horizontalmente por las páginas de un documento utilizando la rueda del ratón o la barra de desplazamiento horizontal. Cuando está aplicada esta vista, se puede acceder fácilmente a una página en concreto utilizando las miniaturas de las páginas del documento.

- Para aplicar la vista **En paralelo**, haga clic en la pestaña **Vista** y, a continuación, en el botón **En paralelo** del grupo **Movimiento de página**.

  *En esta vista no se puede utilizar el comando **Zoom**.*

- Desplácese por las páginas utilizando la rueda del ratón o la barra de desplazamiento horizontal.

© Editions ENI - Reproducción prohibida

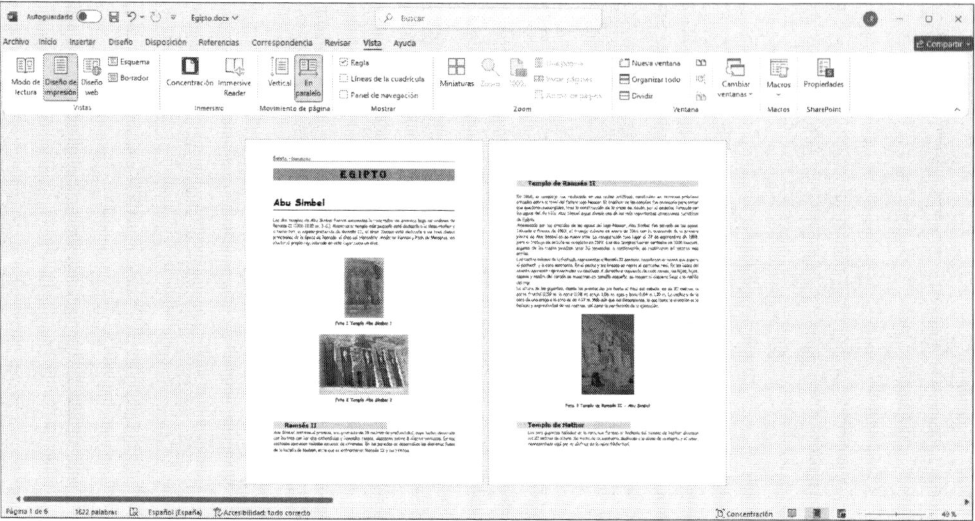

Para acceder a una página concreta del documento, haga clic en el botón **Miniaturas** del grupo **Zoom**.

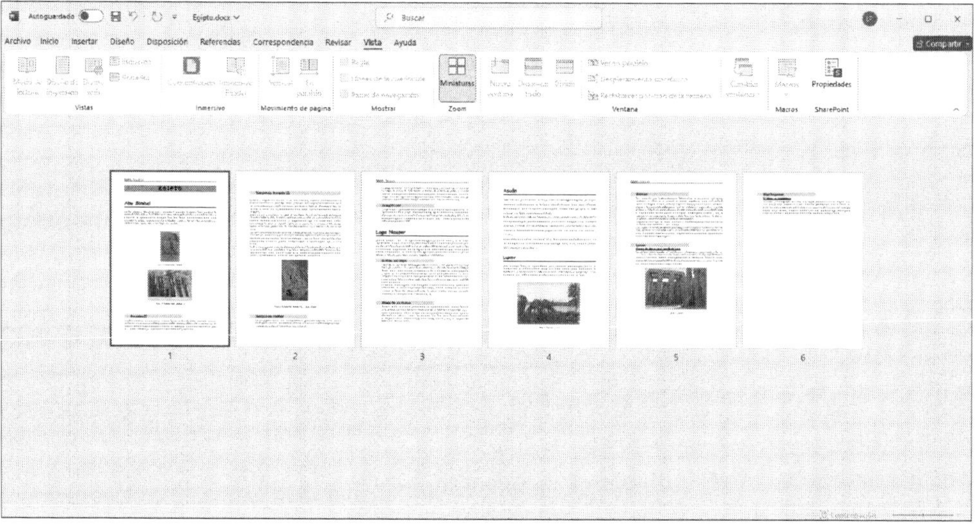

A continuación, haga clic en la página que desee consultar.

*Para pasar de la vista **En paralelo** a la vista **Miniaturas** y viceversa, mueva la rueda del ratón mientras mantiene pulsada la tecla [Ctrl].*

- Para salir de la vista **En paralelo**, haga clic en el botón **Vertical** del grupo **Movimiento de página** situado en la pestaña **Vista**.

Optimizar el modo de visualización

Esta nueva función de las aplicaciones Office permite optimizar la visualización de los monitores que tienen una resolución más bien baja y solucionar los problemas de visualización múltiple entre monitores con una resolución muy alta y otros con una resolución inferior. Esta función, activada de manera predeterminada, ajusta de manera automática la visualización cuando las aplicaciones Office se desplazan entre monitores.

- Para modificarla configuración de visualización, haga clic en la pestaña **Archivo** y luego seleccione **Opciones**.
- En la zona **Opciones de interfaz de usuario** dentro de la categoría **General**, active una de las siguientes opciones:

  Optimizar la apariencia: al cambiar de pantalla, los elementos como texto e imágenes aparecerán en la pantalla con claridad. Sin embargo, los elementos más antiguos y el código externos pueden tener problemas de renderizado.

  Optimizar para compatibilidad: si hay problemas de visualización, este modo desactiva el escalado dinámico y los textos pueden tener un renderizado borroso cuando se realiza un cambio de pantalla.
- Haga clic en el botón **Aceptar**.
- Si ha activado la opción **Optimizar para compatibilidad**, reinicie Word.

Utilizar el lector inmersivo

El lector inmersivo incluido en esta versión tiene por objetivo facilitar la comprensión y la lectura de un texto. Las funciones del lector inmersivo son:

- *lectora en voz alta del texto del documento;*
- *una vista sencilla en la que se pueden personalizar tanto el color de la página como el espaciado del texto;*
- *un enfoque que resalta la línea que se está leyendo;*
- *la posibilidad de dividir las palabras en sílabas.*

© Editions ENI - Reproducción prohibida

- Para acceder a las herramientas de aprendizaje, haga clic en la pestaña **Vista** y luego en el botón **Immersive Reader** del grupo **Inmersivo**.

  *Aparece la pestaña **Lector inmersivo**:*

- Para modificar el ancho de columna del texto, haga clic en el botón **Ancho de columna** y elija una de las opciones propuestas: **Muy estrecho**, **Estrecho**, **Moderado** o **Ancho**.
- Para elegir otro **Color de página**, seleccione uno de los propuestos en la lista del botón correspondiente.
- Para destacar una, tres o cinco líneas, haga clic en el botón **Foco de línea** y seleccione la cantidad de líneas que desee.

En este ejemplo, el foco destaca tres líneas de texto.

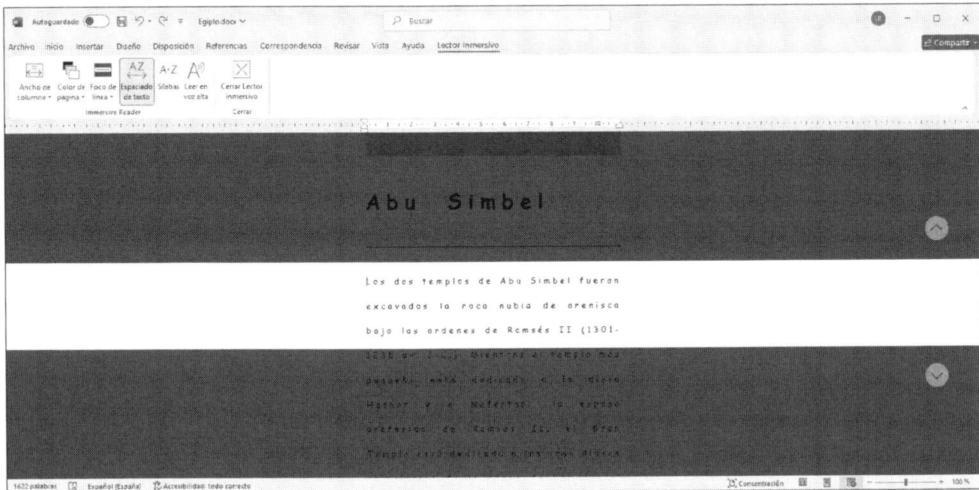

Use las herramientas [flecha abajo] o [flecha arriba] para colocar el foco en la o las líneas siguientes o anteriores.

Para desactivar el foco, seleccione la opción **Ninguna** en la lista del botón **Foco de línea**.

- Para aumentar el espacio entre las palabras, los caracteres y las líneas, haga clic en el botón **Espaciado de texto**. Vuelva a hacer clic en él para desactivarlo.
- Para dividir las palabras en sílabas, pulse en **Sílabas**.
- Pulse en **Leer en voz alta** para escuchar el texto del documento.

© Editions ENI - Reproducción prohibida

Durante la lectura en voz alta, se va destacando cada palabra leída.

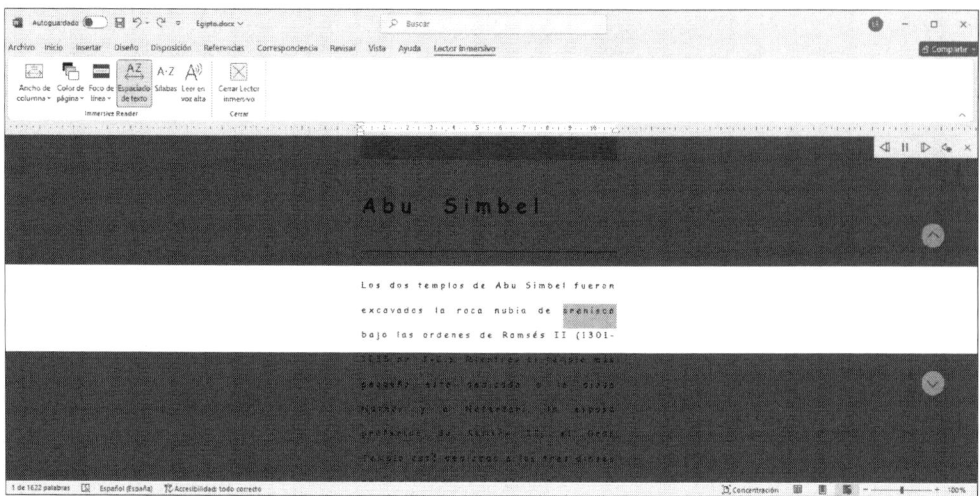

- Utilice los botones de la barra de lectura para:

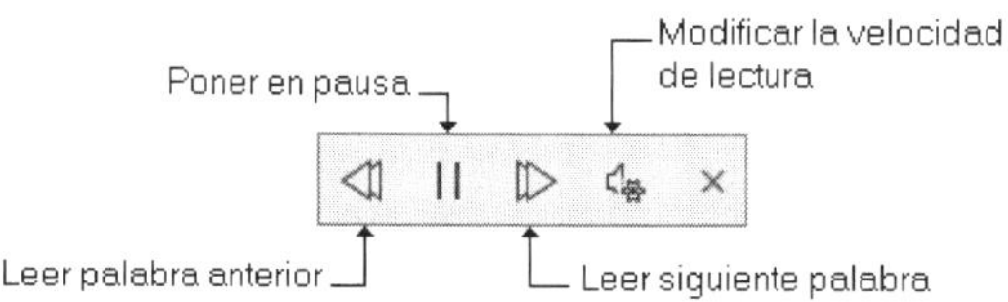

- Para salir del lector inmersivo, pulse en el botón **Cerrar Lector inmersivo** del grupo **Cerrar**.

Para utilizar únicamente la **Lectura en voz alta**, pulse en el botón correspondiente del grupo **Voz** situado en la pestaña **Revisar**.

Crear un documento

Los archivos creados en Microsoft Word se llaman documentos.

- Haga clic en la pestaña **Archivo** y en la opción **Nuevo**.
- En el panel de la derecha, haga clic en la plantilla **Documento en blanco**.

También puede utilizar el método abreviado de teclado Ctrl ***U*** *(para ello, la pestaña* ***Archivo*** *no debe estar activada).*

Para crear un documento basado en una plantilla, diríjase a la sección Crear un documento basado en una plantilla en este mismo capítulo.

Abrir un documento

- Para abrir un documento, haga clic en la opción **Abrir** de la pestaña **Archivo** (o Ctrl **A**).

También puede hacer clic en el botón ***Abrir*** *visible en la ventana que se muestra al abrir la aplicación Word.*

© Editions ENI - Reproducción prohibida

El modo Backstage que se muestra, permite acceder rápidamente a los archivos utilizados recientemente (opción ***Recientes****), así como a todas las ubicaciones desde las que su cuenta de usuario puede abrir archivos (en nuestro ejemplo:* ***OneDrive - Personal*** *para almacenar archivos en línea y* ***Este PC*** *para los archivos almacenados en el disco duro).*

El botón ***Recuperar documentos sin guardar*** *situado en la parte inferior de la lista de los documentos utilizados recientemente, muestra el contenido de la carpeta C:\Usuarios\Nombre_usuario\AppData\Local\Microsoft\Office\UnsavedFiles en el que Word almacena los archivos de forma automática (cada 10 minutos) (ver el apartado Recuperar la versión de un documento).*

- Para abrir un documento utilizado recientemente, active si fuera necesario la opción **Recientes**, a continuación haga clic en la lista de la parte derecha del documento deseado.
- Para abrir un documento guardado en el cloud (en línea) o en su ordenador, active el nombre de la ubicación en cuestión (**OneDrive**, **Este PC**, etc.).

Si ha seleccionado ***Este PC****, el panel derecho muestra los archivos y subcarpetas de su carpeta* ***Documentos****. Si ha seleccionado* ***OneDrive****, el panel derecho muestra los archivos y las subcarpetas de su espacio de almacenamiento* ***OneDrive****:*

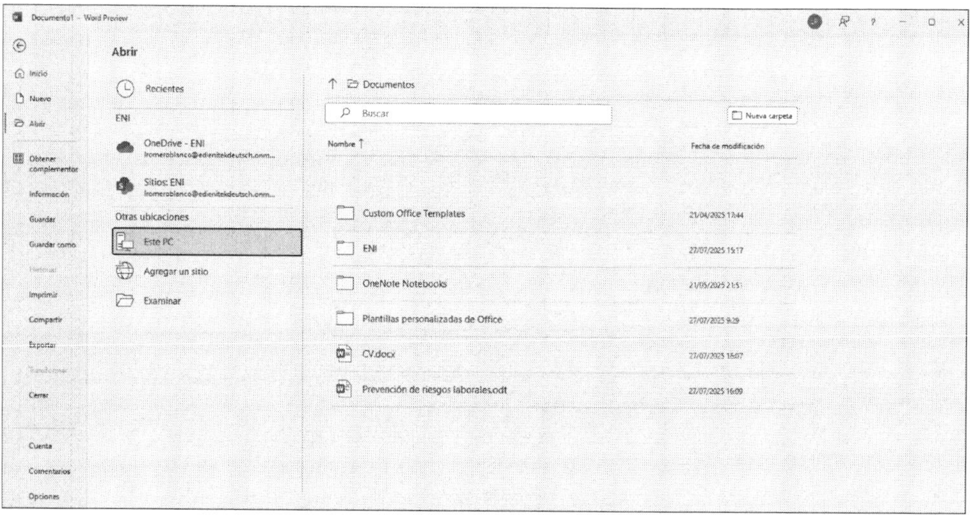

- Si el documento que desea abrir está guardado en la carpeta activa o en alguna de sus subcarpetas, haga clic en el archivo o la subcarpeta.
- Si el archivo que desea abrir se encuentra en otro emplazamiento, utilice la herramienta ↑ para acceder a las carpetas superiores y, a continuación, acceda a la ubicación en la que se encuentra el archivo en cuestión y haga clic en él.

  *Asimismo, puede pulsar en el botón **Examinar** situado en el panel central para acceder al cuadro de dialogo **Abrir**.*

  En este caso, seleccione la carpeta que contiene el documento que desea abrir en el panel izquierdo y, a continuación, en el panel derecho, haga doble clic en el documento en cuestión; para abrir varios documentos simultáneamente, selecciónelos utilizando la tecla Ctrl y luego haga clic en el botón **Abrir**.

Para visualizar un documento abierto, pero oculto detrás de otro, acceda a la pestaña **Vista**, pulse en el botón **Cambiar ventanas** (grupo **Ventana**) y luego en el nombre del documento en cuestión.

El **Comprobador de accesibilidad** permite detectar problemas de accesibilidad, como información difícil de leer para personas con discapacidad. Para abrirlo, haga clic en la pestaña **Archivo**, después en la sección **Información** y, en la lista del botón **Comprobar si hay problemas**, haga clic en la opción **Comprobar accesibilidad**. Los problemas detectados se mostrarán en el panel **Comprobador de accesibilidad**. El apartado **Información adicional** de este panel muestra las causas del problema seleccionado y las soluciones para corregirlo. Asimismo, puede hacer clic en la indicación **Acciones recomendadas** que aparece en la barra de estado cuando existen problemas de accesibilidad, para abrir este panel.

Por qué utilizar OneDrive ?

OneDrive es un servicio de almacenamiento en línea gratuito propuesto por Microsoft a todos los usuarios que dispongan de una cuenta de Microsoft (cuenta Hotmail, Messenger, Windows Phone, Xbox LIVE, Outlook, etc.). Cada usuario dispone gratuitamente de un espacio personal de 5 GB y tienen la posibilidad de adquirir espacio adicional.

Es posible acceder a los datos (documentos, fotos, música...) guardados en este espacio de almacenamiento desde cualquier dispositivo que cuente con conexión a Internet. Dichos datos se sincronizarán automáticamente. De este modo, podrá acceder a sus archivos desde su ordenador profesional o personal, desde una tableta conectada a Internet con wifi o incluso desde un smartphone.

© Editions ENI - Reproducción prohibida

Para acceder a los archivos almacenados en el espacio de almacenamiento desde una de las aplicaciones Office, deberá estar conectado con sus credenciales de Microsoft (véase el capítulo Gestión de cuentas). Si posee varios espacios, puede agregarlos como servicio para acceder también a ellos (pestaña **Archivo - Cuenta - Agregar un servicio - Almacenamiento**).

Para administrar los archivos almacenados en OneDrive, puede usar el Explorador de archivos de Windows: la ubicación OneDrive aparece en el panel de navegación (panel derecho) o bien puede administrarlos directamente en su espacio online en la dirección OneDrive.live.com. En las tabletas o smartphones es posible usar la aplicación **OneDrive** (puede descargarse de forma gratuita para los sistemas iOS o Android). Si dispone de una suscripción Microsoft 365, también puede acceder a través de la página de inicio de Microsoft 365.

Guardar un documento

Guardar un nuevo documento con Word 2024

Un documento que nunca se ha guardado, no tiene un nombre personalizado (por ejemplo: Documento2, Documento3, etc.); o tiene un nombre provisional (por ejemplo: Mi modelo1, Mi modelo2, etc.). Si apaga el ordenador sin haber guardado el archivo, perderá todas las modificaciones aportadas.

Haga clic en la herramienta de la barra de herramientas **Acceso rápido** o utilice el método abreviado de teclado Ctrl **G**.

A continuación, se muestra la siguiente ventana:

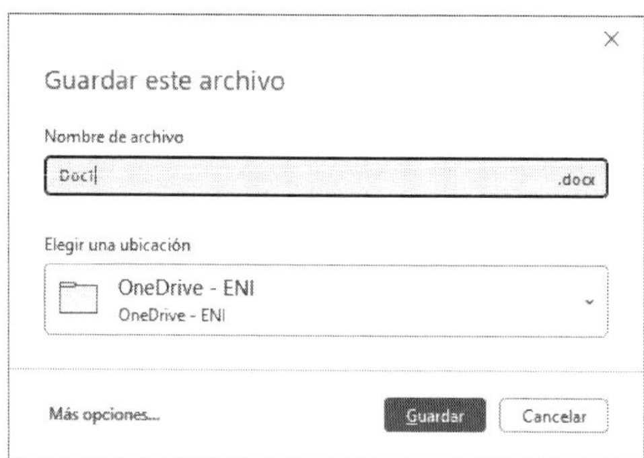

*El enlace **Más opciones...** permite acceder a la opción **Guardar como** accesible desde la pestaña **Archivo**.*

- Escriba el nombre del documento en el apartado **Nombre del archivo**.
- En la lista **Elegir una ubicación**, seleccione la carpeta donde desea guardar el archivo si este aparece en la lista y, a continuación, haga clic en el botón **Guardar**.
- Si no aparece la carpeta, haga clic en **Más ubicaciones**.

*Se muestra la opción **Guardar como** de la pestaña **Archivo**. La opción **Recientes** aparece seleccionada por defecto. El panel derecho muestra las carpetas utilizadas y clasificadas por fecha:*

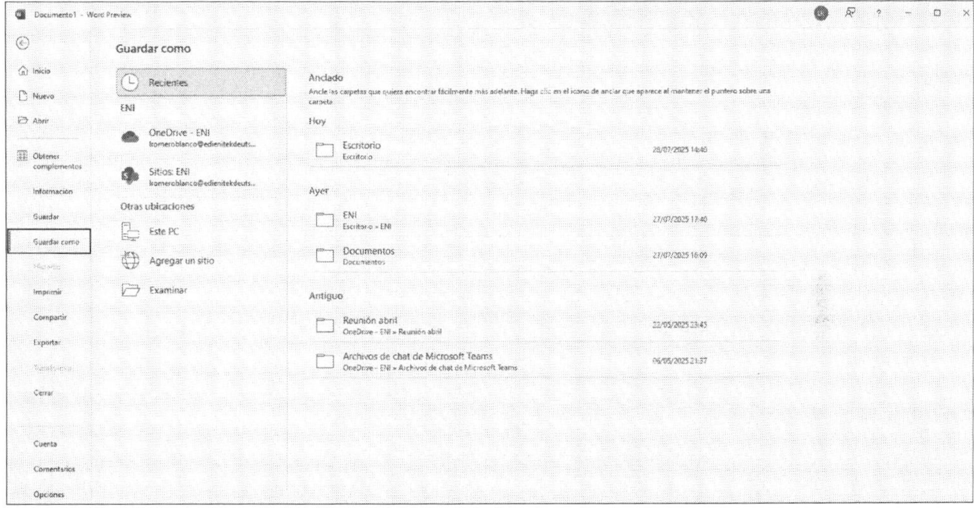

- Si la carpeta donde desea guardar el archivo aparece en el panel derecho, haga clic en el nombre para abrirla. En el caso contrario, seleccione el nombre de la ubicación deseada (**OneDrive**, **Este PC**, etc.). Si ha añadido otras ubicaciones (servicio de almacenamiento), estas aparecen en la lista del panel central.
- Si la carpeta donde desea guardar el archivo no está visible, haga clic en **Examinar**.

© Editions ENI - Reproducción prohibida

*La ventana **Guardar como** se abre.*

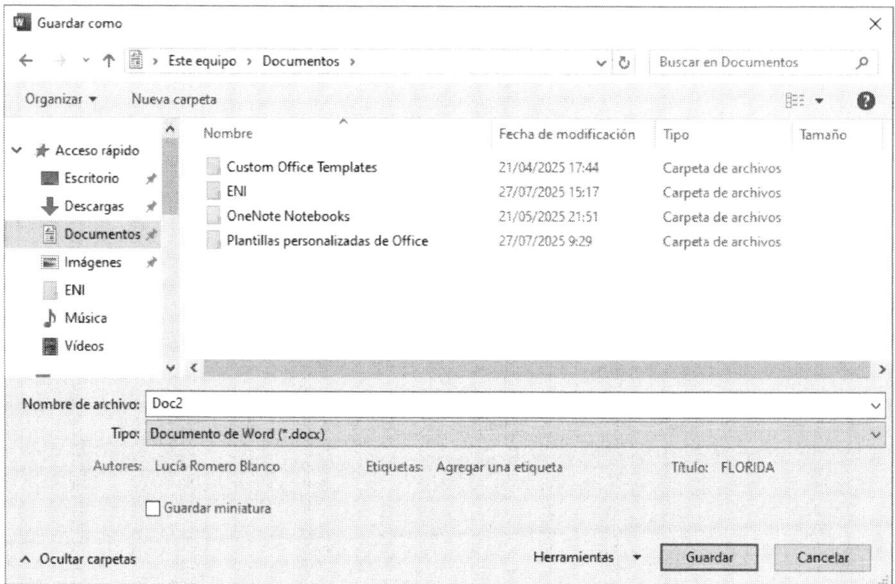

- Si fuera necesario, acceda a la carpeta en la que quiere guardar el documento seleccionándola en el panel de navegación (panel izquierdo). Si quiere crear una carpeta, acceda a la carpeta en la que quiera crearla y haga clic en el botón **Nueva carpeta**. A continuación, dele un nombre a la carpeta y valide.
- Haga clic en el apartado **Nombre de archivo** para seleccionar el contenido (el nombre aparece en blanco con el fondo azul) e introduzca el nombre con el que desea llamar al documento.

  *La lista **Tipo** permite modificar el tipo de archivo.*
- Haga clic en el botón **Guardar**.

Un documento Word tiene la extensión **.docx** (para visualizarla, marque la opción **Extensiones de nombre de archivo** en la pestaña **Vista** del Explorador de archivos de Windows). Este formato de archivo basado en el lenguaje XML permite, entre otras cosas, reducir el tamaño de los archivos y hacerlos más seguros. Los archivos docx no pueden abrirse en una versión de Word anterior a 2007. Sin embargo, es posible guardar un documento en un formato de una versión anterior.

Para crear una página web, basta con guardar el documento en formato HTML. Para ello, seleccione la opción **Página Web** disponible en la lista **Tipo** de la ventana **Guardar como**.

Guardar un nuevo documento con Word Microsoft 365

Las etapas que hay que seguir para guardar un nuevo documento con Word en la versión Microsoft 365 son las mismas que en Word 2024. Sin embargo, la opción **¿Desea compartir este archivo?** aparece disponible en las opciones de la ventana **Guardar este archivo**:

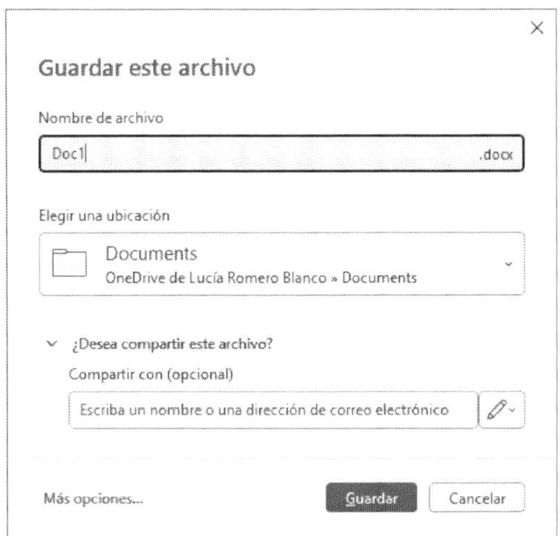

Esta opción permite compartir un nuevo documento a la vez que se crea. Las opciones para compartir aparecen detalladas en el apartado Trabajo en equipo del capítulo Uso compartido.

Es posible que se muestren otros espacios de almacenamiento como la sección de **Acceso rápido** que muestra los espacios compartidos de los equipos Teams a los que pertenece y que están guardados en el SharePoint de su empresa. Estos espacios pueden ser utilizados como cualquier espacio de almacenamiento y permiten compartir de forma simultánea el documento a la vez que se crea el mismo.

© Editions ENI - Reproducción prohibida

- Seleccione el enlace **Más ubicaciones** para abrir la ventana **Guardar como**.

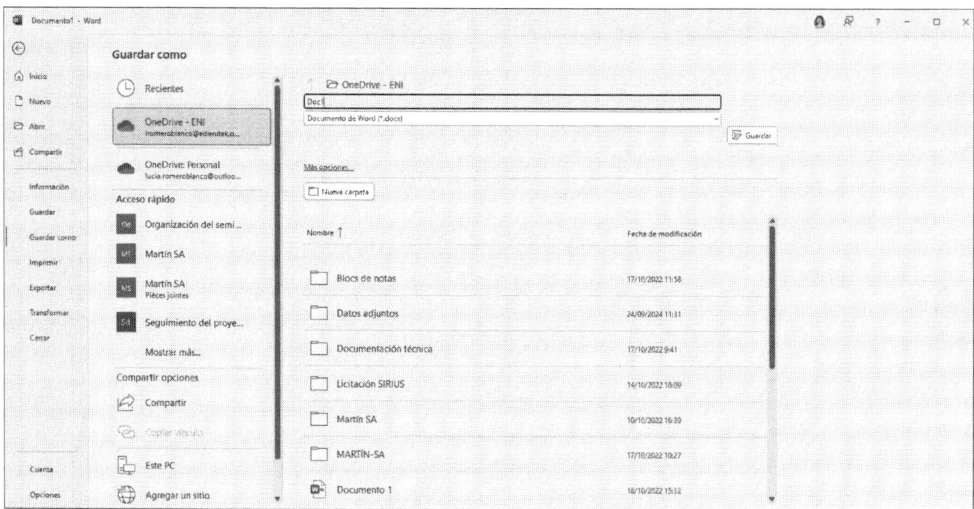

*El enlace **Otras ubicaciones** abre la ventana **Guardar como**.*

- Haga clic en estas carpetas para acceder al canal correspondiente, indique el nombre del archivo en el primer apartado y, a continuación, haga clic en el **Guardar**.

Guardar un documento existente

Cuando trabaja en un documento que ya existe, realiza cambios en el mismo. Para conservar estos cambios, es necesario guardarlos.

- Haga clic en la pestaña **Archivo** y, a continuación en **Guardar** o haga clic en la herramienta **Guardar** de la barra de herramientas de **Acceso rápido** o utilice el método abreviado de teclado Ctrl **G**).

A continuación, el documento se guarda con el mismo nombre y en la misma ubicación inicial.

Para guardar un documento en una ubicación diferente o con otro nombre, seleccione la opción **Guardar como** accesible desde la pestaña **Archivo**.

Autoguardado

*Cuando está utilizando Word, se muestra la opción **Autoguardado** en la barra del nombre del documento.*

Esta opción solo se puede activar si el documento está guardado en un espacio de almacenamiento en línea como OneDrive.

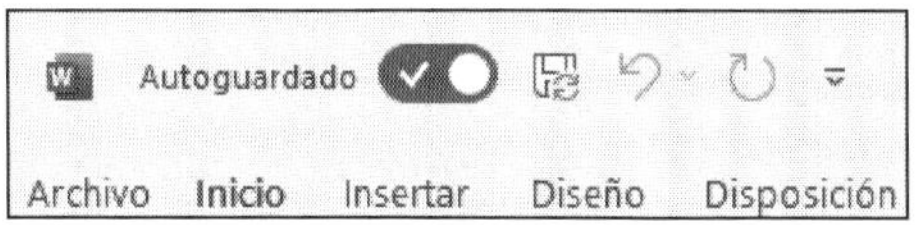

- Para que se guarden los cambios efectuados en el documento sobre la marcha, active la opción **Autoguardado**. De este modo, el documento estará siempre sincronizado con la versión de OneDrive.

Si pierde o desactiva la conexión Internet, las modificaciones en espera se sincronizarán nuevamente en el momento en el que recupere el acceso a Internet. Si la desconexión no es temporal, recuerde guardar los cambios con regularidad, aunque la función Recuperación automática de Word guarde localmente una copia cada 10 minutos.

Cerrar un documento

- Para cerrar un documento, haga clic en la opción **Cerrar** de la pestaña **Archivo** o utilice el método abreviado de teclado Ctrl F4 (la pestaña **Archivo** no debe estar activa) o haga clic en el botón X que se muestra en la esquina superior derecha de la ventana Word; a continuación, si fuera necesario, guarde los cambios realizados en el documento.

Si el documento que desea cerrar es el único abierto en Word, al utilizar el botón X se cierra igualmente la aplicación Word.

Utilizar la lista de documentos/ carpetas utilizadas recientemente

Documentos recientes

- Tal y como hemos visto en la sección Abrir un documento, para abrir rápidamente uno de los últimos documentos utilizados, haga clic en la pestaña **Archivo**, opción **Abrir** o utilice el método abreviado de teclado Ctrl **A** (la pestaña **Archivo** no debe estar activada) a continuación, si fuera necesario, haga clic en la opción **Recientes**.

© Editions ENI - Reproducción prohibida

- En el panel derecho active, si fuera necesario, la pestaña **Documentos**.

  De manera predeterminada, en la lista aparecen los 50 últimos documentos que se han utilizado. Si la lista está completa, cada vez que abra un documento, desaparece el último documento de la lista y cede el espacio al nuevo documento que acaba de abrir, que se sitúa en la parte superior de la lista.

- Para mantener (anclar) un documento en la lista de **Documentos recientes**, señale el documento en cuestión y haga clic en el símbolo [pin] que se muestra a la derecha del documento; también puede hacer clic con el botón secundario en el documento en cuestión y, a continuación, hacer clic en la opción **Anclar a la lista**.

  El documento que se agrega de esta manera aparece en la parte superior de la lista.

La carpeta donde está guardado se muestra debajo de su nombre.

- Para quitar un documento anclado a la lista, señale el documento con el puntero y luego haga clic en el símbolo [unpin] o haga clic con el botón derecho del ratón en el documento en cuestión y haga clic en la opción **Desanclar de la lista**: el documento desaparecerá automáticamente cuando haya alcanzado la última posición de la lista.

- Para eliminar un documento de la lista, haga clic con el botón secundario del ratón en su nombre y luego haga clic en la opción **Quitar de la lista**.
- Para guardar únicamente los documentos anclados a la lista, haga clic con el botón secundario del ratón en un documento y luego haga clic en la opción **Borrar elementos desanclados**.
- Para añadir un determinado número de documentos recientes en la parte inferior del panel izquierdo de la pestaña **Archivo** y tener de este modo un acceso más rápido, abra el cuadro de diálogo **Opciones de Word** (pestaña **Archivo** - **Opciones**) y luego haga clic en la categoría **Avanzadas**. En el recuadro **Presentación**, haga clic en la opción **Acceder rápidamente a este número de Documentos recientes**, indique el número de documentos que desea agregar en el cuadro de texto asociado (máximo 50 documentos) y haga clic en **Aceptar**.
- Para modificar el número de documentos de la lista **Recientes**, abra el cuadro de diálogo **Opciones de Word** (pestaña **Archivo - Opciones**) y luego haga clic en la categoría **Avanzadas**.

  En el recuadro **Recientes**, indique el valor que desea en el recuadro **Mostrar este número de documentos recientes** (50 documentos máximo) y luego haga clic en el botón **Aceptar**.

Los documentos recientemente utilizados también aparecen en la lista **Recientes** que se muestra al iniciar la aplicación Word.

Carpetas recientes

- Para abrir rápidamente un documento guardado en una carpeta utilizada recientemente, haga clic en la pestaña **Archivo**, opción **Abrir** o utilice el método abreviado de teclado Ctrl **A**. A continuación, si fuera necesario, haga clic en la opción **Recientes** del panel central.
- En el panel derecho pulse, si fuera necesario, en la pestaña **Carpetas**.

  Por defecto, se muestran las 50 últimas carpetas utilizadas en la lista del panel derecho.

© Editions ENI - Reproducción prohibida

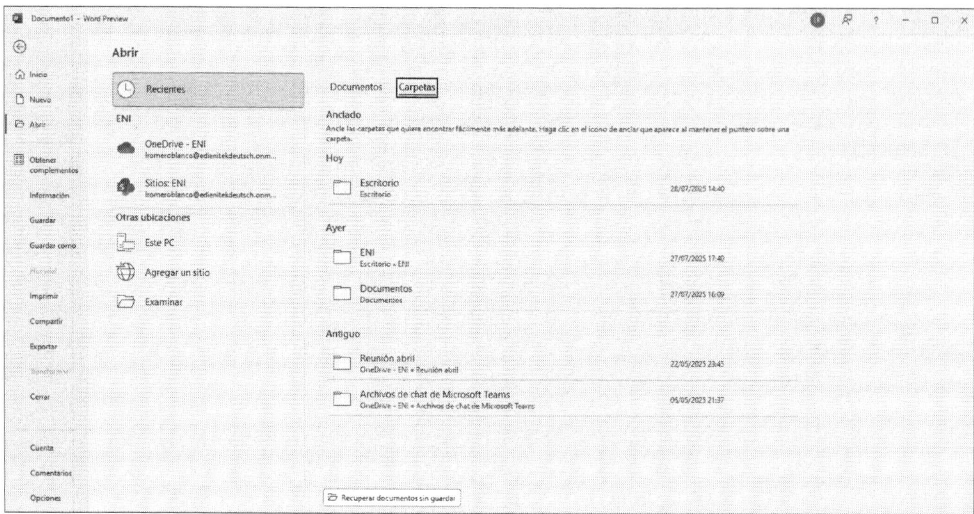

- Al igual que con los documentos recientes, para conservar (anclar) una carpeta en esta lista, sitúe el puntero sobre ella y pulse en el símbolo [icono] que aparece a la derecha de su nombre. Asimismo, puede pulsar con el botón derecho del ratón en la carpeta y escoger la opción **Anclar a la lista**.

  Dicha carpeta pasará a estar en la parte superior de la lista.

- Para retirar una carpeta anclada de la lista, pulse en el símbolo [icono] correspondiente o pulse con el botón derecho del ratón en ella y escoja la opción **Desanclar de la lista.**

- Para eliminar una carpeta de la lista, haga clic con el botón secundario del ratón en su nombre y luego haga clic en la opción **Quitar de la lista**.

- Para guardar únicamente las carpetas ancladas a la lista, haga clic con el botón secundario del ratón en una de ellas y luego haga clic en la opción **Borrar elementos desanclados.**

- Para modificar el número de carpetas de la lista **Recientes**, abra el cuadro de diálogo **Opciones de Word** (pestaña **Archivo - Opciones**) y luego haga clic en la categoría **Avanzadas.**

  En el área **Presentación**, indique el valor que desea en el recuadro **Mostrar este número de Carpetas recientes desancladas** (50 carpetas máximo) y luego haga clic en el botón **Aceptar**.

Reanudar la lectura de un documento

Es posible reanudar la lectura de un documento en el punto donde se dejó en el momento de cerrarlo. En efecto, Word recuerda el contenido del documento que se mostraba en la pantalla en el momento de cerrarlo y le propone acceder a ese contenido en el momento de volver a abrirlo.

Abra el documento en cuestión.

Al abrir el documento aparece una información de herramienta a la derecha de la ventana de la aplicación. Si decide no apuntar con el ratón en la información de herramienta, se mantiene en pantalla unos cinco segundos y luego queda sustituida por el símbolo .

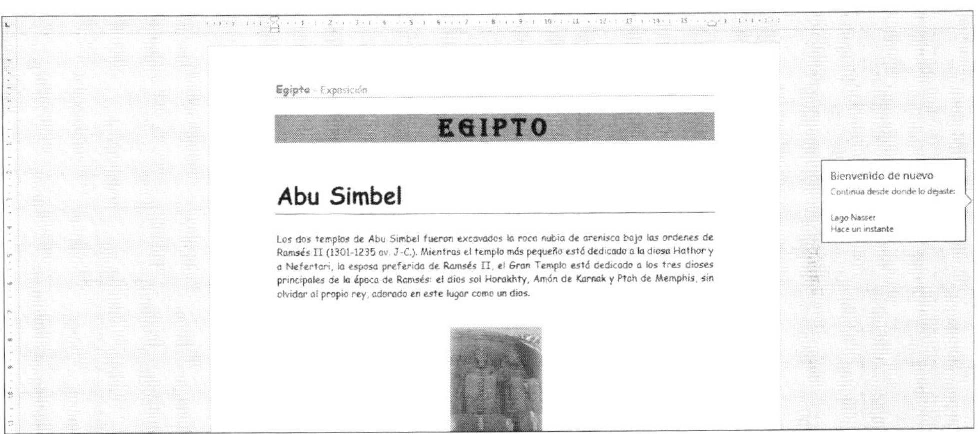

Si fuera necesario, abra otra vez la información de herramienta apuntando el símbolo

 .

La información de herramienta le indica el tiempo que ha pasado desde que se cerró el documento la última vez. Esto puede ser ***Hace un instante****, si el tiempo transcurrido es inferior a 1 minuto, un número de minutos si el tiempo pasado está entre 1 y 60 minutos (****Hace 40 minutos****), un número de horas si el tiempo transcurrido se encuentra entre 1 y 10 horas (****Hace 3 horas****),* ***Ayer*** *si el documento se cerró la víspera, el día en que se cerró si el tiempo transcurrido está comprendido entre 1 y 7 días (****miércoles****), o la fecha en que se cerró si el tiempo pasado es superior a 7 días (****21 noviembre de 2023****).*

© Editions ENI - Reproducción prohibida

Además, si el punto que desea alcanzar forma parte de un título (texto al que se ha aplicado un estilo), el texto correspondiente se muestra en la información de herramienta.

- Para alcanzar el punto en el que se encontraba cuando cerró el documento, haga clic en la información de herramienta.

El punto de inserción se sitúa en el punto alcanzado. Tanto la información de herramienta como el símbolo desaparecen.

Si antes de hacer clic en la información de herramienta decide desplazar el puntero por el documento, la información desaparece completamente y ya no podrá alcanzar el punto en el que se encontraba antes de cerrar el documento.

Recuperar una versión de un documento

Recuperar una versión temporal

Es posible recuperar una versión temporal de un documento que se haya cerrado sin guardar. Es necesario, para ello, que las opciones de recuperación estén activadas porque la versión temporal de un documento no guardado corresponde al último guardado automático.

- Compruebe que las opciones de autoguardado están activadas: haga clic en la pestaña **Archivo**, en **Opciones** y luego en la categoría **Guardar** y verifique que las opciones **Guardar información de Autorrecuperación cada ... minutos** y **Conservar la última versión recuperada automáticamente cuando cierro sin guardar** están activadas. Confirme los cambios haciendo clic en el botón **Aceptar**.
- Haga clic en la pestaña **Archivo** y luego en la opción **Información**.
- Haga clic en el botón **Administrar documento** y luego en **Recupera documentos no guardados**.

*También puede hacer clic en la opción **Abrir** de la pestaña **Archivo** y luego hacer clic en el botón **Recuperar documentos sin guardar** que se muestra en la parte inferior del panel derecho.*

*El cuadro de diálogo **Abrir** se muestra en pantalla. La carpeta C:\Usuarios\Nombre de usuario\AppData\Roaming\Microsoft\Word\ está seleccionada y contiene los archivos temporales disponibles. Estos archivos temporales son archivos borrador cuya extensión es **.asd**.*

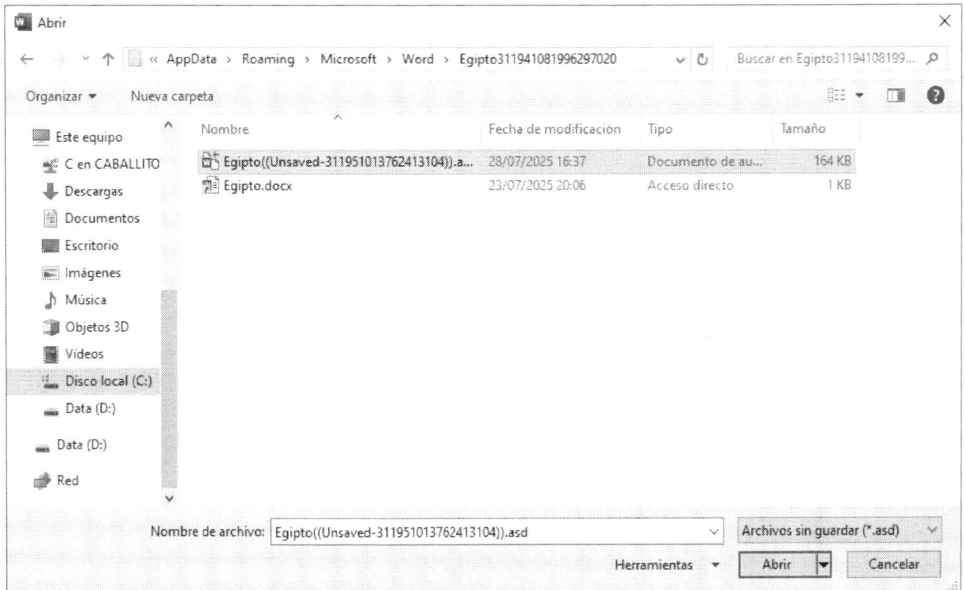

- Seleccione el archivo temporal que desea recuperar; el inicio del nombre de un archivo temporal tiene los primeros caracteres del documento.
- Haga clic en el botón **Abrir**.

  Se abre la versión temporal. La fecha y la hora de registro se encuentran en la barra de título.

  Según indica la barra que aparece encima del documento, los archivos recuperados (o archivos borrador) están almacenados temporalmente en el equipo. Transcurridos 4 días, estos archivos se destruyen.

© Editions ENI - Reproducción prohibida

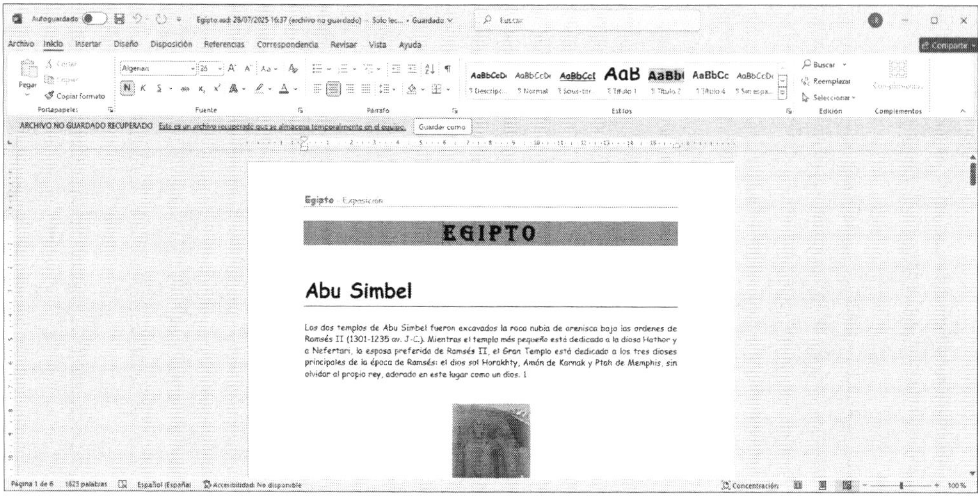

- Haga clic en el botón **Guardar como** para guardar esta versión.
- Seleccione la carpeta de guardado del archivo y especifique su **Nombre de archivo** en el cuadro de texto correspondiente.
  Haga clic en el botón **Guardar**.

Utilizar el historial de versiones en Word Microsoft 365

Si utiliza Word Microsoft 365 y su documento está guardado en OneDrive o SharePoint, es posible volver a una versión anterior del documento. Esto puede resultar útil cuando se trabaja en equipo, en caso de error o si solo quiere consultar las diferencias entre las diversas funciones.

- En caso necesario, active el documento en el que desea trabajar.
- Haga clic en el nombre del archivo situado en la barra del título y seleccione la opción **Historial de versiones**.

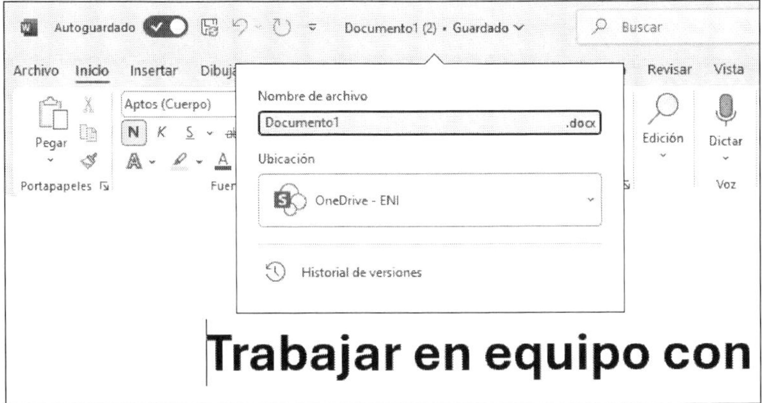

Se muestra el panel ***Historial de versiones*** *a la derecha de la pantalla. Si utiliza una cuenta Microsoft personal, podrá recuperar las 25 últimas versiones. Si utiliza una cuenta profesional, el número de versiones disponibles dependerá de los parámetros de su biblioteca.*

- Para visualizar una versión, haga clic en el nombre en el panel **Historial de versiones**.

  A continuación, la versión se abre en una nueva ventana. Si la opción ***Mostrar las modificaciones*** *está actividad, las modificaciones que se han realizado respecto a la versión anterior aparecen resaltadas.*

- La versión mostrada no puede modificarse directamente. Para restaurar una versión anterior, haga clic en el panel **Historial de versiones** que aparece en la parte derecha.

Crear un documento basado en una plantilla

El nuevo documento recupera el estilo y los elementos de la plantilla. Esta puede ser un modelo predeterminado, personalizado y ubicado en el disco duro o en el sitio Microsoft Online.

Utilizar una plantilla personalizada

Una plantilla personalizada es una plantilla creada por el propio usuario (véase Plantillas - Crear una plantilla).

- Haga clic en la pestaña **Archivo** y luego en la opción **Nuevo**.

*De manera predeterminada, Word le ofrece plantillas en línea; la opción **Office**, que se encuentra debajo del apartado **Búsquedas sugeridas**, está activa.*

- Para visualizar sus plantillas personalizadas, haga clic en la opción **Personal** que se encuentra encima del apartado **Búsquedas sugeridas**.

*Las opciones **Office** y **Personal** no están visibles mientras no se haya creado alguna plantilla personalizada.*

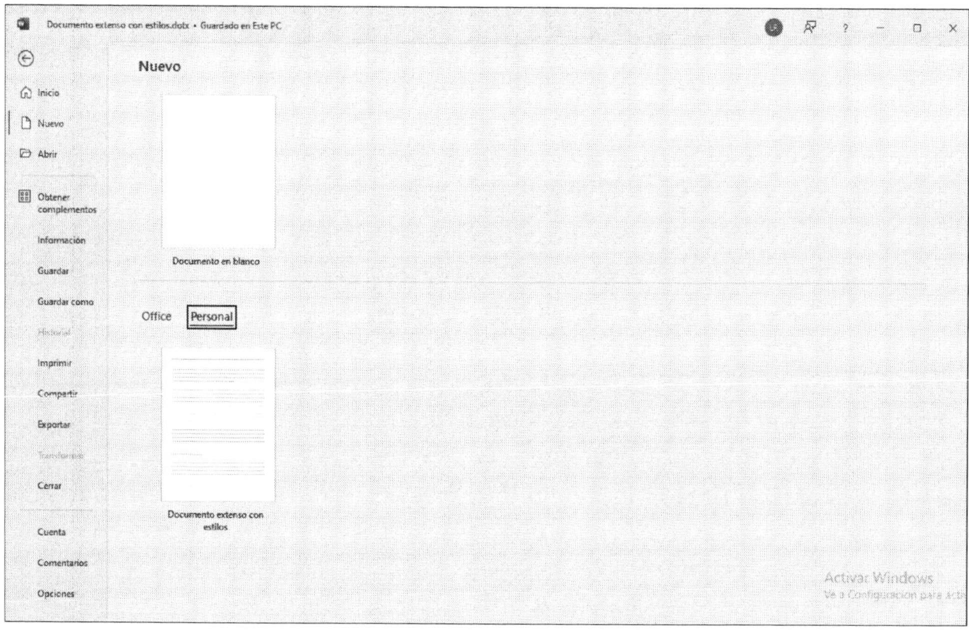

*Las plantillas personalizadas se guardan en la carpeta **Plantillas Office personalizadas** que se encuentra en la carpeta **Documentos** (C:\ Usuarios\Nombre de usuario\Documentos\Plantillas Office personalizadas).*

Haga clic en el nombre de la plantilla que desea utilizar.

En pantalla aparece un nuevo documento basado en la plantilla escogida.

Escriba las informaciones adecuadas para el nuevo documento y luego, guárdelo.

Si desea que una de sus plantillas personalizadas esté visible en la parte superior del panel **Nuevo** para que sea más accesible (ya no será necesario hacer clic en la opción **Personal**), sitúe el puntero sobre la plantilla en cuestión y luego haga clic en el símbolo . Para que desaparezca de la lista de plantillas Office, señálela con el puntero y haga clic en el símbolo : la próxima vez que active la pestaña **Archivo** después de la opción **Nuevo**, esa plantilla ya no aparecerá en la parte superior del panel **Nuevo**, pero la encontrará únicamente en la lista de plantillas **Personal**.

Utilizar una plantilla del sitio Office.com

Para utilizar estas plantillas, es necesario que disponga de una conexión a Internet.

Asegúrese de estar conectado a Internet.

Haga clic en la pestaña **Archivo** y luego en la opción **Nuevo**.

De manera predeterminada, Word le propone un cierto número de plantillas.

*Si ha creado plantillas personalizadas, podrá ver las opciones **Office** y **Personal**: la opción **Office**, activa de manera predeterminada, contiene las plantillas en línea propuestas por defecto.*

Si no le conviene ninguna de las plantillas propuestas por defecto, en función de la plantilla que esté buscando, realice una de las siguientes operaciones:

- Haga clic en uno de los vínculos asociados a la opción **Búsquedas sugeridas** para mostrar la lista de las plantillas correspondientes al tipo de plantilla buscado: **Empresa**, **Tarjetas**, **Prospectos**, etc.
- Haga clic en el campo **Buscar plantillas en línea**, escriba la o las palabras clave que le permitan encontrar la plantilla y confirme pulsando para iniciar la búsqueda.

© Editions ENI - Reproducción prohibida

En este ejemplo, hemos decidido mostrar las plantillas de calendario.

- Cuando haya encontrado la plantilla deseada, haga clic en su miniatura para crear un documento basado en esa plantilla.

Se abre una ventana en el centro de la pantalla en la que se puede ver una vista previa de la plantilla así como su nombre.

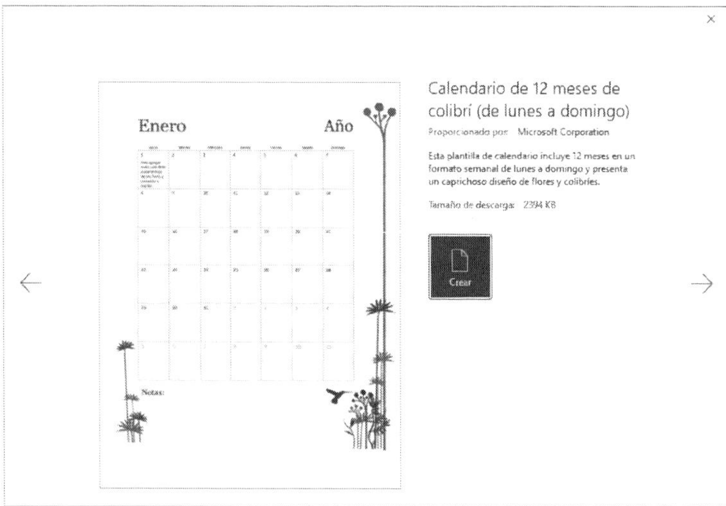

En función de la plantilla, también se muestran algunas de sus propiedades, como el tamaño, su evaluación y/o descripción.

- Haga clic en el botón **Crear** para descargar la plantilla.

  Una vez finalizada la descarga, el contenido de la plantilla aparece en un documento nuevo.

- Introduzca la información correspondiente al nuevo documento y guárdelo.

Como en el caso de las plantillas personalizadas (véase el apartado anterior), si desea que una plantilla en línea aparezca en la parte superior del panel **Nuevo** por defecto para que sea más accesible, señale la plantilla en cuestión y luego haga clic en el símbolo . Si ya no desea que aparezca al inicio de la lista, señale la plantilla y luego haga clic en el símbolo : la próxima vez que active la pestaña **Archivo** y luego la opción **Nuevo**, esa plantilla ya no aparecerá en la parte superior del panel.

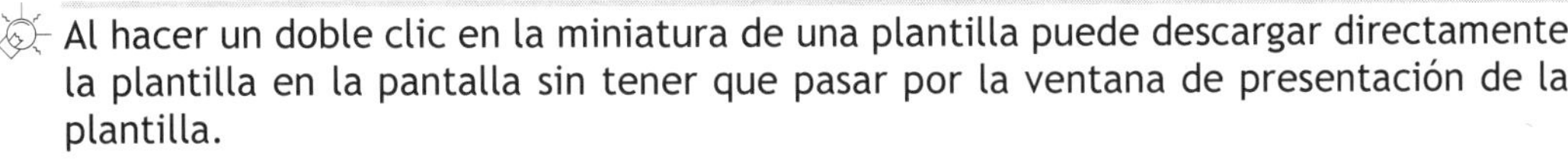

Al hacer un doble clic en la miniatura de una plantilla puede descargar directamente la plantilla en la pantalla sin tener que pasar por la ventana de presentación de la plantilla.

Comprobar la compatibilidad de un documento Word con las versiones anteriores

*El formato de archivo basado en el lenguaje XML está asociado con los documentos creados desde la versión de Microsoft Office 2007 de Word. Tienen la extensión **.docx**, mientras que los creados con las versiones anteriores a 2007 tienen la extensión **.doc**.*

Se puede usar un documento realizado con la versión 2003 en versiones posteriores (ver la sección Usar documentos de versiones anteriores a Word 2007).

Puede abrir un documento realizado en las versiones 2007 y posteriores porque el formato de archivo es idéntico. Para abrir un documento Word 2024 o Word Microsoft 365 en una versión comprendida entre 2007 y 2019, se recomienda comprobar la compatibilidad con antelación.

© Editions ENI - Reproducción prohibida

- En Word, abra el documento deseado.
- Haga clic en la pestaña **Archivo** y luego en la opción **Información**.
- Haga clic en el botón **Comprobar si hay problemas** y luego en la opción **Comprobar compatibilidad.**

  Se abre el cuadro diálogo que aparece a continuación:

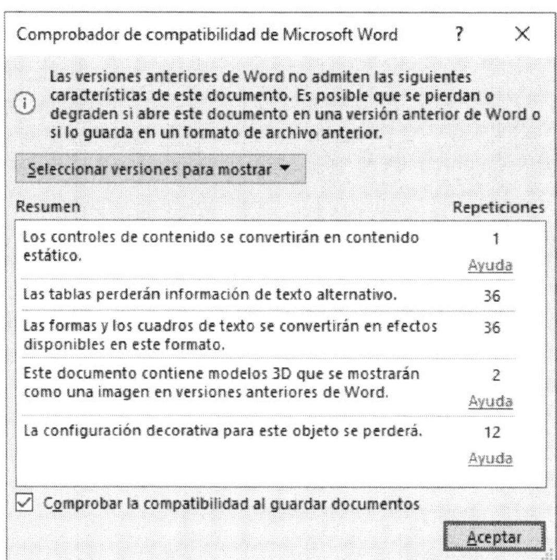

  Así sabe cuáles son las funciones o elementos que no podrá usar cuando abra el documento en una versión anterior de Word.

- Haga clic en la lista **Seleccionar versiones para mostrar** para seleccionar la o las versiones para las que quiere comprobar la compatibilidad.
- Para comprobar la compatibilidad del documento cada vez que se guarda el documento, seleccione la opción **Comprobar la compatibilidad al guardar documentos.**
- Haga clic en **Aceptar**.

Usar documentos de versiones anteriores a Word 2007

Trabajar en modo de compatibilidad en Word

- En Word, abra el documento creado en una versión anterior a 2007: en la pestaña **Archivo**, haga clic en **Abrir** y luego en **Examinar** del panel central. Si fuera necesario, seleccione la carpeta que contiene el documento que desea abrir.

  Para ver únicamente los **Documentos de Word 97-2003**, seleccione la opción correspondiente en la lista situada a la derecha de la casilla **Nombre de archivo**. Tenga en cuenta, sin embargo, que esta opción se mantendrá seleccionada cuando se vuelva a abrir el cuadro de diálogo **Abrir**. Por ello, para volver a mostrar **Todos los documentos de Word**, es necesario seleccionar la opción correspondiente en la lista que contiene los tipos de archivos.

  Seleccione el documento que desea abrir y luego pulse el botón **Abrir** o, haga directamente doble clic en el documento que desea abrir.

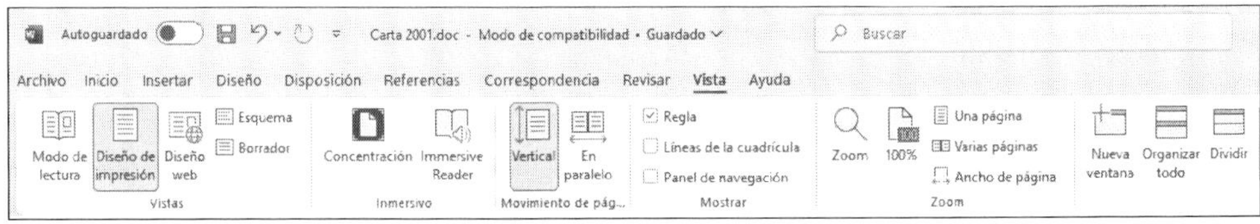

  *En la pantalla aparecerá el documento. En la barra de título y a la derecha del nombre del archivo aparece el texto **Modo de compatibilidad**. Las nuevas funciones de Word introducidas desde la versión 2007 no están disponibles.*

- Trabaje y guarde las modificaciones como lo hace habitualmente.

  *Cuando guarde las modificaciones, se mantendrá el formato de archivo **Documento de Word 97-2003 (.doc)**.*

© Editions ENI - Reproducción prohibida

Convertir un documento al formato de archivo Word 2024 o Microsoft 365

Los documentos creados con una versión anterior se pueden convertir fácilmente y de este modo pueden utilizarse todas las nuevas funciones de Word.

- Abra el documento que desea convertir.
- Haga clic en la pestaña **Archivo**, en la opción **Información** y luego en el botón **Convertir** situada en el panel central.

Aparece un mensaje para informar de que el documento se convertirá al formato más reciente.

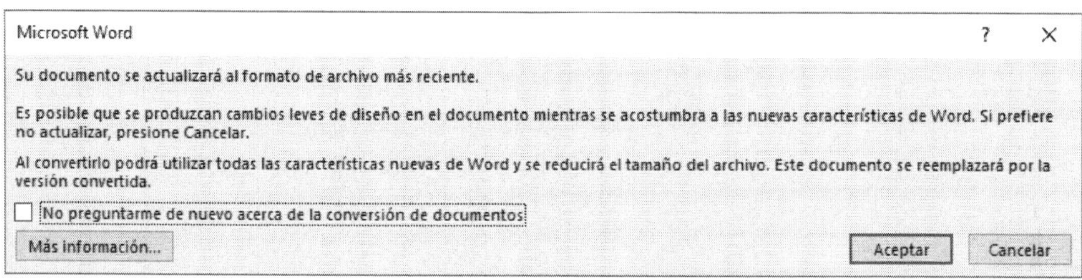

- Pulse el botón **Aceptar** del mensaje para validar la operación.

*Se puede observar que el texto **[Modo de compatibilidad]** ya no aparece en la barra de título del documento, pero eso no significa que el documento se haya convertido al formato más reciente. Para ello, será necesario guardarlo.*

- Haga clic en la herramienta **Guardar** : el archivo inicial se ha convertido. Para conservar los dos archivos, haga clic en **Archivo - Guardar como**, cambie, si lo desea, la carpeta de almacenamiento o el nombre del archivo y haga clic en el botón **Guardar**. Si decide no cambiar la ubicación ni el nombre del documento, aparecerán dos documentos en la misma carpeta; uno con la extensión **.doc** y el otro con la extensión **.docx**.

El documento que se muestra en pantalla es el documento convertido al formato Word más reciente.

Para abrir un archivo Word en una versión anterior a la versión 2007, puede guardar el documento con el formato **Documento de Word 97-2003 (*.doc)** seleccionando esta opción en la lista **Tipo** del cuadro de diálogo **Guardar como**. Sin embargo, se corre el riesgo de que algunas funciones y elementos no se puedan usar.

Guardar un documento en formato PDF o XPS

Los formatos de archivos PDF y XPS facilitan la difusión de documentos electrónicos. Estos formatos mantienen las fuentes, las imágenes, los gráficos y el diseño del documento tal y como fue creado con la aplicación de origen. Un usuario puede ver, compartir e imprimir los archivos PDF si dispone del programa Acrobat Reader (disponible gratuitamente en el sitio Web de Adobe) y los archivos XPS si dispone de Microsoft .NET Framework (disponible gratuitamente en el sitio Microsoft). Además, si trabaja en el entorno Windows 10 o Windows 11, estos le permiten abrir los archivos PDF utilizando el navegador Microsoft Edge.

- Si solo desea guardar en formato PDF o XPS una parte del documento, seleccione el texto correspondiente. En caso contrario, no seleccione ningún texto.
- Haga clic en la pestaña **Archivo** y luego en la opción **Exportar**.
- Haga clic en el botón **Crear documento PDF/XPS**.
- Modifique si hace falta la carpeta donde se va a guardar el documento y el **Nombre de archivo** en la correspondiente casilla.
- A continuación, abra la lista **Tipo**, en función del tipo de archivo que se desea crear, elija la opción **PDF** o **Documento XPS**.

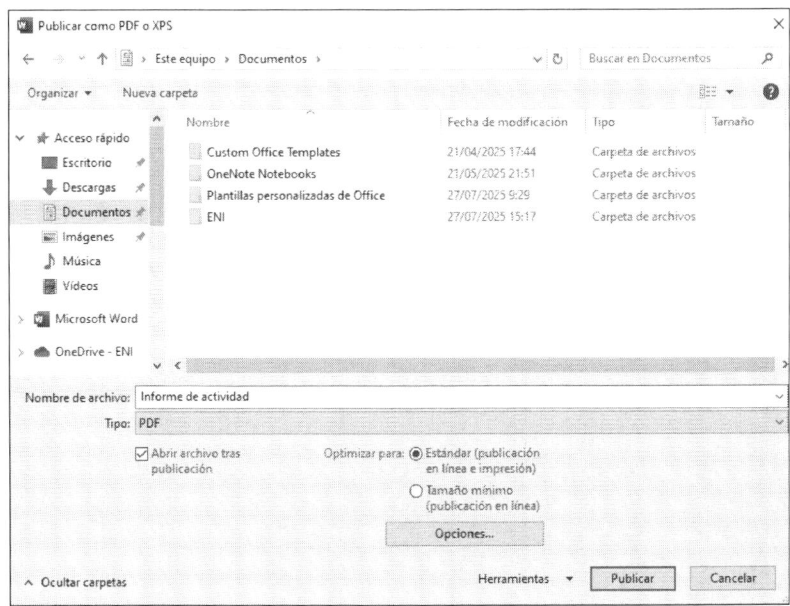

© Editions ENI - Reproducción prohibida

- Si desea abrir el archivo (**PDF** o **XPS**) justo después de haberlo guardado, marque la opción **Abrir archivo tras publicación.**
- Active una de las opciones asociadas a la opción **Optimizar para**:

Estándar (publicación en línea e impresión)	Para optimizar la calidad de la impresión del documento: el tamaño del archivo se verá aumentado.
Tamaño mínimo (publicación en línea)	Archivos que no están destinados a ser impresos: el tamaño del archivo se reducirá.

- Modifique las posibles **Opciones** asociadas al formato **PDF** o **XPS** mediante el correspondiente botón.

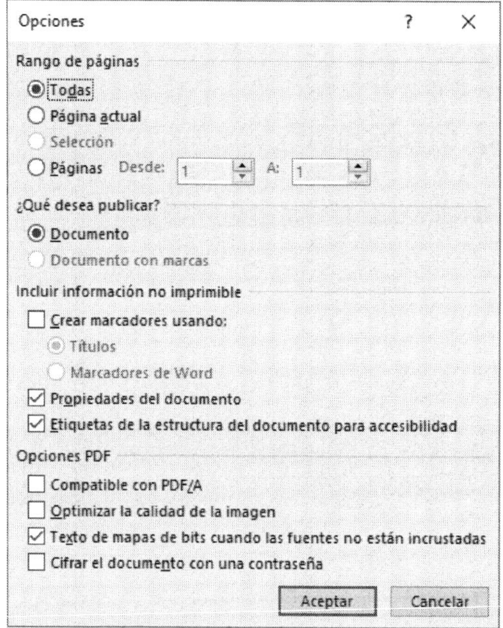

*En la imagen, se muestran las opciones de formato **PDF**. Estas opciones son idénticas en el cuadro de diálogo de formato **XPS** salvo las **Opciones** que se encuentran en la parte inferior del cuadro de diálogo.*

- Especifique la parte de documento que debe guardarse activando la opción **Intervalo de páginas: Todas**, **Página actual**, **Selección** o **Páginas**.

  En caso de seleccionar la opción **Páginas**, indique el número de la primera página que debe guardarse en la casilla **Desde** y a continuación introduzca la última página en la casilla **A**.

  Si no se ha realizado previamente ninguna selección en el documento, la opción ***Selección*** *aparece sombreada porque no está disponible.*

- Si el documento contiene marcas o comentarios que desea que también se guarden, asegúrese de que la opción **Documento con marcas** esté activa. De lo contrario, active la opción **Documento**.

  Si el documento no contiene marcas ni comentarios, la opción ***Documento con marcas*** *aparece sombreada porque no está disponible.*

- Si en la versión guardada en formato PDF o XPS desea introducir marcadores desde los títulos o marcadores internos en el documento, active la opción **Crear marcadores usando** y a continuación active la opción **Títulos** o **Marcadores de Word**.

  Las opciones ***Títulos*** *y* ***Marcadores de Word*** *están únicamente disponibles si el documento contiene títulos o marcadores.*

- Para guardar las **Propiedades del documento**, asegúrese de que esta opción esté activada.

- Mantenga activada la opción **Etiquetas de la estructura del documento para accesibilidad** si desea que el archivo creado contenga los datos que facilitan la accesibilidad a los usuarios con diversidad funcional que utilicen dispositivos de apoyo específicos.

  Esta opción aparece activa de forma predeterminada.

- Si el documento se guarda en formato PDF, seleccione la opción **Compatible con (PDF/A)** para guardar el archivo en este formato.

  Si desea que las fuentes sean reemplazadas por mapas de bits, active la opción **Texto de mapas de bits cuando las fuentes no están incrustadas**; esto le permitirá obtener una presentación lo más semejante posible al documento original. De lo contrario, si la persona que lee el archivo PDF no dispone de ciertas fuentes, estas serán reemplazadas por otras.

  Active la opción **Cifrar el documento con una contraseña** si desea asociar una contraseña al documento PDF; esta contraseña será necesaria para abrir el documento.

- Pulse el botón **Aceptar** del cuadro de diálogo **Opciones**.

© Editions ENI - Reproducción prohibida

- Si en el momento de guardar un documento en formato PDF ha activado la opción **Cifrar el documento con una contraseña**, se abre el cuadro de diálogo **Cifrar documento PDF**. Escriba la **Contraseña** y **Repetir contraseña** en los cuadros de texto correspondientes y confirme pulsando el botón **Aceptar**.
- Pulse el botón **Publicar** del cuadro de diálogo **Publicar como PDF o XPS**.

Editar un documento PDF en Word

Es posible abrir un archivo PDF en Word para editar su contenido.

- En la pestaña **Archivo**, haga clic en la opción **Abrir** y luego en **Examinar**.
- Seleccione la carpeta en la que desea guardar el documento PDF.

  *La opción **Todos los documentos Word** seleccionada por defecto en la lista de los tipos de archivo (a la derecha del cuadro **Nombre de archivo**) incluye el formato **PDF**. De este modo, en una misma carpeta podrá ver al mismo tiempo los documentos PDF y los documentos Word. Sin embargo también puede ver únicamente los documentos PDF.*

- Si desea mostrar únicamente los archivos en formato PDF, seleccione la opción **PDF Files** en la lista que se encuentra a la derecha del cuadro **Nombre de archivo**; tenga en cuenta que esta opción quedará seleccionada para cuando vuelva a abrir el cuadro de diálogo **Abrir**. Para volver a ver todos los documentos Word, deberá pensar en seleccionar la opción **Todos los documentos de Word** en la lista que contiene los tipos de archivo.
- Seleccione el archivo PDF que desea abrir y haga clic en el botón **Abrir** o haga directamente un doble clic en el archivo PDF pendiente de abrir.

  Aparecerá un mensaje que le informa de que el archivo PDF va a ser convertido en documento Word modificable. Este mensaje también le informa de que el documento obtenido puede no ser exactamente igual al archivo PDF original.

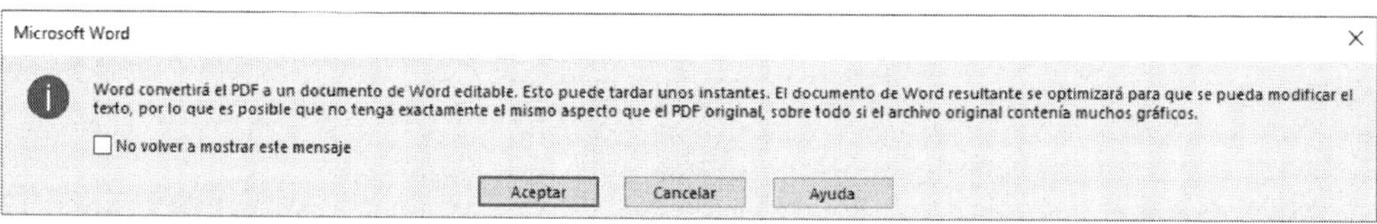

- Haga clic en el botón **Aceptar** del mensaje.

El archivo PDF se abre en Word. Si ha escogido mostrar las extensiones de los archivos (parámetro que se define en el Explorador de archivos de Windows), podrá ver la extensión ***.pdf*** *a la derecha del nombre del documento, en la barra de título.*

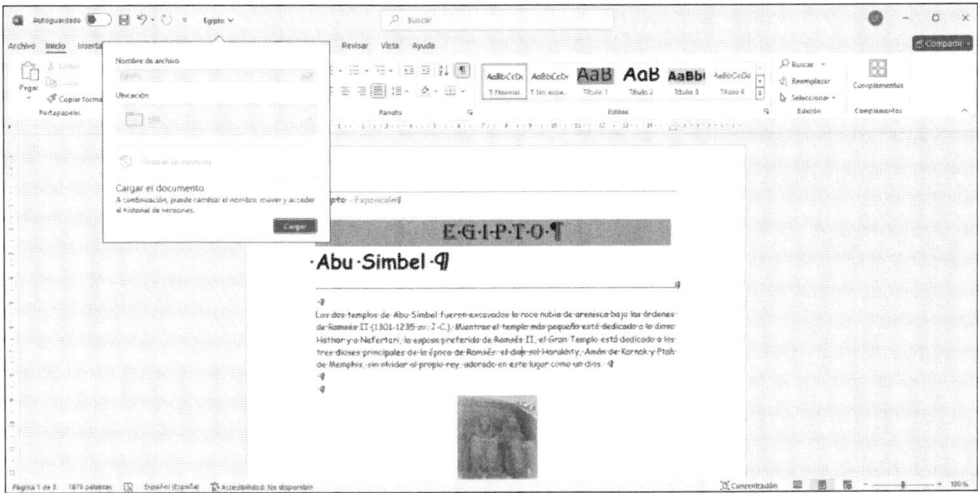

- En este momento dispone de varias opciones:
  - Para guardar el archivo PDF en formato Word, haga clic directamente en la herramienta **Guardar** para abrir el cuadro de diálogo **Guardar como**, seleccione la carpeta de almacenamiento, cambie, si fuera necesario, el nombre del documento y haga clic en el botón **Guardar**.

  En este caso, el documento que aparece en pantalla es el documento Word.

  - Si ha abierto el archivo PDF únicamente con el objetivo de hacer modificaciones pero no desea guardarlo en formato Word, efectúe las modificaciones en cuestión y haga clic en el botón **Guardar** .
- Seleccione la opción **PDF** en la lista **Tipo de archivo**.

  La carpeta en la que está guardado el archivo PDF original está seleccionada de manera predeterminada por lo que se visualizará el archivo PDF original.

© Editions ENI - Reproducción prohibida

Puesto que el archivo PDF original está abierto en Word, no es posible remplazarlo por el nuevo (sobrescribirlo). Además, para guardar el archivo PDF modificado en la misma carpeta que el documento original, cambie su nombre en el cuadro **Nombre de archivo** o, si desea guardarlo con el mismo nombre, escoja otra carpeta de almacenamiento; evidentemente, también puede guardarlo en otra carpeta y además cambiar su nombre.

Cambie, si fuera necesario, las opciones asociadas al formato PDF (véase el apartado anterior) y luego haga clic en el botón **Guardar**.

El archivo PDF original se mantiene abierto en Word.

Puesto que en este caso no desea guardar el archivo PDF en formato Word, ciérrelo sin guardarlo.

De este modo acaba de crear un nuevo archivo PDF en el que ha hecho unas modificaciones gracias a Word. El archivo original sigue existiendo, pero, si lo desea, puede eliminarlo.

Una vez guardado un archivo PDF en formato Word, nada le impide guardar ese documento Word en formato PDF (véase el apartado anterior).

Abrir o guardar un documento en formato .odt

El formato de Texto OpenDocument (.odt) es utilizado por algunos procesadores de texto como OpenOffice.org Writer, LibreOffice Writer o Google Docs.

Abrir un documento en formato .odt

Para abrir un documento en formato OpenDocument en Word, haga clic en la pestaña **Archivo** y, a continuación en **Abrir**.

Utilice el panel central y, si es necesario, el cuadro de diálogo **Abrir** para acceder a la ubicación que contiene el archivo que desea abrir, tal y como procedería para abrir cualquier documento.

Para mostrar únicamente los archivos guardados en formato .odt en el cuadro de diálogo **Abrir**, abra la lista de los tipos de archivos, situada junto al cuadro **Nombre de archivo** y seleccione el tipo **Texto de OpenDocument**.

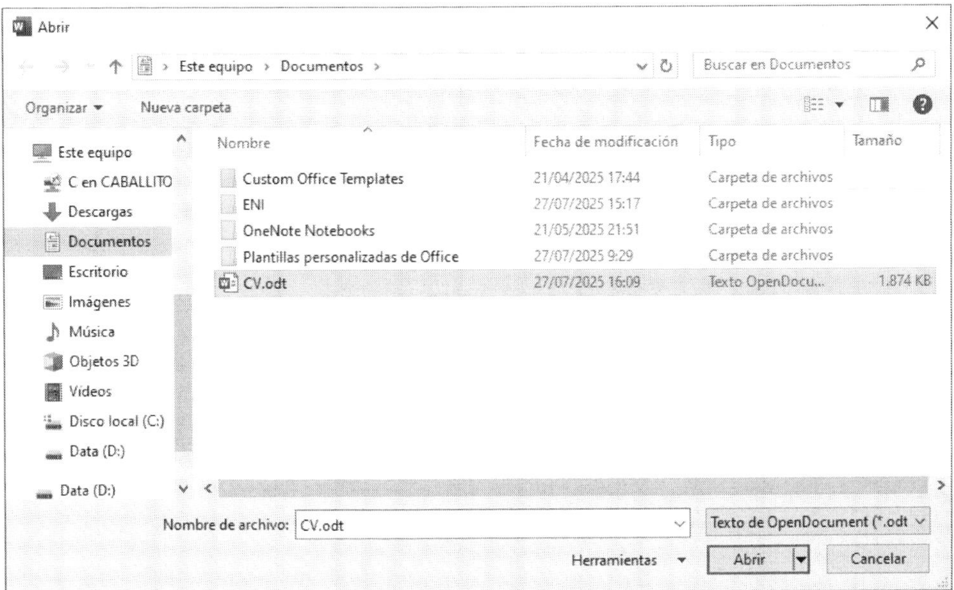

- Seleccione el archivo de su elección y haga clic en **Abrir**.

Cuando se abre un documento OpenDocument en Word, el formato puede ser diferente al de la aplicación inicial. Se convierten los datos y el contenido bruto, pero algunas funciones y determinados elementos gráficos no serán compatibles, o solo lo serán parcialmente.

Guardar un documento en formato .odt por primera vez

Para conservar una versión Word de su documento, guárdelo inicialmente como documento Word (.docx) antes de guardarlo nuevamente en formato OpenDocument (.odt).

- Haga clic en **Archivo** y en **Guardar como**.
- Seleccione **Examinar** para acceder a la ubicación donde desea guardar el documento.
- En la lista **Tipo**, seleccione **Texto de OpenDocument**.

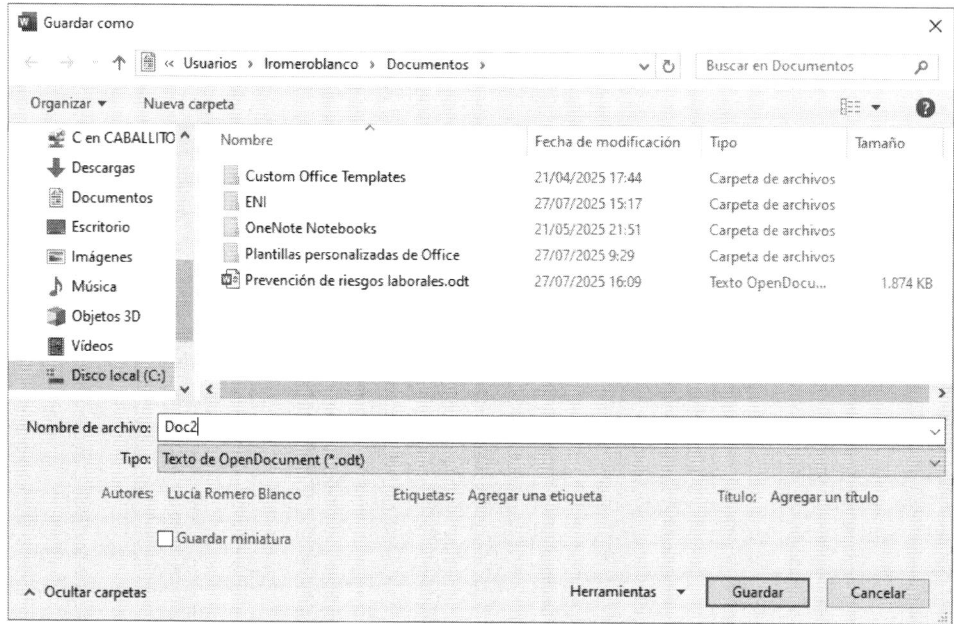

- Introduzca el nombre del archivo en el campo **Nombre de archivo** y, a continuación, haga clic en **Guardar**.

  A continuación, un cuadro de diálogo le recuerda que algunas funciones específicas de Word pueden no ser compatibles con el formato .odt. En otras palabras, las funciones de Word que no son compatibles con OpenDocument no se conservarán ni podrán utilizarse en otro software. No obstante, se conservarán los datos y el contenido.

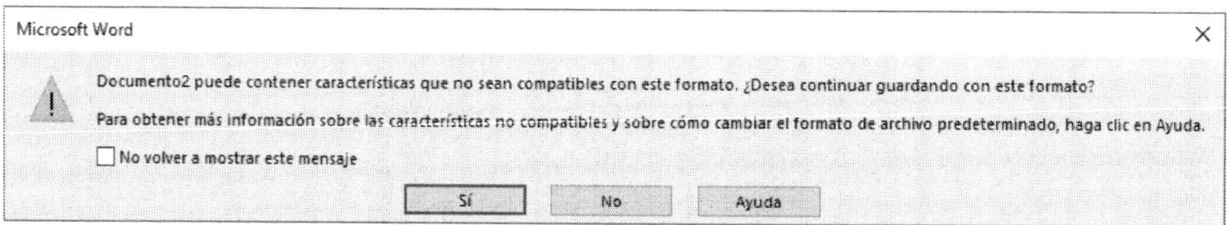

- Haga clic en **Sí** si desea guardar el documento en formato .ods. De lo contrario, haga clic en **No** para volver al cuadro de diálogo anterior y elegir otro formato.

Si va a enviar un documento .odt a alguien, primero guárdelo también en formato Word .docx. A continuación abra los dos documentos y compárelos para asegurarse de que no ha perdido los elementos importantes.

Guardar un documento existente en formato .odt

Cuando guarda un documento existente en formato .odt, aparece un cuadro de diálogo que le recuerda que algunas funciones de Word no se conservan en este formato.

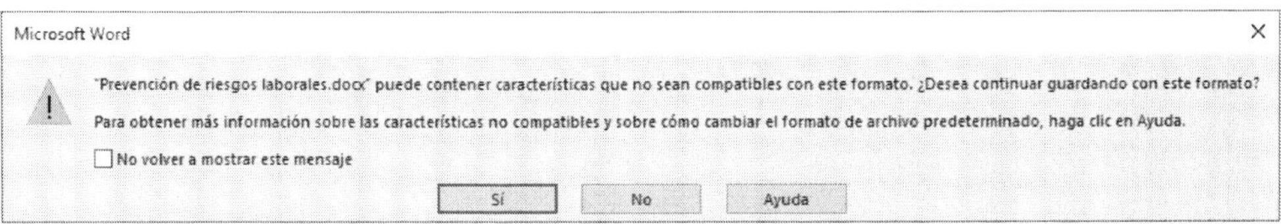

- Haga clic en **Sí** para guardar el archivo en formato .odt. Haga clic en **No** para abrir la opción **Guardar como**, que le permitirá guardar el documento en otro formato, si fuera necesario.

Definir las propiedades de un documento

Las propiedades permiten identificar un documento y se utilizan para ver la información relativa a un documento, organizar los documentos para encontrarlos fácilmente o para buscarlos.

- Abra el documento que va a utilizar.
- Haga clic en la pestaña **Archivo** y luego en la opción **Información**.

*Las propiedades del documento están visibles en el panel derecho, en el área **Propiedades**.*

De manera predeterminada, no se muestran todas las propiedades.

- Para mostrar más propiedades, haga clic en el vínculo **Mostrar todas las propiedades** que se encuentra en la parte inferior de la ventana.

*Word muestra las propiedades más pertinentes del documento; aparece el vínculo **Mostrar menos propiedades** que permite reducir el número de propiedades.*

© Editions ENI - Reproducción prohibida

- Para cada una de las propiedades que desee añadir, haga clic en la zona **Agregar** correspondiente (por ejemplo, para la propiedad **Título**, haga clic en **Agregar título**) y a continuación escriba la información que desee.

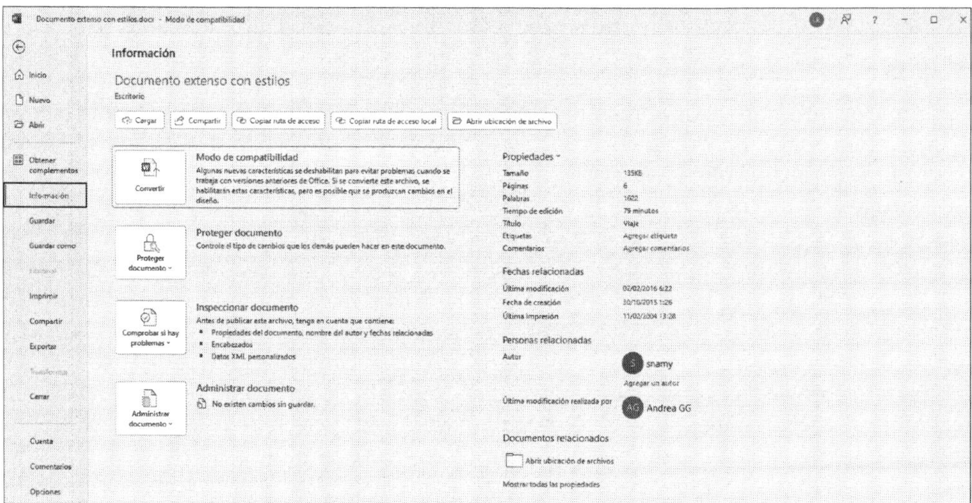

- Haga clic en la herramienta [icono Guardar] para guardar los cambios introducidos. Las propiedades no se insertan al archivo hasta que éste se guarda.

La opción **Propiedades avanzadas** de la lista **Propiedades** (pestaña **Archivo** - opción **Información**) permite abrir el cuadro de diálogo **Propiedades.**

Puede ver las propiedades de un archivo utilizando el cuadro de diálogo **Abrir:** haga clic en la opción **Abrir** de la pestaña **Archivo** y luego en el botón **Examinar**. Haga clic con el botón secundario del ratón en el documento cuyas propiedades desea ver y luego haga clic en la opción **Propiedades**; las propiedades se encuentran en la pestaña **Detalles**.

Cuando se abre un documento guardado en una biblioteca de SharePoint, puede utilizar el botón **Propiedades** de la pestaña **Vista** para visualizar y modificar sus propiedades.

Insertar un documento en otro

- Abra el documento en el que quiere insertar otro documento.
- Sitúe el cursor en el punto donde quiere introducir el contenido del documento.
- Abra la lista asociada al botón **Objeto** del grupo **Texto**, situado en la pestaña **Insertar**, y luego haga clic en la opción **Insertar texto de archivo**.
- Seleccione el documento que desea insertar.
- Pulse, si es necesario, el botón **Intervalo** e introduzca el nombre del marcador correspondiente a la parte del documento que desea insertar.

  Para tal operación, hay que atribuir previamente un marcador a la parte del texto que se quiere insertar.
- Pulse el botón **Insertar** o abra la lista asociada a dicho botón y luego haga clic en la opción **Insertar como vínculo** para crear un enlace entre el documento activo y el documento insertado.

Comparar documentos en paralelo

En esta parte se muestra cómo se pueden visualizar en pantalla dos documentos, uno al lado del otro, para poderlos comparar.

- Asegúrese de que los documentos que desea comparar estén abiertos y de que la pestaña **Archivo** no esté activa en ninguno de los dos documentos. El nombre de cada documento se muestra en la lista **Cambiar ventanas** en la pestaña **Vista**.

  *Un documento en el que la pestaña **Archivo** esté abierta no podrá mostrarse en paralelo con otro documento.*
- Para visualizar uno de los documentos que se van a comparar, pulse el botón **Cambiar ventanas** de la pestaña **Vista** y luego seleccione el nombre del documento que desea que se muestre, o pulse el botón correspondiente al documento en la barra de tareas.
- Pulse en la herramienta **Ver en paralelo** , situada en el grupo **Ventana** de la pestaña **Vista**.
- Si únicamente hay dos documentos abiertos, los dos documentos aparecen en pantalla, uno al lado del otro.

  Si hay más de dos documentos abiertos, aparece en pantalla el cuadro de diálogo **Comparar en paralelo**, que permite elegir el segundo documento.

© Editions ENI - Reproducción prohibida

Haga doble clic en el documento que desea mostrar.

Los documentos aparecerán en pantalla en paralelo.

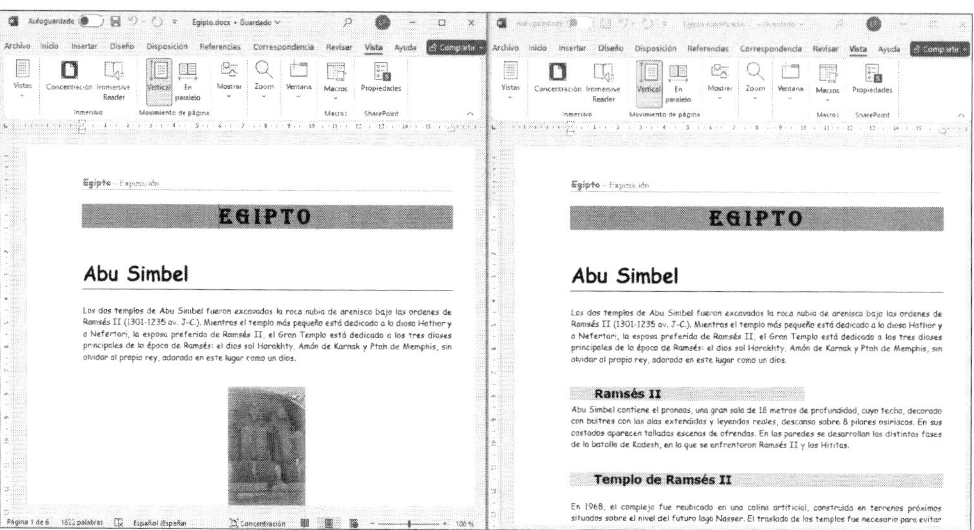

- De forma predeterminada, los dos documentos se mueven simultáneamente cuando se desplaza alguno de los documentos. Para desactivar esta opción, en la pestaña **Vista** de uno de los dos documentos y dentro del grupo **Ventana**, pulse el botón **Desplazamiento sincrónico** .
- Si se han modificado el tamaño y/o la posición de las ventanas de cada documento, en la pestaña **Vista** de uno de los dos documentos y dentro del grupo **Ventana**, pulse el botón **Restablecer posición de la ventana** .
- Una vez terminada la comparación de documentos, en la pestaña **Vista** de uno de los dos documentos y dentro del grupo **Ventana**, pulse el botón **Ver en paralelo** para desactivar la disposición de las ventanas.

Enviar un documento como archivo adjunto

Con Microsoft Word es posible enviar un documento utilizando la mensajería electrónica siempre y cuando tenga instalado un software de mensajería en su ordenador y conexión a Internet.

- Abra el documento que se va a enviar.
- Haga clic en la pestaña **Archivo**, y luego en la opción **Compartir**.

*Se muestra la ventana **Compartir**.*

*Microsoft prioriza compartir archivos a través de **OneDrive** o **SharePoint** cuando este último está disponible. Estas opciones para compartir documentos se abordan en el apartado Trabajo en equipo - capítulo Uso compartido.*

*Si desea enviar una copia del documento por correo electrónico, haga clic en el botón **Documento de Word**.*

A continuación, se abre la ventana de envío de mensaje del programa de correo electrónico. El documento aparece adjunto al mensaje.

© Editions ENI - Reproducción prohibida

- Introduzca en la casilla **Para** la o las direcciones de los destinatarios del mensaje separando los nombres con punto y comas, o pulse el botón **Para** para seleccionar las direcciones desde de la libreta de direcciones.
- En el cuadro **CC** (Con copia), introduzca la o las direcciones del o de los destinatarios de la copia del mensaje o pulse el botón **CC** para seleccionar las direcciones desde la libreta de direcciones.

  Se realiza el envío con copia del mensaje para informar a destinatarios, de los cuales generalmente no se espera respuesta.
- En el cuadro **Asunto**, introduzca el tema del mensaje; de forma predeterminada, aparece el nombre del documento en esta casilla.
- Para trabajar con el cuerpo del mensaje, sitúe el cursor en la parte grande de escritura (parte inferior de la ventana) y haga clic en el punto donde escribirá el texto.
- Pulse el botón **Enviar**.

  Para abrir el dato adjunto, el destinatario deberá abrir el mensaje y luego hacer doble clic en el icono (o el vínculo) correspondiente; evidentemente, el destinatario debe disponer de la aplicación que le permita leer el documento.

Atención: el documento abierto desde un mensaje se encuentra en una carpeta temporal del sistema. Si lo modifica, no se olvide de guardarlo en su carpeta de trabajo con la opción **Guardar como**.

Seleccionar texto

Si desea seleccionar:

una palabra: haga doble clic en la palabra.

una línea: sitúe el puntero a la izquierda de la línea (el puntero adopta la forma de una flecha) y haga clic una vez.

un párrafo: sitúe el puntero a la izquierda del párrafo (el puntero adopta la forma de una flecha) y, a continuación, haga doble clic.

una frase: señale la frase y, con la tecla Ctrl pulsada, haga clic una vez en una de las palabras de la frase.

todo el documento: señale a la izquierda del texto y haga triple clic. También puede hacer un solo clic a la izquierda del texto con la tecla Ctrl pulsada (o Ctrl **E**).

Uno o varios grupos de caracteres:

hacer clic y arrastrar: haga clic en el primer carácter que desea seleccionar y, sin soltar el botón del ratón, arrástrelo para extender la selección; deje de pulsar el botón cuando la selección sea la deseada.

« Mayús**-clic**»: haga clic en el primer carácter que desea seleccionar y, sin soltar la tecla Mayús haga clic en el último de la selección.

Varios grupos de caracteres: seleccione el primer bloque de texto, mantenga la tecla Ctrl pulsada y a continuación seleccione los demás bloques de texto con el ratón.

El texto seleccionado se muestra sobre fondo gris. Cuando se ha realizado una selección, aparece temporalmente una pequeña barra con opciones básicas de formato. De esta forma se puede modificar el formato sin tener que pulsar la pestaña ***Inicio****.*

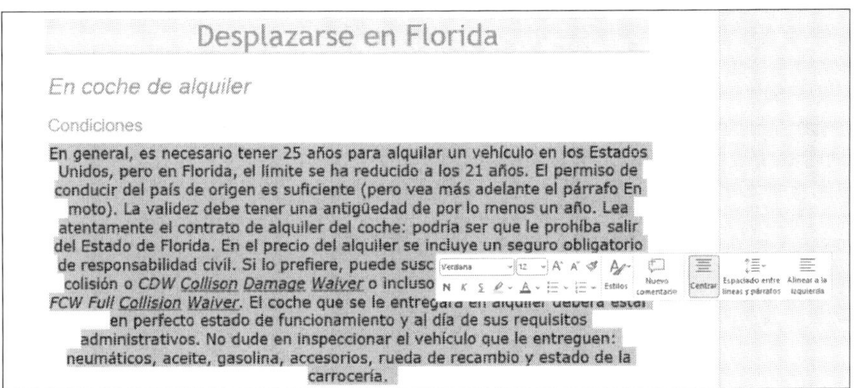

© Editions ENI - Reproducción prohibida

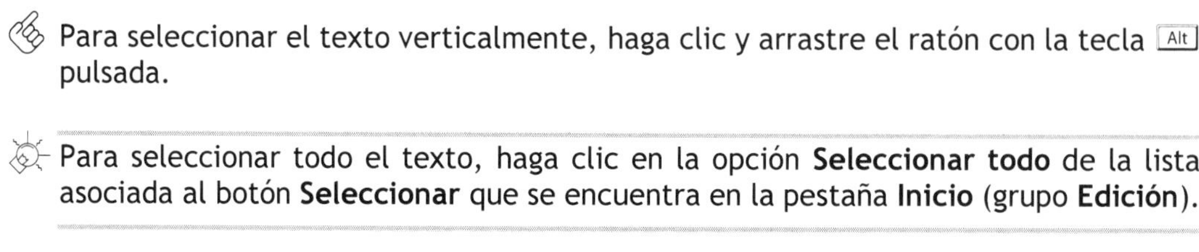

Para seleccionar el texto verticalmente, haga clic y arrastre el ratón con la tecla Alt pulsada.

Para seleccionar todo el texto, haga clic en la opción **Seleccionar todo** de la lista asociada al botón **Seleccionar** que se encuentra en la pestaña **Inicio** (grupo **Edición**).

Un clic con el botón secundario del ratón abre el menú contextual: en este menú se reúnen opciones aplicables a la selección realizada.

Escribir/eliminar texto

- Sitúe el punto de inserción donde desea escribir el texto.
- Escriba el texto «de corrido» sin preocuparse de ajustarlo: cuando el punto de inserción llega al final de una línea, Word lo sitúa de nuevo al inicio de la siguiente línea.

  Si se pulsa la tecla ↵, el punto de inserción pasa a la siguiente línea y se crea de esta forma un nuevo párrafo.
- Cuando el usuario empieza a escribir los caracteres de la fecha del día, de un día de la semana, de un mes o incluso algunas fórmulas de cortesía, podrá ver como Word le ofrece, en una pequeña información en pantalla, el final de la palabra o expresión (se trata del principio de autotexto); basta con pulsar la tecla ↵ para aceptar la sugerencia de Word o, por el contrario, seguir escribiendo.
- Para eliminar el carácter anterior o siguiente, pulse la tecla ⟵ o Supr. Para eliminar la palabra o el principio de palabra, pulse Ctrl ⟵ y para eliminar la palabra o el fin de la palabra, pulse Ctrl Supr. Para eliminar varias palabras a la vez, selecciónelas y pulse la tecla Supr.

Ciertos caracteres permiten crear una lista de viñetas o una lista numerada a medida que se va escribiendo el texto. En efecto, si utiliza el asterisco (*), el signo mayor que (>) o incluso el guion (-) seguidos de la tecla Espacio o de la tecla ⇆, el carácter introducido se transforma en viñeta. Del mismo modo, si introduce el valor 1 seguido de un punto (.), un paréntesis de cierre o un signo mayor que (>) seguidos de la tecla Espacio o de la tecla ⇆, se aplica una sangría al número. Una vez introducido el texto asociado a la primera viñeta o al primer número, es suficiente con pulsar la tecla ↵ para aplicar una viñeta o un número en el párrafo siguiente.

De manera predeterminada, el modo Inserción está activo y los caracteres que se van escribiendo se insertan entre los caracteres existentes. Para poder activar y desactivar el modo Sobrescribir (los caracteres que se van escribiendo reemplazan los caracteres existentes) pulsando la tecla Ins, deberá marcar la opción **Usar la tecla Insert para controlar el modo Sobrescribir** del cuadro de diálogo **Opciones de Word** (pestaña **Archivo** - opción **Opciones** - categoría **Avanzadas** - apartado **Opciones de edición**).

Para transformar mayúsculas en minúsculas y a la inversa, utilice la herramienta **Cambiar mayúsculas y minúsculas** Aa de la pestaña **Inicio** o utilice el método de teclado Mayús F3.

Utilizar la revisión ortográfica/gramatical mientras escribe

Mientras se escribe un texto con un error de ortografía, de gramática o una palabra que Word no conoce, aparece una raya ondulada roja (error de ortografía) o azul (error gramatical o posible error de elección de palabra) debajo de la palabra que Word no conoce. Asimismo, Word detecta las palabras repetidas, pero no reconoce la mayoría de los nombres propios.

Para corregir el error, haga clic con el botón secundario del ratón sobre dicha palabra.

Word ofrece algunas soluciones de reemplazo.

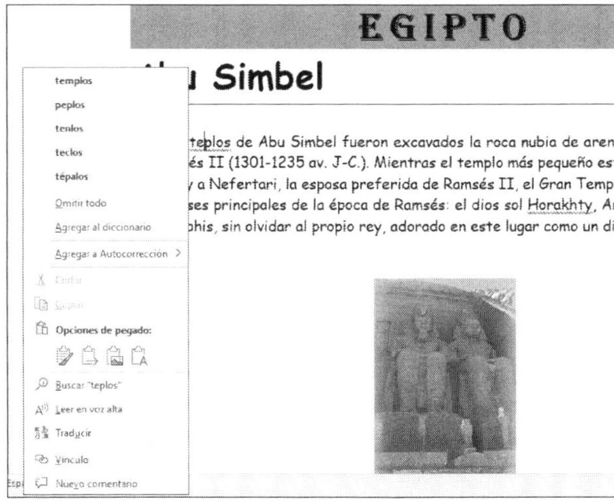

© Editions ENI - Reproducción prohibida

Haga clic en la opción correcta.

Inmediatamente la palabra se reemplaza.

Cuando sigue habiendo errores de ortografía o gramática en el documento, puede verse en la barra de estado el icono ; en caso contrario, es el icono el que aparece.

En el caso en que estas rayas onduladas rojas y azules, dificulten el trabajo, el usuario puede ocultarlas. Para ello, haga clic en la pestaña **Archivo**, en la opción **Opciones** y luego en la categoría **Revisión**. Estas opciones permiten establecer los parámetros de la corrección automática. En la lista **Excepciones para**, elija el documento en el que quiere que se oculten los errores de ortografía o gramática. Marque la opción **Ocultar errores de ortografía solo en este documento** y/o la opción **Ocultar errores de gramática solo en este documento**: las opciones marcadas se aplican directamente a la elección que se ha realizado en la lista asociada a **Excepciones para**. Haga clic en el botón **Aceptar** para terminar. A partir de ese momento, solo el icono de la barra de estado muestra si hay errores y el menú contextual no permite corregirlas.

Para desactivar la revisión automática, desactive la opción **Revisar ortografía mientras escribe** y **Marcar errores gramaticales mientras escribe** del cuadro de diálogo **Opciones de Word** (pestaña **Archivo** - **Opciones** - categoría **Revisión** - apartado **Para corregir ortografía y gramática en Word**).

Utilizar los marcadores de tabulación

Los marcadores de tabulación permiten alinear correctamente y al mismo nivel varias líneas de texto. Para establecer marcadores de tabulación, consulte el título Aplicar una marca de tabulación del capítulo Párrafos.

Si desea visualizar las marcas de los marcadores de tabulación, active las marcas de formato activando la herramienta ¶ de la pestaña **Inicio** (grupo **Párrafo**).

Las marcas de tabulación se representan mediante la siguiente flecha →.

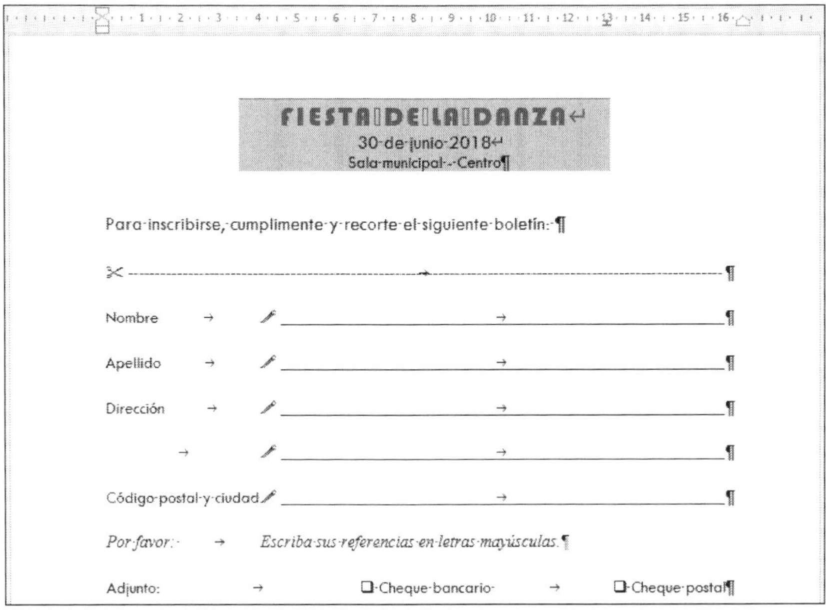

FIESTA DE LA DANZA
30 de junio 2018
Sala municipal - Centro

Para inscribirse, cumplimente y recorte el siguiente boletín:

✂ --

Nombre → ✎ ________________ → ________________

Apellido → ✎ ________________ → ________________

Dirección → ✎ ________________ → ________________

→ ✎ ________________ → ________________

Código postal y ciudad ✎ ________________ → ________________

Por favor: → *Escriba sus referencias en letras mayúsculas.*

Adjunto: → ❑ Cheque bancario → ❑ Cheque postal

- Si fuese necesario, introduzca el texto al principio de la línea.
- Para situarse en el siguiente marcador pulse la tecla ⇥.

  Los marcadores predefinidos por Word se colocan cada 1,25 cm.
- Para volver al marcador anterior, elimine el carácter de tabulación pulsando la tecla ←.

Si las teclas ⇥ o ← provocan el aumento o la disminución de la primera sangría y la de la izquierda, desactive la opción **Establecer la primera sangría y la sangría izquierda con tabulaciones y retrocesos** del cuadro de diálogo **Autocorrección** (pestaña **Archivo** - **Opciones** - categoría **Revisión** - botón **Opciones de Autocorrección** - pestaña **Autoformato mientras escribe**).

© Editions ENI - Reproducción prohibida

Insertar guiones de no separación/espacios de no separación

La inserción de uno de estos caracteres entre dos palabras impide la ruptura de una línea entre dichas palabras.

- Si los textos ya se han introducido, elimine el espacio (o el guion) existente.
- Inserte un guion de no separación pulsando Ctrl Mayús _ o un espacio de no separación mediante las teclas Ctrl Mayús Espacio.

Si se muestran las marcas de formato, el espacio de no separación se simboliza mediante ° y el guion de no separación, mediante –.

Insertar la fecha del sistema

Utilizando el teclado

La fecha del sistema del ordenador corresponde a la fecha del día en curso.

- Sitúe el punto de inserción en el lugar del texto donde quiera que aparezca la fecha.
- Pulse Alt Mayús **F**.

La fecha del sistema aparece con la forma dd/MM/aaaa.

- Para actualizar la fecha del sistema, haga clic en la fecha y a continuación seleccione la opción **Actualizar**.

- Para eliminar la fecha del sistema insertada, selecciónela pulsando en el símbolo ⋮ y después pulse la tecla Supr.

Utilizando el cuadro de diálogo

- Sitúe el punto de inserción en el lugar del texto donde quiera que aparezca la fecha.
- En la pestaña **Insertar**, pulse el botón **Fecha y hora** que se encuentra en el grupo **Texto**.

*Aquí Word ofrece, en el cuadro de lista **Formatos disponibles**, la fecha del día (y la hora actual), en varios formatos.*

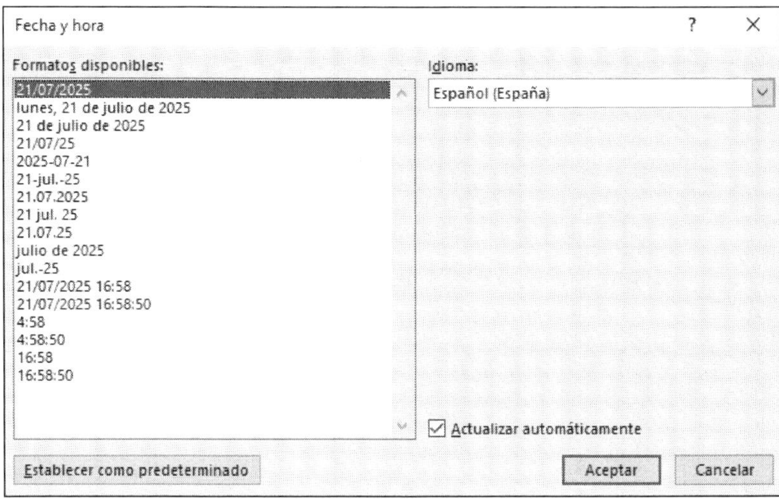

- Si fuese necesario, abra la lista **Idioma** y seleccione el idioma en el que desea que aparezcan los formatos de la fecha y la hora.
- Haga clic en el formato que desee del cuadro de lista **Formatos disponibles**.
- Marque la opción **Actualizar automáticamente** si desea que la fecha se actualice automáticamente.
- Pulse el botón **Aceptar**.

El botón **Establecer como predeterminado** del cuadro de diálogo **Fecha y hora** permite guardar el formato seleccionado como nuevo parámetro predeterminado.

Insertar símbolos en el texto

Esta función permite insertar caracteres que no aparecen en el teclado.

- Sitúe el punto de inserción en el lugar del texto donde quiera que aparezca el símbolo.
- En la pestaña **Insertar**, pulse el botón **Símbolo** que aparece en el grupo **Símbolos**.
- Haga clic en el símbolo que desea introducir; si no aparece el símbolo que desea insertar, haga clic en la opción **Más símbolos**.

© Editions ENI - Reproducción prohibida

De los símbolos que se ofrecen, se visualizan los que han sido utilizados recientemente.

- En la lista **Fuente** seleccione la fuente que contenga el símbolo que desee insertar, por ejemplo, de la fuente.

(texto normal)	Para insertar un carácter clásico como, por ejemplo, una mayúscula acentuada, un símbolo de moneda o algún carácter de una lengua extrajera.
Symbol	Para insertar caracteres griegos o matemáticos.
Webdings, **Wingdings**, **Wingdings2** o **Wingdings3**	Para insertar símbolos gráficos.

En este ejemplo se muestran los caracteres Windings:

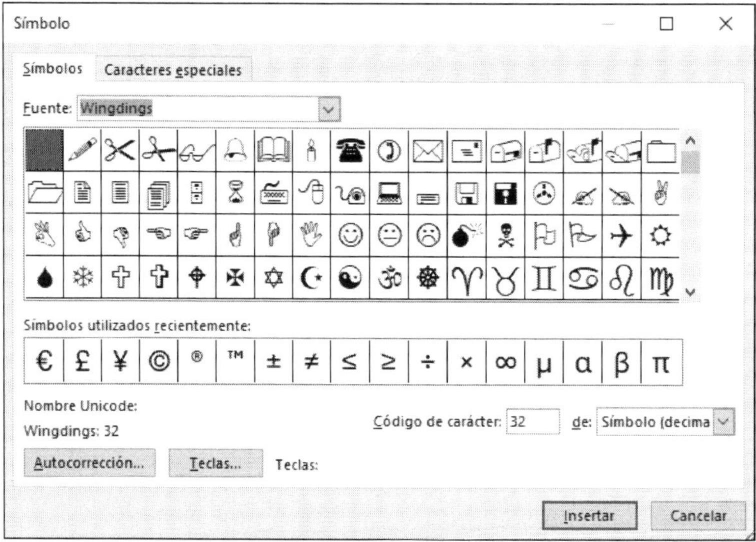

- Haga deslizar los símbolos hasta que visualice el que más le convenga; haga doble clic en él o selecciónelo y luego pulse el botón **Insertar**; si el símbolo pertenece a los **Símbolos utilizados recientemente**, lo encontrará también en el cuadro correspondiente.

  *Para seleccionar un símbolo, se puede introducir el código, si se conoce, en la casilla **Código de carácter**.*

- Para cerrar el cuadro de diálogo, pulse el botón **Cerrar**.

De la misma forma que con los símbolos, se pueden insertar caracteres especiales como, por ejemplo, un guion largo o un espacio de no separación. Para ello, solo tiene que hacer clic en la pestaña **Caracteres especiales** del cuadro de diálogo **Símbolo** (pestaña **Insertar** - botón **Símbolo** - opción **Más símbolos**).

Con el botón **Teclas...** del cuadro de diálogo **Símbolo**, se pueden asignar métodos abreviados a símbolos.

Cuando se ha introducido un símbolo, un doble clic sobre él permite abrir rápidamente el cuadro de diálogo **Símbolo**.

Insertar un salto de página

Sitúe el punto de inserción en el lugar del texto donde quiera que empiece la página nueva.

El texto que aparece por debajo del punto de inserción será visible en una página nueva.

Pulse Ctrl ↵.

*Se puede pulsar el botón **Salto de página** del grupo **Páginas**, en la pestaña **Insertar**, para efectuar la misma operación.*

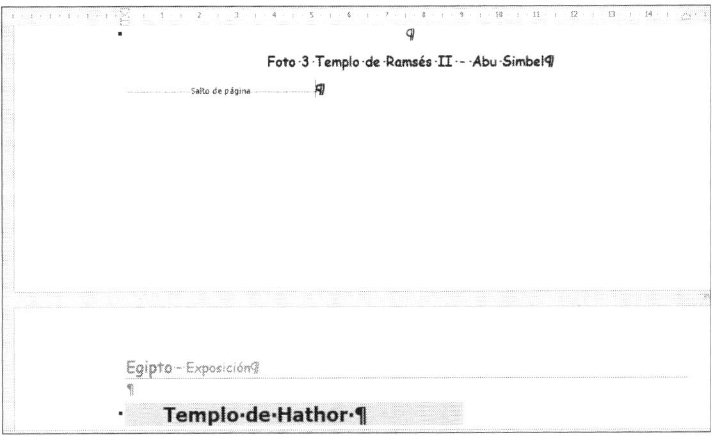

*Si se muestran las marcas de formato (¶), se puede ver una línea de puntos, símbolo de ruptura de página. Word indica que se trata de un **Salto de página**.*

© Editions ENI - Reproducción prohibida

 Para eliminar el salto de página, sitúe el punto de inserción en la línea de puntos y pulse la tecla [Supr].

Insertar un salto de línea

Esta operación permite saltar a la línea siguiente sin cambiar de párrafo.

- Sitúe el punto de inserción en el lugar deseado.
- Pulse [Mayús] [↵].

  El punto de inserción salta a la línea siguiente sin cambiar de párrafo.

- Si fuese necesario, active la vista de marcas de formato ([¶] de la pestaña **Inicio**) para localizar un salto de línea.

  Si se trata de una lista con viñetas, la viñeta no aparece a la izquierda de las líneas que siguen al salto de línea:

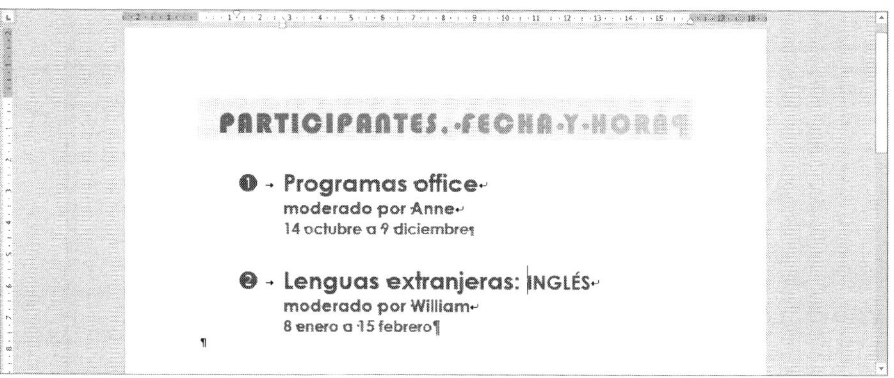

Desplazar/copiar parte de un texto

- Seleccione el texto que desee desplazar o copiar; utilice la tecla [Ctrl] para seleccionar varios grupos de caracteres (selección discontinua).
- Haga clic en la pestaña **Inicio**.
- Si desea desplazar la selección, haga clic en el icono **Cortar** [✂] del grupo **Portapapeles** o utilice el método abreviado [Ctrl] **X**.

  Si desea duplicar la selección, haga clic en el icono **Copiar** [⎘] del grupo **Portapapeles** o utilice el método abreviado [Ctrl] **C**.

*Tanto si se ha realizado la primera o la segunda operación, la selección queda almacenada de forma temporal en la memoria del **Portapapeles**.*

- Sitúe el punto de inserción en el lugar donde quiere que aparezca el texto.

- Haga clic en el icono del grupo **Portapapeles** o utilice el método abreviado Ctrl **V**.

*Inmediatamente, el contenido del portapapeles aparece. Debajo del texto pegado aparece el botón **Opciones de pegado** (Ctrl). De forma predeterminada, el texto conserva el formato de origen.*

- Si desea que el texto tenga un formato distinto al de origen, haga clic en el icono (Ctrl), abra la lista asociada y a continuación pulse una de las opciones que se ofrecen:

: Word no tiene en cuenta el formato (de los párrafos y/o caracteres) que tiene el párrafo en el que se pega el texto, sino que conserva el formato del texto seleccionado para la copia o el desplazamiento. Si el texto seleccionado no tiene ninguna marca de párrafo (¶), Word no tiene en cuenta, durante el pegado, el formato del párrafo de origen, sino el de los caracteres únicamente.

: Word conserva el formato de origen de los caracteres y también aplica el formato de los caracteres del párrafo en el que ha sido pegado el texto. Respecto al formato de los párrafos, Word aplica el del párrafo en el que el texto ha sido pegado.

: el formato de origen no se conserva; el texto adopta el formato de los caracteres y los párrafos aplicado en el párrafo en el que ha sido pegado.

Definir el pegado predefinido: en el cuadro de diálogo **Opciones de Word**, en el apartado **Cortar, copiar y pegar** de la categoría **Avanzadas**, el usuario puede modificar las opciones de pegado predeterminado.

Para pegar un elemento, también puede abrir el panel **Portapapeles**, haciendo clic en el iniciador de cuadro de diálogo del grupo **Portapapeles** que aparece en la pestaña **Inicio**. Con un simple clic en uno de los elementos del panel lo inserta en el documento; el botón **Pegar todo** permite pegar todos los elementos almacenados en el **Portapapeles**, mientras que el botón **Borrar todo** permite eliminarlos todos.

© Editions ENI - Reproducción prohibida

Si no quiere que el botón **Opciones de pegado** (Ctrl) aparezca cuando pegue un texto, desactive la opción **Mostrar el botón Opciones de pegado al pegar contenido** que se encuentra en el cuadro de diálogo **Opciones de Word** (pestaña **Archivo** - **Opciones** - categoría **Avanzadas** - apartado **Cortar, copiar y pegar**).

Administrar los bloques de texto (sin el Portapapeles)

Esta operación permite trasladar o copiar un texto sin pasar por el Portapapeles.

- Seleccione el texto que desea copiar o desplazar; utilice la tecla Ctrl para seleccionar varios bloques de texto.
- Sitúe el puntero en el texto seleccionado.

  El puntero del ratón adopta la forma de una flecha .
- Si se trata de una copia, con la tecla Ctrl presionada, haga clic y arrastre hasta donde desee copiar el texto.

  Si se trata de un desplazamiento, haga clic y arrastre hasta la nueva posición de la selección.

  Durante el desplazamiento, en el puntero del ratón aparece un rectángulo; si se trata de una copia, el rectángulo contiene el signo más.
- Si fuese necesario, especifique el formato de la selección que ha sido pegada mediante el botón **Opciones de pegado** (Ctrl) que aparece debajo del texto pegado.

Insertar un texto comodín

Al crear modelos de documento, por ejemplo, en ocasiones puede ser necesario generar un texto «falso» con el fin de comprobar y ver más claramente el formato o la paginación establecidos.

Existen en Word dos comandos que permiten insertar un texto hipotético.

- Para insertar un texto ficticio en español, introduzca el comando **=rand()** en el lugar donde desea introducir el texto y pulse la tecla ↵.

  Automáticamente, Word inserta un texto formado por cinco párrafos de tres frases procedentes de la ayuda de Word.

El vídeo proporciona una manera eficaz para ayudarle a demostrar el punto. Cuando haga clic en Vídeo en línea, puede pegar el código para insertar del vídeo que desea agregar. También puede escribir una palabra clave para buscar en línea el vídeo que mejor se adapte a su documento.

Para otorgar a su documento un aspecto profesional, Word proporciona encabezados, pies de página, páginas de portada y diseños de cuadro de texto que se complementan entre sí. Por ejemplo, puede agregar una portada coincidente, el encabezado y la barra lateral. Haga clic en Insertar y elija los elementos que desee de las distintas galerías.

Los temas y estilos también ayudan a mantener su documento coordinado. Cuando haga clic en Diseño y seleccione un tema nuevo, cambiarán las imágenes, gráficos y gráficos SmartArt para que coincidan con el nuevo tema. Al aplicar los estilos, los títulos cambian para coincidir con el nuevo tema.

Ahorre tiempo en Word con nuevos botones que se muestran donde se necesiten. Para cambiar la forma en que se ajusta una imagen en el documento, haga clic y aparecerá un botón de opciones de diseño junto a la imagen. Cuando trabaje en una tabla, haga clic donde desee agregar una fila o columna y, a continuación, haga clic en el signo más.

La lectura es más fácil, también, en la nueva vista de lectura. Puede contraer partes del documento y centrarse en el texto que desee. Si necesita detener la lectura antes de llegar al final, Word le recordará dónde dejó la lectura, incluso en otros dispositivos.

- Para insertar un texto ficticio en latín, introduzca el comando **=lorem()** en el lugar donde desea introducir el texto y pulse la tecla ↵.

  Word inserta también un texto formado por cinco párrafos de tres frases, pero, a diferencia del texto español, la longitud de las frases es aleatoria.

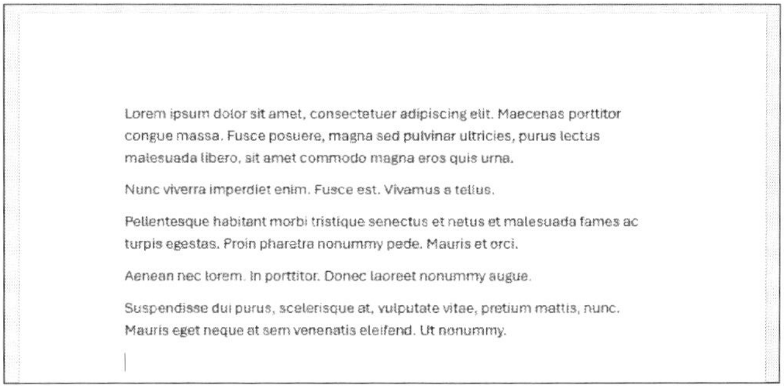

Lorem ipsum dolor sit amet, consectetuer adipiscing elit. Maecenas porttitor congue massa. Fusce posuere, magna sed pulvinar ultricies, purus lectus malesuada libero, sit amet commodo magna eros quis urna.

Nunc viverra imperdiet enim. Fusce est. Vivamus a tellus.

Pellentesque habitant morbi tristique senectus et netus et malesuada fames ac turpis egestas. Proin pharetra nonummy pede. Mauris et orci.

Aenean nec lorem. In porttitor. Donec laoreet nonummy augue.

Suspendisse dui purus, scelerisque at, vulputate vitae, pretium mattis, nunc. Mauris eget neque at sem venenatis eleifend. Ut nonummy.

- Para seleccionar el número de párrafos y de frases que quiere que se generen, introduzca el número de párrafos seguido de una coma y del número de frases entre los paréntesis del comando **=rand()** o del comando **=lorem()**.

  Por ejemplo, el comando **=rand(6,3)** generará un texto español compuesto por seis párrafos de tres frases.

© Editions ENI - Reproducción prohibida

Crear un elemento rápido

Un elemento rápido permite guardar en la memoria un texto repetitivo (fórmula de cortesía, dirección, abreviatura, etc.).

- Si el elemento rápido afecta a varios documentos creados desde una plantilla concreta, abra un documento basado en dicha plantilla.
- Escriba el contenido del elemento rápido y aplique las posibles modificaciones de formato.
- Seleccione el contenido del elemento rápido; incluya la marca de párrafo ¶ en la selección si desea que el formato del párrafo (sangría, alineación, interlineado, etc.) se almacene como elemento rápido.
- En la pestaña **Insertar**, pulse el botón **Elementos rápidos** situado en el grupo **Texto**, señale la opción **Autotexto** y luego haga clic en la opción **Guardar selección en galería de autotexto**.

  *Puesto que el elemento rápido está considerado como un tipo de bloque de creación (un contenido predefinido), en pantalla aparece el cuadro de diálogo **Crear nuevo bloque de creación**.*
- Indique el **Nombre** del elemento rápido en la casilla correspondiente.
- Seleccione la opción **Autotexto** en la lista **Galería**.
- Abra la lista **Categoría** y seleccione una de las categorías que se ofrecen en la lista o haga clic en la opción **Crear nueva categoría** para crear una categoría nueva.

  Si se ha optado por crear una nueva categoría, introduzca el **Nombre** en el cuadro de diálogo **Crear nueva categoría** y pulse el botón **Aceptar**.
- Escriba una posible **Descripción** del elemento rápido en la casilla correspondiente.
- Si el documento actual se basa en una plantilla que no es la plantilla Normal.dotm y el elemento rápido tiene que ser guardado en dicha plantilla, seleccione el nombre en la lista **Guardar en**: el elemento rápido solo estará disponible en los documentos que se basen en esta plantilla.

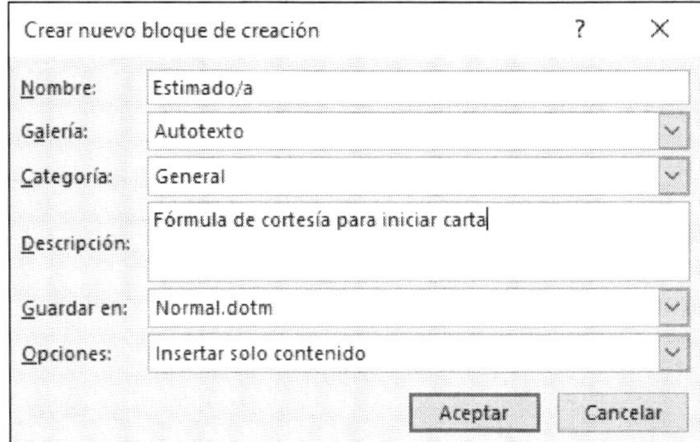

- Abra la lista **Opciones** y seleccione una de las opciones siguientes:

Insertar solo contenido	Solo será insertado el contenido del elemento rápido cuando se utilice.
Insertar contenido en su propio párrafo	En el nuevo párrafo aparecerá el contenido del elemento rápido: si el punto de inserción se sitúa en medio de un párrafo existente, Word crea párrafos vacíos.
Insertar contenido en su propia página	El contenido del elemento rápido aparece en una página nueva: Word creará un salto de página antes y después del elemento rápido.

- Pulse **Aceptar** para validar el nuevo elemento rápido.

Los elementos rápidos se han añadido a una plantilla, Normal.dotm u otra; el programa le propone guardar la plantilla cuando se cierra el documento o al guardarlo para que los elementos rápidos creados en la plantilla se creen definitivamente.

© Editions ENI - Reproducción prohibida

Utilizar un elemento rápido

Primer método

- Sitúe el punto de inserción donde desea insertar el contenido del elemento rápido.
- En la pestaña **Insertar**, haga clic en el botón **Elementos rápidos** que se encuentra en el grupo **Texto** y señale la opción **Autotexto**.

  En pantalla se muestra la galería de autotexto.

  Al señalar con el puntero un elemento rápido, se puede ver su descripción en una información de herramienta.

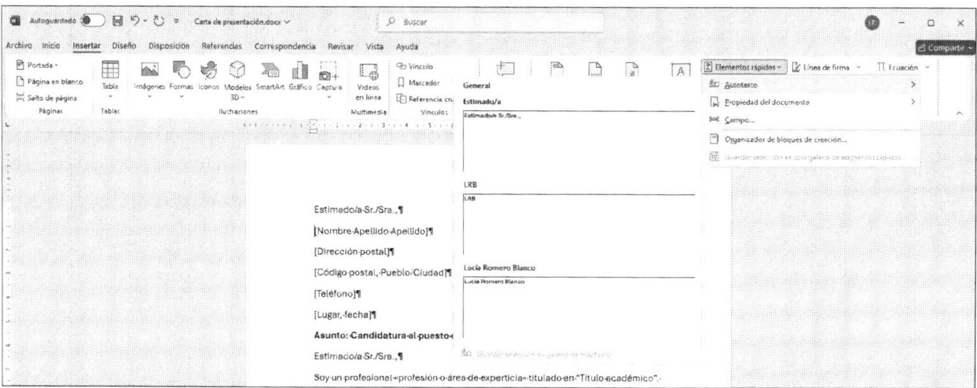

- Para insertar el contenido del elemento rápido en la posición del punto de inserción, haga clic en el elemento rápido que desea insertar.

  Para insertar el contenido del elemento rápido en un punto determinado del documento, haga clic con el botón secundario del ratón en el elemento rápido en cuestión para abrir su menú contextual.

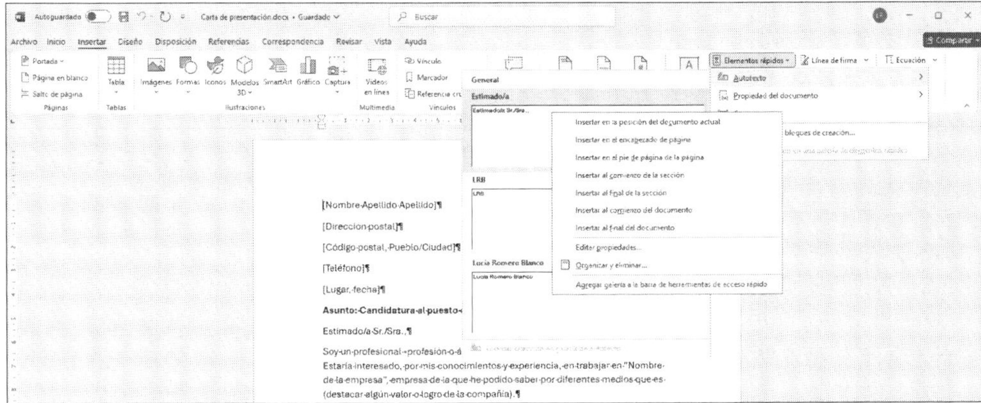

Haga clic en la opción correspondiente al lugar donde desea insertar el elemento rápido: **Insertar en el encabezado de página**, **Insertar al comienzo de la sección**, etc.

En función de la opción seleccionada durante la creación del elemento rápido, su contenido se inserta en el documento en la posición del punto de inserción, en un párrafo nuevo o en una nueva página.

El contenido de un elemento rápido también se puede insertar utilizando el cuadro de diálogo **Organizador de bloques de creación** (pestaña **Insertar** - botón **Elementos rápidos** - opción **Organizador de bloques de creación**): seleccione el nombre del elemento rápido antes de hacer clic en el botón **Insertar**.

Segundo método

- Sitúe el punto de inserción en el documento en el lugar donde desea que aparezca el contenido del elemento rápido.
- Escriba el nombre del elemento rápido que desea utilizar y luego pulse la tecla F3.

© Editions ENI - Reproducción prohibida

Administrar los elementos rápidos

Modificar las propiedades de un elemento rápido

- En la pestaña **Insertar**, haga clic en **Elementos rápidos** que se encuentra en el grupo **Texto**, y luego haga clic en la opción **Autotexto** para mostrar la galería de elementos rápidos.
- Haga clic con el botón secundario del ratón en el elemento rápido en cuestión y luego haga clic en la opción **Editar propiedades**.
- Realice las modificaciones y pulse el botón **Aceptar**.
- Pulse el botón **Sí** del mensaje que ofrece volver a definir la entrada del bloque de creación.

Modificar el contenido de un elemento rápido

- Introduzca el nuevo texto del elemento rápido y vuelva a crear el elemento rápido dándole el mismo nombre y las mismas características.

  Aparecerá el cuadro de diálogo siguiente:

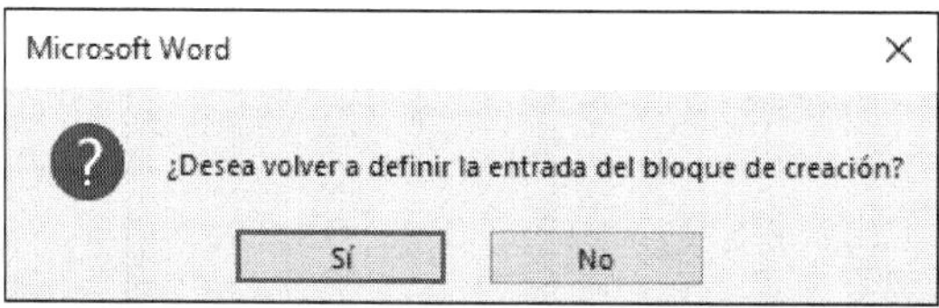

- Pulse el botón **Sí** para volver a definir el elemento rápido.

Eliminar un elemento rápido

- Haga clic en el botón **Elementos rápidos** de la pestaña **Insertar** y señale la opción **Autotexto** para mostrar la galería.
- Haga clic con el botón secundario del ratón en el elemento rápido que desea eliminar y luego haga clic en la opción **Organizar y eliminar**.

  El elemento rápido queda seleccionado en el cuadro de diálogo ***Organizador de bloques de creación.***
- Pulse el botón **Eliminar**.

En pantalla aparece un cuadro de diálogo de confirmación:

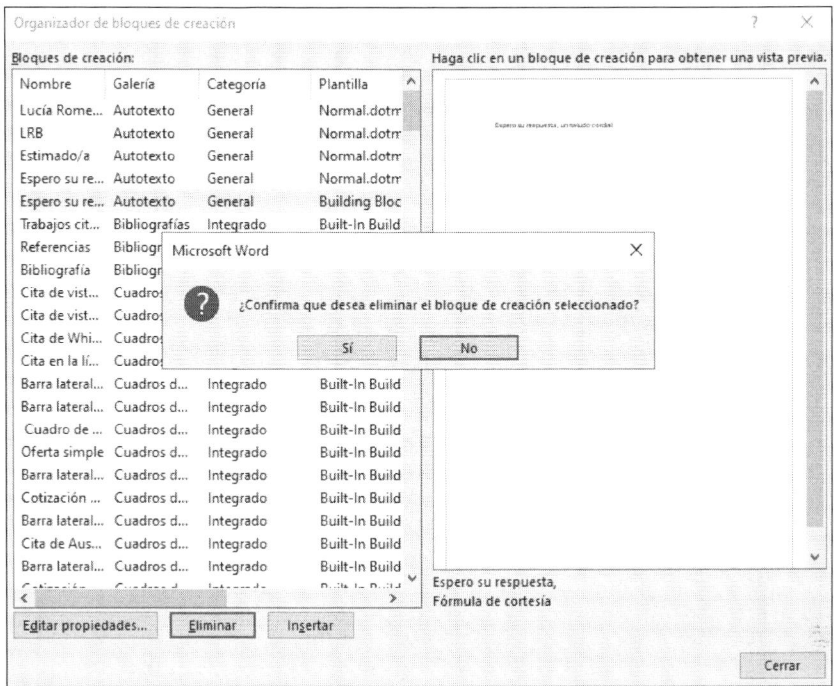

- Pulse el botón **Sí** para que se elimine dicho elemento.

  El nombre del elemento rápido desaparece inmediatamente de la lista.

- Cierre la ventana **Organizador de bloques de creación** haciendo clic en el botón **Cerrar**.

Modificar o eliminar un elemento rápido de una plantilla que no sea Normal.dotm, modifica la plantilla de origen y deberá, por lo tanto, guardarse de nuevo.

Puede acceder directamente al cuadro de diálogo **Organizador de bloques de creación** (pestaña **Insertar** - botón **Elementos rápidos** - opción **Organizador de bloques de creación**), para administrar los elementos rápidos.

Para añadir la galería de elementos rápidos a la barra de herramientas de **Acceso rápido**, haga clic en el botón **Elementos rápidos** de la pestaña **Insertar** y luego señale la opción **Autotexto**. A continuación, haga clic con el botón secundario del ratón en una de las inserciones de la galería y finalmente haga clic en la opción **Agregar galería a la barra de herramientas de acceso rápido**.

© Editions ENI - Reproducción prohibida

Insertar una ecuación predeterminada

Word ofrece varias ecuaciones predeterminadas que el usuario podrá modificar, si es necesario, una vez estén en el documento.

- Sitúe el punto de inserción donde quiera insertar la ecuación.
- En la pestaña **Insertar**, abra la lista asociada al botón **Ecuación** que se encuentra en el grupo **Símbolos**.
- Haga clic en la ecuación que desea insertar.

  *En la cinta de opciones aparece la pestaña **Ecuación**.*

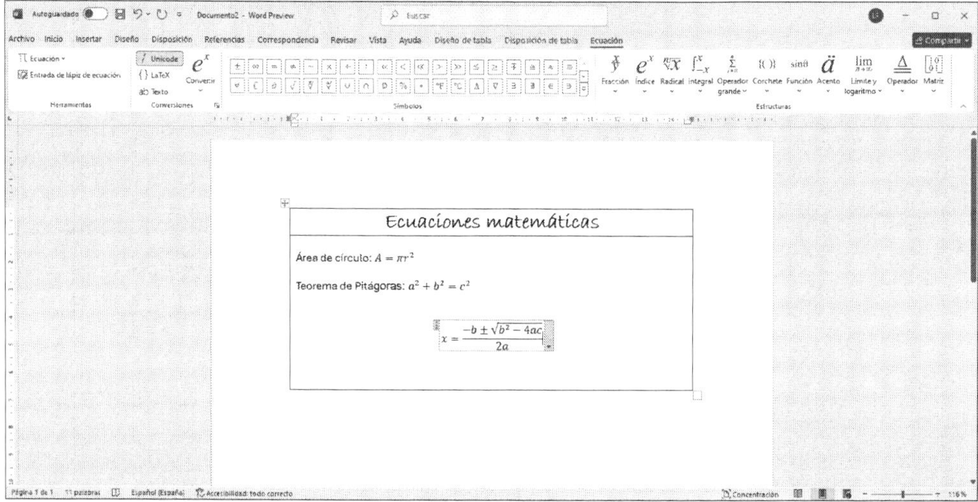

Si la ecuación se inserta en un párrafo vacío, automáticamente se centra según el ancho de página. En caso contrario, la ecuación se inserta donde se encuentra el punto de inserción.

- Si fuese necesario, introduzca las correspondientes modificaciones a la ecuación.

Crear una ecuación

*Si ninguna ecuación predeterminada le resulta satisfactoria, puede crear su propia ecuación mediante estructuras matemáticas y símbolos asociados a la pestaña **Herramientas de ecuación**.*

- Sitúe el punto de inserción donde quiera escribir la ecuación.
- En la pestaña **Insertar**, pulse el botón **Ecuación** del grupo **Símbolos**.

  *La pestaña **Ecuación** aparece activa en la cinta de opciones.*

  *Para crear una ecuación se utilizarán las opciones de los grupos **Estructuras** y **Símbolos**.*

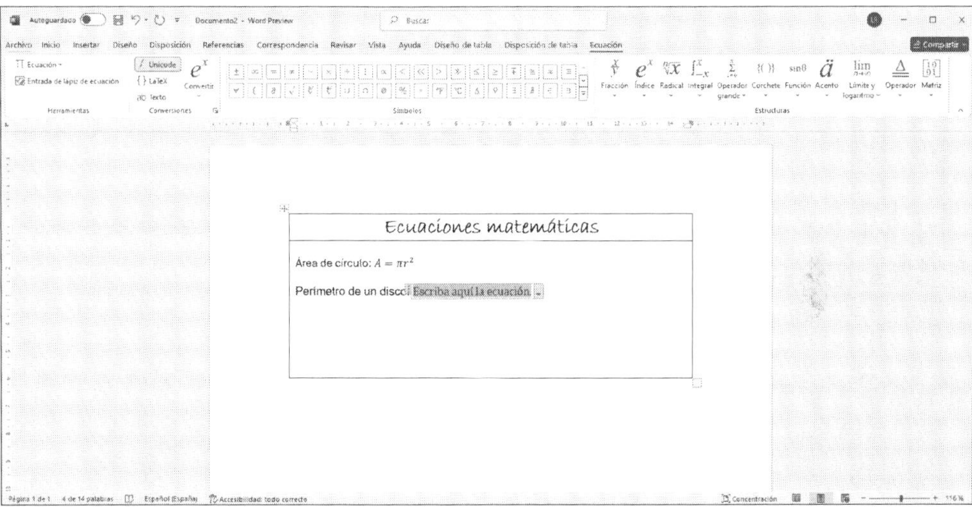

- Para introducir una estructura matemática, en el grupo **Estructuras**, haga clic en el tipo de estructura que desea introducir (**Fracción**, **Índices**, **Radical**, etc.) y a continuación seleccione la estructura.
- Para insertar un símbolo matemático, en el grupo **Símbolos**, pulse el botón **Más**, situado debajo de las flechas de desplazamiento de la galería de símbolos.

  Si el conjunto de símbolos que se presentan (por defecto, **Matemáticas básicas**) no es satisfactorio, seleccione otro. Para ello, en la parte superior de la galería, haga clic en la opción que corresponda al conjunto de símbolos que desee ver.

© Editions ENI - Reproducción prohibida

Haga clic en el símbolo que desea insertar.

$$x^2 - \frac{\square}{\square}x + 3 = 2$$

- Si la estructura contiene espacios reservados (⬚), haga clic en el interior para escribir las cifras o los símbolos deseados.

$$x^2 - \frac{5}{2}x + 3 = 2$$

Crear una ecuación manuscrita

Asimismo, Word ofrece la posibilidad de crear ecuaciones manuscritas con ayuda de un ratón o de un estilete.

- Active la pestaña **Insertar** y abra la lista del botón **Ecuación** y seleccione la opción **Entrada de lápiz de ecuación**.

  Se abre el editor de ecuaciones manuscritas:

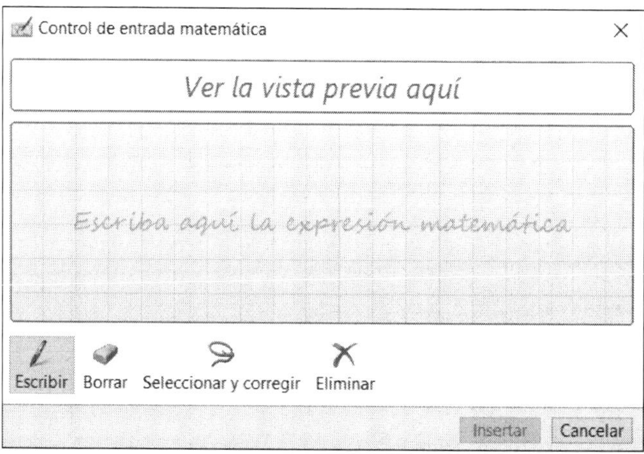

- Con ayuda del ratón o de un lápiz táctil, escriba la ecuación en el cuadro **Escriba aquí la expresión matemática**.

Una vista previa de la ecuación aparece en el cuadro de texto.

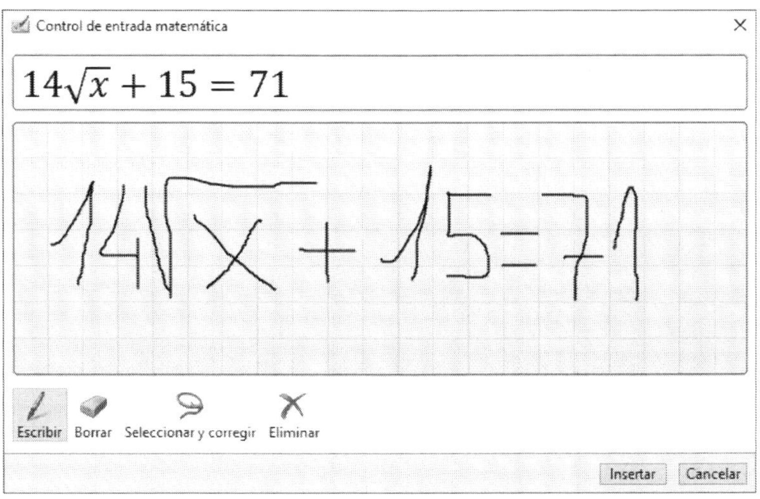

- Para modificar la ecuación utilice las siguientes herramientas:

Para borrar una parte de la ecuación; active la herramienta, señale el elemento que desea borrar y haga clic o haga clic sobre la parte que desea eliminar y arrástrela.

Para corregir un carácter mal transcrito, active la herramienta y seleccione el carácter o la parte que desea modificar haciendo un cuadro de selección y luego, en la lista que aparece, seleccione el carácter de sustitución.

© Editions ENI - Reproducción prohibida

La parte seleccionada aparece en rojo:

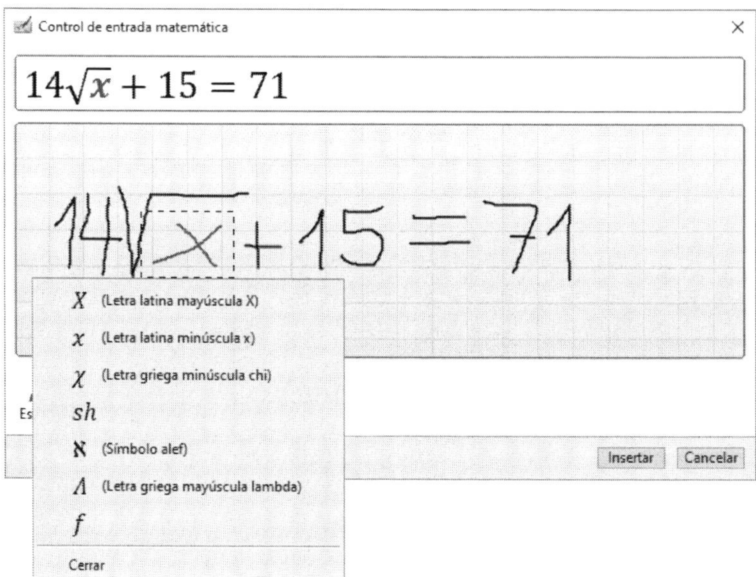

Para borrar todo.

- Cuando termine la ecuación, haga clic en **Insertar**.
- Como para cualquier otra ecuación, utilice las herramientas de la pestaña **Ecuación** para efectuar modificaciones.

Administrar ecuaciones

- Haga clic en la ecuación en cuestión.
- Para modificar el contenido de la ecuación, si fuese necesario realice las correspondientes modificaciones mediante, las opciones de la pestaña **Ecuación**.
- Para modificar la visualización de la ecuación, abra la lista asociada a la ecuación y pulse, según la visualización deseada, en la opción **Profesional** o **Lineal**.

$x = \frac{-b \pm \sqrt{b^2 - 4ac}}{2a}$	Visualización profesional
$x = (-b \pm \sqrt{(b^\wedge 2 - 4ac)})/2a$	Visualización lineal

*De forma predeterminada, las ecuaciones se muestran en la opción **Profesional**.*

- Para mostrar el contenido de la ecuación en **Texto normal** (texto no matemático), pulse el botón correspondiente situado en el grupo **Conversiones**.
- Para poder ver texto en la misma línea que la ecuación, abra la lista asociada a la ecuación y haga clic en la opción **Cambiar a En línea**: la ecuación pasa a ser considerada como un carácter.

Escribir la ecuación siguiente: $x = \frac{-b \pm \sqrt{b^2-4ac}}{2a}$

- Para mostrar la ecuación sola en una línea, abra la lista asociada a la ecuación y haga clic en la opción **Cambiar a Mostrar**: no se puede introducir texto en la misma línea.

Escribir la ecuación siguiente:

$$x = \frac{-b \pm \sqrt{b^2 - 4ac}}{2a}$$

- Para modificar la alineación de la ecuación, abra la lista asociada a la ecuación, seleccione la opción **Justificación** y haga clic en la opción que corresponde a la alineación deseada.

  *Esta opción no está disponible si se ha cambiado a en línea (opción **Cambiar a En línea**).*
- Para eliminar una ecuación, haga clic en la barra para seleccionarla y a continuación pulse la tecla Supr.

Para modificar las opciones asociadas a una ecuación, haga clic en una ecuación para activar la pestaña **Ecuación**. A continuación abra las **Opciones de ecuación** situado en el grupo **Conversiones**, modifique las opciones deseadas y luego pulse el botón **Aceptar** para validar los cambios.

© Editions ENI - Reproducción prohibida

Guardar una ecuación

En esta sección se muestra cómo personalizar una ecuación y luego guardarla en la galería de ecuaciones predefinidas para poder utilizarlas posteriormente.

- Abra la lista asociada a la ecuación y haga clic en la opción **Guardar como nueva ecuación**.

  *Puesto que una ecuación rápida está considerada como un tipo de bloque de creación (un contenido predefinido), en pantalla aparece el cuadro de diálogo **Crear nuevo bloque de creación.***

- Introduzca el **Nombre** de la ecuación en la casilla correspondiente.
- Asegúrese que en la lista **Galería** se ha activado la opción **Ecuaciones**.
- Abra la lista **Categoría** y seleccione una de las categorías que se ofrecen o haga clic en la opción **Crear nueva categoría** para crear una categoría nueva, escriba el **Nombre** en el cuadro de diálogo **Crear nueva categoría** y a continuación pulse el botón **Aceptar**.

  *Las ecuaciones predefinidas que aparecen en la lista asociada al botón **Ecuación** (pestaña **Insertar**) están clasificadas por categoría.*

- Introduzca, si es necesario, una **Descripción** de la ecuación en la casilla correspondiente.

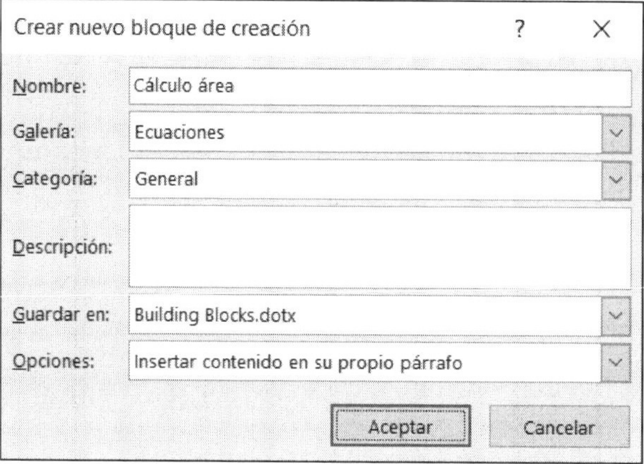

- Si el documento actual no se basa en la plantilla Normal en el momento de su creación y la ecuación debe guardarse en esta plantilla, seleccione el nombre en la lista **Guardar en**: la nueva ecuación estará disponible únicamente en los documentos basados en dicha plantilla.
- Abra la lista **Opciones** y seleccione una de las opciones siguientes:

  Insertar solo contenido: la ecuación se inserta en la posición del cursor.

  Insertar contenido en su propio párrafo: la ecuación se inserta en un nuevo párrafo; si el cursor se sitúa en medio de un párrafo, Word crea párrafos vacíos.

  Insertar contenido en su propia página: la ecuación se inserta en una nueva página; Word crea un salto de página antes y después de la ecuación.
- Pulse el botón **Aceptar** para guardar y validar la ecuación.

La ecuación se ha agregado a la plantilla, el programa le ofrece guardar la plantilla cuando se cierra el documento o en el mismo momento de guardarlo para que la ecuación asociada a la plantilla se cree definitivamente.

© Editions ENI - Reproducción prohibida

Insertar un campo

Este procedimiento permite insertar datos variables como, por ejemplo, el número de una sección, el número de página, el nombre del usuario, etc.

- En la pestaña **Insertar**, pulse el botón **Elementos rápidos**, del grupo **Texto**, y a continuación pulse la opción **Campo**.
- En la lista correspondiente, seleccione una de las **Categorías** que se ofrecen.

  Por ejemplo, el número de la sección y el número de páginas de la sección se encuentran en la categoría ***Numeración***.
- Haga clic en el nombre del campo que desea insertar.

  Bajo la opción ***Descripción*** *aparece un texto explicativo.*

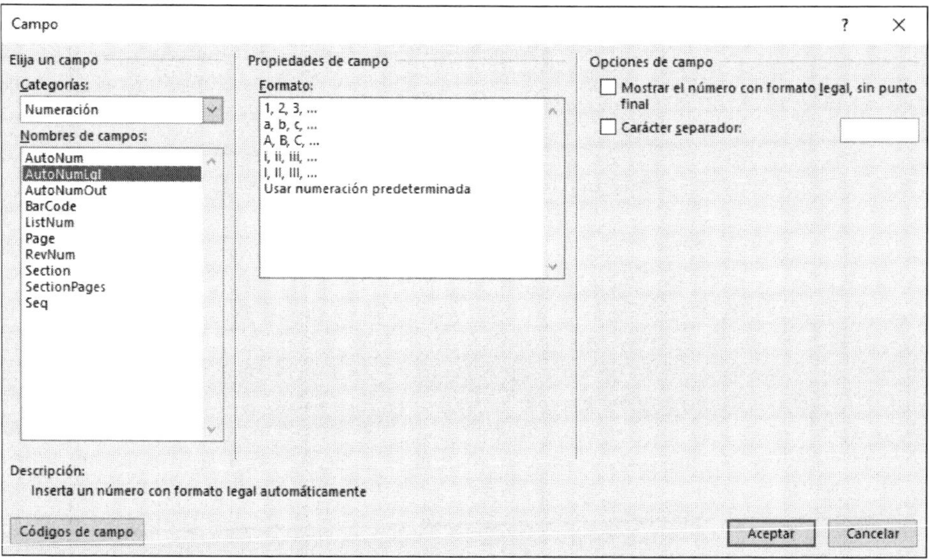

- Seleccione las **Propiedades de campo** en el cuadro correspondiente.

  Dichas propiedades varían, por supuesto, según el campo seleccionado.
- Pulse el botón **Aceptar**.

  Se inserta el campo en el documento. Si la vista de los códigos de campo está activada (véase Campo - Mostrar/ocultar códigos de campo), aparecerá en la forma {nombre de campo}; si no, aparecerá el valor.

Mostrar/ocultar códigos de campo

- Para mostrar/ocultar un código de campo, sitúe el punto de inserción sobre el campo y pulse Mayús F9.

  *Asimismo, puede acceder al menú contextual del campo y pulsar en la opción **Activar o desactivar códigos de campo**.*

- Para mostrar/ocultar los códigos de campo de todo el documento, utilice el método abreviado de teclado Alt F9.

  Las fórmulas escritas aparecen entre corchetes y son memorizadas, lo que significa que cuando un valor se modifica, el resultado podrá ser actualizado.

➤ Circuito aconsejado para visitar los principales enclaves turísticos :

Salida	Llegada	Distancia en kilómetros
Miami	Key West	250
Key West	Naples	350
Naples	Sarasota	170
Sarasota	Orlando	230
Orlando	Cabo Cañaveral	100
Cabo Cañaveral	Miami	350
Distancia recorrida	**en kilómetros**	{ =SUM(C2:C7) \# "0" }
	en millas (1 milla = 1,609 km)	**{ =c8*1,609 \# "0" }**

Actualizar un campo

- Sitúe el punto de inserción en el campo que desea actualizar.
- Pulse F9.

Para actualizar un campo, también puede pulsar el botón secundario del ratón en el campo que desee modificar y hacer clic en la opción **Actualizar campos**.

© Editions ENI - Reproducción prohibida

Configurar página

Modificar la orientación de la página

De forma predeterminada, las páginas se presentan verticalmente (21 x 29,7 cm para formato A4). Si se activa la orientación horizontal, las dimensiones son 29,7 x 21 cm para formato A4.

- Si el documento contiene varias secciones, sitúe el punto de inserción en la sección cuya orientación desea modificar.

  Para más información sobre las secciones, véase el apartado Crear y aplicar formato a una sección del capítulo Presentaciones diversas.

- Haga clic en la pestaña **Disposición**.
- Pulse el botón **Orientación** situado en el grupo **Configurar página**.

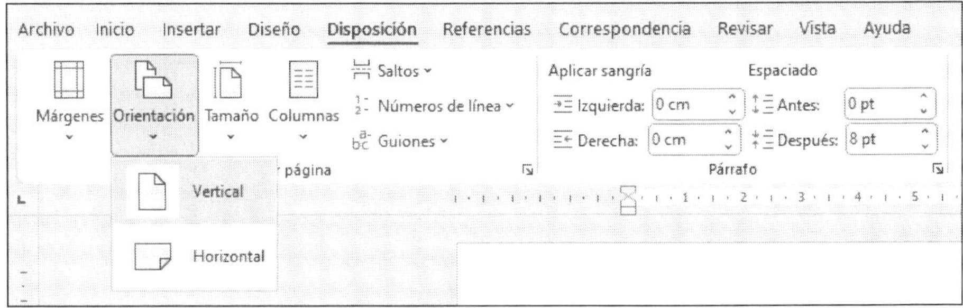

- Haga clic en la orientación deseada: **Vertical** u **Horizontal**.

  La orientación seleccionada se aplica a la sección activa. Si el documento contiene solo una sección (como sucede con un documento nuevo), la orientación se aplica a todo el documento.

Cuando se cambia la orientación de la página, Word cambia los valores del margen superior e inferior a los de la izquierda y derecha, y viceversa.

Para modificar la orientación de una parte del documento, haga clic en la sección o seleccione el texto en cuestión y pulse el selector de cuadro de diálogo ⧅ del grupo **Configurar página** (pestaña **Disposición**) para abrir el cuadro de diálogo correspondiente. Tras haber elegido la **Orientación** deseada, seleccione la opción correspondiente a la parte del texto afectado en la lista **Aplicar a**: **Todo el documento** o **De aquí en adelante**. Pulse el botón **Aceptar** para validar los cambios.

© Editions ENI - Reproducción prohibida

 Para acceder al cuadro de diálogo **Configurar página**, también puede hacer clic en el vínculo **Configurar página** que se muestra debajo de las opciones de impresión (pestaña **Archivo** - opción **Imprimir**).

Modificar los márgenes de un documento

Aplicar márgenes predefinidos

- Si el documento está dividido en varias secciones, sitúe el punto de inserción en la página cuyos márgenes desea modificar.

  Para más información sobre las secciones, véase el apartado Crear y aplicar formato a una sección del capítulo Presentaciones diversas.

- Haga clic en la pestaña **Disposición**.
- Pulse el botón **Márgenes** del grupo **Configurar página**.

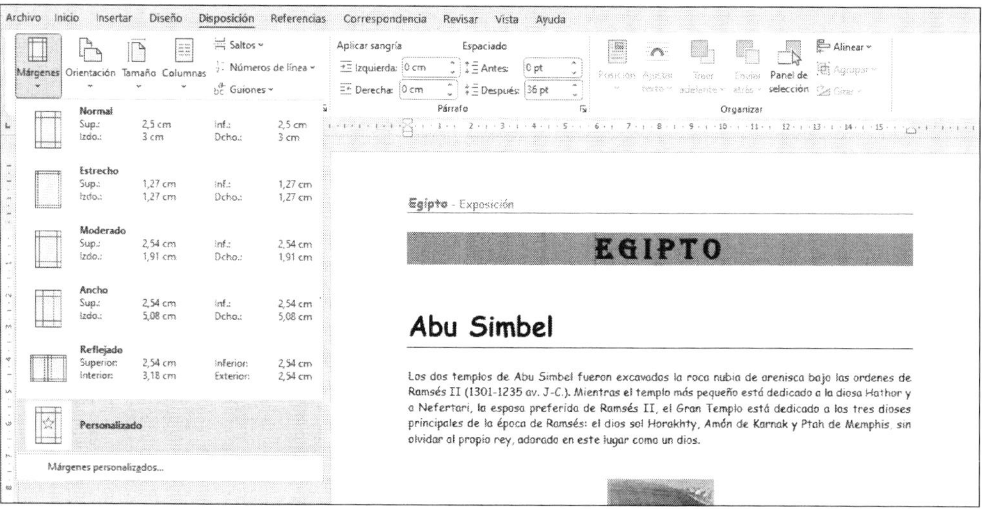

- Haga clic en el tipo de margen que desea introducir; la opción **Última configuración personalizada** permite aplicar los valores de los márgenes anteriormente definidos en el cuadro de diálogo **Configurar página** (véase apartado siguiente).

Personalizar los márgenes

- Seleccione la parte del texto cuyos márgenes debe modificar o, si el documento contiene varias secciones, sitúe el punto de inserción en la sección que va a modificar.
- En la pestaña **Disposición**, pulse el selector de cuadro de diálogo ⧉ del grupo **Configurar página**. También puede pulsar la opción **Márgenes personalizados** asociada al botón **Márgenes**.

  *En pantalla se abre el cuadro de diálogo **Configurar página**.*
- Si fuese necesario, haga clic en la pestaña **Márgenes**.

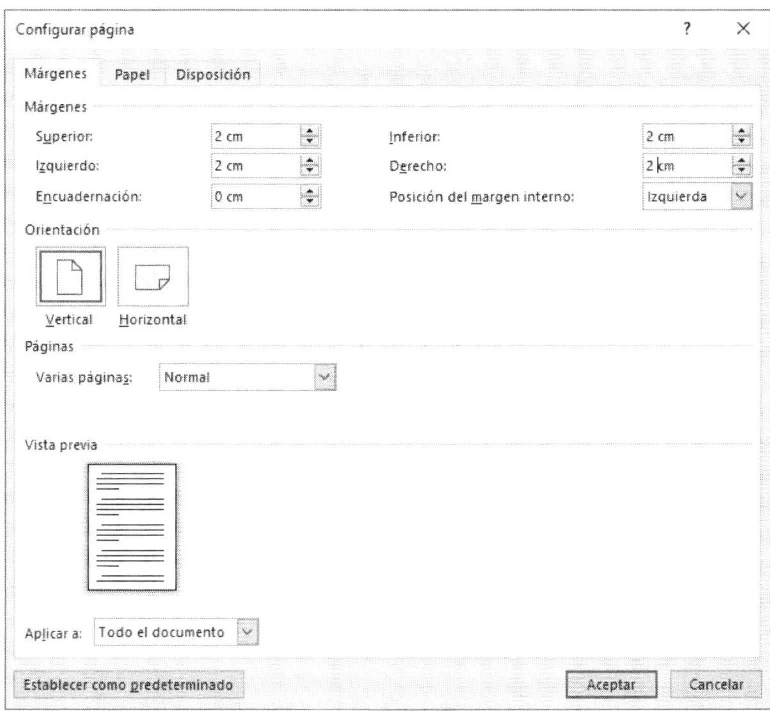

- Defina el valor de los márgenes. Si el documento va a imprimirse a doble cara, puede definir un margen de **Encuadernación** que se añadirá al margen izquierdo en las páginas del anverso y al margen derecho en las páginas del reverso, para prever el espacio necesario para la encuadernación. Si la encuadernación se realiza por la parte superior de la página, seleccione **Posición del margen interno: arriba**.

  No olvide respetar los márgenes mínimos que precisa su impresora.

© Editions ENI - Reproducción prohibida

- Si desea ajustar los márgenes para una impresión a doble cara, abra la lista **Varias páginas** y seleccione la opción **Márgenes simétricos**: las opciones **Izquierdo** y **Derecho** se reemplazan por **Interior** y **Exterior**.

  Interior *corresponde al margen derecho de una página par (reverso), y al margen izquierdo de una página impar (anverso).* ***Exterior*** *corresponde al margen izquierdo de una página par y al margen derecho de una página impar.*

- Si el formato de la página es inferior al formato de papel utilizado para imprimir y desea imprimir dos páginas en cada hoja, abra la lista **Varias páginas** y seleccione la opción **Dos páginas por hoja**.

- Abra la lista **Aplicar a** e indique la parte del texto correspondiente:

Todo el documento	Aplica la configuración de la página a todas las secciones del documento.
Texto seleccionado	Aplica la configuración de la página al texto seleccionado: se inserta un salto de sección antes y después de la selección.
De aquí en adelante	Aplica la configuración de la página desde la ubicación del punto de inserción hasta el final del documento: se inserta un salto de sección antes del punto de inserción.
Secciones seleccionadas	Aplica la configuración de la página a todas las secciones de la selección.
Esta sección	Aplica la configuración de la página a la sección en la que se encuentra el punto de inserción.

- Pulse el botón **Aceptar**.

Para modificar los márgenes predeterminados, modifique los valores de los **Márgenes** en la casilla correspondiente del cuadro de diálogo **Configurar página** (pestaña **Disposición** - grupo **Configurar página** - botón ⧉) y pulse el botón **Establecer como predeterminado**. A continuación, pulse el botón **Sí** del mensaje que aparecerá.

Para escoger otro formato de papel (de manera predeterminada los documentos Word están en formato A4), en la pestaña **Disposición**, haga clic en el botón **Tamaño** del grupo **Configurar página** y luego haga clic en la opción correspondiente al formato de papel que prefiera.

En la vista Diseño de impresión es posible modificar los márgenes desplazando los marcadores correspondientes que se muestran en la regla horizontal y vertical (pestaña **Vista** - grupo **Mostrar** - opción **Regla**). De esta manera es posible modificar los márgenes de la sección en la que se encuentra el punto de inserción.

Insertar un encabezado o un pie de página predefinido

Los encabezados y los pies de página son textos que aparecen respectivamente en el margen superior y en el inferior del documento. Los encabezados y los pies de página predefinidos se aplican a todas las páginas del documento. Word ofrece encabezados y pies de página predefinidos. Algunas informaciones (número de página, autor, nombre de la sociedad, etc.) ya están escritas en estos encabezados y pies de página; sin embargo, otras informaciones (título, subtítulo, fecha, etc.) deberán escribirse en las zonas correspondientes.

- Si el documento contiene varias secciones, haga clic en una de las páginas de la sección donde desea insertar el encabezado o pie de página.
- Haga clic en la pestaña **Insertar**.
- Pulse el botón **Encabezado** o el botón **Pie de página** del grupo **Encabezado y pie de página**.

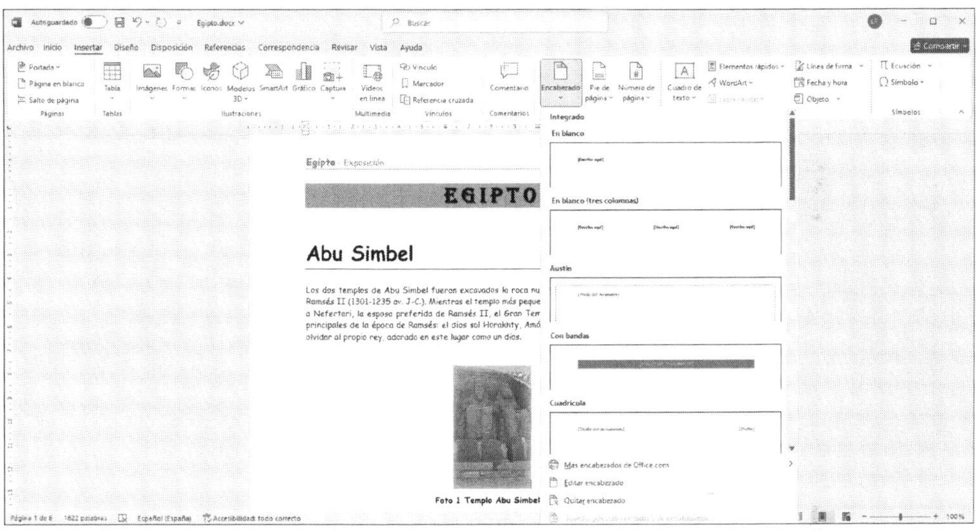

- Si fuese necesario, despliegue la lista y haga clic en el encabezado o pie de página que desee insertar.

El encabezado o pie de página predefinido se inserta en todas las páginas del documento (o de la sección).

© Editions ENI - Reproducción prohibida

- Si es necesario, introduzca o modifique el contenido del encabezado o pie de página: haga clic en la zona en la que desee introducir el texto y escríbalo o utilice la lista que está a su disposición para seleccionar la información que desea insertar. También puede modificar la presentación de los elementos.

  En la imagen, la lista permite seleccionar una fecha.

*Cuando la zona del encabezado o del pie de página está activa, el texto del documento aparece sombreado y se muestra la pestaña contextual **Encabezado y pie de página**.*

- Una vez ha escrito y dado formato a todo el contenido, pulse el botón **Cerrar encabezado y pie de página** situado en el grupo **Cerrar** de la pestaña **Encabezado y pie de página** o haga doble clic en el documento, en una zona fuera del encabezado o el pie de página.

La lista de encabezados y pies de página predefinidos también se puede encontrar en el cuadro de diálogo **Organizador de bloques de creación** (pestaña **Insertar** - botón **Elementos rápidos** - opción **Organizador de bloques de creación**).

Para descargar un encabezado o un pie de página en línea de **Office.com**, haga clic, en la pestaña **Insertar**, en el grupo **Encabezado y Pie de página**, y, según el caso, en el botón **Encabezado** o **Pie de página**. Señale la opción **Más encabezados** (o **pies de página**) de **Office.com** y, a continuación, en los encabezados o pies de página propuestos, haga clic en el que desea insertar en su documento. Si ningún encabezado o pie de página se encuentra disponible, aparecerá la opción **No hay contenido en línea disponible.**

Crear un encabezado o un pie de página personalizado

Crear un encabezado y/o un pie de página idéntico para todas las páginas del documento

- En la pestaña **Insertar**, pulse el botón **Encabezado** o el botón **Pie de página** del grupo **Encabezado y pie de página** y luego haga clic en la opción **Editar encabezado** o **Editar pie de página**; si está trabajando en vista Diseño de impresión, también puede hacer un doble clic en el margen superior o inferior de una de las páginas del documento.

  *El texto del documento aparece sombreado y el punto de inserción parpadea en el encabezado o en el pie de página. En la cinta de opciones se activa la pestaña contextual **Encabezado y pie de página**.*

  *Si el documento contiene varias secciones, el nombre del marco es **Encabezado** o **Pie de página - Sección n** (n es le número de sección).*

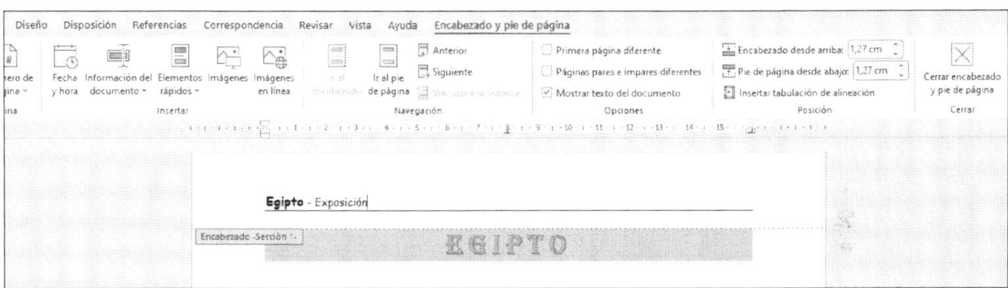

- Escriba el texto del encabezado (pie de página) y realice los cambios de formato de párrafo y/o de caracteres deseados.

  *Puede emplear el botón **Insertar tabulación de alineación** (grupo **Posición** de la pestaña contextual **Encabezado y pie de página**) para alinear el texto a la **Izquierda**, al **Centro** o a la **Derecha**.*

  Los nuevos datos aparecen por encima de la línea de puntos. En el encabezado y el pie de página se pueden insertar campos (véase Campo - Insertar un campo).

- Para saltar del encabezado al pie de página, pulse el botón **Ir al pie de página** del grupo **Navegación**. Para saltar del pie de página al encabezado, pulse el botón **Ir al encabezado** del grupo **Navegación**.

© Editions ENI - Reproducción prohibida

- Una vez ha escrito y dado formato a todo el contenido, pulse el botón **Cerrar encabezado y pie de página** situado en el grupo **Cerrar** de la pestaña contextual **Encabezado y pie de página** o haga doble clic en el documento, en una zona fuera del encabezado o pie de página.

Los encabezados y pies de página solo son visibles con la vista Diseño de impresión o en la vista previa antes de imprimir.

Si no se modifica, los encabezados se imprimen a 1,25 cm del límite superior de la hoja y los pies de página a 1,25 cm del límite inferior de la hoja. Se pueden modificar estos valores mediante el grupo **Posición** de la pestaña contextual **Encabezado y pie de página**; recuerde que esta ficha es únicamente visible cuando se crea o se modifica un encabezado o un pie de página (véase Administrar encabezados y pies de página).

Word reajusta automáticamente los márgenes superiores e inferiores para que los encabezados y pies de página se impriman correctamente.

Si está creando un encabezado o un pie de página, el texto del documento aparece sombreado de forma predeterminada. Este texto se puede ocultar desactivando la opción **Mostrar texto del documento** situada en el grupo **Opciones** de la pestaña contextual **Encabezado y pie de página**.

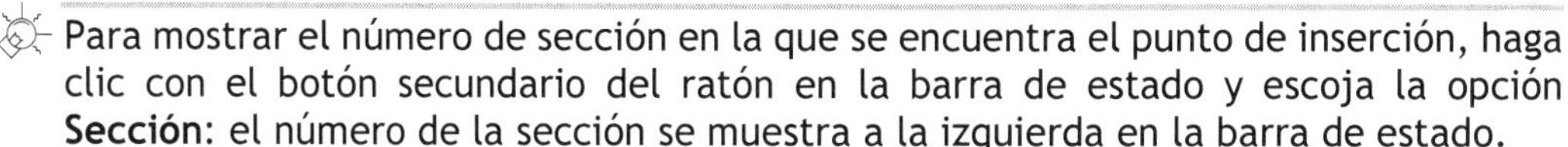

Para mostrar el número de sección en la que se encuentra el punto de inserción, haga clic con el botón secundario del ratón en la barra de estado y escoja la opción **Sección**: el número de la sección se muestra a la izquierda en la barra de estado.

Crear un encabezado o un pie de página diferente para la primera página

Se crearán un encabezado y/o un pie de página diferentes a los del resto de las páginas del documento (o de la sección) en la primera página de la sección activa.

- Si el documento se compone de una sola sección (de forma predeterminada en los documentos nuevos), sitúe el punto de inserción en la primera página del documento.

  Si el documento dispone de varias secciones, sitúelo en la primera página de la sección en cuestión.
- En la pestaña **Insertar**, pulse el botón **Encabezado** o el botón **Pie de página** del grupo **Encabezado y pie de página** y a continuación haga clic en la opción **Editar encabezado** o **Editar pie de página**.
- En la pestaña contextual **Encabezado y pie de página**, active la opción **Primera página diferente** del grupo **Opciones**.

- Si fuera necesario, utilice los botones **Anterior** o **Siguiente** del grupo **Navegación** para situar el punto de inserción en la zona **Encabezado en primera página** (o **Pie de página en primera página**).
- Introduzca el contenido del encabezado (pie de página) y modifique según sus necesidades el formato de párrafo y/o de caracteres; utilice los botones **Ir al encabezado** e **Ir al pie de página** del grupo **Navegación** para saltar del encabezado al pie de página.

En la imagen se ha creado un encabezado distinto para la primera página de la primera sección del documento.

- Una vez escrito y aplicado un formato a todo el contenido, pulse el botón **Cerrar encabezado y pie de página** situado en el grupo **Cerrar**, o haga doble clic en el documento, fuera del encabezado o el pie de página.

Como se ha visto con los márgenes, el usuario puede aplicar esta función en una parte concreta del documento mediante el cuadro de diálogo **Configurar página** (opción **Primera página diferente** de la pestaña **Insertar**).

Crear un encabezado o pie de página diferente para las páginas pares e impares

Esta función permite que, por ejemplo, si se realiza una impresión a doble cara, el número de páginas se imprima a la derecha de los anversos y a la izquierda de los reversos.

- Haga clic en cualquier parte en el documento. Esta función se aplica, en efecto, a todas las secciones del documento y, por lo tanto, no es necesario situar el punto de inserción en una determinada sección.

© Editions ENI - Reproducción prohibida

- En la pestaña **Insertar**, pulse el botón **Encabezado** o en el botón **Pie de página** del grupo **Encabezado y pie de página** y haga clic en la opción **Editar encabezado** o **Editar pie de página**; también puede hacer un doble clic en la zona de encabezado o de pie de página de una página cualquiera del documento.
- En la pestaña contextual **Encabezado y pie de página**, active la opción **Páginas pares e impares diferentes** del grupo **Opciones.**

  En función de la página activa al empezar la operación, el punto de inserción se sitúa en una zona de encabezado, o de pie de página, par o impar.

- Escriba el contenido del encabezado (pie de página) par o impar y modifique si es necesario el formato de párrafo y/o de caracteres; utilice los botones **Ir al encabezado** e **Ir al pie de página** del grupo **Navegación** para cambiar de la zona de encabezado a la zona de pie de página.
- A continuación, haga clic en el botón **Siguiente** o **Anterior** para ir, según el caso, a la zona de encabezado o de pie de página impar o par.
- Escriba el contenido del encabezado (pie de página) que debe aparecer en las páginas pares (reverso) o impares (anverso).

- Una vez ha escrito y dado formato a todo el contenido, pulse el botón **Cerrar encabezado y pie de página** situado en el grupo **Cerrar** o haga doble clic en el documento, en una zona fuera del encabezado o del pie de página.

Crear varios encabezados o pies de página

Se pueden crear varios encabezados y pies de página en un mismo documento si éste está dividido en varias secciones.

- Sitúe el punto de inserción al principio de la sección a partir de la cual los encabezados y/o pies de página deben ser diferentes.
- En la pestaña **Insertar**, pulse el botón **Encabezado** o **Pie de página** del grupo **Encabezado y pie de página** y a continuación haga clic a la opción **Editar encabezado** o **Editar pie de página.**

*A partir de la sección 2 del documento, el texto **Igual que el anterior** aparece en la parte inferior derecha del encabezado y del pie de página (debajo de la línea de puntos).*

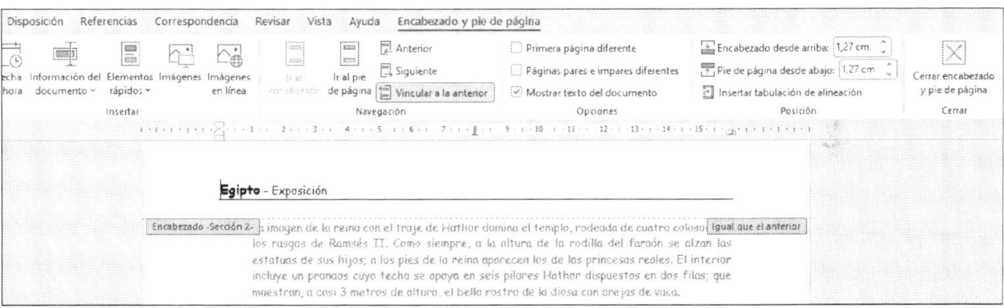

De forma predeterminada, cada sección se asocia a la anterior: el contenido del encabezado o pie de página de la sección activa es idéntico al de la sección anterior.

- Si fuera necesario, utilice los botones **Anterior** o **Siguiente** del grupo **Navegación** para situarse en la zona de encabezado o pie de página que desea modificar; los botones **Ir al encabezado** e **Ir al pie de página** le permiten cambiar de una zona de encabezado a una zona de pie de página.
- En el grupo **Navegación**, haga clic en el botón **Vincular al anterior** para desactivarlo. Así podrá definir el encabezado (pie de página) específico para esa sección.

Esta sección y las siguientes tendrán un encabezado (pie de página) distinto a las secciones anteriores.

© Editions ENI - Reproducción prohibida

- Si las secciones siguientes no han de tener el mismo encabezado, sitúese en la sección y desactive la opción **Vincular al anterior** antes de modificar el nuevo encabezado (pie de página).
- Una vez ha escrito y dado formato a todo el contenido, pulse el botón **Cerrar encabezado y pie de página** situado en el grupo **Cerrar** o haga doble clic en el documento en una zona fuera del encabezado o el pie de página.

Si se vuelve a activar la opción **Vincular al anterior**, en la sección activa se vuelve a aplicar el encabezado (pie de página) de la sección anterior.

Administrar encabezados y pies de página

Modificar encabezados o pies de página

- En la pestaña **Insertar**, pulse el botón **Encabezado** o **Pie de página** del grupo **Encabezado y pie de página** y a continuación haga clic en la opción **Editar encabezado** o **Editar pie de página**.

  Si trabaja con la vista Diseño de impresión, también puede hacer doble clic en el margen superior o inferior de una de las páginas del documento.
- Si fuera necesario, utilice los botones **Anterior** o **Siguiente** del grupo **Navegación** para situarse en la zona de encabezado o pie de página que desea modificar; los botones **Ir al encabezado** e **Ir al pie de página** le permiten cambiar de una zona de encabezado a una zona de pie de página.
- Efectúe las modificaciones que desee en el texto y el formato.
- Pulse el botón **Cerrar encabezado y pie de página** situado en el grupo **Cerrar** o haga doble clic en el documento, en una zona fuera del encabezado o del pie de página.

Eliminar el contenido de un encabezado o de un pie de página

- Haga clic en una página que contenga el encabezado o el pie de página que desea eliminar; si la eliminación concierne al contenido de un encabezado o pie de página de la primera página, haga clic en la primera página; si se trata de eliminar el contenido de los encabezados o pies de página de las páginas pares o impares, según el caso, haga clic en una página par o impar.

  *Recuerde que los encabezados y los pies de página son visibles en vista **Diseño de impresión**.*
- En la pestaña **Insertar**, pulse el botón **Encabezado** o **Pie de página** y a continuación seleccione la opción **Quitar encabezado** o **Quitar pie de página**.

Desactivar las zonas de encabezado y pie de página de la primera página y de las páginas pares/impares diferentes

- Acceda a una de las zonas de encabezado o pie de página en cuestión y elimine, si fuera necesario, su contenido.

  El hecho de desactivar las zonas de encabezado o pie de página de la primera página y/o de las páginas pares e impares diferentes, provoca la ocultación de las zonas de encabezado y pie de página correspondientes, pero si existe contenido en esas zonas, no lo elimina. En efecto, esos textos vuelven a aparecer al activar otra vez esas zonas.

- Si ya no desea que la primera página tenga un encabezado o pie de página diferente, desactive la opción **Primera página diferente** que se encuentra en el grupo **Opciones** (pestaña **Encabezado y pie de página**).
- Si ya no desea que las páginas pares e impares tengan encabezados o pies de página diferentes, desactive la opción **Páginas pares e impares diferentes** que se encuentra en el grupo **Opciones** (pestaña **Encabezado y pie de página**): a partir de ese momento, los encabezados y/o los pies de página recuperan el contenido de los encabezados y/o pies de página de las páginas impares.
- Para terminar, pulse el botón **Cerrar encabezado y pie de página** situado en el grupo **Cerrar** o haga doble clic en el documento, en una zona fuera del encabezado o el pie de página.

Guardar un encabezado o un pie de página

En esta parte se muestra cómo crear un encabezado o un pie de página personalizado y cómo guardarlo en la lista de encabezados/pies de página predefinidos para poder volver a utilizarlo posteriormente.

- Cree el encabezado o el pie de página que desea guardar (véase Crear un encabezado o un pie de página personalizado).
- Sitúese en el encabezado o en el pie de página y seleccione el contenido.
- Pulse el botón **Encabezado** o **Pie de página** del grupo **Encabezado y pie de página** y haga clic en la opción **Guardar selección en galería de encabezados** o en la opción **Guardar selección en galería de pies de página**.

  *Como un encabezado/pie de página predefinido es un bloque de creación, en pantalla se abrirá el cuadro de diálogo **Crear nuevo bloque de creación**.*

- Indique el **Nombre** del encabezado o del pie de página predefinido en la casilla correspondiente.

© Editions ENI - Reproducción prohibida

- Asegúrese de que en la lista **Galería** esté activa la opción **Encabezados** o **Pies de página**.
- Abra la lista **Categoría** y seleccione una de las categorías que se ofrecen en la lista o haga clic en la opción **Crear nueva categoría** para crear una categoría nueva.

  Si ha optado por crear una categoría, introduzca el **Nombre** en el cuadro de diálogo **Crear nueva categoría** y pulse el botón **Aceptar**.

  *Los encabezados y pies de página predefinidos que aparecen en la lista asociada a los botones **Encabezado** y **Pie de página** se clasifican por categorías. Por defecto, los encabezados y pies de página predeterminados que ofrece la aplicación Word se clasifican en la categoría **Integrado**.*
- Introduzca si es necesario una **Descripción**.
- Si el documento activo está basado en una plantilla que no es la plantilla Normal y dicho encabezado o pie de página debe guardarse en esta plantilla, seleccione el nombre correspondiente en la lista **Guardar en**: el encabezado o pie de página estará disponible únicamente en los documentos basados en esta plantilla.

  *En la imagen, se ha creado la nueva categoría **EC/PP Perso**.*

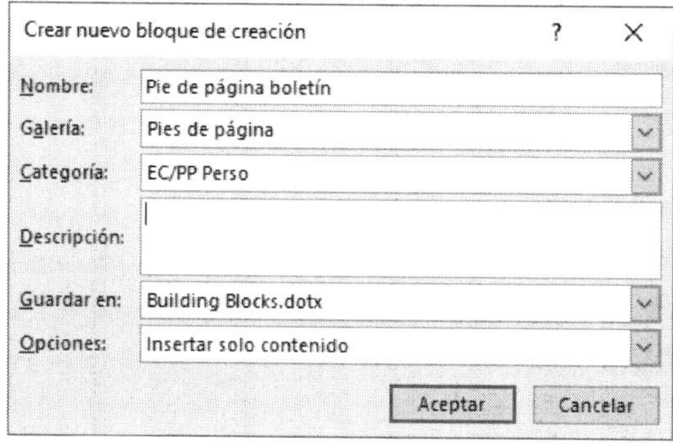

*La lista **Opciones** no es operativa cuando se guarda un encabezado o pie de página.*

- Pulse el botón **Aceptar** para validar.

El encabezado o pie de página ha sido añadido en la plantilla del documento, el programa le propone guardar los cambios cuando se cierre el documento o cuando se guarde.

Numerar las páginas de un documento

Insertar el número de página

Word ofrece una lista de estilos predefinidos de numeración. Tiene la posibilidad de insertar el número de página en los encabezados, en los pies de página o en el margen derecho o izquierdo.

- En la pestaña **Insertar**, pulse el botón **Número de página** del grupo **Encabezado y pie de página** y seleccione la opción **Principio de página**, **Final de página** o **Márgenes de página** en función de la posición donde desee insertar la numeración.

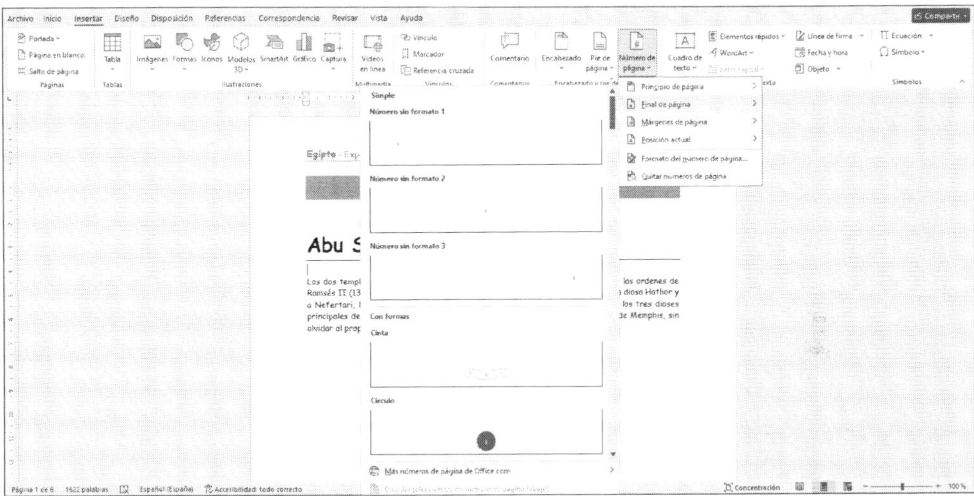

*La opción **Márgenes de página** permite insertar la numeración en el margen derecho o izquierdo.*

- Si fuese necesario, despliegue la lista y seleccione el estilo de numeración.

*El punto de inserción se sitúa en el **Encabezado** o **Pie de página** y en la cinta de opciones aparece activa la pestaña contextual **Encabezado y pie de página**.*

- Pulse el botón **Cerrar encabezado y pie de página** situado en el grupo **Cerrar** de la pestaña contextual **Encabezado y pie de página** o haga doble clic en el documento, en una zona fuera del encabezado o el pie de página.

© Editions ENI - Reproducción prohibida

*Si visualiza el documento con el modo **Diseño de impresión**, a partir de ese momento la numeración aparece en cada página del documento.*

Para descargar una numeración de Office.com, haga clic, en la pestaña **Insertar**, en el grupo **Encabezado y Pie de página**, y en el botón **Número de página**. Señale la opción **Principio de página**, **Final de página** o **Márgenes de página**, a continuación, en la opción **Más números de página de Office.com** y entre las numeraciones propuestas, haga clic en la que desea insertar en su documento. Si ninguna numeración se encuentra disponible para su descarga, aparecerá la opción **No hay contenido en línea disponible.**

El botón **Número de página** se encuentra en el grupo **Encabezado y pie de página** (pestaña contextual **Encabezado y pie de página**) y también puede utilizarse para insertar una numeración diferente en la primera página, en las páginas pares e impares, etc.

También se puede insertar el número de la página en el cuerpo de ésta. Para ello, sitúe el punto de inserción donde desee insertar el número y, a continuación, en la pestaña **Insertar**, pulse el botón **Número de página** del grupo **Encabezado y pie de página**. Seguidamente, seleccione la opción **Posición actual** y haga clic en uno de los estilos de numeración que se proponen en la lista.

Es posible numerar todas las líneas de un documento: en la pestaña **Disposición** haga clic en el botón **Números de línea** y luego haga clic, según prefiera, en la opción **Continua**, **Reiniciar en cada página** o **Reiniciar en cada sección**. La opción **Suprimir del párrafo actual** permite eliminar la numeración en el párrafo o párrafos seleccionados. Para cambiar las opciones vinculadas a la numeración de las líneas, haga clic en **Opciones de numeración de línea** y luego en el botón **Números de línea.**

Modificar el formato del número de página

- En la pestaña **Insertar**, pulse el botón **Número de página** del grupo **Encabezado y pie de página** y a continuación haga clic en la opción **Formato del número de página**.

  *En pantalla aparece el cuadro de diálogo **Formato de los números de página**.*

- Abra la lista **Formato de número** y seleccione la opción correspondiente al formato que desea aplicar.

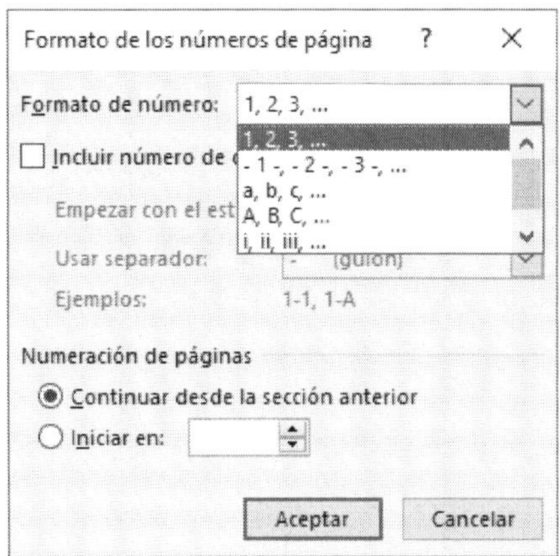

- Si el número de capítulo debe estar incluido en la numeración de las páginas, marque la opción **Incluir número de capítulo**. A continuación seleccione el estilo de inicio de capítulo en la lista **Empezar con el estilo**, y el separador que prefiera en la lista **Usar separador**, para añadirlo entre el número de capítulo y el número de página.

  *Para utilizar esta opción, previamente deberá haber numerado los títulos del documento utilizando la numeración **Capítulo1 Título1** de la herramienta (véase Numerar los títulos del capítulo Esquemas y tablas).*

- Para modificar el primer número, active la opción **Iniciar en** e introduzca la cifra del primer número en la casilla asociada.

  *Esta opción resulta interesante cuando, por ejemplo, se ha insertado una portada que no debe formar parte de la numeración y, por lo tanto, se desea que en la segunda página se inicie la numeración con el número 1. En este caso, introduzca **0** en la casilla **Iniciar en**.*

- Pulse el botón **Aceptar**.

© Editions ENI - Reproducción prohibida

Administrar la numeración de las páginas

Eliminar los números de página

- En la pestaña **Insertar**, pulse el botón **Número de página** del grupo **Encabezado y pie de página** y a continuación seleccione la opción **Quitar números de página.**

También se puede eliminar la numeración de las páginas cuando se modifican encabezados y pies de página mediante el botón **Número de página** que se encuentra en la pestaña contextual **Encabezado y pie de página.**

Guardar un estilo de numeración de página

En esta parte se muestra cómo crear un estilo de numeración de página personalizado y guardarlo en la lista de estilos predefinidos para poder utilizarlo posteriormente.

- Si la numeración de páginas no ha sido insertada, inserte y personalice la numeración que desee guardar (véase Configurar página - Numerar las páginas de un documento).
- Sitúese en el encabezado o el pie de página y seleccione la numeración guardada.
- Pulse el botón **Número de página** del grupo **Encabezado y pie de página** y a continuación, según la posición donde tiene que ubicarse la numeración, seleccione la opción **Principio de página**, **Final de página** o **Márgenes de página.**
- Haga clic en la opción **Guardar selección como número de página.**

  Puesto que un estilo de numeración de página predefinido es un bloque de creación, en pantalla se abrirá el cuadro de diálogo ***Crear nuevo bloque de creación.***

- Escriba el **Nombre** del estilo de numeración predefinido en la casilla correspondiente.
- Asegúrese de que en la lista **Galería** está activada la opción **Números de página.**
- Abra la lista **Categoría** y seleccione una de las categorías que se ofrecen en la lista o haga clic en la opción **Crear nueva categoría** para crear una categoría nueva.

  Si se ha optado por crear una categoría, introduzca el **Nombre** en el cuadro de diálogo **Crear nueva categoría** y pulse el botón **Aceptar.**

  Los estilos de numeración predefinidos visibles en las listas asociadas a las opciones ***Principio de página***, ***Final de página*** *y* ***Márgenes de página*** *se clasifican por categoría.*

- Si es necesario, introduzca una descripción del estilo de numeración en la zona **Descripción.**

- Si el documento activo está basado en una plantilla que no es la plantilla Normal y dicho estilo debe guardarse en esta plantilla, seleccione el nombre correspondiente en la lista **Guardar en**: el estilo de numeración estará disponible únicamente en los documentos basados en esta plantilla.

  *La lista **Opciones** no es operativa cuando se guarda un estilo de numeración.*

- Pulse el botón **Aceptar** para validar.

El programa le ofrece guardar la plantilla cuando se cierre el documento o cuando se guarda. Para que el estilo de numeración quede definitivamente asociado a la plantilla, guárdela.

© Editions ENI - Reproducción prohibida

Utilizar la vista previa de impresión

- Haga clic en la pestaña **Archivo** y luego en la opción **Imprimir**.

  En la parte derecha de la ventana se muestra una imagen reducida del documento tal y como Word lo imprimirá. El porcentaje de zoom aplicado a la página y el número de página actual se muestran debajo de la página.

- En este caso se muestra una visualización previa de la página 1 a la que se ha aplicado un porcentaje de zoom del **67 %**.

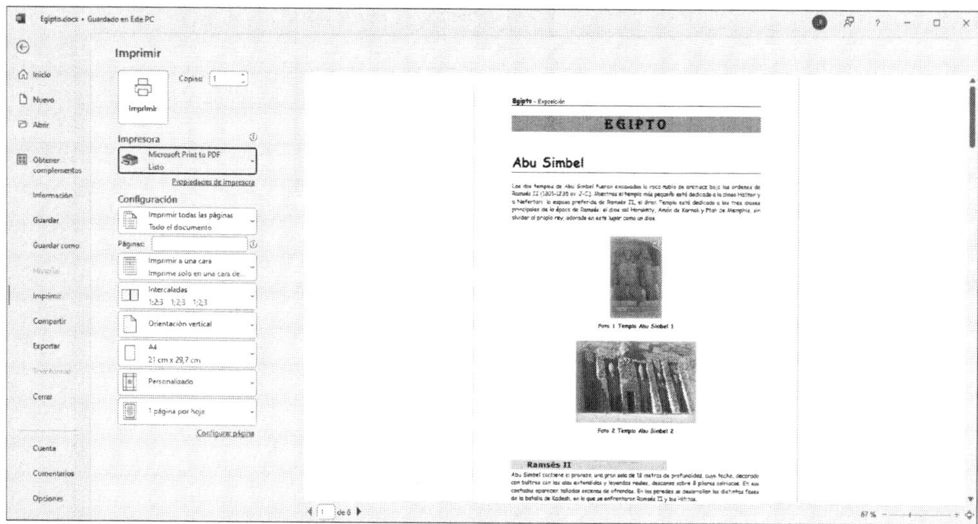

- Para visualizar las otras páginas del documento, pulse **Página siguiente** ▶ y **Página anterior** ◀ que se encuentran debajo de la vista previa, o haga clic en la vista previa para activarla, y luego utilice las teclas [Re Pág] y [Av Pág].

  También puede utilizar la barra de desplazamiento vertical.

- Para mostrar una página determinada, escriba su número en la zona **Página actual** [5], y luego confirme pulsando [↵].

- Para modificar el zoom de visualización de la vista previa, utilice la herramienta **Alejar** [−] para reducir su valor y la herramienta **Acercar** [+] para aumentar su valor; también puede modificar el valor del zoom desplazando el cursor **Zoom**.

*También puede hacer clic en el valor de zoom que se encuentra a la izquierda de la herramienta **Alejar** [−] para abrir el cuadro de diálogo **Zoom** que permite especificar el **Porcentaje de zoom**.*

- Para mostrar varias páginas en la vista previa, reduzca el valor de zoom hasta que se pueda ver el número de páginas que desea.
- Para regresar a la visualización de una única página, haga clic en la página en cuestión en la vista previa y luego en la herramienta **Ampliar a página** que se encuentra debajo de la barra de desplazamiento vertical.
- Para modificar el formato del documento, haga clic en el vínculo **Configurar página** que se encuentra debajo de la configuración de la impresión, modifique las opciones que desee y confirme pulsando **Aceptar**.
- Para iniciar la impresión del documento, indique sus preferencias en la configuración de impresión y luego pulse el botón **Imprimir**.
- Para regresar al documento, haga clic en el botón o pulse la tecla [esc].

  El documento vuelve a estar en vista Diseño de impresión y, si lo desea, puede modificarlo.

Imprimir un documento

- Seleccione eventualmente el texto que desea imprimir.
- Haga clic en la pestaña **Archivo** y luego en la opción **Imprimir** o utilice el método abreviado [Ctrl] **P**.
- Seleccione, en la lista correspondiente, la **Impresora** que desea utilizar para la impresión.

  *De manera predeterminada, la opción **Imprimir todas las páginas** está seleccionada en la configuración de impresión.*

- Abra la primera lista de la zona **Configuración** y luego haga clic en la opción adecuada a lo que desea imprimir:

Imprimir todas las páginas	Para imprimir todo el documento.
Imprimir selección	Para imprimir el texto que previamente se ha seleccionado.
Imprimir página actual	Para imprimir la página en la que se ha situado el punto de inserción.

© Editions ENI - Reproducción prohibida

Impresión personalizada

Para imprimir las páginas indicadas en la zona **Páginas**; para imprimir varias páginas seguidas, escriba el número de la primera, un guion y luego el número de la última (Ej.: para imprimir de la página 2 a la página 4, escriba: **2-4**). Si las páginas que desea imprimir no están seguidas, separe sus números con punto y coma (Ej.: para imprimir las páginas 2 y 4, escriba: **2;4**).

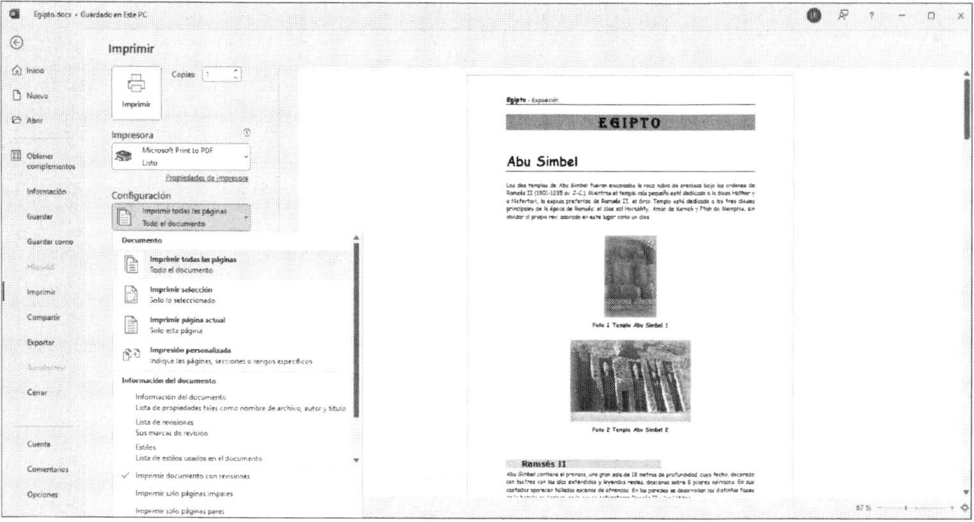

- Si solo desea imprimir las páginas pares o las impares, abra la primera lista de la zona **Configuración** y haga clic en la opción **Imprimir solo páginas impares** o **Imprimir solo páginas pares**; para imprimir otra vez las páginas pares e impares, vuelva a hacer clic en la opción para desactivarla.
- En la casilla **Copias**, escriba el número de ejemplares que desea imprimir o selecciónelo utilizando los botones de incremento.
- Si desea imprimir el documento a doble cara, abra la lista que se encuentra debajo de la zona **Páginas** (de manera predeterminada está seleccionada la opción **Imprimir a una cara**) y luego haga clic en la opción adecuada para imprimir a doble cara; escoja la opción **Imprimir manualmente a doble cara** si su impresora no dispone de la función automática de impresión a doble cara. En este caso, para imprimir el reverso de la hoja, Word abre un mensaje que pide al usuario que retire el anverso impreso de la bandeja de salida y que lo sitúe en la bandeja de alimentación de la impresora para seguir la impresión.

*Si no se muestra la opción **Imprimir a doble cara** es que la impresora no dispone de la función de impresión automática a doble cara.*

- De manera predeterminada, cuando se imprimen varios ejemplares de un documento de varias páginas, las páginas se imprimen intercaladas: si el documento tiene dos hojas y se imprime en tres ejemplares, la secuencia de impresión será: 1-2-1-2-1-2.

  Si no desea que las páginas estén intercaladas, abra la lista **Intercaladas** y luego seleccione la opción **Sin intercalar**. En este caso, la secuencia de impresión será: 1-1-1-2-2-2.

- Para imprimir varias páginas del documento por hoja, abra la última lista de la zona **Configuración** y haga clic en la opción correspondiente al número de páginas del documento por hoja de impresión.

  En la lista **Escalar al tamaño del papel**, seleccione, si fuera necesario, el formato de la hoja de papel en la que debe imprimirse el documento: en función del formato seleccionado, Word aumenta o reduce el tamaño de las fuentes y las imágenes.

- Si fuera necesario, cambie la orientación y los márgenes del documento, así como el formato del papel, utilizando las listas correspondientes en la zona **Configuración**.

- Inicie la impresión del documento haciendo clic en el botón **Imprimir**.

Las opciones de impresión pueden ser modificadas en la zona correspondiente del cuadro de diálogo **Opciones de Word** (pestaña **Archivo** - **Opciones** - categoría **Mostrar**); es posible, por ejemplo, escoger si se imprimen, o no, los dibujos creados en Word, las propiedades del documento, etc. Tenga en cuenta, no obstante, que estas opciones vienen definidas por defecto, y que se aplican a todos los documentos.

© Editions ENI - Reproducción prohibida

Aplicar formato a los caracteres

Se trata de aplicar a los caracteres atributos de formato como la negrita, la cursiva y de cambiar la fuente, el tamaño, el color, etc.

Estos formatos se aplican a los caracteres seleccionados o a los caracteres que se escribirán una vez activada la aplicación del formato.

Utilizando la cinta de opciones

- Seleccione el texto si ya está escrito.
- En función del formato que desea aplicar, haga clic en una o más herramientas del grupo **Fuente** que se muestra en la pestaña **Inicio**:

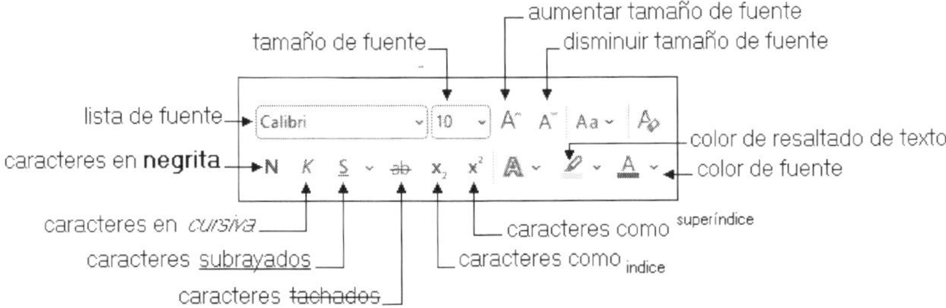

- Para desactivar la aplicación de un formato, haga clic de nuevo en la herramienta correspondiente.
- Para aplicar el formato a los caracteres, también puede utilizar las herramientas de la minibarra de herramientas que se muestra cuando se selecciona un texto:

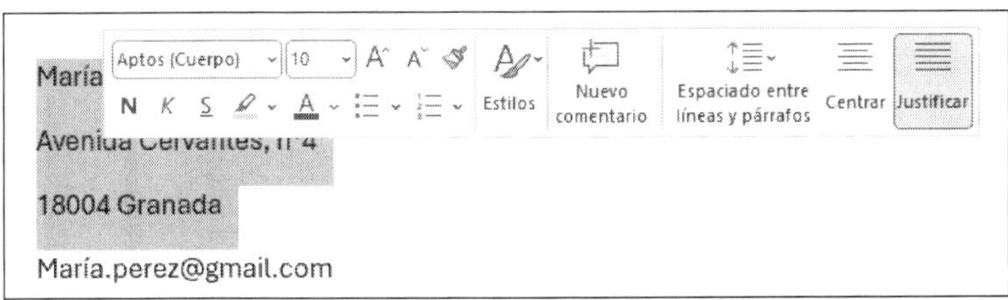

La lista asociada a la herramienta **Subrayado** [S ▾] permite escoger el tipo de trazo. En la lista de la opción **Color de subrayado** se puede elegir el color de dicho trazo.

© Editions ENI - Reproducción prohibida

Utilizando el teclado

- Seleccione el texto si ya está escrito.
- En función del resultado que se espera, utilice una de las siguientes combinaciones de teclas:

Ctrl **N**	**Negrita**	Ctrl Mayús **L**	VERSALITAS
Ctrl **K**	*Cursiva*	Ctrl **+**	Formato Superíndice
Ctrl **S**	Subrayado	Ctrl **=**	Formato Subíndice
Ctrl Mayús **D**	Doble subrayado	Alt Mayús **Q**	Texto oculto
Ctrl Mayús **P**	Subrayar solo las palabras		

Para el formato Superíndice, el signo + debe ser el del teclado alfanumérico.

También puede aplicar formato a los caracteres utilizando las opciones del cuadro de diálogo **Fuente** (pestaña **Inicio** - botón del grupo **Fuente** - pestaña **Fuente**):

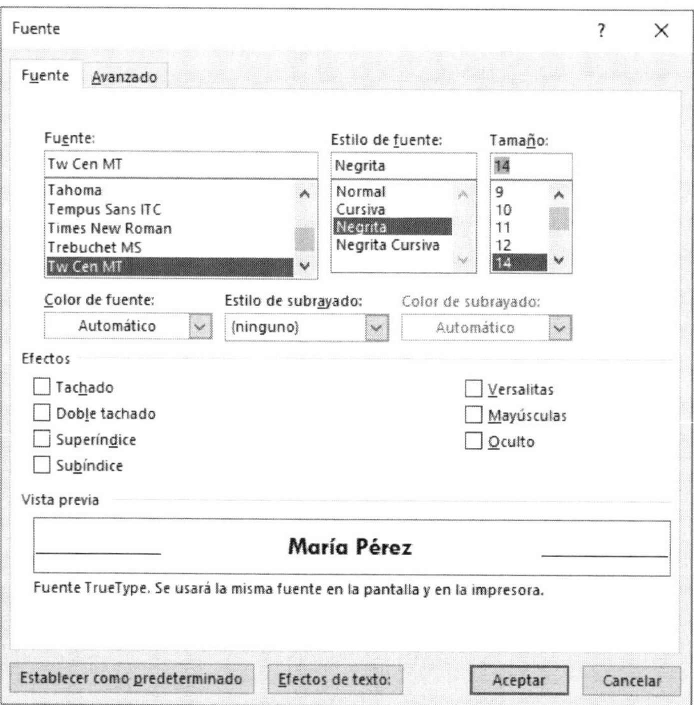

Para visualizar en pantalla el texto oculto, active la herramienta **Mostrar todo** ¶ que se encuentra en el grupo **Párrafo** de la pestaña **Inicio**.

Para anular el formato de los caracteres, selecciónelos y a continuación pulse Ctrl Espacio, o Ctrl Mayús **Z**; la herramienta que se encuentra en el grupo **Fuente** de la pestaña **Inicio** anula todos los formatos (de caracteres y párrafos). Para anular un único valor de formato, seleccione los caracteres que desea cambiar y desactive la opción o herramienta que ha permitido activar ese formato.

Si desea que cada aplicación de un formato se almacene en el panel **Estilos**, active la opción **Formato de fuente** del cuadro de diálogo **Opciones del panel Estilos** (pestaña **Inicio**, grupo **Estilos**, botón - panel **Estilos** - botón **Opciones**).

Como ocurre con los párrafos, es posible enmarcar caracteres utilizando el cuadro de diálogo **Bordes y sombreado**. Sin embargo, para que queden enmarcados únicamente los caracteres, es necesario cuidar que ninguna marca de fin de párrafo (¶) quede seleccionada (véase el apartado Trazar bordes alrededor de los párrafos, en el capítulo Párrafos).

Utilizar la función OpenType

Word propone unas funciones avanzadas de aplicación de formato al texto que permiten, por ejemplo, modificar el tipo de ligadura o escoger otro tipo de conjuntos estilísticos. Estas nuevas funciones se pueden utilizar con cualquier fuente OpenType (fuente que utiliza un archivo único de fuentes común a Windows® y Machintosh®) y permiten crear efectos muy interesantes, por ejemplo para los títulos.

- Seleccione el texto en cuestión y compruebe que la fuente del texto sea una fuente OpenType.
- En la pestaña **Inicio**, haga clic en el botón del grupo **Fuente** y luego haga clic en la ficha **Avanzado**.
- Si desea agrupar algunos pares de caracteres (como la f y la i, la f y la l o la t y la h) en un único carácter para crear un texto más legible o más atractivo, abra la lista **Ligaduras** y haga clic en la opción correspondiente al tipo de ligadura o ligaduras que desea aplicar.

© Editions ENI - Reproducción prohibida

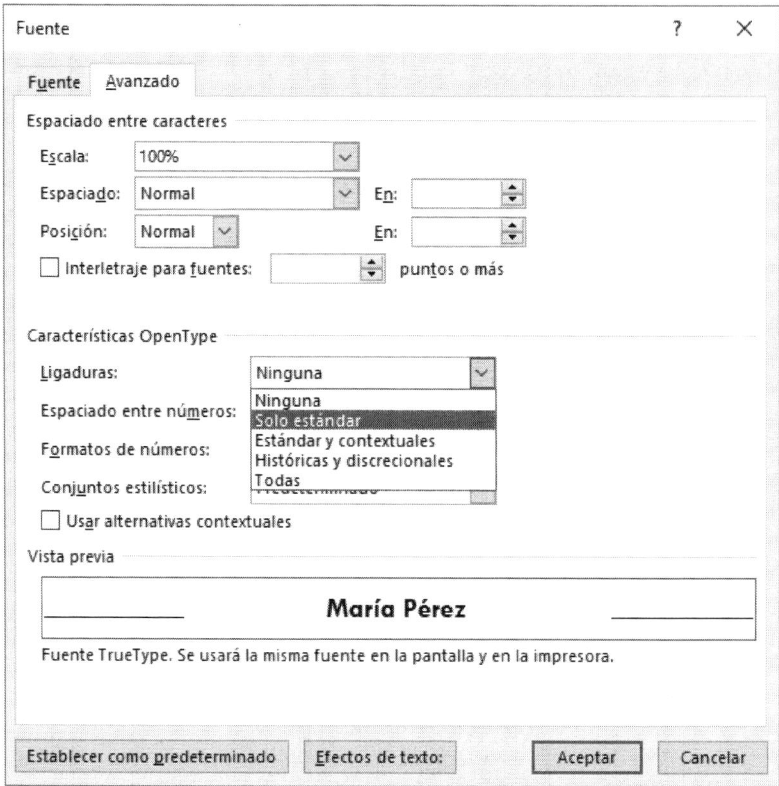

Solo estándar: permite mejorar la legibilidad del texto.

Estándar y contextuales: proporciona un mejor comportamiento de unión entre los caracteres y permite mejorar la legibilidad del texto.

Históricas y discrecionales: ligaduras diseñadas con ánimo decorativo, ornamental.

Todas: aplica todos los tipos de ligaduras.

Microsoft Office

Microsoft Office

*En la primera línea no se ha aplicado ningún tipo de ligadura, mientras que en la segunda línea se ha aplicado el tipo de ligadura: **Estándar y contextuales**.*

- En el caso de las cifras, escoja cómo deben espaciarse utilizando la lista **Espaciado entre números**:

  Proporcional: las cifras son tratadas como si tuvieran un ancho distinto (el número 1 es más estrecho que el número 5).

  Tabular: las cifras son tratadas como si tuvieran el mismo ancho para que se alineen verticalmente y faciliten su legibilidad.

556,59	556,59
121,12	121,12
espaciado proporcional	espaciado tabular

- Seleccione, en la lista correspondiente, el **Formatos de números** que desea utilizar:

  Alineación: se aplica la misma altura a cada una de las cifras que componen el número y cada cifra se alinea con la línea de base.

  Estilo antiguo: para mostrar las cifras en estilo antiguo; algunas cifras se desplazan hacia abajo en relación con la línea de base, mientras que las otras se desplazan hacia arriba.

123456789	123456789
Formato de números **modernos**	Formato de números **antiguos**

© Editions ENI - Reproducción prohibida

- Si desea mejorar la estética del texto, escoja en la lista correspondiente uno de los **Conjuntos estilísticos** que ofrece Word.

Microsoft Office Word	Conjunto estilístico 1
Microsoft Office Word	Conjunto estilístico 2
Microsoft Office Word	Conjunto estilístico 3
Microsoft Office Word	Conjunto estilístico 4
Microsoft Office Word	Conjunto estilístico 5
Microsoft Office Word	Conjunto estilístico 6

Podrá comprobar, en la ilustración anterior, que el conjunto estilístico 6 es claramente más elaborado que los otros.

- Active la opción **Usar alternativas contextuales** si desea que Word le ofrezca, en el momento de utilizar determinadas fuentes, unos caracteres de substitución para mejorar la unión de las letras.
- Haga clic en **Aceptar** del cuadro de diálogo **Fuente**.

Encontrará la mayoría de funciones OpenType en la lista asociada a la herramienta de la pestaña **Inicio** (grupo **Fuente**): **Estilos de número**, **Ligaduras** y **Conjuntos de estilos**.

Modificar el espaciado entre caracteres

- Seleccione los caracteres que desea modificar.
- En la pestaña **Inicio**, pulse el botón ⧉ del grupo **Fuente**.
- Haga clic en la ficha **Avanzado**.
- Abra la lista **Espaciado** y seleccione el correspondiente espaciado según desee:

Expandido Para aumentar el espaciado entre los caracteres.

Comprimido Para disminuir el espaciado entre los caracteres.

- Introduzca, según desee, en la casilla **En**, el valor (número de puntos) del espaciado entre los caracteres o, selecciónelo con los botones de incrementación.

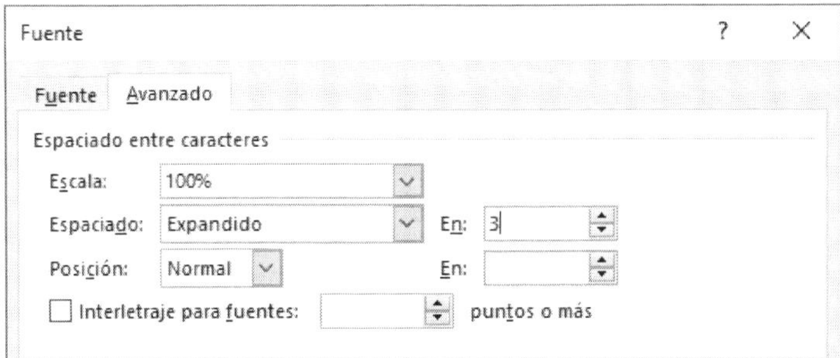

- Pulse el botón **Aceptar**.

Si desea desplazar el texto seleccionado con respecto a la línea base, seleccione el tipo de desplazamiento en la lista de **Posición** del cuadro de diálogo **Fuente** (pestaña **Inicio** - grupo **Fuente** - botón ⧉ - ficha **Avanzado**) e introduzca el valor del desplazamiento en la casilla **En**.

© Editions ENI - Reproducción prohibida

Aplicar un degradado a los caracteres

Aplicar un degradado predefinido

Word pone a su disposición varios degradados predefinidos.

- Seleccione los caracteres en cuestión.
- En la pestaña **Inicio**, abra la lista asociada a la herramienta **Color de fuente** y haga clic en la opción **Degradado**.

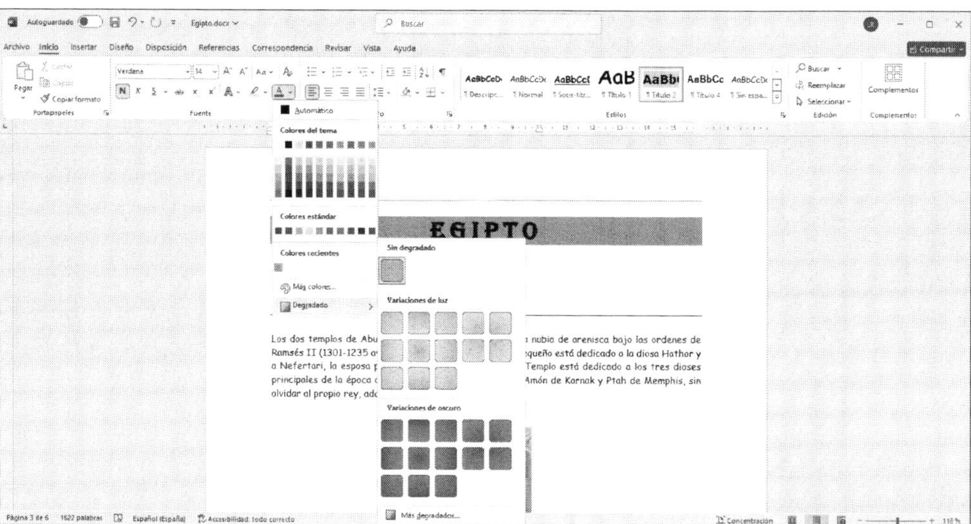

- Entre los degradados predefinidos que se ofrecen en las áreas **Variaciones de luz** y **Variaciones de oscuro**, haga clic en el que desea aplicar al texto.

  *Las áreas **Variaciones de luz** y **Variaciones de oscuro** solo aparecen cuando se aplica un color al texto seleccionado. En caso contrario, solo se muestra el área **Variaciones**.*

Aplicar un degradado personalizado

Si ninguno de los degradados predefinidos que Word ofrece le convence, puede crear su propio degradado.

- Seleccione los caracteres en cuestión.
- En la pestaña **Inicio**, abra la lista asociada a la herramienta **Color de fuente** , haga clic en la opción **Degradado** y luego en la opción **Más degradados**.
- *También puede hacer clic en el botón **Efectos de texto** del cuadro de diálogo **Fuente** (pestaña **Inicio** - grupo **Fuente** - botón).*

  *El panel **Formato de efectos de texto** se muestra a la derecha de la ventana. En él se ven las opciones de la categoría **Relleno de texto**.*
- En la categoría **Relleno de texto**, active la opción **Relleno degradado**.

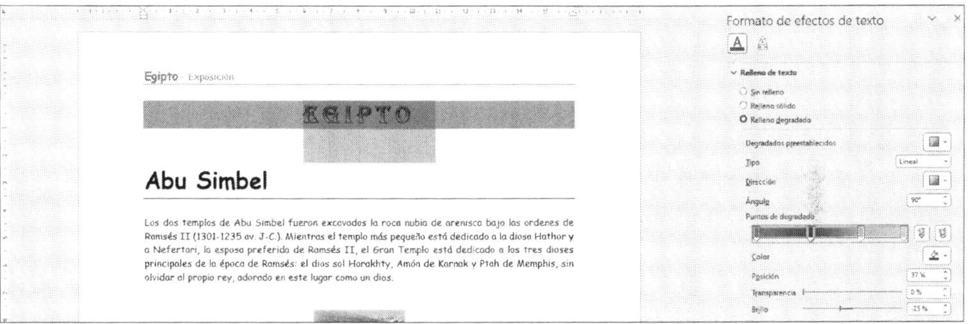

- Seleccione, en la lista de **Degradados preestablecidos**, aquel a partir del cual desea crear el degradado.
- Seleccione el **Tipo** de degradado: **Lineal**, **Radial**, **Rectangular** o **Ruta**.
- Seleccione la **Dirección** del degradado.

  *Esta opción no está disponible para el tipo **Ruta**.*
- Si ha escogido un degradado de tipo **Lineal**, modifique, si fuera necesario, su **Ángulo** de rotación.
- Para modificar el color de un punto de degradado, haga clic, en la barra de degradado, en el punto en cuestión para seleccionarlo y luego escoja el **Color** que prefiera utilizando la lista correspondiente.

© Editions ENI - Reproducción prohibida

- Para modificar la posición de un punto de degradado, arrástrelo en la barra de degradado, o selecciónelo y luego especifique su nueva **Posición** en la zona correspondiente.
- Para añadir un punto de degradado, haga clic en el botón y luego cambie su **Color** y su **Posición**.
- Para eliminar un punto de degradado, selecciónelo y luego haga clic en el botón.
- Para modificar el brillo o la transparencia de un punto de degradado, seleccione ese punto en la barra de degradado y luego arrastre el cursor asociado a la opción **Brillo** o **Transparencia**.

  Los atributos definidos para el degradado se van aplicando a los caracteres seleccionados a medida que se van definiendo.

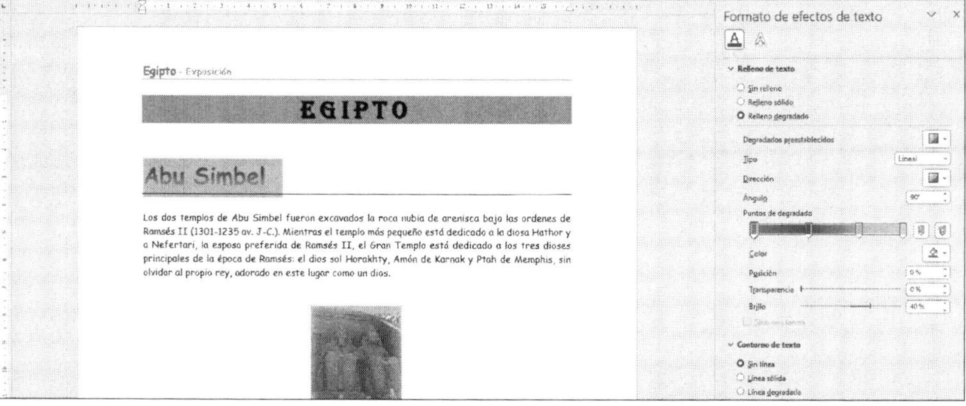

- Una vez haya definido todos los atributos del degradado, haga clic en el botón **Cerrar** del panel **Formato de efectos de texto**.

Para eliminar el degradado aplicado a unos caracteres, selecciónelos, abra la lista de la herramienta, haga clic en la opción **Degradado**, y luego en **Sin degradado**.

Aplicar un contorno a los caracteres

- Seleccione los caracteres en cuestión.
- En la pestaña **Inicio**, abra la lista de la herramienta y sitúe el puntero sobre la opción **Contorno**.

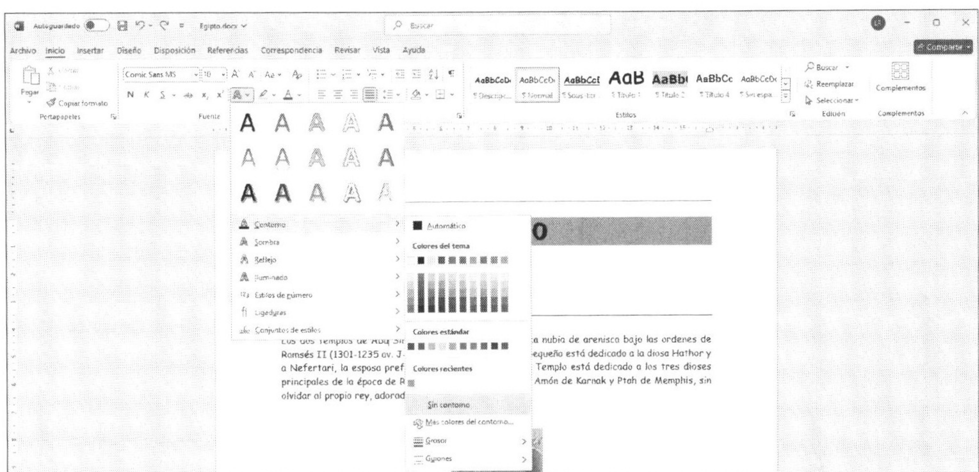

- Escoja el color de contorno entre los propuestos en las secciones **Colores del tema** o **Colores estándar** o utilice la opción **Más colores del contorno** si desea escoger un color diferente.
- Para modificar el **Grosor** del contorno, selecciónelo en la lista correspondiente.
- Para modificar el tipo de guion, seleccione una de las opciones de la lista **Guiones**.

La opción **Más líneas** de la lista **Guiones** abre el panel **Formato de efectos de texto**, el cual permite personalizar el contorno del texto.

© Editions ENI - Reproducción prohibida

Aplicar una sombra a los caracteres

Word ofrece varias sombras predefinidas.

- Seleccione los caracteres en cuestión.
- En la pestaña **Inicio**, haga clic en la herramienta **Efectos de texto y tipografía** y luego en la opción **Sombra**.

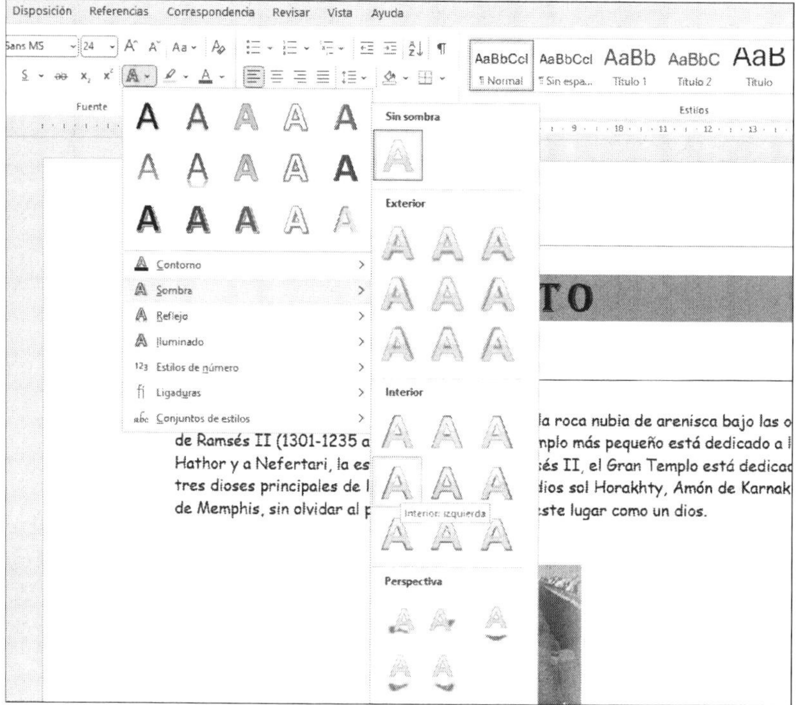

- Escoja, entre las sombras predefinidas que se ofrecen en las zonas **Exterior**, **Interior** o **Perspectiva**, la que desea aplicar al texto.

*Si no le conviene ninguna de las sombras predefinidas que ofrece Word, puede crear su propia sombra pulsando en la opción **Opciones de sombra**.*

Para eliminar la sombra aplicada a un texto, seleccione el texto, abra la lista de la herramienta, haga clic en la opción **Sombra** y luego en **Sin sombra**.

Aplicar un efecto de reflexión a los caracteres

Word pone a su disposición varios efectos de reflexión predefinidos.

- Seleccione los caracteres en cuestión.
- En la pestaña **Inicio**, haga clic en la herramienta **Efectos de texto y tipografía** y luego haga clic en la opción **Reflejo**.

- Escoja, entre las **Variaciones de reflejo** que se proponen en la zona correspondiente, la que desea aplicar al texto.

*Si no le conviene ninguno de los efectos de reflexión predefinidos que ofrece Word, puede crear su propio efecto de reflexión pulsando en **Opciones de reflejo**.*

Para eliminar un efecto de reflejo aplicado a un texto, seleccione el texto, abra la lista de la herramienta , haga clic en la opción **Reflejo** y luego en **Sin reflejo**.

© Editions ENI - Reproducción prohibida

Aplicar un efecto de iluminado a los caracteres

Word pone a su disposición varios efectos de iluminado predefinidos.

- Seleccione los caracteres en cuestión.
- En la pestaña **Inicio**, haga clic en la herramienta **Efectos de texto y tipografía** y luego haga clic en la opción **Iluminado.**

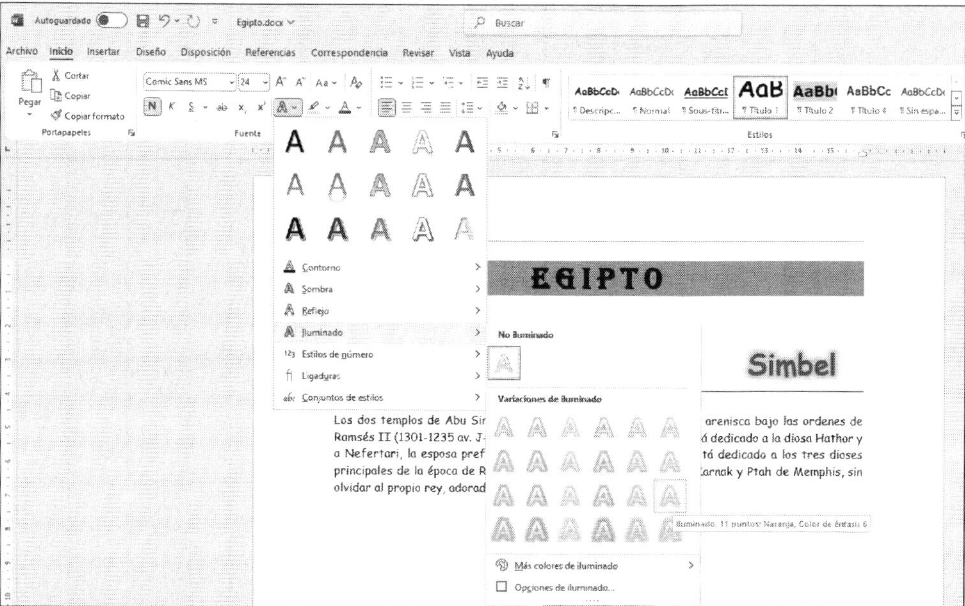

- Entre las **Variaciones de iluminado** predefinidas propuestas, haga clic en la que desea aplicar al texto.

*Si no le conviene ninguno de los efectos de iluminado predefinidos que ofrece Word, puede crear su propio efecto de iluminado pulsando en **Opciones de iluminado**.*

Para eliminar un efecto de iluminado aplicado a un texto, seleccione el texto, abra la lista de la herramienta, haga clic en la opción **Iluminado** y luego en **No iluminado.**

Aplicar un efecto 3D a los caracteres

- En la pestaña **Inicio**, haga clic en el selector de cuadro de diálogo del grupo **Fuente**, y luego en **Efectos de texto**.
- Haga clic en el icono y luego en la opción **Formato 3D**.
- Seleccione los tipos de bisel superior e inferior mediante las listas **Bisel superior** y **Bisel inferior**, y luego especifique el **Ancho** y el **Alto** de cada uno de los biseles.
- Especifique la **Profundidad** del efecto 3D y luego seleccione su color en la lista asociada.
- Para aplicar un contorno al efecto 3D, especifique el **Tamaño** en el cuadro de texto correspondiente y luego seleccione su color en la lista asociada.
- Para modificar el estilo de la superficie del efecto 3D, seleccione el efecto que prefiera en la lista **Material**.

*Las opciones **Iluminación** y **Ángulo** se aplican a los objetos, pero no se aplican a los textos.*

*El botón **Restablecer** permite anular los efectos 3D.*

- Una vez definidas las opciones de efectos 3D, haga clic en el botón **Aceptar** del cuadro de diálogo **Formato de efectos de texto** y luego en el botón **Aceptar** del cuadro de diálogo **Fuente**.

Modificar la presentación estándar de los caracteres

Este procedimiento permite cambiar la fuente, el estilo, los atributos o el espaciado entre caracteres que se aplican de forma predeterminada.

- Abra del documento o la plantilla en cuestión.
- En la pestaña **Inicio**, pulse el selector de cuadro de diálogo del grupo **Fuente**.
- Cree una nueva presentación estándar de los caracteres mediante las opciones del cuadro de diálogo **Fuente**.
- Haga clic en el botón **Establecer como predeterminado**.

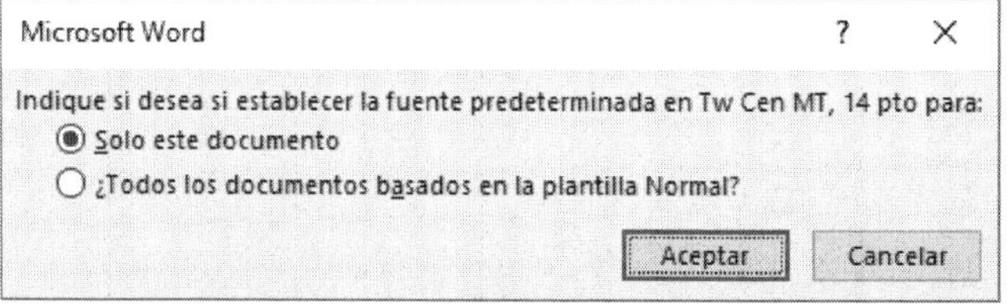

El mensaje de Word le recuerda la opción de presentación de caracteres que ha escogido y le propone definir esta nueva fuente como predeterminada para el documento activo o para todos los documentos basados en la plantilla en la que el documento está basado (en este caso Normal.dotm).

- Active, según sus preferencias, la opción **Solo este documento** o la opción **¿Todos los documentos basados en la plantilla?** y luego haga clic en el botón **Aceptar**.

Todos los caracteres adoptan la nueva presentación estándar, salvo los caracteres a los que ya se les había aplicado un formato específico.

También puede modificar la presentación estándar de los caracteres utilizando las opciones correspondientes de la pestaña **Establecer valores predeterminados** del cuadro de diálogo **Administrar estilos** (botón del panel **Estilos**).

Caracteres

Aplicar un estilo de caracteres

En esta parte se muestra cómo aplicar a los caracteres la presentación guardada en un estilo. Se encuentran a su disposición dos tipos de estilo: los estilos de caracteres que contienen esencialmente el formato de caracteres y los estilos de tipo Vinculado que contienen el formato de caracteres y de párrafo. El interés de un estilo Vinculado es que se puede aplicar tanto a los caracteres como a los párrafos. Si se aplica un estilo de tipo Vinculado a los caracteres, solo se aplica el formato de caracteres, ya que el formato de párrafos no puede, naturalmente, aplicarse a los caracteres.

Primer método

*Se utilizará el panel **Estilos**.*

- Seleccione el texto en el que desea aplicar el estilo.
- En la pestaña **Inicio**, pulse el selector de cuadro de diálogo ↘ del grupo **Estilos** para mostrar el panel **Estilos**.

  *La lista de los estilos asociados al documento aparecerá en el panel **Estilos**.*

- Si fuera necesario, modifique los estilos que desea visualizar en el panel: haga clic en el botón **Opciones** que se encuentra en la parte inferior del panel **Estilos**, seleccione la opción que prefiera en la lista **Seleccionar estilos que desea mostrar** y luego haga clic en el botón **Aceptar**.

  Los estilos de caracteres aparecen con un símbolo a, los estilos de párrafo tienen el símbolo ¶ y los estilos vinculados, llevan el símbolo ¶a.

- Active la opción **Mostrar vista previa** si desea visualizar la vista previa de cada estilo.

  El formato que se asocia a cada uno de los estilos varía en función del conjunto de estilos que está activo (véase Estilos y conjuntos de estilos - Cambiar el conjunto de estilos).

© Editions ENI - Reproducción prohibida

- Haga clic en el estilo de caracteres o en el estilo vinculado que desea aplicar al texto.

  El formato guardado en el estilo de caracteres se aplica inmediatamente al texto. Si se trata de un estilo Vinculado, solo los formatos de caracteres contenidos en el estilo se aplican a los caracteres seleccionados.

- Se puede cerrar el panel **Estilos** mediante el botón [X].

Si sitúa el puntero encima del nombre de un estilo, emerge una información de pantalla con una descripción.

Para crear un estilo, consulte el apartado correspondiente en el capítulo Estilos y conjuntos de estilos - Crear un estilo.

Segundo método

*Con este método se utiliza la galería de **Estilos rápidos**.*

- Seleccione el texto en el que desea aplicar un estilo de caracteres.
- En la pestaña **Inicio**, pulse el botón **Estilos** situado en la parte inferior de la barra de desplazamiento de la galería de **Estilos** del grupo **Estilos**: se muestra la galería de forma que se puedan ver más estilos a la vez.
- Si no está seguro del estilo que desea aplicar, sitúe el puntero sucesivamente sobre los estilos de caracteres y los estilos de tipo Vinculado que se presentan para poder ver el efecto en el texto seleccionado.

  *En la imagen, el efecto del estilo señalado **Título1** se aplica al texto **Abu Simbel**. El símbolo a no se visualiza.*

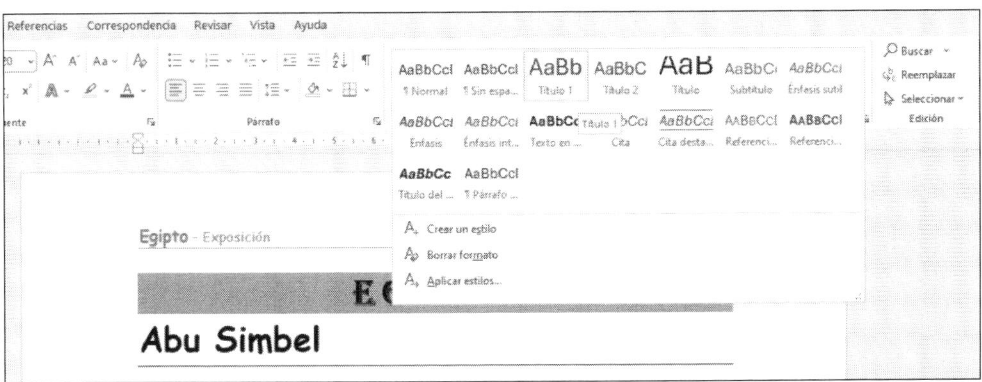

El formato asociado a cada uno de los estilos cambia en función del conjunto de estilos activo (véase Estilos y conjuntos de Estilos - Cambiar el conjunto de estilos).

- Cuando haya finalizado su elección, haga clic en el estilo para aplicarlo al texto seleccionado.

La galería de **Estilos rápidos** no contiene todos los estilos predefinidos.

Sea cual sea el método utilizado, el hecho de aplicar un estilo no limita el formato asignado al texto. Siempre se puede seguir agregando formatos de caracteres.

© Editions ENI - Reproducción prohibida

Para anular todos los formatos aplicados a los caracteres (estilo de caracteres y otros formatos), seleccione el texto y a continuación aplique el estilo **Normal** o, desde el panel **Estilos**, haga clic en la opción **Borrar todo**, que se encuentra en la parte superior de la lista. Para más información sobre la anulación de un estilo aplicado, véase Anular la aplicación de un estilo del capítulo Estilos y conjuntos de estilos.

Introducción

Las modificaciones de formato de los párrafos se aplican al párrafo actual o a los párrafos seleccionados. Para que puedan ser aplicados en todos los párrafos que posean el mismo estilo, hay que modificar el estilo correspondiente (véase Estilos y conjuntos de estilos).

Aplicar una marca de tabulación

Aplicar una marca de tabulación permite alinear de forma precisa el texto al pulsar la tecla ⇥. He aquí los diferentes tipos de marca y sus respectivos efectos:

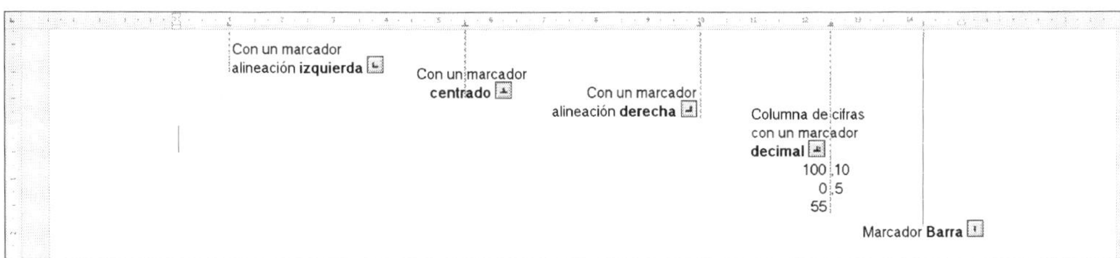

Cuando se crea un documento en blanco, se aplican de forma predeterminada marcas de tabulación cada 1,25 cm.

Utilizando la regla

- Seleccione los párrafos correspondientes o sitúe el punto de inserción en el párrafo.

  Si fuera necesario, seleccione la opción **Regla** de la pestaña **Vista** (grupo **Mostrar**) para mostrar las reglas.

- Pulse una o varias veces el botón ∟ que se encuentra a la izquierda de la regla para mostrar el tipo de tabulación que desea utilizar:

  - tabulación izquierda
  - centrar tabulación
  - tabulación derecha
  - tabulación decimal
  - barra vertical

© Editions ENI - Reproducción prohibida

- En la regla, haga clic bajo la marca de graduación en la cual desea colocar la tabulación.

  La marca de tabulación aparece en la regla.

- A continuación, alinee el texto en el marcador mediante la tecla ⇥ (véase Escribir y modificar el texto - Utilizar los marcadores de tabulación).

  Delante del texto Palermo se ha aplicado una tabulación que se ha alineado en la marca de tabulación derecha situada a 13,5 cm.

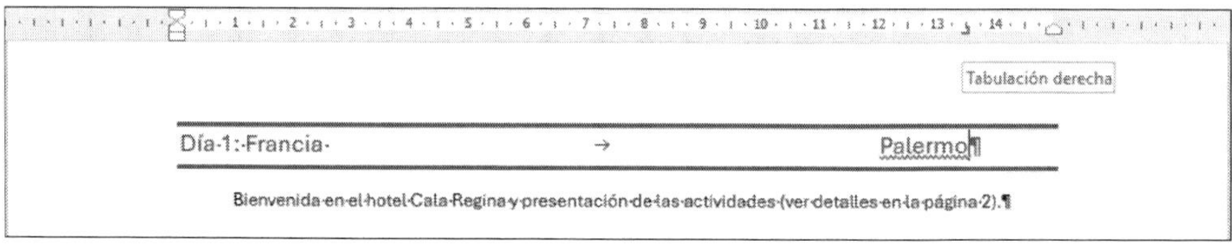

Utilizando el cuadro de diálogo

- Seleccione los párrafos o sitúe el punto de inserción en el párrafo.
- En la pestaña **Inicio**, pulse el selector de cuadro de diálogo ⧅ del grupo **Párrafo** para abrir el cuadro de diálogo correspondiente.
- Pulse el botón **Tabulaciones** que se encuentra en la parte inferior del cuadro de diálogo **Párrafo**.
- Para cada marcador que desee aplicar:
  - Introduzca la **Posición** de la marca en la casilla correspondiente.
  - Active la opción correspondiente a la **Alineación** del marcador.
  - En el cuadro **Relleno** elija, eventualmente, el tipo de carácter que debe ser insertado delante de la tabulación.
  - Haga clic en el botón **Establecer**.

*Cada tabulación aplicada aparece en el cuadro de la lista **Posición**.*

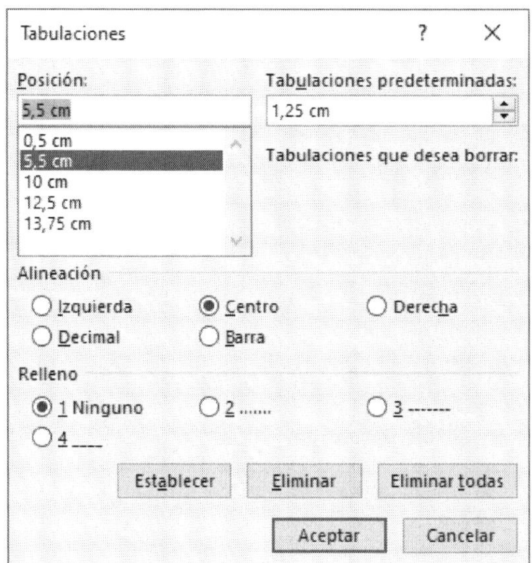

- Cuando se han aplicado todas las tabulaciones, pulse el botón **Aceptar**.

  Los marcadores de las tabulaciones aparecen en la regla. Dicha regla muestra los marcadores de párrafo activo. Todos los marcadores que se situaban delante del marcador que se ha introducido han desaparecido.

- Para modificar el intervalo existente entre cada tabulación aplicada de forma predeterminada, cambie el valor en la casilla **Tabulaciones predeterminadas** del cuadro de diálogo **Tabulaciones** (pestaña **Inicio** - grupo **Párrafo** - selector de cuadro de diálogo ⧉ - botón **Tabulaciones**).

Cuando hay una tabulación personal en la regla, un doble clic en ella activa el cuadro de diálogo **Tabulaciones**.

Administrar las marcas de tabulación

- Para mover una tabulación, arrastre la marca de tabulación hacia la nueva ubicación; para mover la marca de forma más precisa, mantenga pulsada la tecla Alt mientras la arrastra.
- Para eliminar una tabulación, arrastre la marca de tabulación fuera de la regla.

  La tabulación desaparece una vez se rebasa la parte inferior o superior de la regla.
- Si desea eliminar todas las tabulaciones personales, el método más eficaz consiste en acceder al cuadro de diálogo **Tabulaciones** (pestaña **Inicio** - grupo **Párrafo** - botón ⧉ - botón **Tabulaciones**) y pulsar el botón **Eliminar todas**.

Sangrar párrafos

He aquí la presentación de los párrafos con los cuatro tipos de sangría existentes:

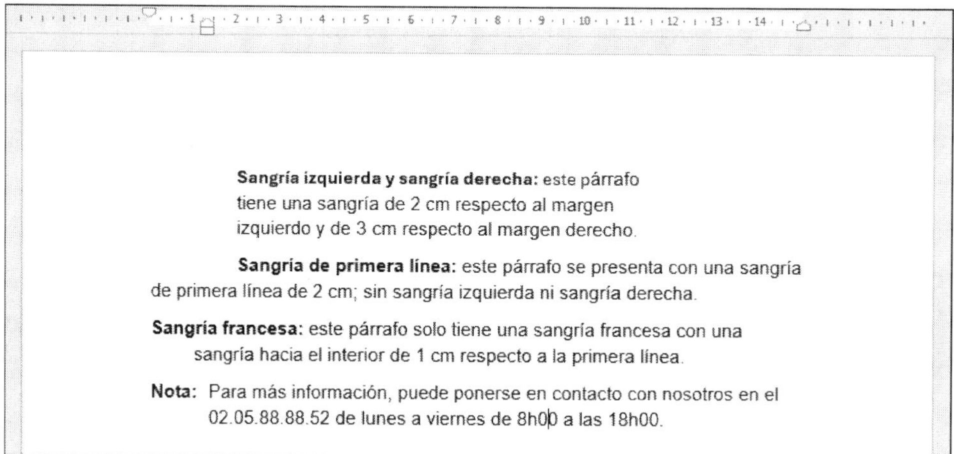

Utilizando la regla

- Seleccione los párrafos correspondientes o coloque el punto de inserción en el párrafo.
- Si fuera necesario, pulse la opción **Regla** de la pestaña **Vista** (grupo **Mostrar**) para mostrar las reglas.

La regla ofrece cuatro marcas de sangría que corresponden a los cuatro tipos de sangría existentes:

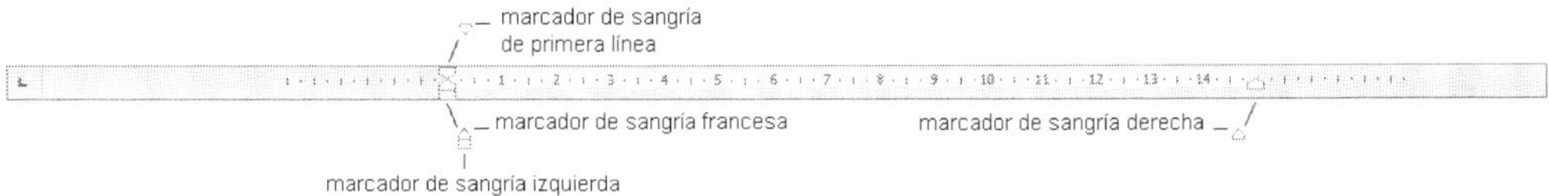

- Señale el marcador de sangría correspondiente a la sangría que desea aplicar, haga clic y, a continuación, arrastre el marcador según la sangría deseada.

  Mientras no suelte el ratón, se visualizará una barra vertical; cuando lo suelte, la selección se transformará en función de la sangría solicitada.

  Para situar con más precisión las marcas de tabulación en la regla, mantenga pulsada la tecla Alt mientras hace clic y arrastra el ratón: la regla se transforma y muestra las distancias entre los márgenes y las sangrías.

- Para crear una sangría francesa, desplace hacia la derecha el marcador de sangría francesa de la regla.

  La sangría francesa permite realizar este tipo de presentación:

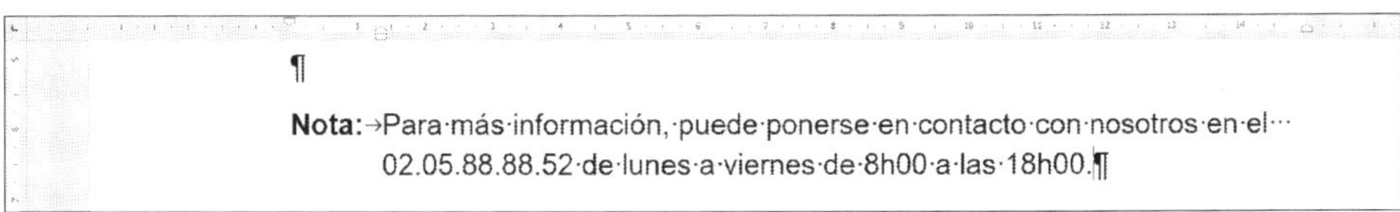

Para realizar una sangría de primera línea o francesa, también puede hacer clic varias veces a la izquierda de la regla en el botón para hacer que aparezcan los botones (sangría de primera línea) o (sangría francesa) y hacer clic en la marca de correspondiente a la futura posición de la sangría.

Los valores de las sangrías de primera línea y francesa se pueden definir en los campos ***Izquierda*** *y* ***Derecha*** *situados en el grupo* ***Párrafo*** *de la pestaña* ***Disposición****.*

También puede utilizar las herramientas y del grupo **Párrafo**, en la pestaña **Inicio**, para aumentar o disminuir la sangría izquierda de 1,25 cm en 1,25 cm.

© Editions ENI - Reproducción prohibida

Utilizando el cuadro de diálogo

- Seleccione los párrafos correspondientes o sitúe el punto de inserción en el párrafo.
- En la pestaña **Inicio**, pulse el selector de cuadro de diálogo ⧉ del grupo **Párrafo**.

  También puede hacer doble clic en uno de los marcadores de sangría de la regla.
- Pulse en la pestaña **Sangría y espacio**.

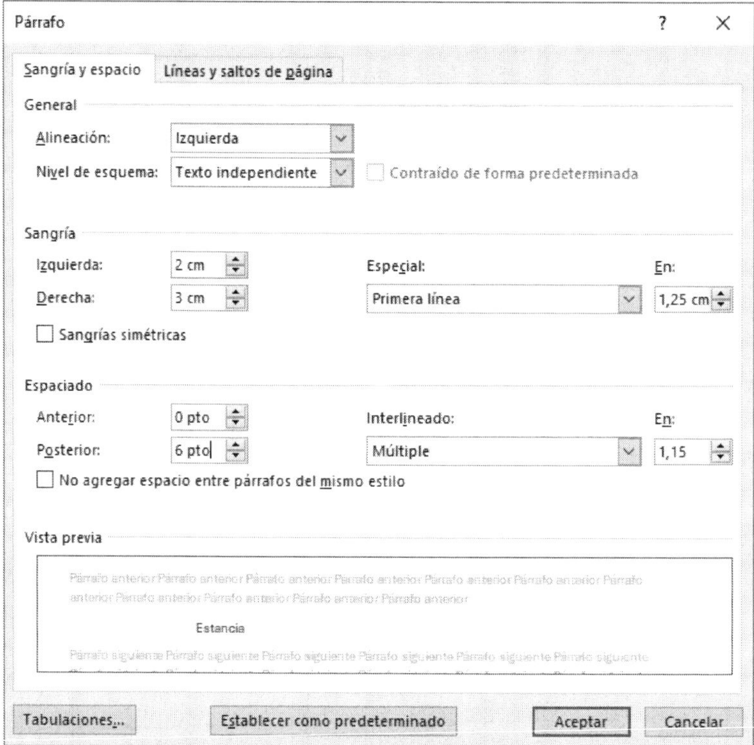

*En este cuadro de diálogo, la zona **Sangría** ofrece una sangría **Izquierda**, **Derecha**, **de primera línea** o **Sangría francesa**.*

- Indique, en la unidad de medida específica, cuáles deben ser los valores de las sangrías que desea aplicar: **Izquierda**, **Derecha** y/o **Especial**.
- Para crear una sangría francesa, seleccione la opción **Sangría francesa** de la lista **Especial** y, a continuación, introduzca el valor de la sangría en la correspondiente casilla **En**.

- Para sangrar únicamente la primera línea, seleccione la opción **Primera línea** en la lista **Especial** y a continuación introduzca el valor de la sangría en la casilla **En**.
- Pulse el botón **Aceptar**.

Para modificar la unidad de medida predeterminada, seleccione la unidad de medida apropiada en la lista **Mostrar medidas en unidades de** del cuadro de diálogo **Opciones de Word** (pestaña **Archivo** - **Opciones** - categoría **Avanzadas** - apartado **Mostrar contenido de documento**). Las reglas del documento aparecerán con la unidad seleccionada.

De forma predeterminada, la opción **Establecer la primera sangría y la sangría izquierda con tabulaciones y retrocesos** que se encuentra en el cuadro de diálogo **Autocorrección** (pestaña **Archivo** - **Opciones** - categoría **Revisión** - botón **Opciones de Autocorrección** - pestaña **Autoformato mientras escribe**) está activada. Si pulsa la tecla [Tab] cuando el punto de inserción se sitúa al inicio de una línea, aumenta la sangría izquierda; si a continuación pulsa la tecla [Retroceso], la disminuye.

Modificar la alineación de los párrafos

- Seleccione los párrafos que desea alinear o sitúe el punto de inserción en el párrafo.
- En función de la alineación deseada, utilice una de las opciones siguientes:

Alineación	Herramientas	Teclado
Izquierda		Ctrl **Q**
Centrada		Ctrl **T**
Derecha		Ctrl **D**
Justificada		Ctrl **J**

*Estos iconos se encuentran en el grupo **Párrafo** de la pestaña **Inicio**.*

Estas alineaciones también se pueden activar con la lista desplegable **Alineación** del cuadro de diálogo **Párrafo** (pestaña **Inicio** - grupo **Párrafo** - botón - pestaña **Sangría y espacio**).

© Editions ENI - Reproducción prohibida

Modificar el interlineado

El interlineado determina el espacio entre las líneas de un párrafo.

- Seleccione los párrafos correspondientes o sitúe el punto de inserción en el párrafo.
- En la pestaña **Inicio**, pulse en la herramienta del grupo **Párrafo**.

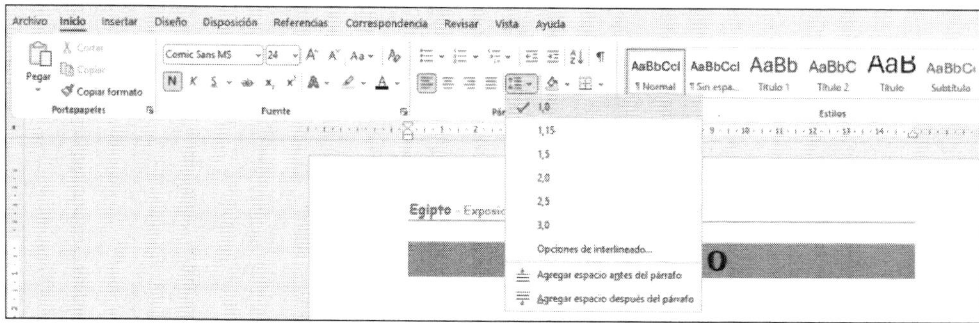

- Elija el valor de interlineado que desee aplicar.
- Para personalizar este valor, pulse en **Opciones de interlineado**.

También puede hacer doble clic en uno de los marcadores de sangría de la regla.

- Seleccione el valor del **Interlineado** en la lista correspondiente:

Sencillo El interlineado corresponde a la altura de una línea.

1,5 líneas El interlineado corresponde a la altura de una línea y media; este es el valor del interlineado que aparece de forma predeterminada.

Doble El interlineado corresponde a la altura de dos líneas.

Mínimo Especifique el valor mínimo del interlineado en la casilla **En**.

Exacto Especifique el valor fijo del interlineado en la casilla **En**: sea cual sea el tamaño de los caracteres, Word no puede modificar este valor.

Múltiple El interlineado corresponde al resultado de multiplicar el interlineado sencillo por el número introducido en la casilla **En**.

- Pulse el botón **Aceptar**.

Modificar el espacio entre párrafos

Este procedimiento permite establecer el espacio en blanco de antes y/o después de un párrafo y así "airear" el texto sin insertar párrafos vacíos.

- Seleccione los párrafos correspondientes o sitúe el punto de inserción en el párrafo.
- Para insertar un espacio de una línea antes o después del párrafo, pulse en la herramienta y después en **Agregar espacio antes del párrafo** o en **Agregar espacio después del párrafo**.
- Para añadir otro valor de espaciado, indíquelo en puntos en los campos **Espaciado Antes** y **Espaciado Después** del grupo **Párrafo**, en la pestaña **Disposición**.

  6 pt corresponden a media línea, 12 pt a una línea, 18 pt a una línea y media...

  *Asimismo, puede precisar estos valores en el cuadro de diálogo **Párrafo**.*

- Para modificar el espaciado entre todos los párrafos del documento, así como el espaciado entre sus líneas, haga clic en cualquier lugar del documento y luego, en la pestaña **Diseño**, haga clic en el botón **Espaciado entre párrafos** del grupo **Formato del documento** y haga clic en la opción correspondiente al espaciado que desea; al señalar una opción, aparece una información de herramienta que muestra los valores del espaciado anterior, del espaciado posterior y del interlineado.

La unidad de medida que aparece de forma predeterminada en estas casillas es el punto. Sin embargo, es posible introducir otras unidades de medida siempre que se especifique el valor detrás: **cm** para centímetros, **mm** para milímetros, **línea** para líneas, " para pulgadas.

Escriba el método abreviado Ctrl **0** (cero del teclado alfanumérico) para agregar un espacio igual a la altura de una línea (12 puntos) por encima de cada párrafo seleccionado.

© Editions ENI - Reproducción prohibida

Impedir una ruptura de líneas o párrafos

Con este procedimiento se pueden evitar las rupturas de página o de columna dentro de un párrafo o entre dos párrafos.

- Si no desea que se aplique un salto de página/columna entre las líneas de un párrafo, haga clic en dicho párrafo; si no desea que se aplique entre dos párrafos, haga clic en el primero; si no desea que se aplique entre varios párrafos, seleccione los párrafos correspondientes excepto el último.
- En la pestaña **Inicio**, pulse el selector de cuadro de diálogo del grupo **Párrafo**.
- Haga clic en la ficha **Líneas y saltos de página**.
- Para impedir un salto de página/columna en medio de un párrafo, active la opción **Conservar líneas juntas**; para impedir el salto de página/columna entre párrafos, active la opción **Conservar con el siguiente**.

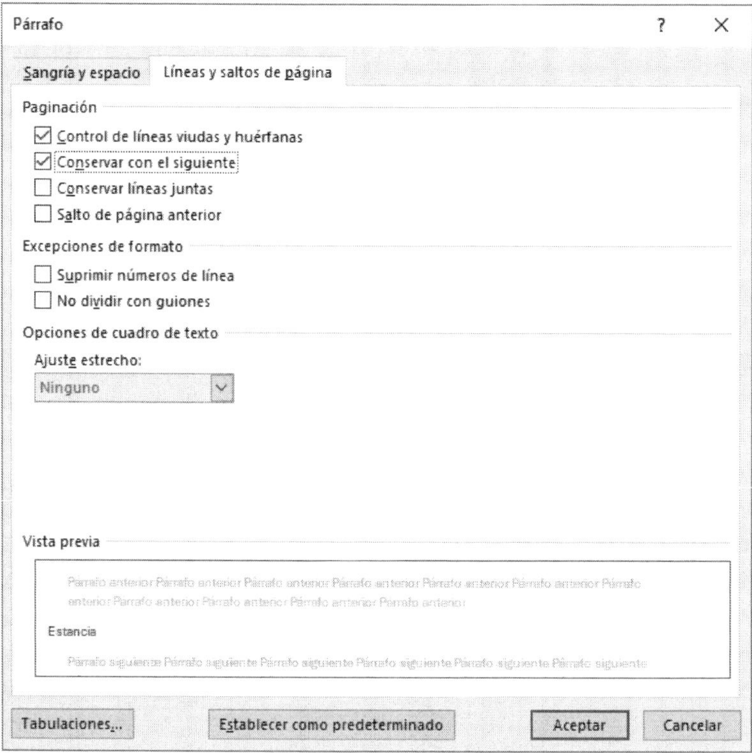

- Mantenga activa la opción **Control de líneas viudas y huérfanas** para impedir que la última línea de un párrafo se desplace a la parte superior de la siguiente página (viuda), o que la primera línea de un párrafo se quede en la parte inferior de la página (huérfana).
- Pulse el botón **Aceptar**.

Trazar bordes alrededor de los párrafos

- Seleccione los párrafos (incluidas las marcas de párrafo ¶) o haga clic en el párrafo correspondiente.
- En la pestaña **Inicio**, abra la lista asociada al icono del grupo **Párrafo** y a continuación haga clic en la opción **Bordes y sombreado**.

  La apariencia de este icono cambia según la última opción seleccionada.
- Para enmarcar los párrafos, haga clic en la opción **Cuadro** o **Sombra** que se encuentra en la zona **Valor**.
- Seleccione el **Estilo** de borde en la lista correspondiente.
- Elija el **Color** que desea aplicar al borde en la lista correspondiente; los colores del apartado **Colores del tema** se asocian al tema aplicado al documento (véase capítulo Estilos y conjuntos de estilos). Si elige uno de los **Colores del tema**, el color del borde cambiará si se aplica otro tema al documento.
- Abra la lista **Ancho** y seleccione el espesor de borde que desee.
- Si el marco debe aplicarse únicamente a uno o varios lados del párrafo, utilice los botones , , y/o de la zona **Vista previa** para eliminar o agregar el borde superior, inferior, derecho y/o izquierdo del correspondiente párrafo; si se han seleccionado varios párrafos, también se muestra el botón que permite agregar o eliminar un borde horizontal entre cada uno de los párrafos seleccionados.

  También puede hacer clic en el borde que aparece en la vista previa.

© Editions ENI - Reproducción prohibida

*En el apartado **Vista previa** se muestra un ejemplo del marco escogido.*

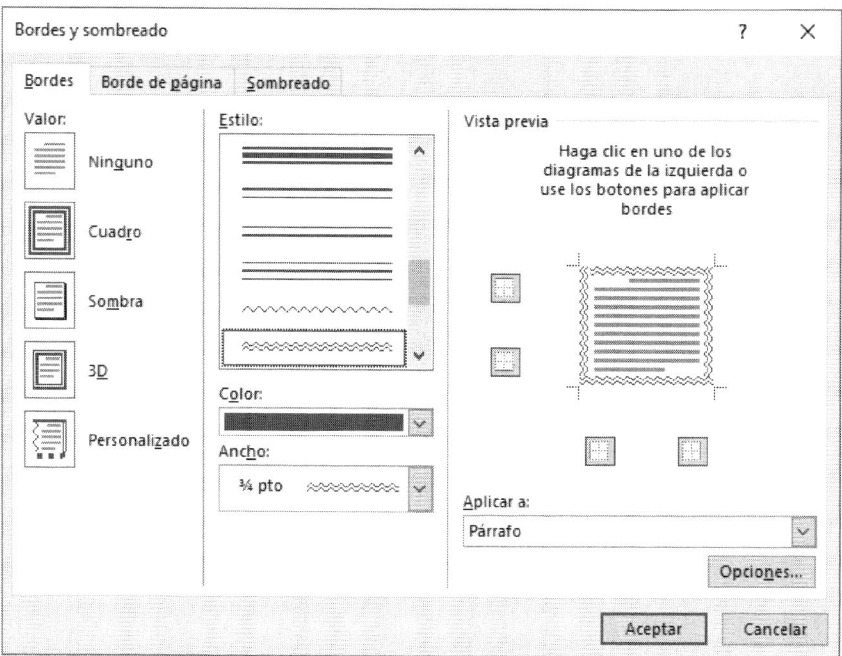

- Asegúrese de que la opción **Párrafo** está seleccionada en la lista **Aplicar a**.
- Para establecer el espacio entre el texto y el borde, pulse el botón **Opciones** e indique el valor del espacio entre el texto (máximo 31 puntos) y el borde en las casillas **Superior**, **Inferior**, **Izquierdo** y/o **Derecho**. Pulse el botón **Aceptar**.
- Pulse el botón **Aceptar** del cuadro de diálogo **Bordes y sombreado**.

  Los bordes, por ser formato de párrafo, se enmarcan entre las sangrías izquierda y derecha:

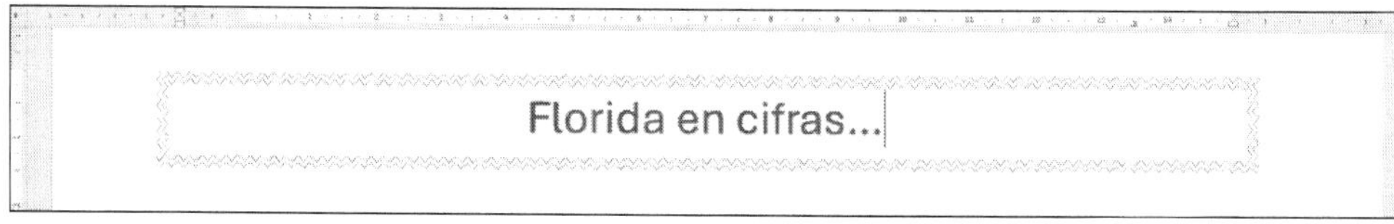

- Para modificar el ancho de un título enmarcado, modifique la sangría izquierda y/o la sangría derecha.

Para enmarcar párrafos, también puede hacer clic en una de las opciones que aparecen en la lista asociada a la herramienta que se encuentra en el grupo **Párrafo** (pestaña **Inicio**): el borde recupera las propiedades de formato (color, espesor, etc.) que se han especificado en el cuadro de diálogo **Bordes y sombreado**.

Para eliminar el borde aplicado a los párrafos, selecciónelos, abra la lista asociada al icono que se encuentra en el grupo **Párrafo** (pestaña **Inicio**), y haga clic en **Sin borde**.

Proceda de la misma forma para enmarcar caracteres. Tenga en cuenta de que esté seleccionada la opción **Texto** en la lista **Aplicar a** del cuadro de diálogo **Bordes y sombreados**.

Aplicar color de fondo a un párrafo

Utilizando la herramienta

- Seleccione los párrafos (incluidas las marcas de párrafo ¶) o haga clic en el párrafo correspondiente.
- En la pestaña **Inicio**, abra la lista asociada al icono del grupo **Párrafo**.

Si sitúa el puntero encima de un color, se muestra el efecto del color en el texto seleccionado.

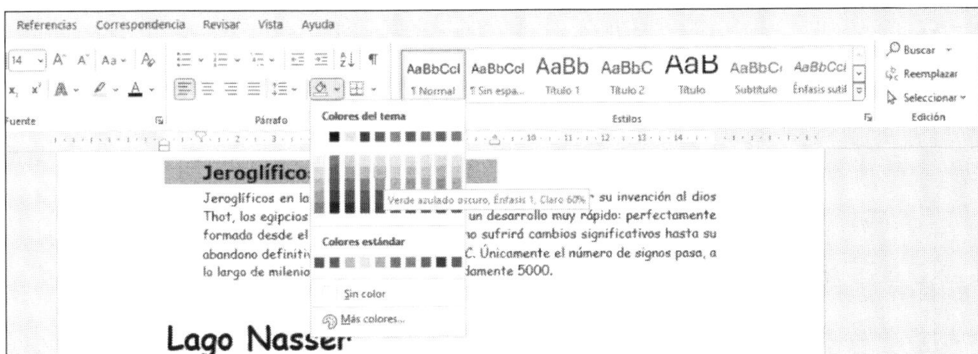

- Para aplicar uno de los colores que se ofrecen en la lista, haga clic en el color que desee aplicar al fondo del o de los párrafos seleccionados: los colores del apartado **Colores del tema** se asocian al tema aplicado al documento (véase capítulo Estilos y conjuntos de estilos). Si elige uno de los **Colores del tema**, el color de fondo del párrafo cambiará si se aplica otro tema al documento.
- Para aplicar un color que no aparezca en la lista, pulse la opción **Más colores**. A continuación seleccione el color deseado en la ficha **Estándar** o **Personalizado** y pulse el botón **Aceptar**.

  *A partir de ese momento, el color elegido aparece en el apartado **Colores recientes** de la lista asociada a la herramienta* .
- Para eliminar el color de fondo de uno o varios párrafos, selecciónelos, abra la lista asociada a la herramienta y haga clic en la opción **Sin color**.

Utilizando el cuadro de diálogo

Además del color de fondo, el cuadro de diálogo le permite aplicar un sombreado de relleno a los párrafos.

- Seleccione los párrafos (incluidas las marcas de párrafo ¶) o haga clic en el párrafo correspondiente.
- En la pestaña **Inicio**, abra la lista asociada a la herramienta del grupo **Párrafo** y haga clic en la opción **Bordes y sombreado**.
- Haga clic en la pestaña **Sombreado**.
- Haga clic en el color de fondo de la lista **Relleno**.
- Seleccione el porcentaje o la trama en la lista **Estilo**.
- Elija el color de la trama en la lista **Color**.
- Pulse el botón **Aceptar**.

Modificar la presentación estándar de los párrafos

Esta técnica le permite cambiar las sangrías, el espaciado entre párrafos y/o el interlineado asignados de manera predeterminada a los párrafos.

- Abra el documento o la plantilla en cuestión.
- En la pestaña **Inicio**, haga clic en el selector de cuadro de diálogo del grupo **Párrafo**.

- Si es preciso, haga clic en la pestaña **Sangría y espacio**.
- Elabore la nueva presentación de los párrafos utilizando las opciones del cuadro de diálogo **Párrafo** y haga clic en el botón **Establecer como predeterminado**.

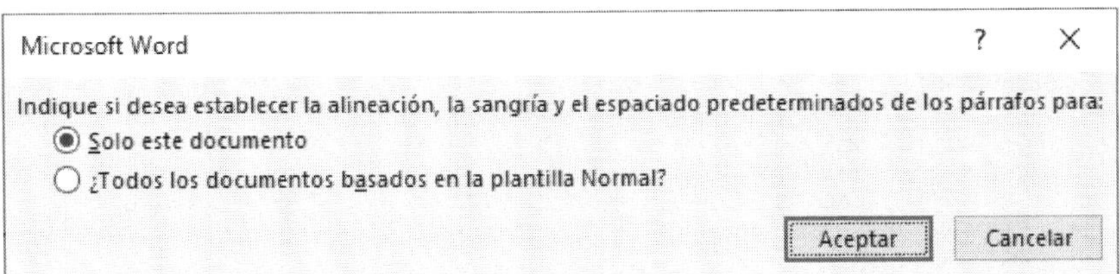

Word le propone que defina la alineación, la sangría y el espaciado predeterminados de los párrafos del documento activo y de todos los documentos basados en la plantilla usada por el documento (en este caso, Normal).

- Active, según sus preferencias, la opción **Solo este documento** o la opción **Todos los documentos basados en la plantilla**.
- Haga clic en el botón **Aceptar**.

Todos los párrafos adoptan la nueva presentación estándar, salvo aquéllos en los que ya se hubiera definido un formato específico.

Aplicar un estilo de párrafo

En esta parte se muestra cómo aplicar a los párrafos el formato guardado en un estilo. Los estilos de párrafo, y los estilos de tipo Vinculado que contienen formatos de caracteres y de párrafo, se pueden aplicar a los párrafos. Al contrario de lo que ocurre con los estilos de párrafo, los estilos de tipo Vinculado se pueden aplicar además a los caracteres.

Primer método

*Se utilizará el panel **Estilos**.*

- Seleccione los párrafos o haga clic en el párrafo correspondiente.
- En la pestaña **Inicio**, pulse el selector de cuadro de diálogo ⧅ del grupo **Estilos** para abrir el panel **Estilos**.

*De manera predeterminada, en el panel **Estilos** solo se muestra una parte de los estilos.*

© Editions ENI - Reproducción prohibida

- Si fuera necesario, modifique los estilos que desea visualizar en el panel: haga clic en el botón **Opciones** que se encuentra en la parte inferior del panel **Estilos**, seleccione la opción que prefiera en la lista **Seleccionar estilos que desea mostrar** y haga clic en el botón **Aceptar**.
- Active la opción **Mostrar vista previa** si desea que en el panel aparezcan las vistas previas de cada estilo.

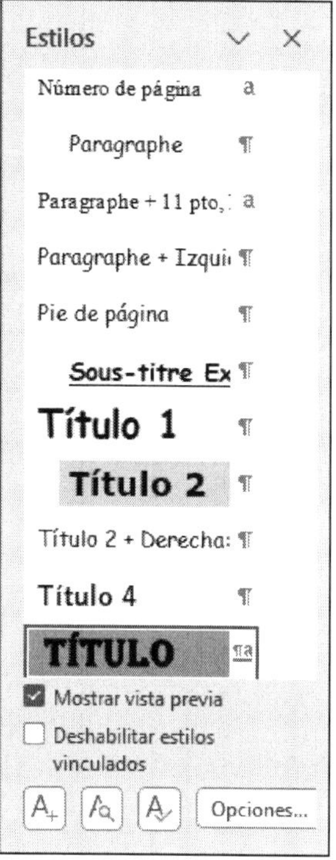

El formato de cada estilo cambia según el conjunto de estilos activo (véase Estilos y conjuntos de estilos - Cambiar el conjunto de estilos).

- Haga clic en el estilo de párrafo que desea aplicar al párrafo: el símbolo ¶ se asocia a los estilos de párrafo y el símbolo ¶a se asocia a los estilos de tipo **Vinculado**.

  El formato de estilo guardado se aplica inmediatamente al o a los párrafos.

Si sitúa el puntero encima del nombre de un estilo, emerge una información de pantalla con su descripción.

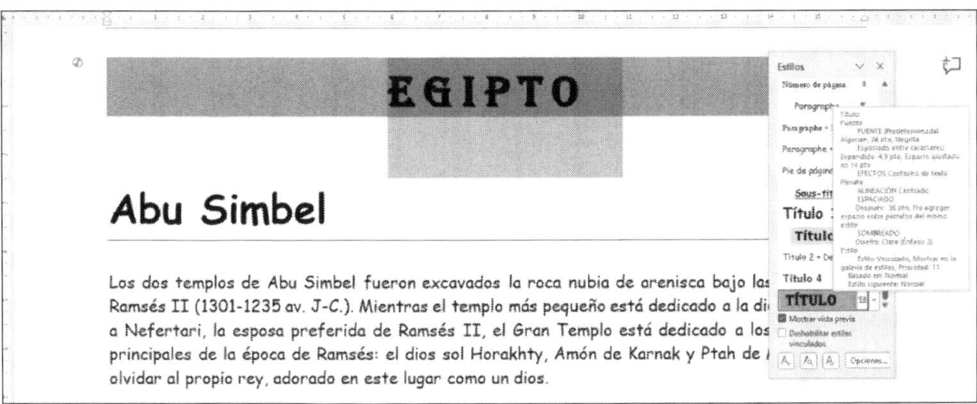

- Cierre si es preciso el panel **Estilos** mediante el botón ☒.
- Para crear un estilo, consulte el apartado correspondiente en el capítulo Estilos y conjuntos de estilos.

Segundo método

*Aquí se utilizará la galería de **Estilos rápidos**.*

- Seleccione los párrafos o haga clic en el párrafo correspondiente.
- En la pestaña **Inicio**, pulse el botón **Estilos** situado en la parte inferior de la barra de desplazamiento de la galería **Estilos rápidos**, que se encuentra en el grupo **Estilos**: la galería que se despliega permite ver más estilos a la vez.
- Si no está seguro del estilo de párrafo que desea aplicar, sitúe el puntero sobre los diferentes estilos de párrafo y de tipo Vinculado que se ofrecen y se visualizará el efecto en el texto seleccionado.

© Editions ENI - Reproducción prohibida

*En la imagen, el efecto del estilo **Título** se puede ver en el primer párrafo del documento.*

*El símbolo ¶ aparece a la izquierda de los nombres de estilo de párrafo; en el caso de los estilos de tipo **Vinculado**, no se muestra ningún símbolo.*

El formato de cada estilo cambia según el conjunto de estilos activo (véase Estilos y conjuntos de estilos - Cambiar el conjunto de estilos).

Cuando haya elegido, haga clic en el estilo de párrafo para aplicarlo al o a los párrafos seleccionados.

No todos los estilos aparecen en la galería de **Estilos.**

Sea cual sea el método utilizado, el hecho de aplicar un estilo no limita el formato aplicado al párrafo. Siempre podrá seguir agregando otros formatos de caracteres y/ o de párrafo.

Para eliminar todos los formatos aplicados a los párrafos (estilos de párrafo y otros formatos), seleccione los párrafos o haga clic en el párrafo correspondiente y aplique el estilo **Normal** o, en el panel **Estilos**, haga clic en la opción **Borrar todo** situada en la parte superior de la lista. Para más detalles sobre la anulación de un estilo, vea el apartado Anular la aplicación de un estilo del capítulo Estilos y conjuntos de estilos.

Crear una letra capital

En esta parte se muestra cómo destacar la primera o las primeras letras de la primera palabra de un párrafo.

- Si solo desea aplicarlo a la primera palabra del párrafo, haga clic en cualquier parte del correspondiente párrafo; de no ser así, seleccione las letras de las primeras palabras del párrafo que desea modificar.
- En la pestaña **Insertar**, haga clic en el botón **Letra capital** [Letra capital] del grupo **Texto**.
- Si se decide por una de las dos letras capitales que se ofrecen en la lista, haga clic en ella para insertarla.
- Si desea personalizar la presentación de la letra capital, pulse la opción **Opciones de letra capital**.

  *Se abre el cuadro de diálogo **Letra capital**.*
- En el cuadro **Posición**, haga clic sobre la presentación que desee.
- Personalice la presentación mediante las listas **Fuente**, **Líneas que ocupa** y **Distancia desde el texto**.

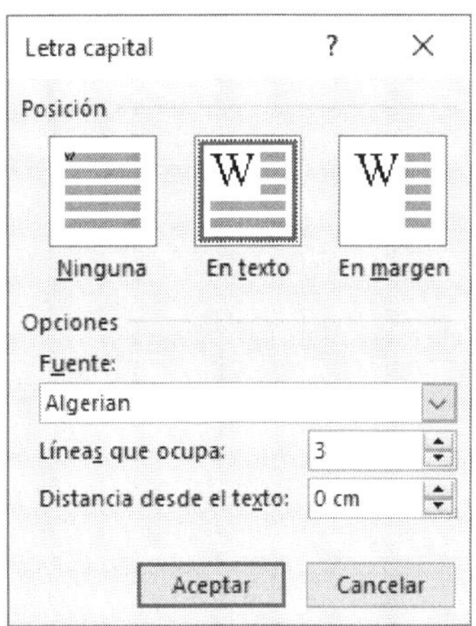

- Pulse el botón **Aceptar**.

© Editions ENI - Reproducción prohibida

La letra capital se inserta en un cuadro con un contorno sombreado.

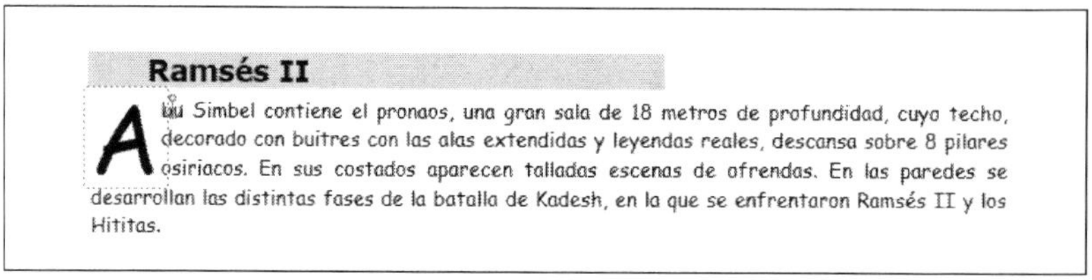

Ramsés II

Abu Simbel contiene el pronaos, una gran sala de 18 metros de profundidad, cuyo techo, decorado con buitres con las alas extendidas y leyendas reales, descansa sobre 8 pilares osiriacos. En sus costados aparecen talladas escenas de ofrendas. En las paredes se desarrollan las distintas fases de la batalla de Kadesh, en la que se enfrentaron Ramsés II y los Hititas.

Para eliminar una letra capital, haga clic en el párrafo que contiene la letra capital y, en la pestaña **Insertar**, abra la lista de la herramienta **Letra capital** del grupo **Texto** y luego pulse en la opción **Ninguno**.

Insertar una portada

Una portada es una página que se inserta al principio de un documento y cuyo contenido introduce las páginas siguientes. Word pone a su disposición una galería de portadas predefinidas.

- En la pestaña **Insertar**, pulse el botón **Portada** del grupo **Páginas**.

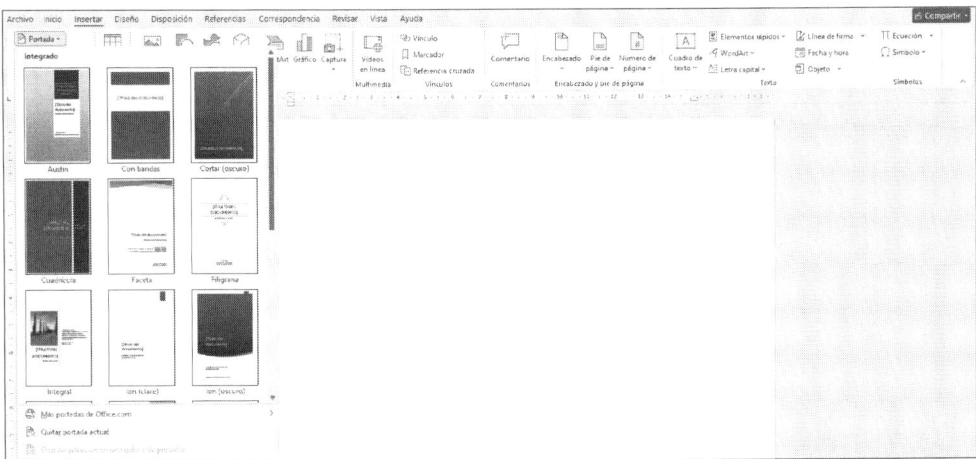

- Haga clic en la portada que desea insertar de la lista que se abre.

  La portada se inserta al principio del documento.

- Complete o modifique el contenido de la portada: haga clic en la zona que desea modificar y escriba el texto correspondiente o utilice las herramientas que se ofrecen para seleccionar la información deseada (por ejemplo, la fecha).

  *Algunas partes del texto ya se han completado, porque se ha insertado automáticamente la información de las propiedades previamente definidas en el documento (véase Documentos - Definir las propiedades de un documento); es el caso del **Título**, **subtítulo**, **Autor**, etc.*

Un documento solo puede tener una portada: si se inserta una portada en un documento que ya dispone de una, la portada nueva reemplaza la primera.

De forma predeterminada, la numeración de las páginas no aparece nunca en la portada y Word no tiene en cuenta esa página en el momento de numerar las páginas: la página siguiente a la portada lleva el número 1.

© Editions ENI - Reproducción prohibida

Para descargar una portada en línea desde el sitio Office.com, en la pestaña **Insertar**, haga clic en el botón **Portada** del grupo **Páginas**, señale la opción **Más portadas de Office.com** y luego, entre las portadas que se ofrecen, haga clic en la que desea insertar en su documento; si no hay ninguna portada disponible, aparece el mensaje **No hay contenido en línea disponible**.

Administrar las portadas

Quitar una portada

- En la pestaña **Insertar**, pulse el botón **Portada** del grupo **Páginas** y haga clic en la opción **Quitar portada actual**.

  La portada se elimina inmediatamente sin mensaje de confirmación.

Guardar una portada

En esta parte se muestra cómo crear una portada personalizada y guardarla en la galería de portadas predefinidas para poder utilizarla posteriormente.

- Si no se ha hecho, cree la portada que desea guardar: puede crearla totalmente nueva o a partir de una página existente.
- Seleccione el contenido que se va a guardar en la portada.
- En la pestaña **Insertar**, pulse el botón **Portada** del grupo **Páginas** y pulse la opción **Guardar selección en una galería de portadas**.

  *Puesto que una portada es un bloque de creación, se abre el cuadro de diálogo **Crear nuevo bloque de creación**.*
- Indique el **Nombre** de la portada en la casilla correspondiente.
- Asegúrese de que la opción **Portadas** esté seleccionada en la lista **Galería**.
- Abra la lista **Categoría** y seleccione una de las categorías que se ofrecen en la lista o haga clic en la opción **Crear nueva categoría** para crear una categoría nueva.

  Si ha elegido crear una nueva categoría, introduzca el **Nombre** en el cuadro de diálogo **Crear nueva categoría** y pulse el botón **Aceptar**.

  *Las portadas de la lista asociada al botón **Portada** (pestaña **Insertar**) aparecen clasificadas por categoría.*

- Si es necesario, introduzca una **Descripción** de la portada.

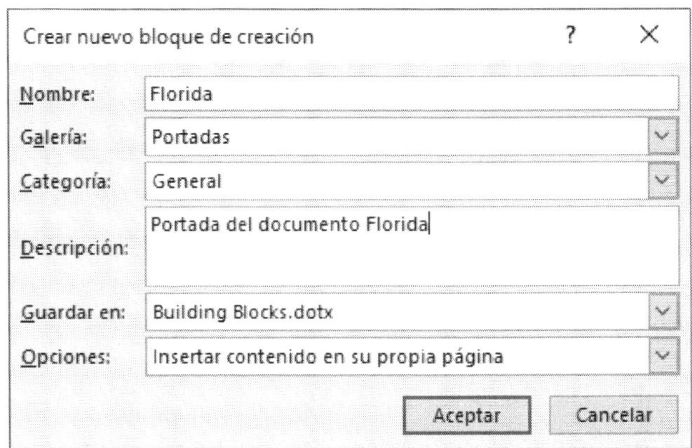

- Si el documento actual se basa en una plantilla que no es la plantilla Normal y la portada debe guardarse en esta plantilla, seleccione el nombre de la plantilla en la lista **Guardar en**: la portada estará disponible únicamente en los documentos basados en dicha plantilla.
- En la lista **Opciones**, seleccione la opción **Insertar contenido en su propia página**.
- Pulse el botón **Aceptar** para validar la creación de la portada.

La portada ha sido agregada a la plantilla, se ofrece guardar la plantilla cuando se cierra el documento o cuando se guarda para que la portada asociada sea definitivamente guardada.

Insertar una página en blanco

En cualquier momento se puede insertar una página en blanco en el documento.

- Haga clic en la parte del documento donde desea insertar la nueva página.
- En la pestaña **Insertar**, pulse el botón **Página en blanco** del grupo **Páginas**.

A partir de ese momento el documento dispone de una nueva página en blanco.

© Editions ENI - Reproducción prohibida

Alinear texto verticalmente

- Seleccione el texto que desee alinear verticalmente o haga clic en la sección correspondiente.
- En la pestaña **Disposición**, pulse el selector de cuadro de diálogo ⧉ del grupo **Configurar página** para abrir el cuadro de diálogo correspondiente.
- Haga clic en la pestaña **Disposición**.
- Abra la lista **Alineación vertical** y seleccione la opción **Superior**, **Centrada**, **Justificada** (para repartir el texto a lo alto de la página) o **Abajo**.

  *De forma predeterminada, la alineación vertical seleccionada es **Superior**.*
- Abra la lista **Aplicar a** y elija la parte del documento a la que desea aplicar la alineación:

Todo el documento	Aplica la alineación a todas las secciones del documento.
Texto seleccionado	Aplica la alineación a la parte de texto seleccionado e inserta un salto de sección antes y después de la selección.
De aquí en adelante	Aplica la alineación desde la posición del punto de inserción hasta el final del documento e inserta un salto de sección antes del punto de inserción.
Secciones seleccionadas	Aplica la alineación a todas las secciones de la selección.
Esta sección	Aplica la alineación a la sección en la que se encuentra el punto de inserción.

Las opciones que se ofrecen en esta lista dependen del contexto.

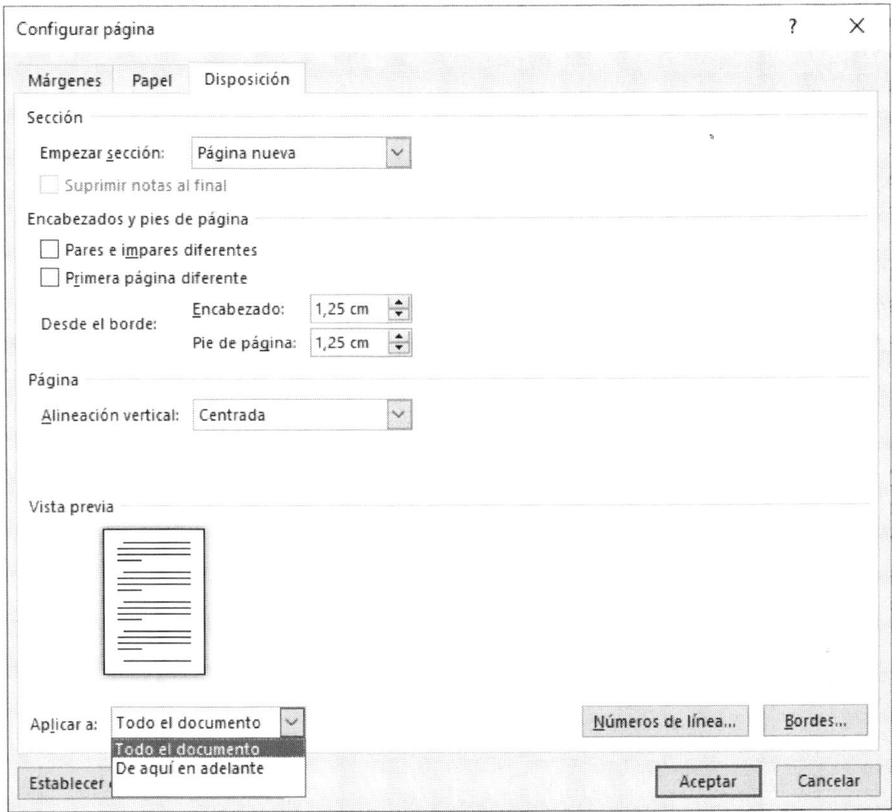

- Pulse el botón **Aceptar**.

Aplicar bordes a las páginas

- Si el documento se compone de varias secciones, coloque el punto de inserción en la sección correspondiente.
- En la pestaña **Diseño**, pulse el botón **Bordes de página** del grupo **Fondo de página**.
- Elija el **Valor** del borde: **Cuadro**, **Sombra**, **3D** o **Personalizado**.

  *La opción **Personalizado** permite aplicar un estilo de borde diferente en cada lado de la página.*

© Editions ENI - Reproducción prohibida

- Seleccione el **Estilo** y el **Color** en las listas correspondientes y también el **Arte**.
- Modifique, si fuese necesario, el **Ancho** de la línea de borde mediante la correspondiente lista.
- Si el borde solo debe aplicarse a uno o a varios lados de la página, utilice los botones [botón], [botón], [botón] y/o [botón] que aparecen en el cuadro **Vista previa** para agregar o eliminar los bordes en la parte superior, inferior, izquierda y/o derecha de las páginas correspondientes.

  También puede hacer clic directamente en los bordes de la vista previa.

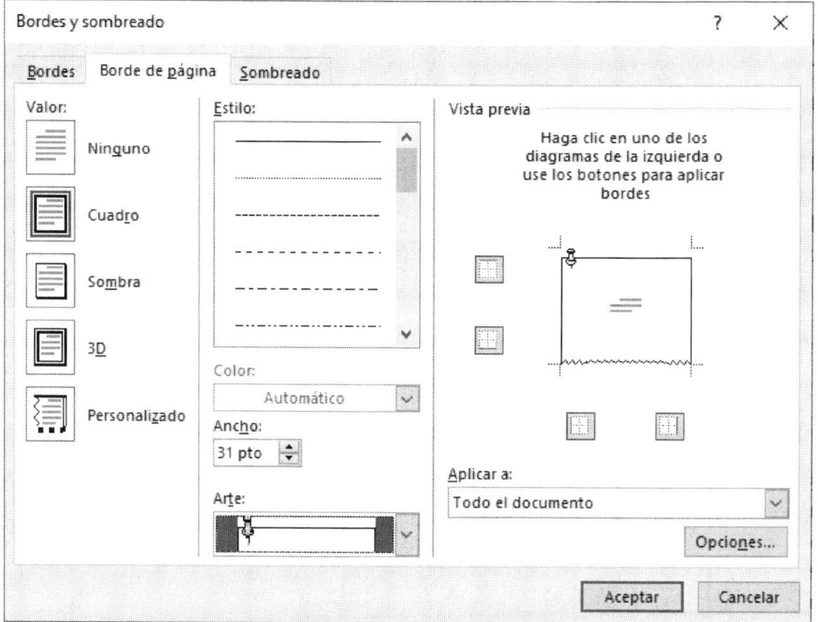

- Especifique qué parte del texto desea enmarcar mediante la lista **Aplicar a**.

  *En la lista **Aplicar a**, la opción **Esta sección: solo la primera página** permite aplicar un borde a la primera página de la sección actual, mientras que la opción **Esta sección - Todas excepto primera pág.** permite aplicar un borde de página a todas las páginas de la sección salvo la primera.*
- Para definir el espacio entre el texto y el borde del cuadro o entre éste y el borde de la página, pulse el botón **Opciones**.

- En la lista **Medir desde**, seleccione la opción **Borde de página** o **Texto**.
- A continuación, especifique el espacio entre el borde de la página y el borde del marco o entre el texto y el borde del marco en las casillas **Superior**, **Inferior**, **Izquierdo** y/o **Derecho**.

  Para que el borde se imprima correctamente, asegúrese de que el espacio entre éste y el borde de la página sea superior a los márgenes mínimos requeridos por la impresora.
- Desactive la opción **Mostrar siempre en primer plano** para que los colores del borde se atenúen como los creados con una marca de agua.

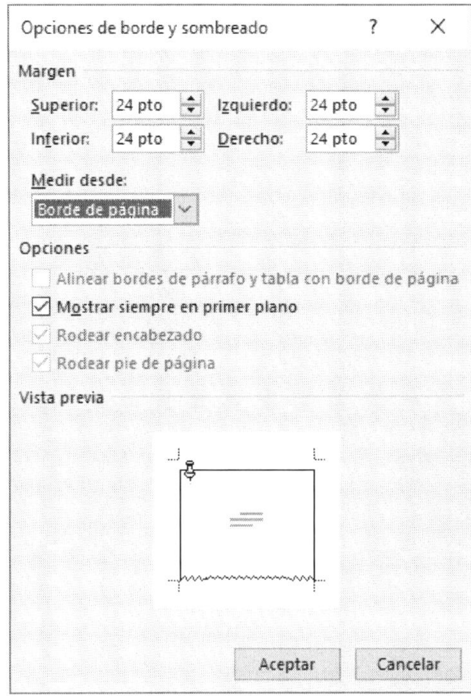

- A continuación pulse el botón **Aceptar**.
- Pulse el botón **Aceptar** del cuadro de diálogo **Bordes y sombreado**.

Para eliminar los bordes de página, en la lista **Valor** haga clic en **Ninguno** del cuadro de diálogo **Bordes y sombreado** (pestaña **Diseño** - grupo **Fondo de página** - botón **Bordes de página**).

© Editions ENI - Reproducción prohibida

Crear una marca de agua

Una marca de agua es un texto, una imagen o un objeto que aparece en el fondo del texto principal de un documento.

Agregar una marca de agua predefinida

De forma predeterminada, las marcas de agua predefinidas de Word están constituidas únicamente por textos. Sin embargo, más adelante, se muestra cómo guardar marcas de agua personalizadas que pueden estar constituidas por texto, imágenes u objetos.

- En la pestaña **Diseño**, pulse el botón **Marca de agua** del grupo **Fondo de página**.

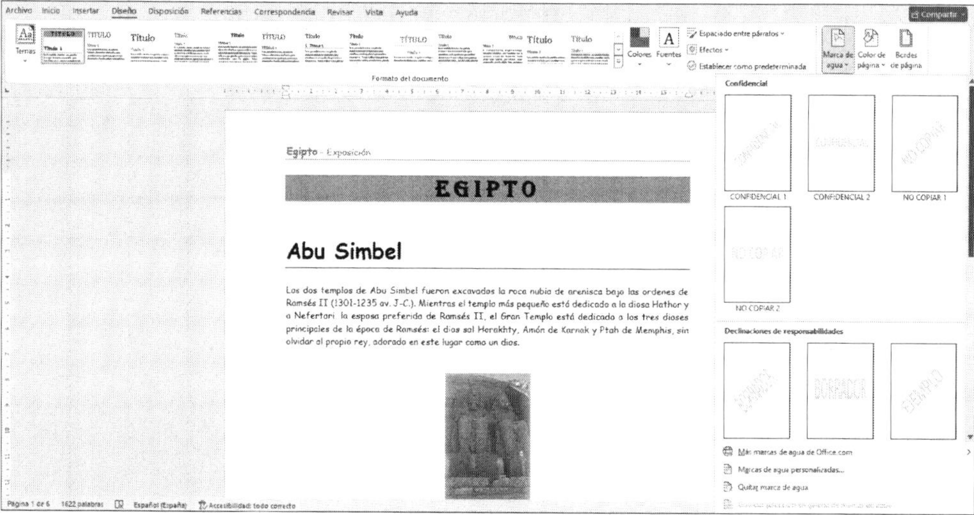

- Si fuese necesario, despliegue la lista y pulse la marca de agua predefinida que desee.

La marca de agua predefinida se inserta en todas las páginas del documento.

Encontrará la lista de marcas de agua predefinidas en el cuadro de diálogo **Organizador de bloques creación** (pestaña **Insertar** - grupo **Texto** - botón **Elementos rápidos** - opción **Organizador de bloques de creación**).

El botón **Color de página** del grupo **Fondo de página** (pestaña **Diseño**) permite aplicar un color, motivos o efectos de relleno al fondo de las páginas del documento. Además de ser visible con la Vista Diseño de impresión, el fondo también será visible con la Vista Diseño Web; es decir, tal y como se visualizará con un navegador Web y no se imprimirá.

Para descargar una marca de agua en línea desde el sitio Office.com, en la pestaña **Diseño**, haga clic en el botón **Marca de agua** del grupo **Fondo de página**, señale la opción **Más marcas de agua de Office.com** y luego, entre las marcas de agua que se ofrecen, haga clic en la que desea aplicar en su documento; si no hay ninguna marca de agua disponible, aparece el mensaje **No hay contenido en línea disponible**.

Agregar una marca de agua personalizada de texto

Si ninguna de las marcas de agua predefinidas del tipo texto le convence, puede crear una.

- En la pestaña **Diseño**, pulse el botón **Marca de agua** del grupo **Fondo de página** y a continuación haga clic en la opción **Marcas de agua personalizadas**.

  *En pantalla se abre el cuadro de diálogo **Marca de agua impresa**.*

- Active la opción **Marca de agua de texto**.

  Las opciones de esta zona estarán disponibles.

- Seleccione el **Idioma** que desea utilizar.
- Escriba el **Texto** que desee en la casilla correspondiente o abra esta lista y seleccione uno de los textos que se ofrecen.

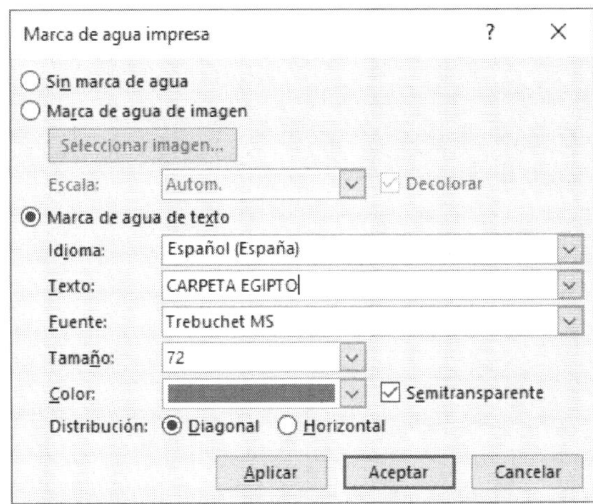

© Editions ENI - Reproducción prohibida

- Modifique eventualmente la **Fuente** y/o el **Tamaño** del texto mediante las correspondientes listas.
- Seleccione, si es necesario, otro **Color** de la lista correspondiente y asegúrese de que la opción **Semitransparente** está activa si desea atenuar el color del texto. En caso contrario, desactive esta opción.
- Active la opción de **Distribución** que desee para el texto: **Diagonal** u **Horizontal**.
- Pulse el botón **Aplicar** para agregar la marca de agua al documento y mantener abierto el cuadro de diálogo **Marca de agua impresa** o pulse el botón **Aceptar** para cerrar el cuadro de diálogo **Marca de agua impresa**.

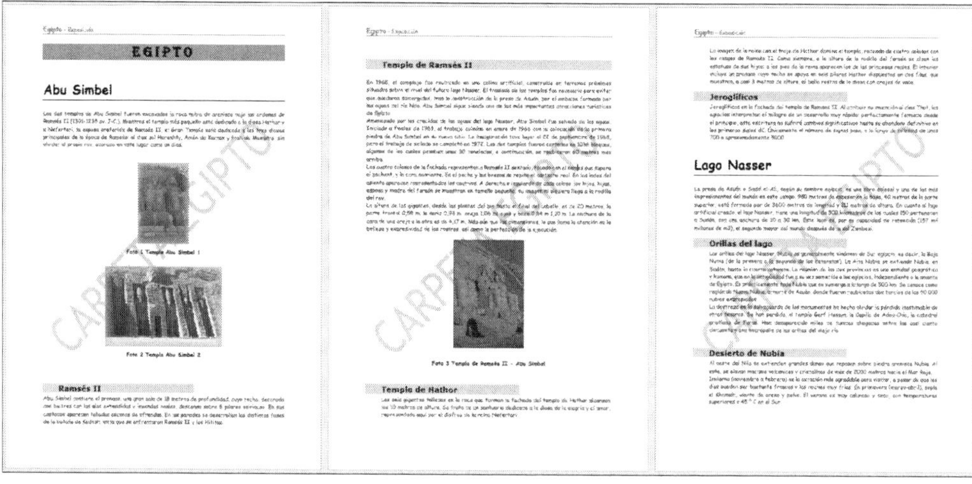

Agregar una marca de agua personalizada de imagen

- En la pestaña **Diseño**, pulse el botón **Marca de agua** del grupo **Fondo de página** y a continuación haga clic en la opción **Marcas de agua personalizadas**.
- Active la opción **Marca de agua de imagen**.
- Pulse el botón **Seleccionar imagen**.

Se abre el cuadro de diálogo ***Insertar imágenes****.*

- Para insertar una imagen guardada en el equipo, pulse en **Desde un archivo** y, a continuación, pulse dos veces sobre la imagen que desee.

  Para insertar una imagen guardada en su espacio de almacenamiento en línea OneDrive, pulse en **OneDrive** - **Personal**. Acceda a la carpeta en la que se encuentra el archivo pulsando en ella, después seleccione la imagen en cuestión y pulse en **Insertar**.

  Para buscar una imagen de Internet e insertarla, escriba una palabra clave en el campo **Búsqueda de imágenes de Bing** y pulse en la tecla ⏎ para acceder a los resultados de la búsqueda. A continuación, seleccione la imagen que desee y pulse en **Insertar**.

  La ruta de acceso y el nombre de la imagen se pueden ver a la derecha del botón ***Seleccionar imagen****.*

- Modifique si es necesario el tamaño de la imagen mediante un porcentaje de la lista **Escala**.

- Mantenga activada la opción **Decolorar** si desea atenuar los colores de la imagen para que no impida la legibilidad del texto. En caso contrario, desactive esta opción.

- Pulse el botón **Aplicar** para agregar la marca de agua al documento y mantener abierto el cuadro de diálogo **Marca de agua impresa** o pulse el botón **Aceptar** para cerrar el cuadro de diálogo **Marca de agua impresa**.

© Editions ENI - Reproducción prohibida

Para que una marca de agua aparezca solo en determinadas páginas del documento, deberá integrar esas páginas en una sección para luego crear la marca de agua a partir del encabezado: elimine el vínculo entre esa sección y las anteriores o siguientes, cree el objeto que desea utilizar como marca de agua fuera de la zona de encabezado (puede tratarse de un texto, un objeto WordArt, etc.) escoja, si fuera necesario, la opción de ajuste **Detrás del texto** para ese objeto y salga de la zona de encabezado.

Administrar las marcas de agua

Modificar una marca de agua de texto o imagen

- En la pestaña **Diseño**, pulse el botón **Marca de agua** del grupo **Fondo de página** y a continuación haga clic en la opción **Marcas de agua personalizadas**.

  Se abre el cuadro de diálogo ***Marca de agua impresa*** *y se muestran las opciones que se han especificado cuando se ha creado una marca de agua. Si la marca de agua que desea modificar es de* ***Texto****, la opción* ***Marca de agua de texto*** *está activada, si es de imagen, es la opción* ***Marca de agua de imagen*** *la que está activada.*

- Modifique las opciones según desee.
- Pulse el botón **Aplicar** o el botón **Aceptar**.

Para modificar una marca de agua predefinida o una marca de agua creada a partir de un encabezado, haga doble clic en el encabezado de una de las páginas que contienen la marca de agua y a continuación efectúe las modificaciones pertinentes. Este procedimiento también se puede utilizar para modificar una marca de agua (texto o imagen) creada mediante el cuadro de diálogo **Marca de agua impresa**.

Quitar una marca de agua

- En la pestaña **Diseño**, pulse el botón **Marca de agua** del grupo **Fondo de página** y a continuación pulse la opción **Quitar marca de agua**.

Para eliminar una marca de agua creada a partir de un encabezado, haga doble clic en la zona del encabezado de una página que contiene una marca de agua y elimine el objeto gráfico que constituye la marca de agua.

Guardar una marca de agua

En esta parte se muestra cómo crear una marca de agua personalizada y guardarla en la galería de marcas de agua predefinidas para poder utilizarla posteriormente.

- Si no se ha hecho, cree y dé formato al objeto gráfico que será la marca de agua. A continuación selecciónelo.
- En la pestaña **Diseño**, pulse el botón **Marca de agua** del grupo **Fondo de página** y haga clic en la opción **Guardar selección en galería de marcas de agua**.

  *Puesto que las marcas de agua son bloques de creación, el cuadro de diálogo **Crear nuevo bloque de creación** se abre en pantalla.*
- Introduzca el **Nombre** de la marca de agua en la casilla correspondiente.
- Asegúrese de que la opción **Marcas de agua** está seleccionada en la lista **Galería**.
- Abra la lista **Categoría** y seleccione una de las categorías que se ofrecen en la lista o haga clic en la opción **Crear nueva categoría** para crear una categoría nueva.

  Si ha elegido crear una nueva categoría, introduzca el **Nombre** en el cuadro de diálogo **Crear nueva categoría** y pulse el botón **Aceptar**.

  *Las marcas de agua de la lista asociada al botón **Marca de agua** (pestaña **Diseño**) aparecen clasificadas por categoría.*
- Si es necesario, introduzca una **Descripción**.

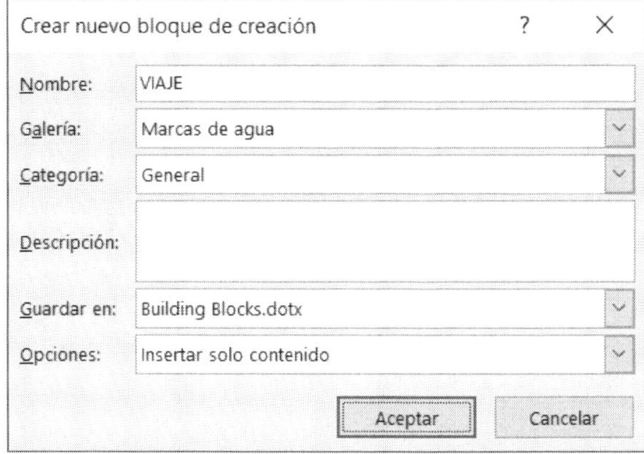

© Editions ENI - Reproducción prohibida

- Si el documento actual se basa en una plantilla que no es la plantilla Normal y la marca de agua debe guardarse en esta plantilla, seleccione el nombre de plantilla en la lista **Guardar en**: la marca de agua estará disponible únicamente en los documentos basados en dicha plantilla.

  *En este caso, la lista **Opciones** no está operativa.*

- Pulse el botón **Aceptar** para guardar la marca de agua.

La marca de agua ha sido agregada a la plantilla. Se le propondrá guardar la plantilla cuando cierre el documento o cuando lo guarde para que la marca de agua asociada se guarde definitivamente.

Mostrar el formato de un texto

- Haga clic en el párrafo del que desee mostrar el formato o seleccione el texto correspondiente.
- En la pestaña **Inicio**, pulse el selector de cuadro de diálogo del grupo **Estilos** para abrir el panel **Estilos**.

  Este panel muestra una lista de los estilos predefinidos asociados al tema del documento y los que han sido creados por el usuario.

- Pulse en el botón **Inspector de estilo** que se encuentra en la parte inferior del panel **Estilos**.

  En la pantalla se abre el panel ***Inspector de estilo****. Permite, si los hay, mostrar los atributos de formato agregados al estilo original en el párrafo actual o en el texto seleccionado. En el capítulo dedicado a los estilos, se muestra cómo utilizar este panel.*

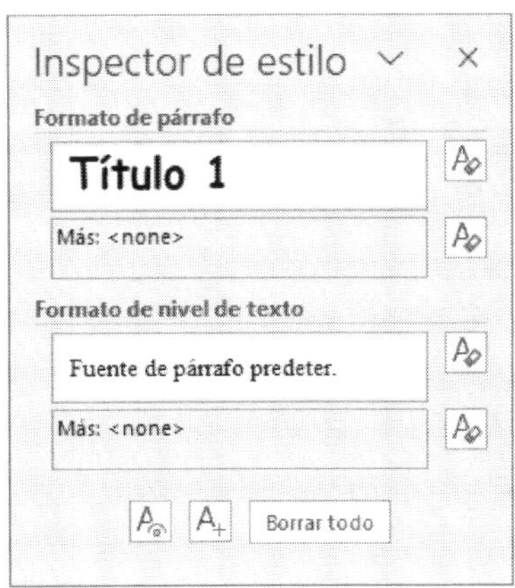

- Pulse en el botón de la parte inferior del panel **Inspector de estilo** para abrir el panel **Mostrar formato**.

  En el cuadro ***Texto seleccionado****, aparece una vista previa. Los detalles del formato, clasificados por las categorías* ***Fuente****,* ***Párrafo*** *y* ***Sección****, aparecen en el cuadro* ***Formato del texto seleccionado*** *del panel* ***Mostrar formato****.*

© Editions ENI - Reproducción prohibida

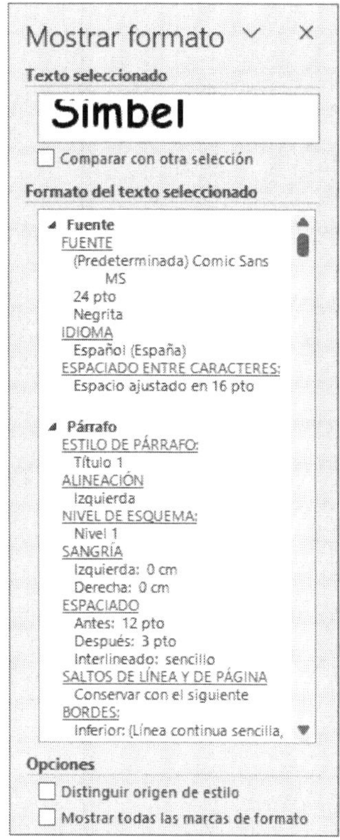

*Puede cerrar los paneles **Estilos** e **Inspector de estilo** haciendo clic en* ×.

- Para desplegar o reducir el contenido de una categoría (**Fuente**, **Párrafo** o **Sección**), haga clic en el signo ▷ (desplegar) o en ◢ (reducir).
- Para mostrar el nombre del estilo aplicado a un párrafo, active la opción **Distinguir origen de estilo** del cuadro **Opciones**.
- Para aplicar al texto seleccionado el formato de la palabra anterior, sitúe el puntero del ratón en el cuadro **Texto seleccionado**, abra la lista asociada y a continuación haga clic en la opción **Aplicar el formato del texto adyacente**.
- Cierre el panel **Mostrar formato** pulsando ×.

Si se activa la opción **Mostrar todas las marcas de formato** del panel **Mostrar formato**, las marcas especiales (marcas de párrafo, espacios, etc.) se visualizarán en el documento.

Comparar el formato de dos textos

- Abra el panel **Mostrar formato** (véase apartado anterior).
- Seleccione el primero de los dos textos que desea comparar; también puede hacer clic en el párrafo si desea comparar el formato de dos párrafos.

  *En el panel **Mostrar formato** se puede ver el formato.*
- Active la opción **Comparar con otra selección.**

  *A partir de ese momento, en la parte superior del panel (en el cuadro **Texto seleccionado**) se pueden ver dos cuadros de ejemplo con el mismo contenido.*
- Seleccione el segundo texto que se comparará o haga clic en el párrafo si se compara el formato de dos párrafos.

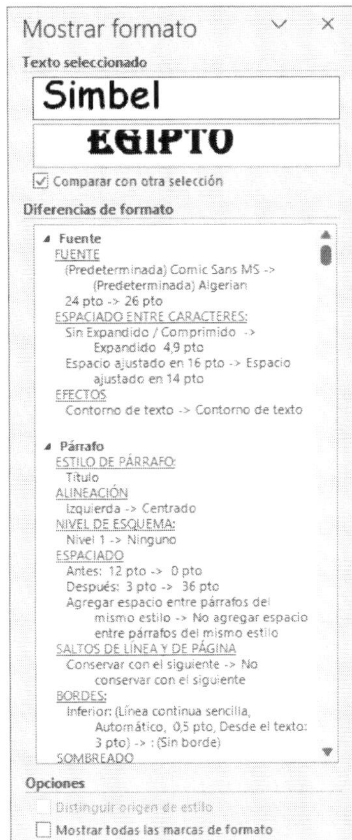

*En el cuadro **Diferencias de formato** se detallan y aparecen clasificadas por categoría las diferencias. El texto **No hay diferencias de formato** aparece en este cuadro en el caso de que no se detecte diferencia alguna.*

- Para aplicar el formato del primer texto seleccionado (del cual se muestra una vista previa en el primer cuadro de ejemplo del apartado **Texto seleccionado**) a la selección actual, señale el segundo cuadro de ejemplo del apartado **Texto seleccionado**, abra la lista asociada a ese cuadro y haga clic en la opción **Aplicar el formato de la selección original**.
- Cuando termine la comparación de los dos textos, desactive la opción **Comparar con otra selección** y cierre el panel **Mostrar formato** pulsando la opción ✕.

Seleccionar todos los textos con un formato idéntico

- Abra el panel **Mostar formato** (véase el apartado Mostrar el formato de un texto).
- Haga clic en el párrafo que contenga el formato que desea seleccionar o seleccione el texto correspondiente.
- Sitúe el puntero del ratón en el cuadro de ejemplo del apartado **Texto seleccionado**, abra la lista asociada y a continuación haga clic en la opción **Seleccionar todo el texto con formato similar**.

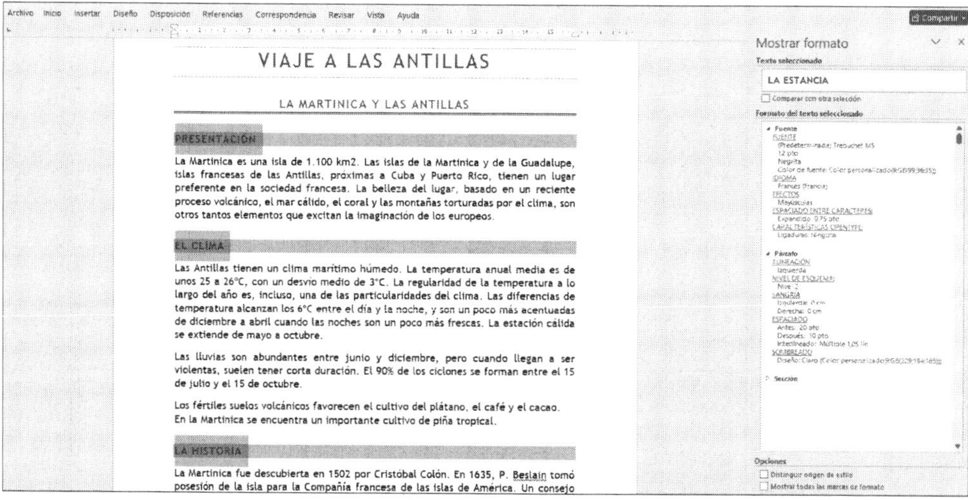

*Todas las partes de texto del documento que disponen del formato que aparece en el cuadro **Formato del texto seleccionado**, quedarán seleccionadas.*

- Modifique, si es necesario, el formato de la selección.
- Cierre el panel **Mostrar formato** pulsando en ☒.

Borrar el formato de un texto

- Seleccione los textos cuyo formato desea borrar; el método presentado en el apartado anterior se puede utilizar para seleccionar todas las partes de texto con el mismo formato.
- En el panel **Mostrar formato**, sitúe el puntero en el cuadro de ejemplo del cuadro **Texto seleccionado**, abra la lista asociada y a continuación haga clic en la opción **Borrar formato**.
- Cierre el panel **Mostrar formato** pulsando en ☒.

Copiar formatos

- Para copiar el formato de un párrafo, haga clic en el párrafo con el formato que se copiará o seleccione este párrafo, incluida la marca de final de párrafo ¶; para copiar el formato de caracteres, seleccione el texto que contiene el formato que desea copiar.
- En la pestaña **Inicio**, haga clic en la herramienta **Copiar formato** del grupo **Portapapeles**.

  El puntero cobra una nueva forma cuando se encuentra en el área de trabajo: .
- Para copiar el formato de párrafo, haga clic en el párrafo cuyo formato desea cambiar o, si se debe cambiar el formato de varios párrafos, seleccione los párrafos correspondientes sin olvidar las marcas de final de párrafo. Para copiar el formato de caracteres, seleccione los correspondientes caracteres.

Si desea aplicar la herramienta **Copiar formato** a varios párrafos o a varios grupos de caracteres, haga doble clic en la herramienta **Copiar formato** . La herramienta se mantiene activada tras el primer uso y se puede seguir aplicando a otras partes de texto. Para desactivar la herramienta, pulse la tecla esc.

© Editions ENI - Reproducción prohibida

Crear y aplicar formato a una sección

Una sección es una parte del documento que posee un formato específico (por ejemplo, una disposición en columnas, una orientación de página diferente, etc.). Para diferenciar las secciones, primero debe separarlas mediante saltos de sección y, a continuación, aplicarles un formato.

Insertar un salto de sección

- Sitúe el punto de inserción al inicio de la sección que desea crear.
- En la pestaña **Disposición**, pulse el botón **Saltos** del grupo **Configurar página**.

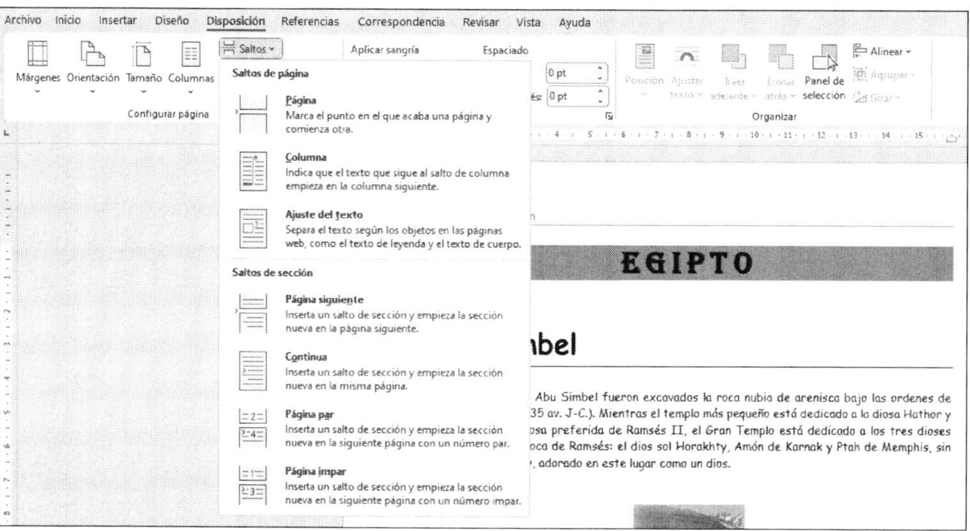

- En el apartado **Saltos de sección** de la lista desplegable, elija el tipo de salto de sección que desea aplicar:

Página siguiente Se inserta un salto de sección precedido de un salto de página; de esta forma, la nueva sección empieza en la parte superior de la página siguiente a la actual.

Continua Se inserta un salto de sección y la nueva sección empieza justo al final de la sección anterior sin insertar un salto de página.

Página par Se inserta un salto de sección y la nueva sección empieza en la primera página par que sigue.

Página impar	Se inserta un salto de sección y la nueva sección empieza en la primera página impar que sigue.

*Si se activa la visualización de las marcas de párrafo (pestaña **Inicio** - ¶), Word muestra un texto con la indicación **Salto de sección** y el tipo de salto de sección en cuestión.*

Para mostrar el número de la sección actual, pulse con el botón secundario del ratón en la barra de estado y a continuación haga clic en la opción **Sección**; para ocultar de nuevo el número de la sección, repita la operación y vuelva a hacer clic en la opción **Sección**.

Aplicar formato a una sección

- Sitúe el punto de inserción en la sección a la que quiere aplicar un nuevo formato.
- Realice las modificaciones de formato convenientes: configuración de la página, columnas, bordes de la página, etc.

  La presentación se aplica únicamente a las páginas de la sección actual.

Presentar los párrafos con viñetas o números

Agregar una viñeta o una numeración de la Biblioteca

- Seleccione los párrafos correspondientes.
- En la pestaña **Inicio**, abra la lista asociada a la herramienta para agregar una viñeta delante de cada párrafo o la lista asociada a la herramienta para numerar los párrafos seleccionados.

  *En la **Biblioteca de viñetas** o la **Biblioteca de numeración** se presentan varios estilos de viñetas y de numeraciones.*

  *Si, desde que se ha abierto la aplicación Word, se han utilizado viñetas o numeraciones en el documento actual o en otro, en la casilla correspondiente se muestran las **Viñetas usadas recientemente** o los **Formatos de número usados recientemente**.*

  *Si algunos de los documentos abiertos en Word contienen viñetas/números, se muestran en el apartado **Viñetas de documento** o **Formatos de números de documentos**.*

© Editions ENI - Reproducción prohibida

- Si no tiene claro el tipo de viñeta/número que desea aplicar, sitúe el puntero del ratón encima de las(los) distintas(os) viñetas/números que se ofrecen para visualizar el efecto en el documento.
- Haga clic en el estilo de viñeta o de formato de número que desea aplicar a los párrafos seleccionados.

Si hace clic directamente en la herramienta y se agrega la última viñeta/el último número que ha utilizado.

Para eliminar las viñetas o los números aplicados a los párrafos, seleccione los párrafos correspondientes y desactívelos mediante la herramienta o ; también puede abrir la lista asociada a la herramienta o y hacer clic en la opción **Ninguno** del apartado **Biblioteca de viñetas** o **Biblioteca de numeración**.

Agregar otro tipo de viñeta

- Seleccione los párrafos correspondientes.
- En la pestaña **Inicio**, abra la lista asociada a la herramienta **Viñetas** y a continuación haga clic en la opción **Definir nueva viñeta**.
- Para utilizar un **Símbolo** como viñeta, pulse el botón correspondiente y seleccione el símbolo deseado antes de pulsar el botón **Aceptar**.

Para utilizar una **Imagen** como viñeta, pulse el correspondiente botón y, dependiendo de la ubicación seleccione **Desde un archivo**, si la imagen está almacenada en el ordenador, **OneDrive - Personal**, si se encuentra almacenada en su espacio OneDrive o, si desea buscar la imagen en Internet, introduzca las palabras clave en el cuadro **Búsqueda de imágenes de Bing** y pulse en la tecla ⏎. Seleccione la imagen que desee y confirme.

*El símbolo o la imagen aparecen en el cuadro **Vista previa**.*

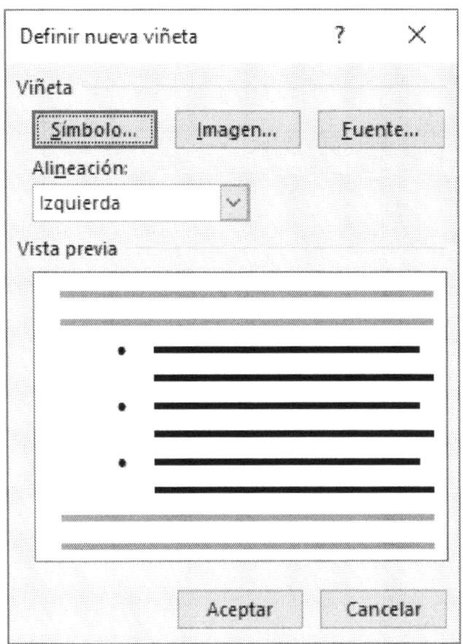

- Para modificar las propiedades de los caracteres de la viñeta, como el tamaño, el estilo de fuente, el color, etc., pulse en el botón **Fuente**.

  Efectúe los cambios que prefiera utilizando las opciones de las pestañas **Fuente** y **Avanzado** y luego haga clic en el botón **Aceptar**.
- Si lo desea, puede modificar la **Alineación** de la viñeta en la correspondiente lista.
- Pulse el botón **Aceptar**.

  *A partir de ese momento, la viñeta que acaba de definir formará parte de la **Biblioteca de viñetas** y estará siempre disponible.*

Agregar otro tipo de numeración

- Seleccione los párrafos correspondientes.
- En la pestaña **Inicio**, abra la lista asociada a la herramienta **Numeración** y a continuación haga clic en la opción **Definir nuevo formato de número**.
- Seleccione un **Estilo de número** de la lista correspondiente.

© Editions ENI - Reproducción prohibida

Desde la versión 2010 de Word, tiene a su disposición nuevos formatos de numeración de cifra fija (01, 001, 0001, etc.).

- Si fuese necesario, personalice el texto de la numeración en la casilla **Formato de número**.

*El resultado aparece inmediatamente en el cuadro **Vista previa**. En este ejemplo, el texto **Capítulo** aparecerá antes del número:*

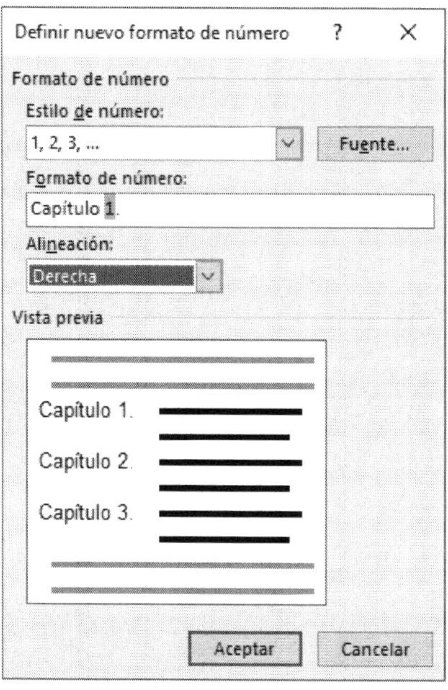

- Para modificar los atributos de caracteres de la numeración, como el tamaño, el estilo de fuente, los efectos, etc., pulse el botón **Fuente**. Efectúe las modificaciones correspondientes utilizando las opciones de las pestañas **Fuente** y/o **Avanzado** y luego haga clic en **Aceptar**.
- Eventualmente, puede modificar la **Alineación** de la numeración en la correspondiente lista.
- Pulse el botón **Aceptar**.

Si el documento ya contiene párrafos numerados con el mismo estilo de numeración y se encuentran en una parte del texto anterior a la selección actual, aparecerá a la izquierda de la selección el botón .

- Si desea continuar la numeración desde la lista anterior, pulse el botón y seguidamente la opción **Continuar numeración**: el botón se mantiene visible y la opción **Reiniciar numeración** sustituye la opción **Continuar numeración**.
- Para cambiar el número con el que empieza una lista numerada, seleccione los párrafos, abra la lista asociada a la herramienta y pulse la opción **Establecer valor de numeración**.

  Asegúrese de que la opción **Iniciar nueva lista** está activada y a continuación indique el número con el que se debe iniciar la nueva lista en la casilla **Establecer valor en**.

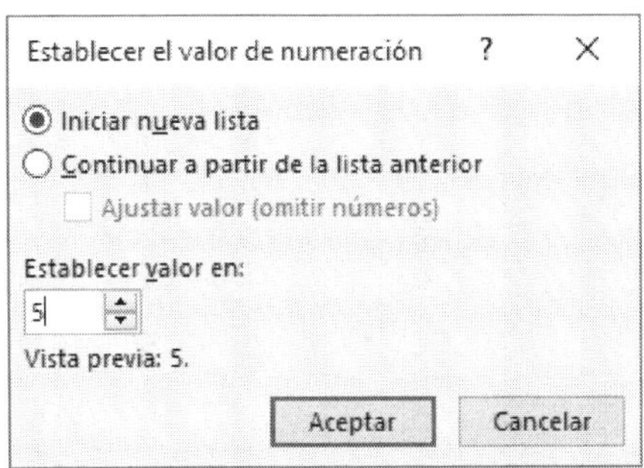

Este cuadro de diálogo también dispone de la opción que permite continuar la numeración de la lista anterior.

- Pulse el botón **Aceptar**.

  *A partir de ese momento, el estilo de numeración que acaba de definir formará parte de la **Biblioteca de numeración** y estará siempre disponible.*

Administrar la Biblioteca de viñetas/de numeración

- Para quitar una viñeta/numeración de la Biblioteca, abra, según el caso, la lista asociada a la herramienta o la lista asociada a la herramienta .

  En el apartado **Biblioteca de viñetas** o **Biblioteca de numeración**, haga clic con el botón secundario del ratón en la viñeta/la numeración que desea eliminar y pulse el botón **Quitar**.

© Editions ENI - Reproducción prohibida

- Para agregar una viñeta/numeración a la Biblioteca, abra el documento que contiene la viñeta o la numeración que desea agregar y, a continuación, según el caso, abra la lista asociada a la herramienta o la lista asociada a la herramienta .

  *Las viñetas, o numeraciones, que contiene un documento, aparecen en el apartado **Viñetas de documento** o **Formatos de números de documentos**.*

  En el apartado **Viñetas de documento** o **Formato de números de documentos**, pulse el botón secundario del ratón en la viñeta o numeración que desea agregar y pulse a continuación la opción **Agregar a biblioteca**.

Recuerde que las viñetas y los números definidos mediante el cuadro de diálogo **Definir nueva viñeta** y **Definir nuevo formato de número** (véase apartados anteriores) se agregan a las respectivas bibliotecas.

Crear una lista multinivel

En esta parte se muestra cómo insertar una lista de viñetas o números a los párrafos definidos a varios niveles; cada nivel está más a la derecha respecto al nivel anterior. En una lista multinivel, cada nivel se asocia a una viñeta o numeración diferente:

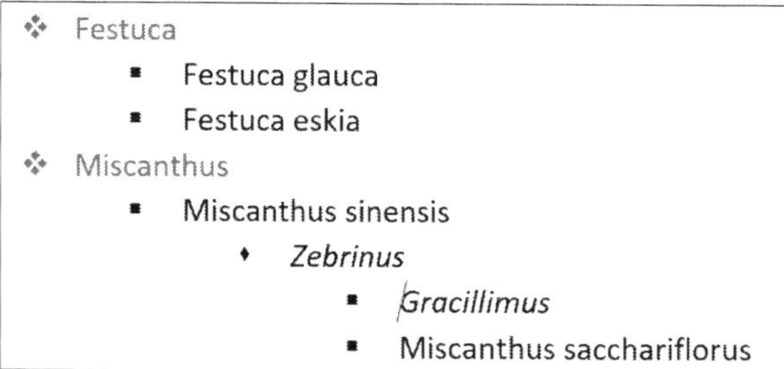

- Escriba los párrafos que deben constituir la lista y atribúyales diferentes niveles: para reducir un nivel en el párrafo, sitúese al inicio del párrafo y pulse la tecla ; si pulsa de nuevo la tecla , el párrafo se reduce dos niveles, etc. Para volver al nivel anterior, pulse la tecla .

  Cabe decir que siempre es posible definir o modificar los niveles de los párrafos una vez creada la lista.

- Seleccione los párrafos que constituirán la lista y a continuación abra la lista asociada a la herramienta .

Se ofrecen varios estilos de lista.

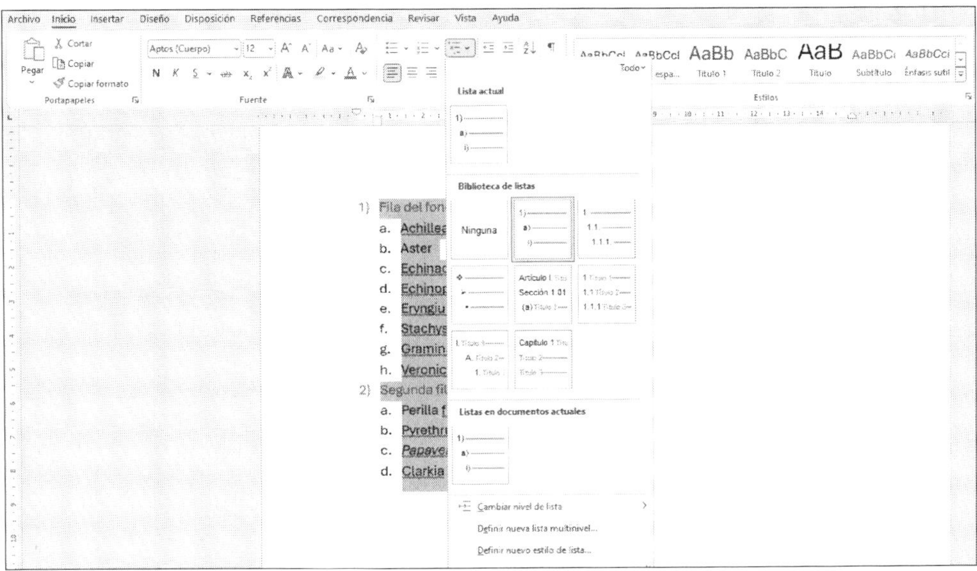

Si alguno de los documentos actualmente abiertos con la aplicación Word contiene listas multinivel, se pueden ver en el apartado ***Listas en documentos actuales****.*

Si se han creado estilos de lista en el documento (véase Estilos y conjuntos de estilos - Crear un estilo de lista), aparecen en el apartado ***Estilos de lista****.*

- Haga clic en uno de los estilos que se ofrecen, siempre que no contenga la palabra **Título**.
- Para modificar el nivel de un párrafo, haga clic en el correspondiente párrafo, abra la lista asociada a la herramienta, seleccione la opción **Cambiar nivel de lista** y a continuación haga clic en el nivel de lista que desea aplicar.

Otra posibilidad para cambiar el nivel de lista de un párrafo, es situar el punto de inserción delante del texto del párrafo en cuestión y pulsar la tecla para reducir el nivel, o las teclas Mayús para aumentarlo.

A una lista inicialmente creada en un solo nivel se le pueden aplicar varios niveles. Haga clic en cada párrafo correspondiente, y abra, según el caso, la lista asociada al icono o al icono , seleccione la opción **Cambiar nivel de lista** y haga clic en el nivel deseado.

Se puede **Definir nueva lista multinivel** a través de la opción correspondiente, que aparece en la lista asociada al icono . Este procedimiento es similar al que se utiliza para personalizar la numeración de los títulos del esquema; véase el apartado correspondiente en el capítulo Esquemas y tablas.

Presentar un texto en varias columnas

- Seleccione el texto correspondiente o, si el documento está dividido en secciones, sitúe el punto de inserción en la sección correspondiente.
- En la pestaña **Disposición**, pulse el botón **Columnas** del grupo **Configurar página**.
- Haga clic en una de las presentaciones que se ofrecen en la lista o haga clic en la opción **Más columnas** si desea personalizar las columnas.

  Si elige una de las presentaciones de la lista, el texto seleccionado se muestra en columnas. Si selecciona la opción ***Más columnas****, se abre el cuadro de diálogo* ***Columnas****.*
- En el cuadro **Preestablecidas**, seleccione la presentación general deseada.

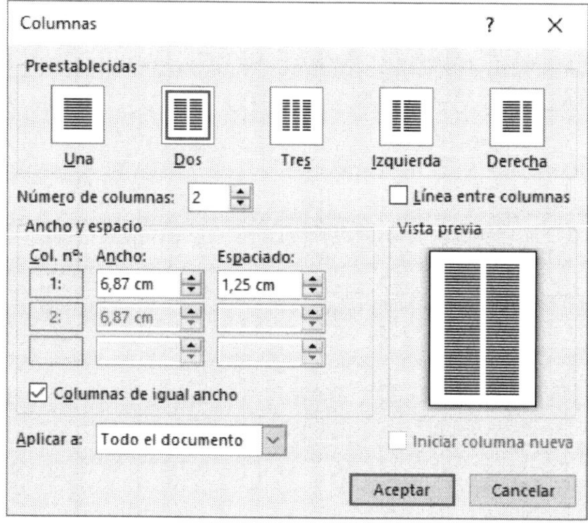

- Para indicar si las columnas deben ser idénticas o no, active o desactive, respectivamente, la opción **Columnas de igual ancho**.
- Modifique, si es necesario, para cada columna o para todas, el **Ancho** y/o el **Espaciado** (espacio entre columnas).
- Indique si desea insertar una **Línea entre columnas** mediante la activación de la correspondiente opción.
- A continuación, indique en qué parte del texto se deben aplicar las diversas columnas con la lista **Aplicar a**.
- Pulse el botón **Aceptar**.

Para poder ver el texto en varias columnas, debe activar la vista **Diseño de impresión**.

Si se ha seleccionado el texto que se presentará en columnas sin haber previsto los saltos de sección, el propio Word insertará antes y después de la selección los correspondientes saltos de sección.

Insertar un salto de columna

- Sitúe el punto de inserción al inicio de la línea antes de la cual se desea insertar el salto de columna.
- En la pestaña **Disposición**, haga clic en el botón **Saltos** que se encuentra en el grupo **Configurar página** y luego haga clic en la opción **Columna**; también puede utilizar el método abreviado de teclado Ctrl Mayús ↵.

  El texto se sitúa al principio de la siguiente columna.

Si se muestran las marcas de formato ¶, el salto de columna se indica con una línea de puntos en la que aparece escrito **Salto de columna**.

© Editions ENI - Reproducción prohibida

Temas

Aplicar un tema al documento

*Cada tema de documento tiene asociados un conjunto de colores (para los textos, los fondos, los hipervínculos), dos fuentes (una fuente de título y una fuente para el cuerpo del texto) y un conjunto de efectos de líneas y relleno. Word proporciona muchos temas de documento predefinidos. De forma predeterminada, el tema **Office** es el que se presenta al crear un nuevo documento.*

- Abra el documento en el que desea aplicar un nuevo tema.
- En la pestaña **Diseño**, haga clic en el botón **Temas** que se muestra en el grupo **Formato del documento**.
- Si no está seguro del tema que desea aplicar, señale sucesivamente los temas que se proponen para visualizar el efecto correspondiente en el documento.

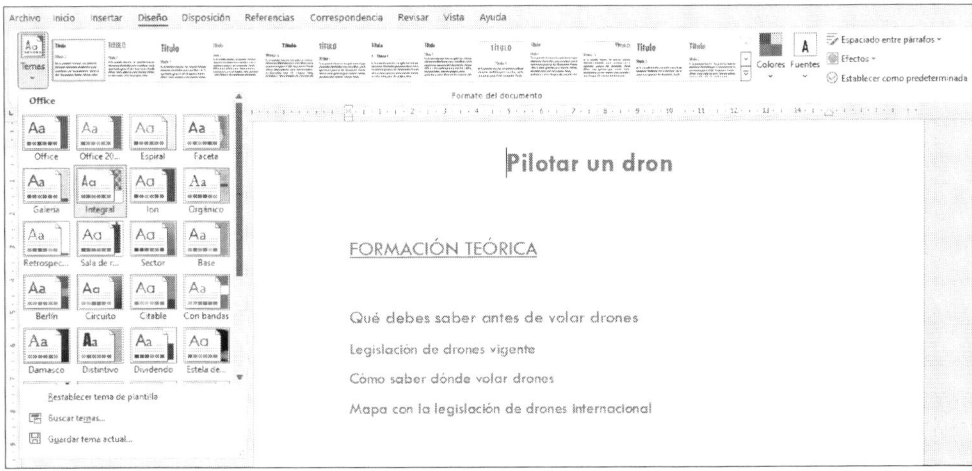

*Los temas propuestos por Word se muestran en el apartado **Office**. Es posible que, además de los temas predefinidos, se puedan ver otros temas en el apartado **Personalizados**.*

- Pulse sobre el tema que desea aplicar para que la elección tenga efecto.

© Editions ENI - Reproducción prohibida

Si en el documento se utilizan fuentes, colores y/o efectos de un tema, la presentación de los elementos correspondientes (textos o gráficos) cambiará en función del nuevo tema elegido. Además, si el documento contiene estilos a los que se les asocian fuentes y colores de un tema (por ejemplo, el caso de los estilos predefinidos como Título 1, Título 2, etc.), los párrafos con estos estilos se verán afectados por los nuevos atributos del tema seleccionado.

 Para aplicar el tema asociado a la plantilla en la que se ha basado el documento, haga clic en el botón **Temas** y luego en la opción **Restablecer tema de plantilla**.

La opción **Buscar temas** permite buscar en su ordenador temas que figuran en la lista.

Para definir el tema actual como tema predeterminado en la plantilla del documento activo, haga clic, en la pestaña **Diseño**, en el botón **Establecer como predeterminada** del grupo **Formato del documento**: el tema se aplicará a los nuevos documentos que se creen.

Personalizar el tema de un documento

Se puede personalizar el tema aplicado al documento cambiando los colores, las fuentes y/o los efectos. Más adelante, en este capítulo, se presenta cómo guardar los cambios efectuados en un tema personalizado para poder aplicarlo en otros documentos.

Cambiar los colores del tema

- En la pestaña **Diseño**, haga clic en el botón **Colores** que se muestra en el grupo **Formato del documento**.

  *Los colores que aparecen en el botón **Colores** corresponden a los colores de texto y de fondo del tema activo. Los colores que se muestran en cada barra de colores representan los colores de énfasis y de hipervínculos.*

- Si no está seguro de los colores que desea aplicar, señale sucesivamente los conjuntos de colores que se proponen para visualizar el efecto correspondiente en el documento.
- Si alguno de los conjuntos de colores le conviene, haga clic en él, en caso contrario, haga clic en la opción **Personalizar colores** para crear su propio conjunto de colores.

  Si se ha seleccionado un conjunto de colores, los colores de este conjunto se aplican a los correspondientes elementos del documento.

*Si ha hecho clic en la opción **Personalizar colores**, se abre en pantalla el cuadro de diálogo **Crear nuevos colores del tema**.*

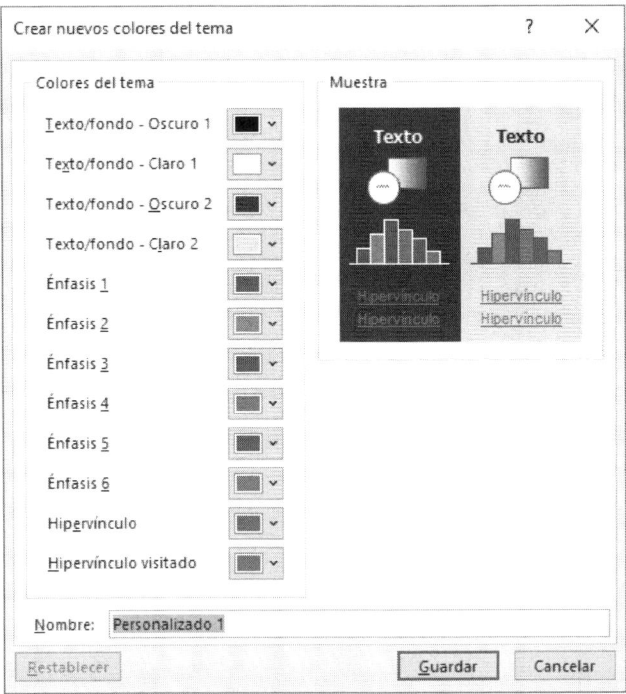

*Cada color del tema tiene asociado un botón: cuatro colores para **Texto/fondo**, seis colores para **Énfasis** y dos colores para **Hipervínculo**.*

- Para cambiar los colores, pulse el botón correspondiente a cada uno de ellos, y seleccione el nuevo color en la lista que se abre.

*En el cuadro **Muestra** aparece la vista previa de la aplicación del color seleccionado.*

- Escriba un **Nombre** para el nuevo conjunto de colores en la casilla correspondiente.
- Pulse el botón **Guardar**.

*El nuevo conjunto de colores aparece en el apartado **Personalizados** asociado al botón **Colores**.*

© Editions ENI - Reproducción prohibida

Cambiar las fuentes del tema

- En la pestaña **Diseño**, haga clic en el botón **Fuentes** que se muestra en el grupo **Formato del documento**.
- Si no está seguro de las fuentes que desea aplicar, señale sucesivamente los conjuntos de fuentes que se proponen para visualizar el efecto correspondiente en el documento.
- Si alguno de los conjuntos de colores le conviene, haga clic en él, en caso contrario, haga clic en la opción **Personalizar fuentes** para crear su propio conjunto de fuentes.

  Si ha hecho clic en un conjunto de fuentes, las fuentes asociadas se aplican a los textos correspondientes del documento.

  *Si ha hecho clic en la opción **Personalizar fuentes**, se abre en pantalla el cuadro de diálogo **Crear nuevas fuentes del tema**.*

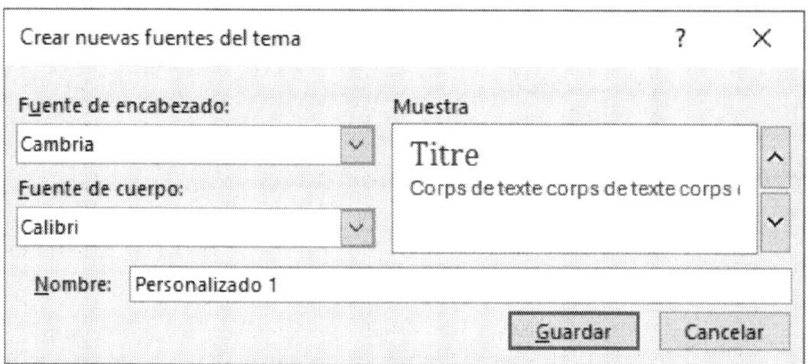

- Modifique la **Fuente de encabezado** y/o la **Fuente de cuerpo** con las correspondientes listas.

  *En el cuadro **Muestra** se visualiza una vista previa de las fuentes seleccionadas.*
- Escriba un **Nombre** para el nuevo conjunto de fuentes en la casilla correspondiente.
- Pulse el botón **Guardar**.

  *El nuevo conjunto de colores aparece en el apartado **Personalizados** asociado al botón **Fuentes**.*

Cambiar el conjunto de efectos del tema

Los efectos del tema se aplican a los objetos.

- En la pestaña **Diseño**, haga clic en el botón **Efectos** que se muestra en el grupo **Formato del documento**.

- Si no está seguro del conjunto de efectos que desea aplicar, señale sucesivamente los conjuntos que se proponen para visualizar el efecto correspondiente en el documento.
- Cuando haya tomado su decisión, haga clic en el botón correspondiente al conjunto de efectos que desea aplicar.

  No es posible, como sucede con los colores y las fuentes, crear un conjunto de efectos personalizados para el tema.

Guardar un tema

Como tema personalizado, se pueden guardar las modificaciones realizadas a los colores, fuentes y/o efectos del tema de un documento. A continuación, podrá aplicar ese tema personalizado a otros documentos.

- Tras personalizar el tema aplicado al documento (véase apartado anterior), pulse el botón **Temas** de la pestaña **Diseño** y seleccione la opción **Guardar tema actual**.

  *La carpeta **Document Themes** se abre de forma predeterminada.*

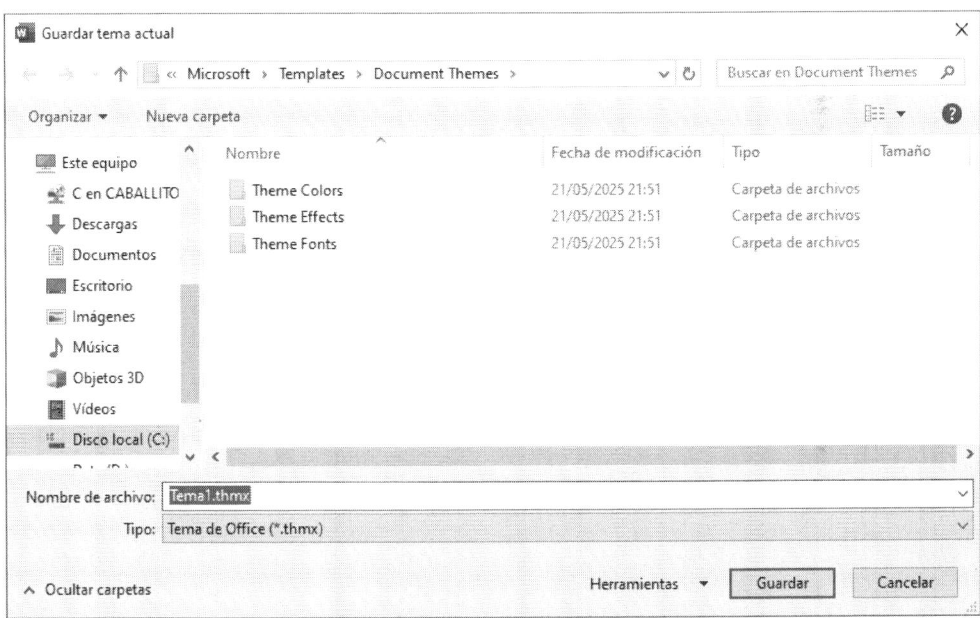

© Editions ENI - Reproducción prohibida

- Asegúrese de que la carpeta **Document Themes** esté seleccionada (C:\Usuarios\nombre_usuario\AppData\Roaming\Microsoft\Templates\Document Themes) si desea que el tema personalizado esté visible en la lista asociada al botón **Temas**.
- Introduzca el **Nombre de archivo** en la casilla correspondiente.

  La extensión de un archivo de tema personalizado es .thmx.
- Pulse el botón **Guardar**.

  *El tema personalizado aparece en el apartado **Personalizados** del botón **Temas**.*

Para eliminar un tema personalizado, pulse el botón **Temas**. En el apartado **Personalizados**, pulse el botón secundario del ratón en el tema que desea quitar y seleccione la opción **Eliminar**. A continuación, confirme la eliminación con el botón **Sí** del mensaje que emerge.

Para modificar o eliminar un conjunto de colores o de fuentes personalizados, haga clic, según el caso, en el botón **Colores** o **Fuentes**. Haga clic con el botón secundario del ratón en el conjunto de colores o fuentes que desea editar o eliminar, y luego haga clic en la opción **Editar** o **Eliminar**.

Estilos y conjuntos de estilos

Crear un estilo

Un estilo contiene características de formato de caracteres, de párrafos y/o de tablas. Al crear un estilo se podrán memorizar estos formatos para poder aplicarlos a cualquier texto. Los estilos se guardan en el documento o en una plantilla cuando deben estar disponibles en todos los documentos basados en dicha plantilla.

Primer método

*En esta parte se muestra cómo crear un estilo a partir de un formato existente en el documento. Este procedimiento no permite crear un estilo de caracteres, de párrafos o de tablas sino únicamente un estilo del tipo Vinculado que reúne los atributos de formato de caracteres y párrafos. Este estilo se añadirá a la galería **Estilos rápidos**, de fácil acceso en la pestaña **Inicio**.*

- Si el estilo debe crearse únicamente para un documento, abra el documento.

  Si el estilo se debe crear para todos los documentos basados en una plantilla, abra la plantilla correspondiente (véase Plantillas - Modificar una plantilla de documento).

- Realice las modificaciones de formato que van a guardarse en el estilo.

- En la pestaña **Inicio**, haga clic en el botón **Estilos** situado en la galería de estilos que se muestra en el grupo **Estilos**, y luego en la opción **Crear un estilo**.

  *Se abre el cuadro de diálogo **Crear nuevo estilo a partir del formato**.*

  Se muestra una vista previa del formato del estilo.

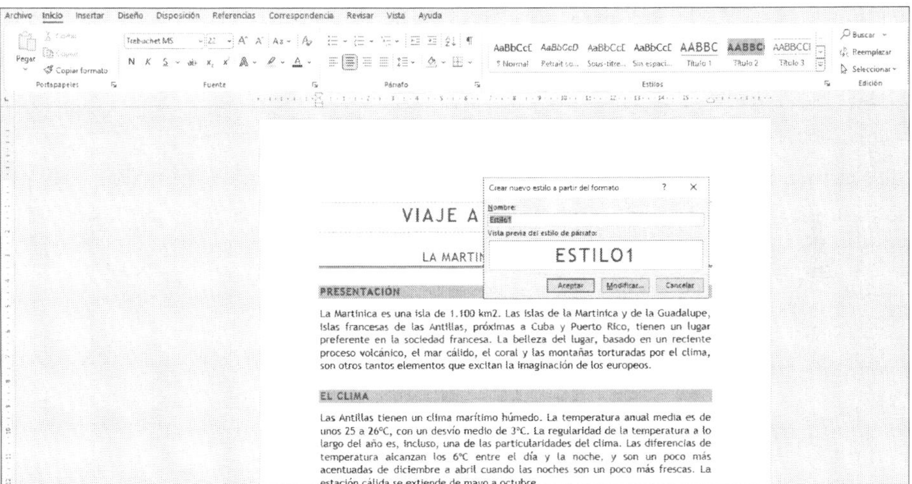

© Editions ENI - Reproducción prohibida

- Introduzca el **Nombre** del estilo en la casilla correspondiente.
- Pulse el botón **Aceptar**.

  *En este ejemplo, el nuevo estilo con el nombre **TítuloPrincipal** ya está visible en la galería **Estilos rápidos** y se aplica inmediatamente al párrafo seleccionado.*

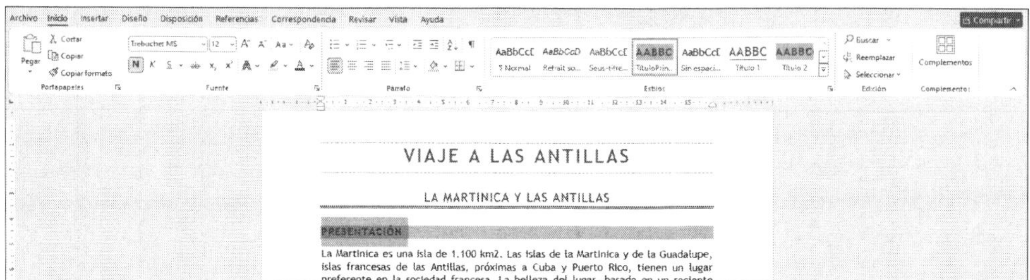

Para poder basar un estilo en un formato ya existente, puede abrir el panel **Estilos** (pestaña **Inicio** - grupo **Estilos** - botón) y hacer clic en el botón **Nuevo estilo** . Basta con escribir el **Nombre** del estilo en la casilla correspondiente, modificar si es necesario el **Tipo de estilo** en la correspondiente lista y pulsar el botón **Aceptar** para crear el nuevo estilo.

Segundo método

*En esta parte se muestra cómo crear un estilo definiendo las diferentes opciones de formato en el cuadro de diálogo **Crear un estilo**.*

- Si el estilo se debe crear únicamente para un documento, abra el documento.

  Si el estilo debe ser creado para todos los documentos basados en una plantilla, abra un documento basado en esa plantilla o abra la plantilla.
- Si el estilo que se va a crear debe reunir, entre otros, el formato de un párrafo existente en el documento o plantilla, haga clic en dicho párrafo. En caso contrario, haga clic en un párrafo al que se aplicará el nuevo estilo.
- En la pestaña **Inicio**, haga clic en el selector de cuadro de diálogo que se muestra en el grupo **Estilos** para que se abra el panel **Estilos**.

- Pulse el botón **Nuevo estilo** situado en la parte inferior del panel **Estilos**.

  Debajo del cuadro de la vista previa, se ofrece una descripción del formato del párrafo activo.

- Escriba el **Nombre** del estilo en la casilla correspondiente.
- En la lista **Tipo de estilo**, seleccione la opción **Carácter** si el estilo creado se refiere a una presentación de caracteres, la opción **Vinculado (párrafo y carácter)** si se refiere a una presentación de párrafo y caracteres, la opción **Tabla** si se refiere a la presentación de una tabla o la opción **Lista** si se refiere a la presentación de una lista.
- En la lista **Estilo basado en**, seleccione el estilo a partir del cual se va elaborar el nuevo estilo.
- En el caso de crear un estilo de **Párrafo** o un estilo **Vinculado**, abra, si fuese necesario, la lista **Estilo del párrafo siguiente** y seleccione el estilo que automáticamente se aplicará al siguiente párrafo: cuando pulse la tecla ↵, al final del párrafo en el que se ha aplicado el nuevo estilo, Word atribuirá, de forma automática, el estilo seleccionado en esta lista al párrafo siguiente.
- Elabore el formato que desea aplicar al estilo utilizando las herramientas que se ofrecen en la zona **Formato** y/o en el botón **Formato**. Si estuviera creando un estilo de tabla, indique, antes de elaborar el formato, la opción correspondiente a la parte de la tabla en la que desea aplicar el formato utilizando, para ello, la lista **Aplicar formato a**.

  A medida que se va modificando el formato, se muestra su descripción en la zona situada bajo la vista previa.

© Editions ENI - Reproducción prohibida

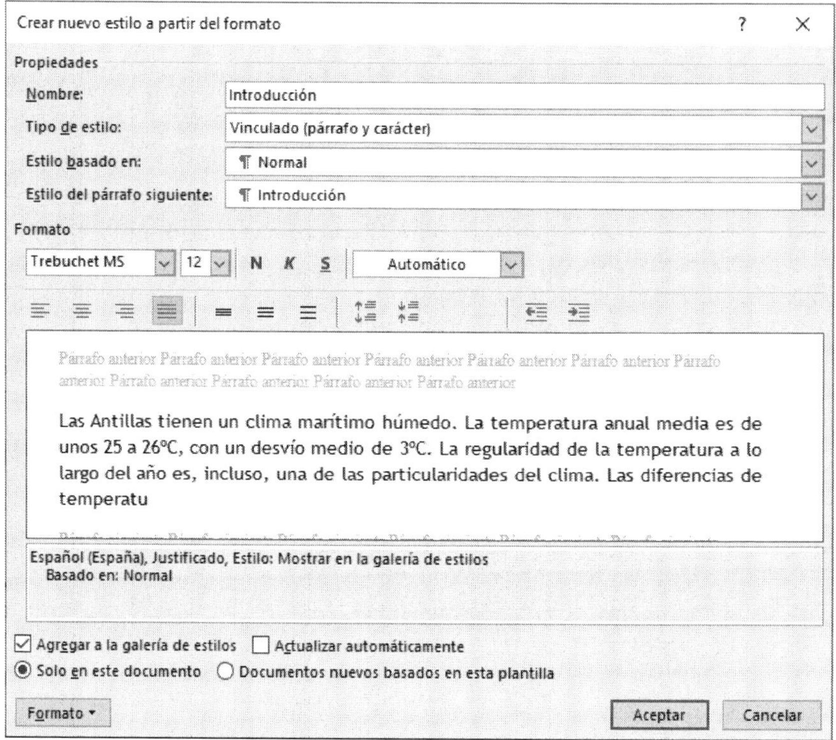

- Desactive la opción **Agregar a la galería de estilos** si no desea que este estilo aparezca en la galería de **Estilos rápidos**.
- Active la opción **Documentos nuevos basados en esta plantilla** si no trabaja directamente en una plantilla, pero desea que el nuevo estilo se asocie a la plantilla en la que se basa el documento actual.
- Active la opción **Actualizar automáticamente** para que las modificaciones que se efectúen a un párrafo con este estilo se apliquen al estilo.

  Esta opción no está disponible para los estilos de caracteres, de tabla y de lista.
- Pulse el botón **Aceptar**.

  *El nombre del estilo aparece, a partir de este momento, en el panel **Estilos** y se aplica al párrafo actual. Los estilos de párrafo se acompañan del símbolo ¶; los estilos de caracteres se acompañan del símbolo a y los estilos de párrafo y caracteres (estilo **Vinculado**), del símbolo ¶a.*

*Los estilos de tabla no aparecen en el panel **Estilos**, sino que se encuentran en la galería de los estilos de tabla en el grupo **Estilos de tabla** de la pestaña **Diseño** vinculada a la herramienta contextual **Herramientas de tabla**; esta herramienta contextual se hace visible cuando el punto de inserción se sitúa en una tabla o cuando una parte o la totalidad de la tabla está seleccionada.*

Para crear un estilo de tabla, también puede hacer clic dentro de una tabla, pulsar el botón secundario del ratón en uno de los **Estilos de tabla** que se ofrecen en el correspondiente grupo (pestaña **Diseño**) y, a continuación, pulsar la opción **Nuevo estilo de tabla**.

Para quitar un estilo de la galería de estilos, pulse el botón secundario del ratón en el nombre del estilo correspondiente de la galería de **Estilos** (pestaña **Inicio** - grupo **Estilos**) y, a continuación, haga clic en la opción **Quitar de galería de estilos**: el estilo ya no estará visible en la galería; sin embargo, se puede encontrar en el panel **Estilos**. En el caso contrario, puede agregar un estilo a la galería de estilos. Para ello, pulse el botón secundario del ratón en el nombre del correspondiente estilo del panel de **Estilos** y, a continuación, seleccione la opción **Agregar a galería de estilos**.

Crear un estilo de lista

En esta parte se muestra cómo crear un estilo que contenga distintos niveles de formato. Cuando se aplique el estilo de lista, a cada párrafo seleccionado se le atribuirá un formato en función de su nivel.

- Si el estilo se debe crear únicamente para un documento, abra el documento.

  Si el estilo debe ser creado para todos los documentos basados en una plantilla, abra un documento basado en esa plantilla o abra la plantilla.

- En la pestaña **Inicio**, pulse la herramienta del grupo **Párrafo** y a continuación haga clic en la opción **Definir nuevo estilo de lista**.

  *También puede hacer clic en el botón **Nuevo estilo** que se muestra en la parte inferior del panel **Estilos**.*

- Escriba el **Nombre** del nuevo estilo en la casilla correspondiente.
- La opción **Lista** está ya seleccionada en la lista **Tipo de estilo**.

© Editions ENI - Reproducción prohibida

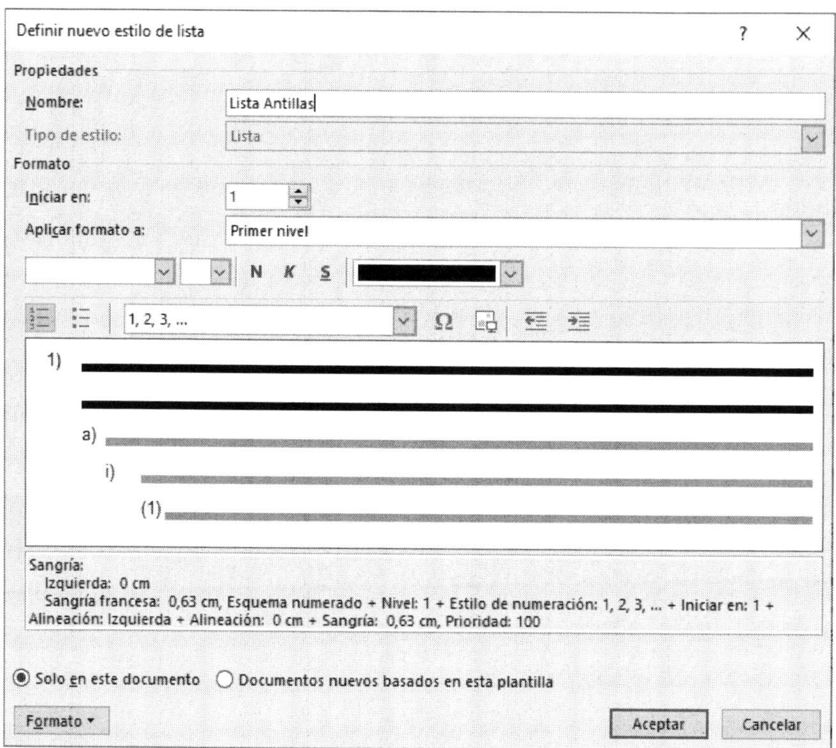

- Para cada nivel en el que desea definir un nuevo formato:
  - Seleccione el nivel correspondiente en la lista **Aplicar formato a.**
  - Seleccione, si fuese necesario, un nuevo número de inicio para cada nivel en la casilla **Iniciar en.**
  - Diseñe el formato que se va aplicar a este nivel mediante las diferentes herramientas que se ofrecen en el cuadro **Formato** y el botón **Formato.**
- Active la opción **Documentos nuevos basados en esta plantilla** si no trabaja directamente en una plantilla, pero desea que el nuevo estilo se asocie a la plantilla en la que se basa el documento actual.
- Pulse el botón **Aceptar.**

  *El nuevo estilo de lista aparece en el apartado **Estilos de listas** de la lista asociada la herramienta (pestaña **Inicio** - grupo **Párrafo**).*

Estilos y conjuntos de estilos

Seleccionar textos con el mismo estilo

Por varias razones puede ser interesante seleccionar todos los textos del documento a los que se ha aplicado el mismo estilo. Esta operación no se puede llevar a cabo con los estilos de listas y de tabla.

- Abra el panel **Estilos** pulsando el selector de cuadro de diálogo del grupo **Estilos**, de la pestaña **Inicio**.

  *También puede mostrar el contenido de la galería **Estilos** pulsando el botón **Estilos** situado en la parte inferior de la barra de desplazamiento de la galería.*

- Pulse el botón secundario del ratón sobre el estilo que desea seleccionar en el documento y a continuación haga clic en la opción **Seleccionar las n instancias** (n es el número de partes del texto con este estilo).

  Todos los textos con el estilo correspondiente se seleccionan.

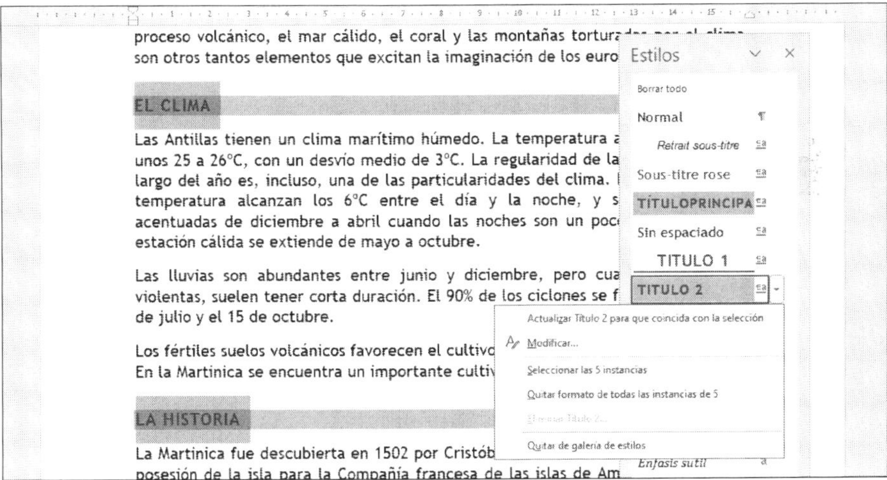

- Cierre el panel **Estilos** con el botón ☒.

© Editions ENI - Reproducción prohibida

Anular la aplicación de un estilo

Esta operación afecta a los estilos de caracteres y de párrafo. Permite encontrar la presentación anterior a la aplicación de un estilo.

- Para anular la aplicación de un estilo de caracteres, seleccione los caracteres correspondientes.

  Para anular la aplicación de un estilo de párrafo, haga clic en el párrafo correspondiente.

- Abra el panel **Estilos** (pestaña **Inicio** - grupo **Estilos** - botón ⧉) y pulse el botón **Inspector de estilo** situado en la parte inferior del panel.

  Se abre en pantalla el panel ***Inspector de estilo****.*

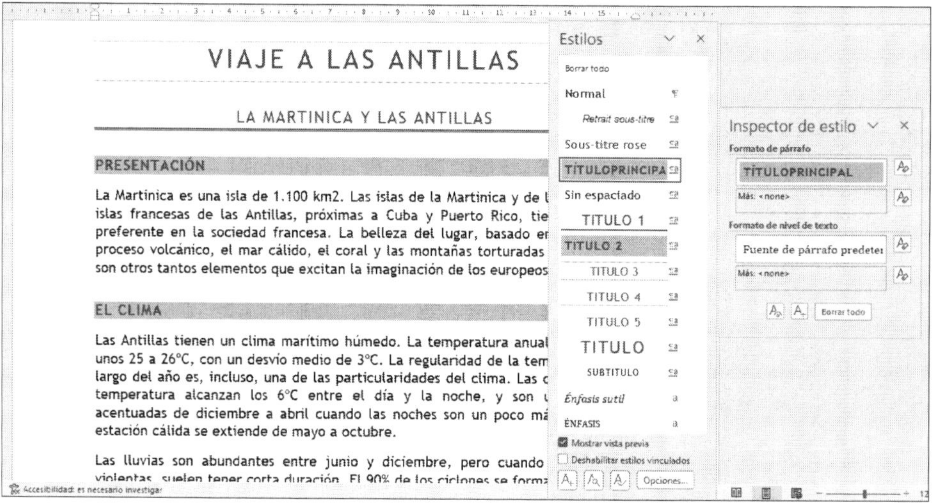

En la primera casilla del cuadro ***Formato de párrafo****, se puede ver el nombre del estilo de párrafo aplicado al párrafo actual. Si además del estilo, el párrafo contiene otros formatos (alineación, sangría, negrita, cursiva, etc.), su descripción aparece en la casilla sombreada. En la imagen anterior, además de los atributos del estilo* ***Sin espaciado****, se ha aplicado al párrafo activo una sangría izquierda y derecha.*

Estilos y conjuntos de estilos

*En la primera casilla del cuadro **Formato de nivel de texto**, se puede ver el nombre del estilo de caracteres aplicado a los caracteres seleccionados. Si además del estilo de caracteres, se han aplicado otros formatos de caracteres al texto seleccionado, su descripción aparece en la casilla sombreada. De no ser así, en la casilla aparece el texto **<none>**.*

- Para anular la aplicación de un estilo de párrafo, pulse el botón situado a la derecha del nombre del estilo en el cuadro **Formato de párrafo**.

  Para anular la aplicación de un estilo de caracteres, pulse el botón situado a la derecha del nombre del estilo en el cuadro **Formato de nivel de texto**.

  *En la imagen, se ha anulado la aplicación del estilo de párrafo Sin espaciado: se ha aplicado el estilo de caracteres predeterminado llamado **Fuente de párrafo predeterminada**. Observe que solo se ha anulado la aplicación del estilo: el resto del formato (la sangría derecha e izquierda del ejemplo anterior) se mantienen en el párrafo.*

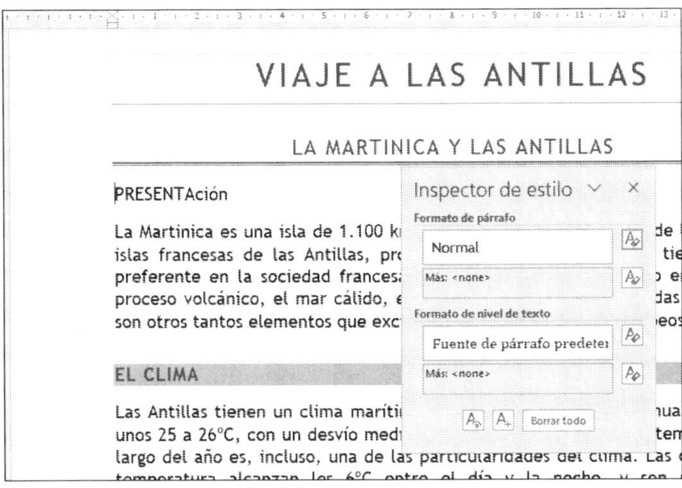

- Para anular la aplicación del estilo de párrafo o caracteres de todos los textos del documento con este mismo estilo, pulse el botón secundario del ratón sobre el nombre del estilo en el panel **Inspector de estilo**. A continuación, seleccione la opción **Quitar formato de todas las instancias de n**, **n** corresponde al número de textos con el mismo formato.

  *Esta opción no se encuentra disponible si se han aplicado otros formatos al párrafo o a los caracteres: para disponer de esta opción en la casilla sombreada asociada al correspondiente estilo debe aparecer el texto **<none>**.*

© Editions ENI - Reproducción prohibida

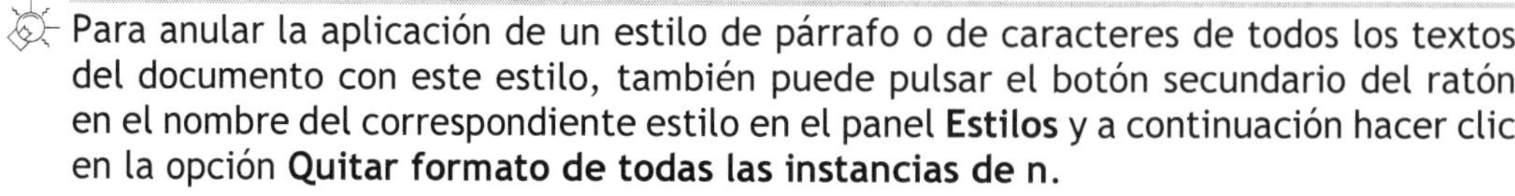

Para anular la aplicación de un estilo de párrafo o de caracteres de todos los textos del documento con este estilo, también puede pulsar el botón secundario del ratón en el nombre del correspondiente estilo en el panel **Estilos** y a continuación hacer clic en la opción **Quitar formato de todas las instancias de n.**

- Si, además del estilo de párrafo o caracteres, se han aplicado otros formatos, puede quitarlos pulsando el botón , situado a la derecha de la casilla sombreada correspondiente: en la casilla sombreada aparecerá el texto **<ninguno>**.
- Para anular la aplicación de un estilo y otros formatos, pulse el botón **Borrar todo**: se aplica al párrafo el estilo **Normal** y a los caracteres el estilo **Fuente de párrafo predeterminada**; en las casillas sombreadas se muestra el texto **<ninguno>**.
- Puede cerrar el panel **Inspector de estilo** pulsando .

Las operaciones que se han descrito en este apartado pueden efectuarse si se han seleccionado varios párrafos o caracteres con o sin el mismo estilo (si los párrafos o caracteres seleccionados no poseen todos el mismo estilo, no aparece ningún nombre de estilo en la casilla correspondiente del panel **Inspector de estilo**).

También puede crear un nuevo estilo, actualizar, modificar o seleccionar las instancias de un estilo, a través del panel **Inspector de estilo**. Para acceder a estas opciones, basta con pulsar el botón secundario del ratón en la casilla del estilo correspondiente.

Administrar los estilos

Modificar un estilo

Primer método

Este primer método solo se puede utilizar para modificar estilos de caracteres y de párrafo.

- Si las modificaciones afectan únicamente al documento actual, efectúelas en el documento. En caso contrario, si desea que las modificaciones se apliquen a los nuevos documentos asociados a una plantilla, efectúelas en la plantilla correspondiente.

- Modifique el formato del texto con el estilo en cuestión (únicamente estilos de caracteres o de párrafo).
- Si este estilo se ha agregado a la galería de **Estilos**, pulse el botón secundario del ratón en el nombre de dicho estilo.

  Para abrir la galería y poder ver más estilos al mismo tiempo, pulse el botón ***Estilos*** *situado en la parte inferior de la barra de desplazamiento de la galería de estilos.*

  Si el estilo no se encuentra visible en la galería de **Estilos**, abra el panel **Estilos** (pestaña **Inicio** - grupo **Estilos** - botón) y pulse en el botón secundario del ratón en el nombre del correspondiente estilo.
- Seleccione la opción **Actualizar "nombre del estilo" para que coincida con la selección**.

  La o las modificaciones de un estilo se aplican automáticamente a todos los párrafos o caracteres a los que anteriormente se había aplicado este estilo.

Segundo método

- Abra el documento o la plantilla que contiene el estilo que desea modificar.
- Para modificar un estilo de caracteres o párrafo, a partir de la galería de **Estilos** o del panel **Estilos**, pulse el botón secundario del ratón en el nombre del correspondiente estilo y haga clic en la opción **Modificar**.

  Para modificar un estilo de tabla, haga clic en la tabla para activar la herramienta contextual **Herramientas de tabla** y a continuación haga clic en la pestaña **Diseño de tabla**. Pulse el botón secundario del ratón en el estilo de tabla que desea modificar del grupo **Estilos de tabla** y seleccione la opción **Modificar estilo de tabla**.

  Para abrir más estilos de tabla al mismo tiempo, haga clic en el botón ***Estilos*** *que se muestra en la parte inferior de la barra de desplazamiento de la galería de estilos de tabla.*

  Para modificar un estilo de lista, en la pestaña **Inicio**, haga clic en el icono del grupo **Párrafo**. Pulse el botón secundario del ratón en el estilo de lista correspondiente del apartado **Estilos de listas** y seleccione la opción **Modificar**.
- Modifique las características del estilo seleccionado mediante las herramientas que se ofrecen en el cuadro **Formato** y/o el botón **Formato**.

© Editions ENI - Reproducción prohibida

- Si no trabaja en una plantilla sino en un documento vinculado a una plantilla y, sin embargo, desea que las modificaciones de estilo se apliquen a la plantilla, active la opción **Documentos nuevos basados en esta plantilla**.
- Pulse el botón **Aceptar**.

  Las modificaciones efectuadas en el estilo se aplican automáticamente a todos los párrafos, caracteres, listas o tablas a los que anteriormente se había aplicado este estilo.

Para modificar el formato estándar de los caracteres y de los párrafos, modifique el estilo llamado **Normal**.

Eliminar un estilo

- Abra el documento o la plantilla con el estilo que desea eliminar.
- En la pestaña **Inicio**, pulse el selector de cuadro de diálogo del grupo **Estilos** para abrir el panel correspondiente.
- Pulse el botón **Administrar estilos** situado en la parte de inferior del panel **Estilos** y asegúrese de que la pestaña **Modificar** está activada.
- Modifique eventualmente el **Criterio de ordenación** de la lista de estilos mediante la correspondiente lista para facilitar la selección del estilo que desea eliminar.
- Para **Mostrar solo estilos recomendados** (estilos principales), active la opción correspondiente.
- Seleccione el estilo que desea eliminar de la lista y pulse el botón **Eliminar**.

Se abre en pantalla un cuadro de diálogo de confirmación.

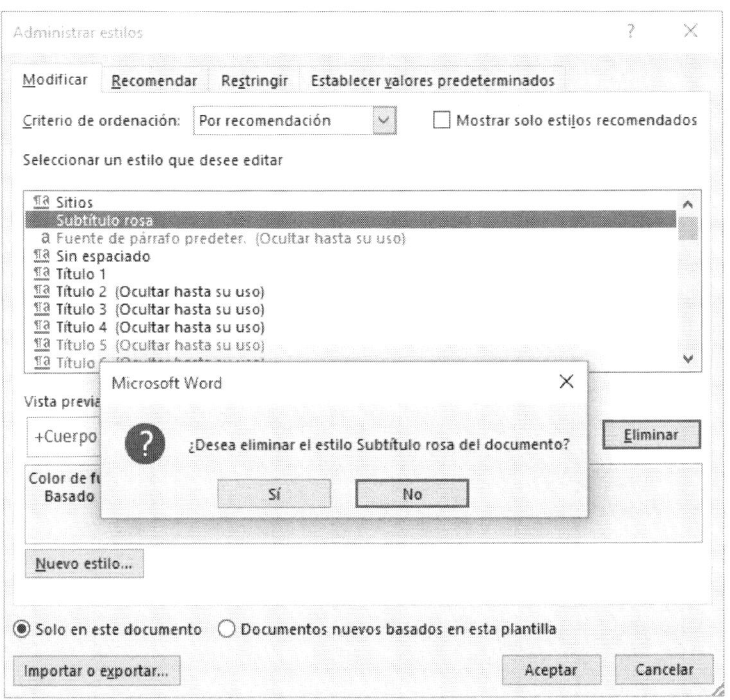

- Confirme la supresión del estilo con el botón **Sí**.
- Pulse el botón **Aceptar** del cuadro de diálogo **Administrar estilos**.

  Los párrafos, caracteres, listas, etc. que contienen el estilo adoptan el estilo Normal.

Para eliminar un estilo de caracteres o párrafo, también puede abrir el panel **Estilos** (pestaña **Inicio** - grupo **Estilos** - botón ⧉), pulsar el botón secundario del ratón en el nombre del estilo correspondiente y a continuación seleccionar la opción **Eliminar "nombre del estilo"**.

© Editions ENI - Reproducción prohibida

 Si elimina el estilo de una plantilla, el estilo no se eliminará de los documentos creados a partir de esta plantilla (y viceversa).

Los estilos predeterminados de Word como **Normal**, **Título 1**, **Título 2**, etc. (incluidos en la plantilla asociada al documento) no se pueden eliminar.

Para eliminar un estilo de tabla, también puede hacer clic en la tabla para activar las herramientas contextuales y a continuación hacer clic en la pestaña **Diseño de tabla**. Pulse el botón secundario del ratón en el estilo de tabla que desea eliminar del grupo **Estilos de tabla** y, a continuación, seleccione la opción **Eliminar estilo de tabla**.

Las opciones del grupo **Proteger** disponible en la pestaña **Revisar**, permiten indicar las disponibilidades de los estilos cuando un documento está protegido contra las modificaciones (véase Proteger un documento - Restringir las autorizaciones para aplicar formato a un documento).

Administrar la lista de estilos recomendados

*En el panel **Estilos**, se muestran, de manera predeterminada, los estilos «recomendados» por Word. Puede, si lo desea, añadir otros estilos a esa lista o, por el contrario, puede quitarlos. También puede cambiar el orden en el que se muestran los estilos en el panel.*

- Abra el documento o la plantilla en el que desea administrar la lista de estilos recomendados.
- En el panel **Estilos**, haga clic en el botón que se encuentra en la parte inferior del panel y luego haga clic en la pestaña **Recomendar**.
- Si fuera necesario, desactive la opción **Mostrar solo estilos recomendados** para que todos los estilos se muestren en la lista.

Los estilos que no forman parte de la lista de estilos recomendados se muestran en sombreado.

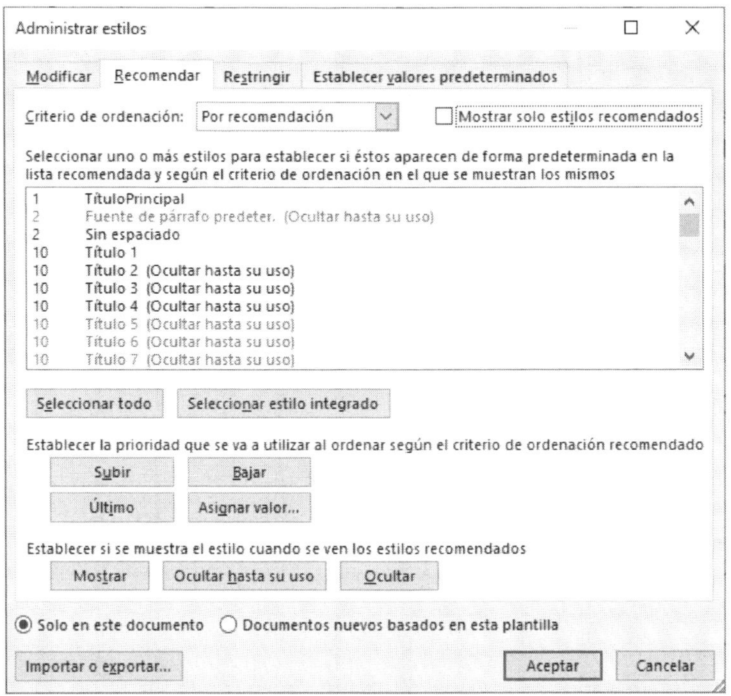

- Seleccione el estilo en cuestión en la lista; para seleccionar varios estilos, utilice la tecla Ctrl si es una selección discontinua y/o la tecla Mayús si se trata de una selección continua.

  *El botón **Seleccionar todo** permite seleccionar la totalidad de los estilos de la lista, mientras que el botón **Seleccionar estilo integrado**, selecciona todos los estilos salvo los que ya han sido agregados a la lista de estilos recomendados.*

- Para añadir un estilo a la lista de estilos recomendados de manera que esté siempre visible en esa lista, haga clic en el botón **Mostrar**.

- Para añadir un estilo a la lista de estilos recomendados solo después de que este estilo haya sido utilizado por primera vez, haga clic en **Ocultar hasta su uso**.

  *El mensaje **(Ocultar hasta su uso)** aparece a la derecha del nombre de los estilos correspondientes.*

- Para quitar un estilo de la lista de estilos recomendados, selecciónelo en la lista y luego haga clic en el botón **Ocultar**.

© Editions ENI - Reproducción prohibida

*El mensaje **(Siempre oculto)** se muestra a la derecha del nombre de los estilos correspondientes.*

- Para cambiar la posición de un estilo en la lista, selecciónelo y haga clic en el botón **Subir**, **Bajar** o **Último**; el botón **Asignar valor** permite indicar con precisión la posición del estilo en la lista.

  *Si únicamente desea cambiar la posición de los estilos recomendados, no dude en optar por **Mostrar solo estilos recomendados** activando la casilla correspondiente.*

- Active la opción **Documentos nuevos basados en esta plantilla** si no está trabajando en una plantilla pero desea aplicar los cambios realizados a la plantilla asociada al documento activo.
- Haga clic en el botón **Aceptar**.

Imprimir la lista de estilos

- Abra la plantilla o el documento que contenga los estilos que desea imprimir.
- Haga clic en la pestaña **Archivo** y luego en la opción **Imprimir**.
- Abra la primera lista del apartado **Configuración** y haga clic en la opción **Estilos**.
- Pulse el botón **Imprimir**.

  Los estilos se imprimen por orden alfabético con todas sus características.

Para ver los nombres de los estilos en el documento, active la vista **Borrador**, haga clic en la pestaña **Archivo** y luego en **Opciones**. En la categoría **Avanzadas**, indique un valor en el campo **Ancho del panel del área de estilo en vistas Borrador y Esquema** situado en la sección **Presentación** y pulse el botón **Aceptar**: el nombre de los estilos aplicados a cada párrafo aparece a la izquierda de la pantalla.

Cambiar el conjunto de estilos

Todos los conjuntos de estilos contienen los mismos estilos a los cuales se les ha aplicado diferentes formatos. De este modo, si modifica el conjunto de estilos de un documento, el formato de los textos que contienen los estilos cambia en función del conjunto de estilos elegido.

- En la pestaña **Diseño**, haga clic en el botón **Conjunto de estilos** de la galería de conjuntos de estilos que se encuentra en el grupo **Formato del documento**.
- Si no tiene claro el conjunto de estilos que desea aplicar, sitúe el puntero en los distintos conjuntos de estilos que se proponen para ver el efecto correspondiente en el documento.

Estilos y conjuntos de estilos

*En la imagen se muestra el efecto del conjunto de estilos **Título** en los textos del documento.*

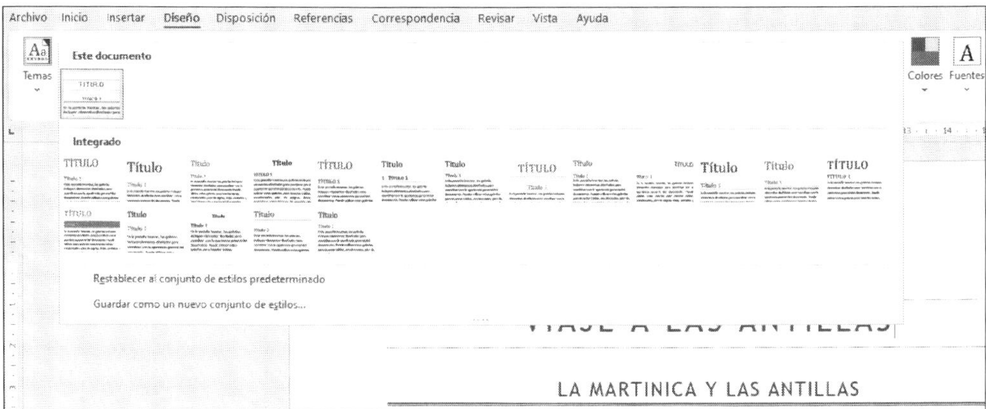

Una vez elegido, haga clic en el nombre del conjunto de estilos que desea activar.

Los textos que tienen un estilo se verán afectados por los formatos asociados al conjunto de estilos seleccionado.

Para volver al conjunto de estilos asociado a la plantilla en la que se basa el documento, en la pestaña **Diseño**, abra la galería de los conjuntos de estilos y luego haga clic en la opción **Restablecer al conjunto de estilos predeterminado**.

Guardar un nuevo conjunto de estilos

Tras agregar las modificaciones al conjunto de estilos (creación, modificación o eliminación de estilos), puede guardar este conjunto de estilos como un nuevo conjunto de estilos. De este modo, podrá aplicarlo a otros documentos.

Una vez personalizado el conjunto de estilos aplicado al documento, haga clic en el botón **Conjunto de estilos** de la galería de los conjuntos de estilos que se encuentra en el grupo **Formato de documento** y luego haga clic en la opción **Guardar como un nuevo conjunto de estilos**.

*De forma predeterminada, se selecciona la carpeta **QuickStyles**.*

© Editions ENI - Reproducción prohibida

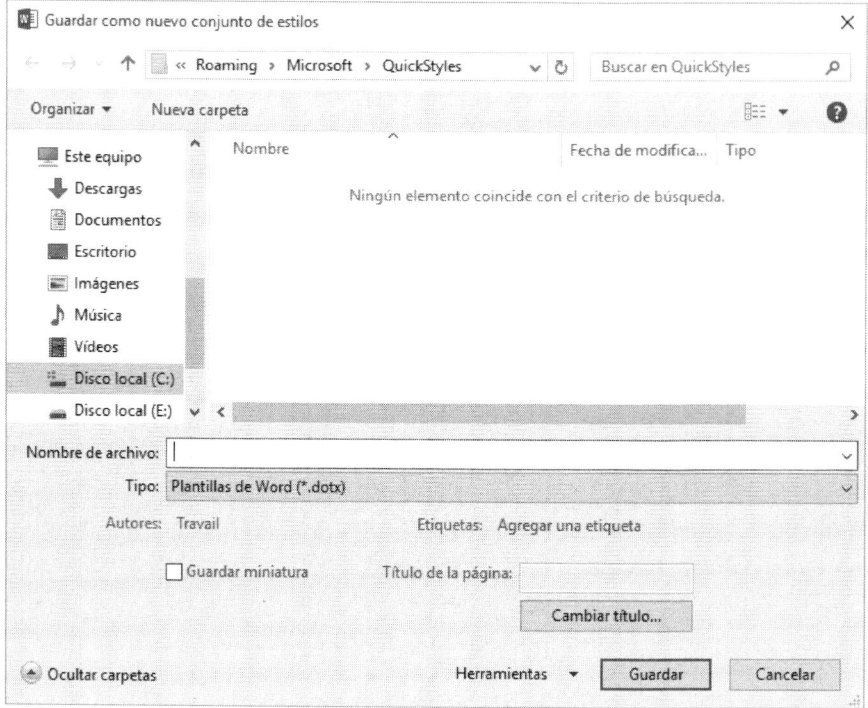

- Asegúrese de que la carpeta **QuickStyles** está seleccionada (C:\Users\Administrador\AppData\Roaming\Microsoft\QuickStyles) para que el nuevo conjunto de estilos se agregue a la lista de estilos que ya existen.
- Indique el **Nombre de archivo** en la casilla correspondiente.

  Un archivo de conjunto de estilos es un tipo de archivo ***Plantillas de Word*** *y su extensión es* ***.dotx****.*
- Pulse el botón **Guardar**.

  El nombre del nuevo conjunto de estilos aparece a partir de este momento en el apartado ***Personalizado*** *en la lista de los conjuntos de estilos (pestaña* ***Diseño*** *- grupo* ***Formato del documento****).*

Para eliminar un conjunto de estilos personalizado, abra la galería de los conjuntos de estilos (pestaña **Diseño**), haga clic con el botón secundario del ratón en el conjunto de estilos en cuestión que se encuentra en el apartado **Personalizado** y a continuación haga clic en la opción **Eliminar**.

Importar estilos

En esta parte se muestra cómo importar, en el documento o plantilla actual, estilos desde otro documento o plantilla.

- Abra el documento o la plantilla en la que desea importar estilos.
- En la pestaña **Inicio**, pulse el selector de cuadro de diálogo ⧉ del grupo **Estilos** para abrir el correspondiente panel.
- Pulse el botón **Administrar estilos** situado en la parte inferior del panel **Estilos** y pulse el botón **Importar o Exportar**, que se encuentra en la parte inferior del cuadro de diálogo **Administrar estilos**.
- Sitúese en la pestaña **Estilos** del cuadro de diálogo **Organizador**.

  En el cuadro izquierdo se muestran los estilos de la plantilla o del documento actual, mientras que a la derecha se muestran los estilos de la plantilla Normal.dotm.

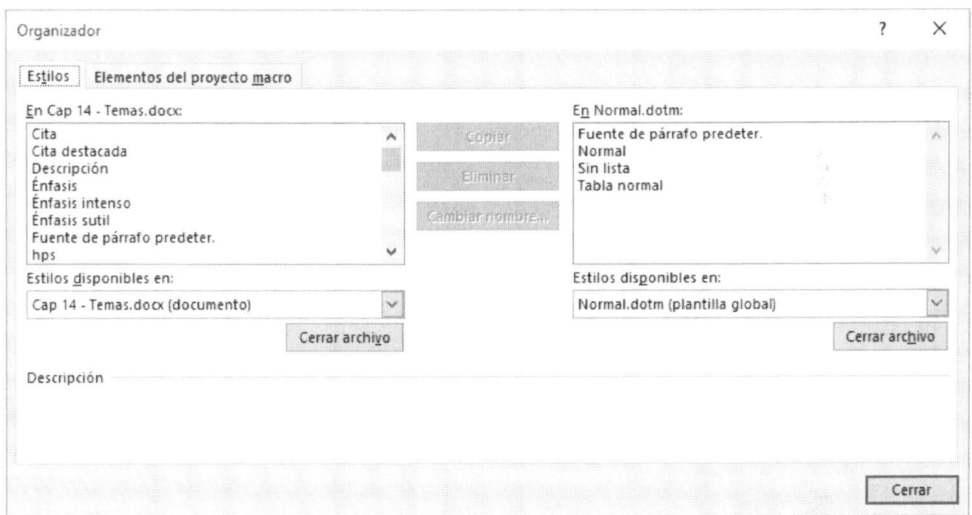

- Si los estilos que desea importar no se encuentran en la plantilla **Normal.dotm**, ciérrela y abra el documento o plantilla que contenga los estilos:
  - Pulse el botón **Cerrar archivo** situado debajo del cuadro derecho: el botón **Cerrar archivo** se reemplaza por el botón **Abrir archivo**.
  - Pulse el botón **Abrir archivo**.

© Editions ENI - Reproducción prohibida

- Seleccione el documento o plantilla que contenga los estilos que desea importar; de forma predeterminada, solo las plantillas se muestran en el cuadro de diálogo **Abrir**. Si desea visualizar los documentos, seleccione la opción **Todos los documentos de Word** en la lista que se encuentra a la derecha del apartado **Nombre de archivo**.
- Pulse el botón **Abrir**.

Los estilos de la plantilla o documento que se acaba de abrir se muestran en el cuadro derecho.

Seleccione, en el cuadro derecho, los estilos que desea importar; utilice la tecla Mayús para una selección continua y/o la tecla Ctrl para una selección discontinua.

*Cuando se selecciona un estilo, su **Descripción** aparece en el cuadro correspondiente. Este cuadro aparece vacío cuando hay varios estilos seleccionados.*

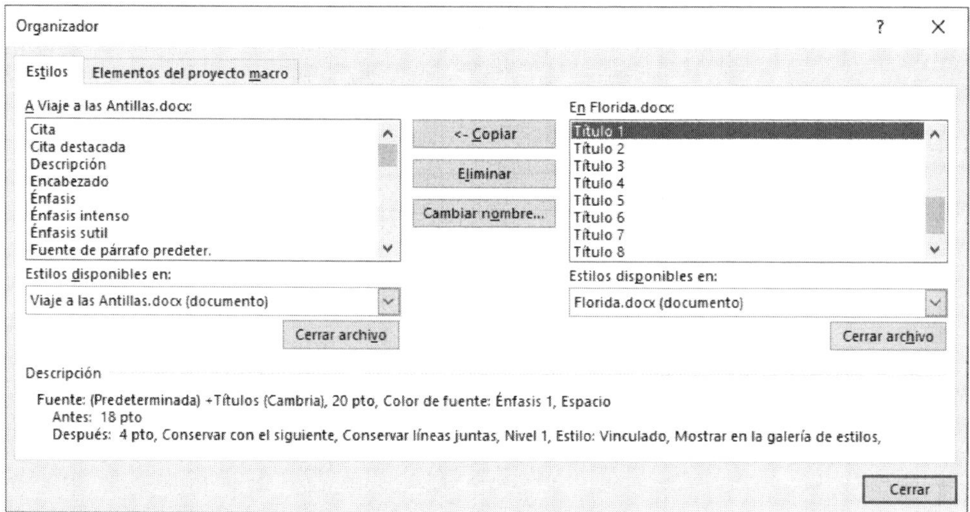

Pulse el botón **Copiar**.

Si el documento o plantilla de destino contiene un estilo con el mismo nombre que uno de los estilos que se importan, se abre un mensaje que ofrece reemplazar el estilo ya existente.

- En este caso, haga clic en:

Sí	Para reemplazar el estilo existente por el estilo importado.
Sí a todo	Para reemplazar todos los estilos existentes por los estilos importados.
No	Para conservar el estilo ya existente (el estilo no se importa).
Cancelar	Para cancelar la importación.

Si decide importar estilos, los textos con los estilos reemplazados adoptarán el formato de los estilos importados.

Los estilos importados aparecen a partir de ese momento en la lista de la izquierda.

- Una vez efectuada la importación de todos los estilos deseados, pulse el botón **Cerrar** del cuadro de diálogo **Organizador**.

*Los estilos importados aparecen en el panel **Estilos** del documento o de la plantilla activa.*

- Guarde las modificaciones efectuadas en la plantilla o el documento.

© Editions ENI - Reproducción prohibida

Crear una plantilla

Todo nuevo documento se basa en una plantilla que es, por defecto, la plantilla normal.dotm. Si lo desea, puede crear directamente una nueva plantilla en la que elaborar sus estilos, textos, etc. Pero también puede crear una plantilla a partir de un documento o de una plantilla que contengan estilos o textos.

Crear una plantilla basada en una plantilla existente

- Haga clic en la pestaña **Archivo** y luego en la opción **Nuevo**.
- Para basar la nueva plantilla en la plantilla predeterminada **Normal.dotm**, haga clic en la plantilla **Documento en blanco** en el panel derecho.

  Para basar la nueva plantilla en una plantilla del sitio Office.com, haga clic en su miniatura si alguna de las plantillas en línea que se proponen le conviene. En caso contrario, busque la plantilla adecuada, haga clic en su miniatura, luego en el botón **Crear** (para obtener más información sobre cómo buscar una plantilla en línea, véase el título Crear un documento basado en una plantilla, del capítulo Documentos).

  Para basar la nueva plantilla en una plantilla personalizada (plantilla que previamente ha sido creada por el usuario), haga clic en la opción **PERSONAL** que se encuentra bajo el apartado **Búsquedas sugeridas**, y haga clic en la plantilla a partir de la cual desea crear la nueva plantilla; si la plantilla que desea utilizar está guardada en una subcarpeta, haga clic en la subcarpeta para abrirla y luego haga clic en la plantilla.

  *La opción **PERSONAL** no aparece si previamente no se ha creado alguna plantilla.*

  Sea cual sea la plantilla utilizada para crear la nueva plantilla, su contenido aparece en un documento nuevo.

- Elabore los estilos, los textos predefinidos, etc. de la plantilla.
- Haga clic en la pestaña **Archivo** y luego en la opción **Guardar**.
- Seleccione la opción **Examinar** en el panel central.
- Abra la lista **Tipo** y seleccione la opción **Plantilla de Word (*.dotx)**.

  *Word selecciona la carpeta **Plantillas personalizadas de Office** (C:\Usuarios\nombre _usuario\Documentos\Plantillas personalizadas de Office). Las plantillas personalizadas deben guardarse en esa carpeta, o en alguna de sus subcarpetas, si desea que estén visibles en la lista de plantillas **PERSONAL**.*

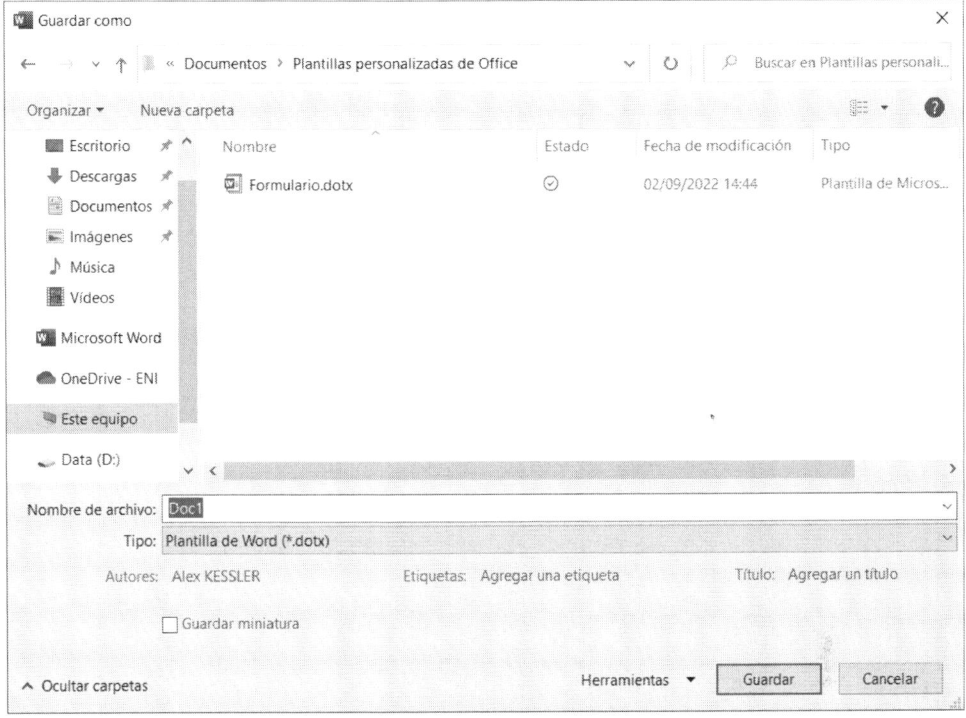

- Si desea guardar su plantilla en una subcarpeta de la carpeta **Plantillas personalizadas de Office**, haga doble clic en ella para seleccionarla; si todavía no ha sido creada, haga clic en el botón **Nueva carpeta**, escriba el nombre de la nueva carpeta y haga clic en la tecla ⏎ para validar.
- Escriba el nombre de la plantilla en la casilla **Nombre de archivo**.

  La extensión de las plantillas es .dotx.
- Pulse el botón **Guardar**.
- Cierre la plantilla.

Para guardar una plantilla también puede hacer clic en la opción **Exportar** de la pestaña **Archivo**, en la opción **Cambiar el tipo de archivo** y luego hacer doble clic en la opción **Plantilla** que se muestra en el apartado **Cambiar el tipo de archivo**. A continuación, deberá abrir la carpeta **Plantillas personalizadas de Office** para guardarla.

© Editions ENI - Reproducción prohibida

Crear una plantilla basada en un documento existente

- Abra el documento a partir del cual desea crear una plantilla.
- Modifique, si fuera necesario, el contenido del documento: realice cambios en los estilos, textos, borre todo lo que no deba ser guardado en la plantilla, cambie el formato de la página, etc.
- Haga clic en la pestaña **Archivo**, luego en la opción **Guardar como** y después en **Examinar** en el panel central.
- Abra la lista **Tipo** y seleccione la opción **Plantilla de Word (*.dotx)**.

  *Word selecciona la carpeta **Plantillas personalizadas de Office** (C:\Usuarios\nombre_usuario\Documentos\Plantillas personalizadas de Office).*
- Si desea guardar su plantilla en una subcarpeta de la carpeta **Plantillas personalizadas de Office**, haga doble clic en ella para seleccionarla; si todavía no ha sido creada, haga clic en el botón **Nueva carpeta**, escriba el nombre de la nueva carpeta y haga clic en la tecla ↵ para validar.
- Escriba el nombre de la plantilla en el cuadro de texto **Nombre de archivo** y haga clic en el botón **Guardar**.
- Cierre la plantilla.

Modificar una plantilla de documento

Esta operación consiste en abrir una plantilla para poder modificarla.

- Haga clic en la pestaña **Archivo** y luego en la opción **Abrir**.
- Seleccione la opción **Examinar** en el panel central.

  *La carpeta **Documentos** está seleccionada y en ella se muestra la carpeta **Plantillas personalizadas de Office**.*
- Haga doble clic en la carpeta **Plantillas personalizadas de Office** para abrirla y haga doble clic en la plantilla en cuestión. Si no consigue ver las plantillas, seleccione la opción **Todos los documentos de Word** de la lista que se muestra a la derecha de la opción **Nombre de archivo**.
- Efectúe las modificaciones en la plantilla, guárdela y ciérrela.

 De forma predeterminada, los documentos de Word se basan en la plantilla **Normal.dotm**. Puede abrir y modificar esta plantilla como cualquier otra plantilla. Las personalizaciones se aplicarán a todos los nuevos documentos creados. La plantilla **Normal.dotm** se guarda en la carpeta C:\Usuarios\nombre_usuario\AppData\Roaming\Microsoft\Templates.

Si la plantilla Normal.dotm se elimina, se le cambia el nombre o se mueve, Word la volverá a crear de forma automática en la siguiente ocasión que se abra la aplicación. En ese caso, las posibles personalizaciones se habrán perdido.

Para eliminar una plantilla de documento, selecciónela en el cuadro de diálogo **Abrir** o en el Explorador de archivos de Windows y pulse la tecla Supr; no se puede eliminar una plantilla que está siendo utilizada por un documento abierto en Word. La eliminación de la plantilla no tiene consecuencias en los documentos creados a partir de esta plantilla.

Cambiar la plantilla asociada a un documento

A pesar de que el documento actual se base en una plantilla, se pueden utilizar los estilos de otra plantilla.

- Abra el documento en el que desea enlazar otra plantilla.
- Haga clic en la pestaña **Archivo**, en **Opciones** y seleccione la categoría **Complementos**.
- Seleccione la opción **Plantillas** de la lista **Administrar** y pulse el botón **Ir...**
- Haga clic en el botón **Adjuntar** que se encuentra en el apartado **Plantilla de documento**.

*Word le propone la carpeta **Templates** como carpeta de almacenamiento.*

- Si la plantilla que desea utilizar se encuentra en una subcarpeta de la carpeta **Templates**, haga doble clic en la subcarpeta correspondiente para abrirla.

  Si la plantilla que desea utilizar es una plantilla personalizada (que usted ha creado), haga clic en la carpeta **Documentos** en el panel de la izquierda y haga doble clic en la carpeta **Plantillas personalizadas de Office**; si la plantilla se ha guardado en una subcarpeta, haga doble clic en ella para abrirla.
- Haga doble clic en el nombre de la plantilla que desea utilizar.
- Marque la opción **Actualizar los estilos automáticamente**.
- Pulse el botón **Aceptar**.

*A partir de ese momento la lista **Estilos** contiene los estilos enlazados a la plantilla.*

- Aplique los estilos de la plantilla como prefiera.

© Editions ENI - Reproducción prohibida

Búsqueda y sustitución de texto

Buscar texto

Buscar texto por su contenido

- Sitúe el punto de inserción en el lugar en el que deberá empezar la búsqueda o seleccione el texto en cuestión.
- En la pestaña **Inicio**, abra la lista del botón **Buscar** que se encuentra en el grupo **Edición** y luego haga clic en la opción **Búsqueda avanzada**.
- Escriba el texto que desee **Buscar** en la casilla correspondiente.

  *En la casilla **Buscar** se pueden introducir hasta 255 caracteres.*
- Si fuese necesario, pulse el botón **Más** para determinar cómo debe efectuarse la búsqueda. Active la opción:

  Coincidir mayúsculas y minúsculas: para encontrar la palabra buscada con la combinación exacta de mayúsculas y minúsculas introducida en la casilla **Buscar**. Por ejemplo, para el texto "caro", si no está activada la opción **Coincidir mayúsculas y minúsculas**, Word encuentra "caro", pero también "Caro" y "CARO"; si la opción **Coincidir mayúsculas y minúsculas** está activada, solo encontrará la palabra "caro".

  Solo palabras completas: si los textos buscados son palabras completas. Por ejemplo, si no está activada la opción **Solo palabras completas**, Word encuentra "caro" pero también "caros", "carolingio" o "carota", mientras que si la opción **Solo palabras completas** está activada Word solo encuentra la palabra "caro".

  Usar caracteres comodín: para buscar texto (casilla **Buscar**) que albergue caracteres comodín, caracteres especiales u operadores de búsqueda especiales. Si no está activada la opción **Usar caracteres comodín** y la casilla **Buscar** contiene caracteres comodín, Word considera que dichos caracteres son un texto sin formato.

  Prefijo: si los textos buscados constituyen el prefijo de una palabra. Por ejemplo, para el texto "tira", si está desactivada la opción **Prefijo**, Word puede encontrar "tira", pero también "tirada" y "estira"; si la opción **Prefijo** está activada, Word encuentra "tira" y "tirada" pero no "estira".

  Sufijo: si los textos buscados constituyen el sufijo de una palabra. Por ejemplo, para el texto "tira", si no está activada la opción **Sufijo**, Word puede encontrar "tira", pero también "tirada" y "estira"; si la opción **Sufijo** está activada, Word encuentra "tira" y "estira" pero no "tirada".

  Omitir puntuación: cuando es necesario ignorar la puntuación. Por ejemplo, para el texto "problema grande", si la opción está activada, Word puede encontrar "problema grande" pero también "problema: grande"; si la opción está desactivada, solo encontrará "problema grande".

© Editions ENI - Reproducción prohibida

Omitir espacios en blanco: no tiene en cuenta los espacios. Por ejemplo, para el texto "bocacalle", si la opción está activada, Word puede encontrar "bocacalle" pero también "boca calle"; si la opción está desactivada, solo encontrará "bocacalle".

- En función de la posición del punto de inserción, defina si la búsqueda tiene que efectuarse **Hacia delante** o **Hacia atrás** o en todas direcciones, **Todo**, mediante la lista que se encuentra en el cuadro **Buscar** en el apartado **Opciones de búsqueda**.

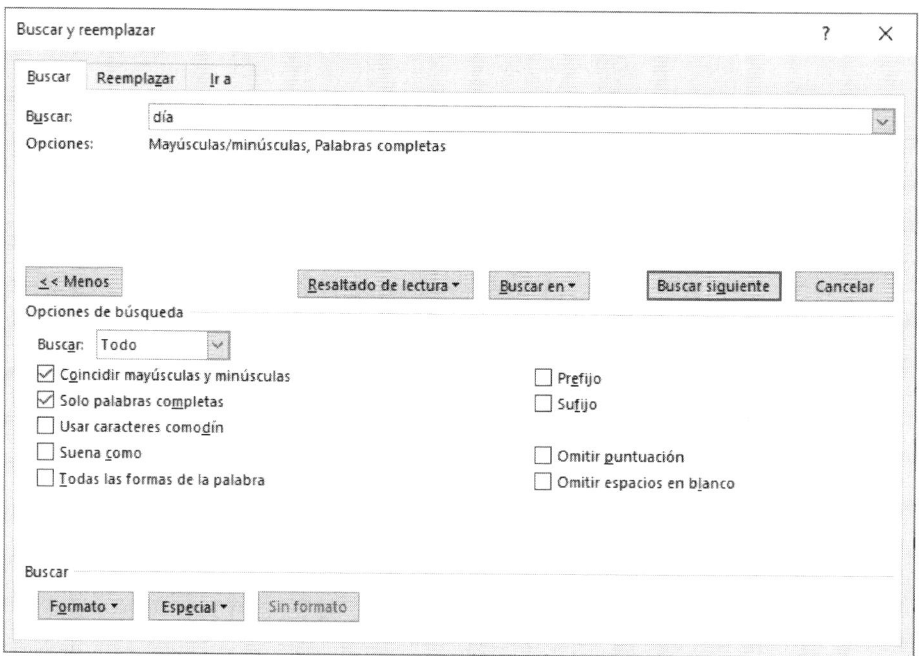

- Pulse el botón **Buscar siguiente** para buscar y seleccionar la primera ocurrencia del texto buscado,

  o

  pulse el botón **Buscar en** y haga clic en la opción que corresponde a la parte del documento en la que debe efectuarse la búsqueda (**Selección actual**, **Documento principal** o **Encabezados y pies de página**) para buscar y seleccionar de una sola vez todas las ocurrencias del texto,

  o

  pulse el botón **Resaltado de lectura** y haga clic en la opción **Resaltar todo** para aplicar un color que resalte todas las ocurrencias del texto en el documento.

*Si se ha elegido **Resaltado de lectura** o **Buscar en**, todos los textos correspondientes a la búsqueda serán resaltados o seleccionados en el documento.*

*Si se ha elegido el botón **Buscar siguiente**, el primer texto que corresponde a la búsqueda aparecerá seleccionado en el documento.*

- En este caso, si el primer texto encontrado es el que se buscaba, cierre el cuadro de diálogo con el botón **Cancelar**; en caso contrario, siga la búsqueda con el botón **Buscar siguiente**.
- Si es necesario, cierre el cuadro de diálogo **Buscar y reemplazar** haciendo clic en [X].
- Si ha seleccionado resaltar las ocurrencias del texto en el documento y desea borrar el resaltado, abra el cuadro de diálogo **Buscar y reemplazar**, pulse el botón **Resaltado de lectura** y haga clic en la opción **Borrar resaltado**. A continuación, cierre el cuadro de diálogo **Buscar y reemplazar** con el botón **Cerrar**.

Para buscar texto en el documento también puede utilizar el panel **Navegación**. Para abrirlo, pulse en el botón **Buscar** (pestaña **Inicio**, grupo **Edición**) sin abrir la lista del botón.

Cuando el cuadro de diálogo **Buscar y reemplazar** se ha cerrado, puede seguir la búsqueda con las teclas [Mayús] [F4].

Buscar texto por su formato

Esta operación permite buscar, por ejemplo, todos los textos en negrita y cursiva de tamaño 12.

- Sitúe el punto de inserción en el lugar en el que deberá empezar la búsqueda o seleccione el texto correspondiente.
- En la pestaña **Inicio**, abra la lista del botón **Buscar** que se encuentra en el grupo **Edición** y luego haga clic en la opción **Búsqueda avanzada**.
- Borre el texto que pueda estar escrito en la casilla **Buscar**.
- Pulse, si fuese necesario, el botón **Más** para abrir los criterios de búsqueda avanzada.
- Pulse el botón **Formato**.
- Haga clic en la opción correspondiente al tipo de formato que desea buscar.
- En el cuadro de diálogo correspondiente, active los formatos que desea buscar y pulse el botón **Aceptar**.

© Editions ENI - Reproducción prohibida

*El cuadro de diálogo **Buscar y reemplazar** vuelve a aparecer puesto que ya se pueden buscar los formatos. Los formatos activados aparecen a la derecha de la opción **Formato**, debajo de la casilla **Buscar**.*

- Defina todos los formatos que desee buscar.
- Pulse el botón **Buscar siguiente** para buscar y seleccionar el primer texto con el formato,

  o

  pulse el botón **Buscar en** y haga clic en la opción correspondiente a la parte del texto en la que debe efectuarse la búsqueda (**Selección actual**, **Documento principal**, **Encabezados y pies de página**, etc.), para buscar y seleccionar de una sola vez, en la parte de texto especificada, todos los textos que responden al formato definido,

  o

  pulse el botón **Resaltado de lectura** y haga clic en la opción **Resaltar todo** para aplicar un color de resaltado a todos los textos con el formato definido.

  *Si ha seleccionado el botón **Resaltado de lectura** o **Buscar en**, todos los textos que corresponden a la búsqueda serán resaltados o seleccionados en el documento.*

  *Si ha elegido el botón **Buscar siguiente**, el primer texto correspondiente a la búsqueda será seleccionado en el documento.*

- Si el primer texto encontrado es el que se buscaba, cierre el cuadro de diálogo con el botón **Cancelar**; en caso contrario, siga la búsqueda con el botón **Buscar siguiente**.
- Si es necesario, cierre el cuadro de diálogo **Buscar y reemplazar** haciendo clic en ☒ o en el botón **Cerrar**.
- Si ha seleccionado resaltar las ocurrencias del texto en el documento y desea borrar el resaltado, abra el cuadro de diálogo **Buscar y reemplazar**, pulse el botón **Resaltado de lectura** y haga clic en la opción **Borrar resaltado.** A continuación, cierre el cuadro de diálogo **Buscar y reemplazar** con el botón **Cerrar**.

Para eliminar los atributos de formato del cuadro de diálogo **Buscar y reemplazar**, pulse el botón **Sin formato.** Algunos comandos pueden activarse mediante sus respectivos métodos abreviados en lugar de hacerlo a través de las opciones del botón **Formato.**

Búsqueda y sustitución de texto

Reemplazar un texto por otro

- Sitúe el punto de inserción en el lugar en el que deberá empezar la búsqueda o seleccione el texto correspondiente.
- En la pestaña **Inicio**, pulse el botón **Reemplazar** del grupo **Edición** o utilice el método abreviado Ctrl **L**.
- Escriba el texto que desea **Buscar** en la correspondiente casilla: elimine, si es necesario, los criterios de búsqueda anteriores.
- Acceda a la casilla **Reemplazar con**, elimine el texto que pueda haber e introduzca el nuevo texto.
- Si fuese necesario, pulse el botón **Más** y determine cómo debe efectuarse la sustitución (véase Buscar texto).

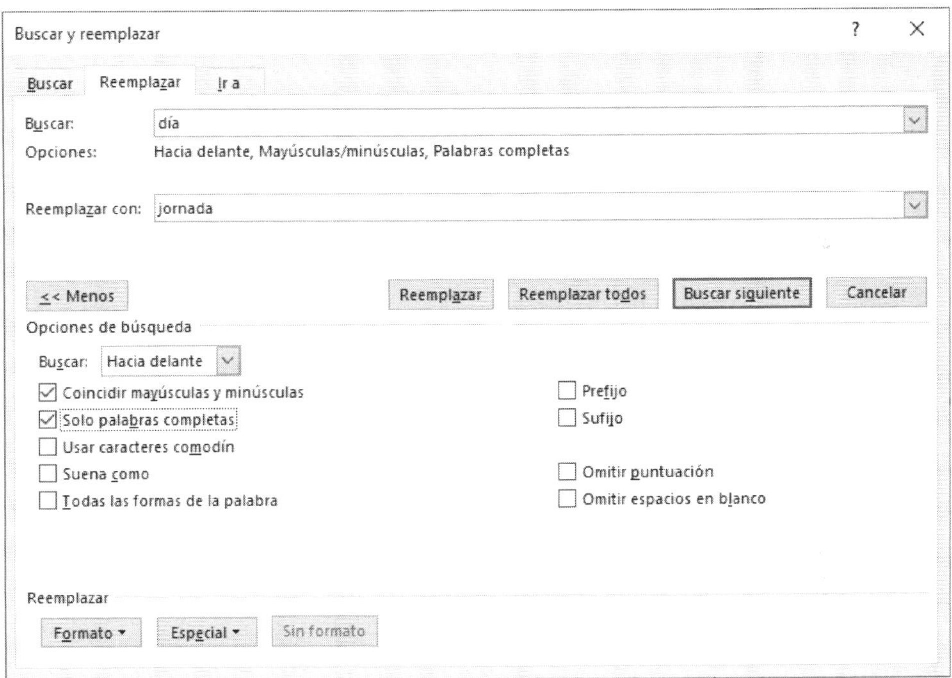

*La opción **Solo palabras completas** se utiliza de la misma forma que a la hora de buscar un texto por su contenido.*

*La opción **Coincidir mayúsculas y minúsculas** cumple una función muy importante en este caso. Por ejemplo, cuando se pide reemplazar BA por Badajoz y la opción está activa, Word buscará únicamente "BA" y lo reemplazará solo por "Badajoz". Sin embargo, si la opción no está activa, cuando Word encuentre "BA" lo reemplazará por "BADAJOZ" y cuando encuentre "Ba" o "ba" los reemplazará por "Badajoz".*

- Pulse el botón **Buscar siguiente** para iniciar la búsqueda.

  Word selecciona la primera cadena de caracteres encontrada; si el cuadro de diálogo tapa la selección, desplácelo haciendo clic y arrastrando a partir de la barra de títulos.

- Si las sustituciones deben efectuarse una a una, pulse el botón **Reemplazar** para sustituir la cadena de caracteres seleccionada y buscar la siguiente ocurrencia o pulse el botón **Buscar siguiente** para buscar la ocurrencia siguiente sin reemplazarla. Si las sustituciones deben efectuarse simultáneamente, pulse el botón **Reemplazar todos**.

  Aparece el número de reemplazos efectuados:

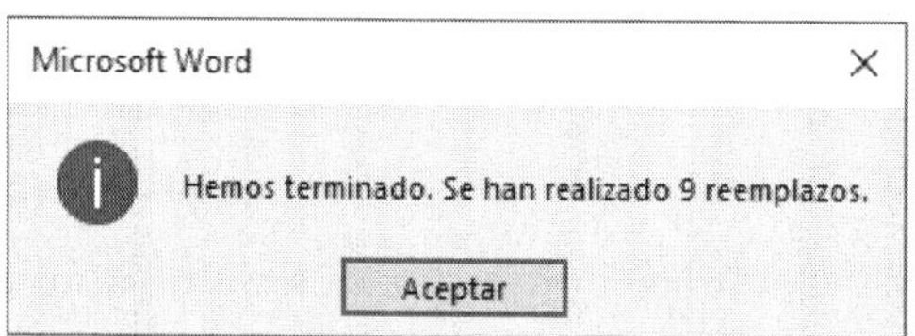

- Pulse el botón **Aceptar**.
- Cierre el cuadro de diálogo con el botón **Cerrar**.

Reemplazar un formato por otro

- Sitúe el punto de inserción en el lugar en el que deberá empezar la búsqueda o seleccione el texto correspondiente.
- En la pestaña **Inicio**, pulse el botón **Reemplazar** del grupo **Edición** o utilice el método abreviado Ctrl **L**.
- Si es necesario, elimine el texto que pueda haber en las casillas **Buscar** y **Reemplazar con**.
- Pulse el botón **Más** y determine los criterios de búsqueda.

- Haga clic en la casilla **Buscar** y, con las opciones del botón **Formato**, defina los criterios de formato que desea buscar.
- Haga clic en la casilla **Reemplazar con** y, con las opciones del botón **Formato**, defina los criterios de formato que desea reemplazar.
- Pulse el botón **Buscar siguiente** para iniciar la búsqueda.

  Word selecciona la primera cadena de caracteres encontrada.
- Si las sustituciones deben efectuarse una a una, pulse el botón **Reemplazar** para sustituir el formato de la cadena de caracteres seleccionada y buscar la siguiente ocurrencia o pulse el botón **Buscar siguiente** para buscar la ocurrencia siguiente sin reemplazar su formato.

  Si las sustituciones deben efectuarse todas a la vez, pulse el botón **Reemplazar todos.**
- Pulse el botón **Aceptar** del mensaje que informa del número de reemplazos realizados.
- Cierre el cuadro de diálogo con el botón **Cerrar**.

Para eliminar todos los atributos de formato del cuadro de diálogo **Buscar y reemplazar**, haga clic en el botón **Sin formato**. En el caso de algunos comandos, es preferible utilizar los métodos abreviados de teclado en lugar de utilizar las opciones de botón **Formato.**

Buscar/reemplazar caracteres especiales

Esta función permite, por ejemplo, encontrar todas las marcas de tabulación insertadas en un documento.

- Sitúe el punto de inserción en el lugar donde Word debe empezar la búsqueda o seleccione el texto correspondiente.
- En la pestaña **Inicio**, haga clic en el botón **Reemplazar** o utilice el método abreviado de teclado Ctrl **L** y active, según el caso, la pestaña **Buscar** o **Reemplazar**.
- Proceda como en las demás sustituciones (o búsquedas), pero utilice, tras haber pulsado el botón **Más**, el botón **Especial** para elegir el carácter especial correspondiente.

  El carácter aparece con forma de código (^s, por ejemplo, corresponde al espacio de no separación, ^t a la marca de tabulación, etc.).

© Editions ENI - Reproducción prohibida

- Determine cómo debe efectuarse el reemplazo mediante las **Opciones de búsqueda** (véase Buscar texto).

  *En la imagen se reemplazará el texto **SA** por **San Francisco** (con un espacio de no separación entre San y Francisco).*

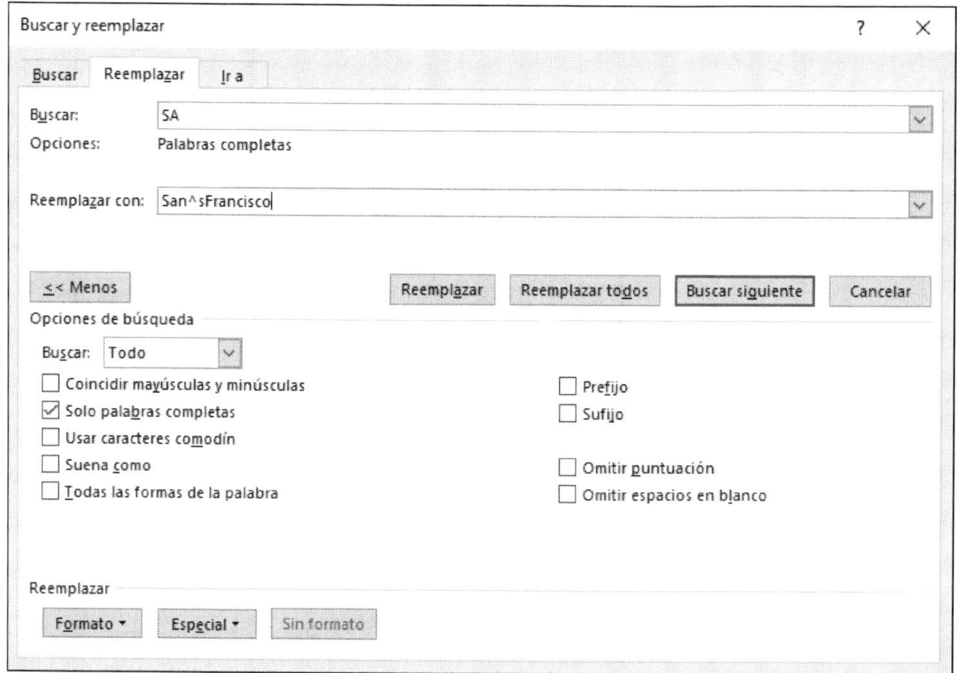

- Pulse el botón **Buscar siguiente**.

  Word selecciona la primera cadena de caracteres encontrada.

- Si los reemplazos deben ser efectuados uno a uno, pulse el botón **Reemplazar** para reemplazar la cadena de caracteres seleccionada y buscar la siguiente ocurrencia o pulse el botón **Buscar siguiente** para buscar la ocurrencia siguiente sin reemplazarla. Si los reemplazos deben efectuarse simultáneamente, pulse el botón **Reemplazar todos**.

- Pulse el botón **Aceptar** del mensaje que informa del número de reemplazos realizados.

- Cierre el cuadro de diálogo con el botón **Cerrar**.

Utilizar criterios de búsqueda avanzada

- Sitúe el punto de inserción en el lugar donde debe empezar la búsqueda o seleccione el texto correspondiente.
- En la pestaña **Inicio**, haga clic en el botón **Reemplazar** o utilice el método abreviado de teclado Ctrl **L** y active, según el caso, la pestaña **Buscar** o **Reemplazar**.
- Escriba el texto que desea **Buscar** utilizando los operadores siguientes:

?	Reemplaza un único carácter.
*****	Reemplaza una cadena de caracteres.
[-]	Reemplaza cualquier carácter incluido en el intervalo especificado.
[]	Reemplaza uno de los caracteres especificados.
[!]	Reemplaza cualquier carácter salvo los que están entre los corchetes.
[!x-z]	Reemplaza cualquier carácter salvo los caracteres del intervalo indicado entre corchetes.
{n}	Reemplaza exactamente n veces el carácter o la expresión anterior.
{n,m}	Reemplaza de n a m veces el carácter o la expresión anterior.
@	Reemplaza una o varias veces el carácter o la expresión anterior.
<(comienzo)	Reemplaza el principio de una palabra.
(fin)>	Reemplaza el final de una palabra.

Ejemplo	permite encontrar	pero no encuentra
?asa	pasa - casa - tasa - etc.	casaca
n*s	nosotros - niños - natas - etc.	negar
[b-p]asta	basta - casta- pasta - etc.	vasta
p[!i]ra	para - pera - etc.	pira
[!b-p]asta	vasta	basta - casta - pasta
per{2}o	perro	pero
30{1;3}	30 - 300 - 3000	30000
par@a	para - parra	
<(inter)	internacional - interno - etc.	desinteresado
(as)>	cartas - palas - etc.	caso

© Editions ENI - Reproducción prohibida

- Si fuese necesario, defina el texto de sustitución en la casilla **Reemplazar por**.
- Si fuese necesario, pulse el botón **Más** y active la opción **Usar caracteres comodín**.
- Prosiga con la búsqueda tal y como se hace habitualmente.

Revisar la ortografía/la gramática de un documento

- Si debe revisar todo el texto, sitúe el punto de inserción al principio del documento; si solo debe revisar una parte del texto, selecciónela.

  Si no se efectúa ninguna selección, Word comprueba todo el documento, incluidos los encabezados, pies de página, etc.

- En la pestaña **Revisar**, pulse el botón **Ortografía y gramática** del grupo **Revisión** o pulse la tecla F7.

  *El panel **Revisión** se abre a la derecha de la ventana y muestra el primer error que Word encuentra; este error queda seleccionado en el documento.*

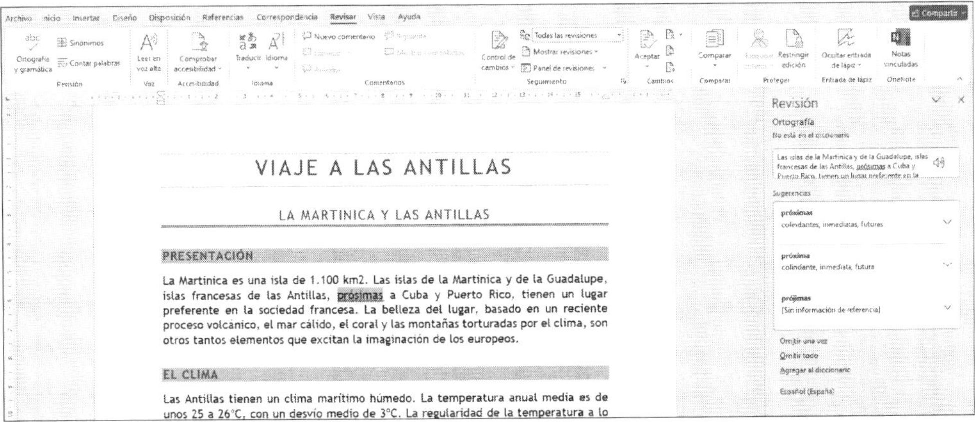

En el caso de los errores ortográficos, Word resalta las palabras por tres razones principales: desconoce la palabra (no existe en el diccionario), la palabra está repetida (ejemplo: de de camino...), la palabra está escrita con un uso no habitual de las mayúsculas (ejemplo: FUEgo).

Si Word encuentra un error gramatical o una palabra mal utilizada, se detiene.

La revisión ortográfica se basa en dos diccionarios principales (los de Word: RoamingCustom.dic y CUSTOM.DIC) y tantos diccionarios personales como el usuario desee.

El símbolo [icono] situado en el campo de texto del panel inicia la lectura en voz alta del texto.

- Para cambiar el idioma, en la pestaña **Revisión**, haga clic en **Idioma**, y seleccione la opción **Establecer idioma de corrección**.

  Si selecciona el diccionario Alemán, Word le propondrá sugerencias de corrección alemanas. Al pasar al error siguiente, volverá a estar seleccionado el diccionario español.

  *Cuando Word tiene sugerencias de corrección para proponer, las muestra en el cuadro **Sugerencias** del panel. En caso contrario aparece la etiqueta **(Sin sugerencias)**.*

  *En el caso de un error gramatical, se muestra una explicación del error bajo el encabezado **Gramática**.*

- Para corregir un error, seleccione una de las **sugerencias** que se ofrecen en el cuadro correspondiente o, si no le conviene ninguna de las sugerencias que se proponen, escriba directamente la corrección en el documento. En el caso de un error ortográfico, abra la lista asociada al término sugerido y pulse en **Cambiar todo** para corregir el error repetido en el documento.
- Si la palabra es una repetición, pulse en la opción **Eliminar palabra repetida**.
- Para continuar la revisión sin corregir el error, utilice el botón **Omitir una vez** o **Omitir todo** para continuar la verificación.

  Para continuar con la revisión después de haber hecho una corrección en el documento, haga clic en el botón **Reanudar** del panel **Revisión**.

- En el caso de un error de ortografía, para añadir la palabra al diccionario personal predeterminado para que Word pueda reconocerlo posteriormente, pulse en **Agregar al diccionario**.
- Al finalizar la revisión, haga clic en el botón **Aceptar** del mensaje que le informa que la revisión gramatical y ortográfica ha terminado.
- Cierre, si fuera necesario, el panel **Revisión** haciendo clic en el botón ☒.

Personalizar la revisión ortográfica

- Haga clic en la pestaña **Archivo**, en **Opciones** y a continuación seleccione la categoría **Revisión**.
- Decida si ignorar o no las palabras en mayúsculas y/o las palabras que contienen números marcando o no la opción **Omitir palabras en MAYÚSCULAS** y/o la opción **Omitir palabras que contengan números.**

  Estas opciones resultan interesantes en caso de tratarse de un documento con una lista de nombres propios.
- Active o desactive la opción **Omitir archivos y direcciones de Internet** si desea, o no, revisar la ortografía de las direcciones de Internet, nombres de archivos o direcciones electrónicas.
- Active **Marcar palabras repetidas** si desea que se marquen las palabras repetidas; en caso contrario, se ignoran.
- Active o desactive la opción **Exigir mayúsculas acentuadas en francés** si desea marcar las palabras francesas con una mayúscula no acentuada.
- Active la opción **Sugerir solo del diccionario principal** si desea utilizar únicamente el diccionario principal integrado en el verificador ortográfico y no el o los diccionarios personales activos.
- Seleccione en la lista **Modo del español** el modo que desea utilizar:

Solo formas verbales de tuteo	Para textos con formas verbales que utilizan exclusivamente el pronombre “tú” para la segunda persona del singular.
Formas verbales de tuteo y voseo	Para textos con formas verbales que utilizan indistintamente los pronombres "tú" y "vos" para la segunda persona del singular.
Solo formas verbales de voseo	Para textos con formas verbales que utilizan exclusivamente el pronombre "vos" para la segunda persona del singular.

  *Las opciones del apartado **Al corregir la ortografía en los programas Microsoft Office** se aplican a todos los programas Office (Word, Excel, PowerPoint, Access, etc.).*
- Pulse el botón **Aceptar**.

© Editions ENI - Reproducción prohibida

Utilizar un diccionario personal

*Cuando se efectúa la revisión ortográfica, además del diccionario principal, Word utiliza el o los diccionarios personales activos. Estos diccionarios personales contienen listas de palabras concretas que no existen en el diccionario principal (ejemplo: puede crear un diccionario en el que se agregan los términos médicos o, si ya existe, puede cargar el archivo correspondiente). El diccionario personal, de forma predeterminada, se llama **RoamingCustom.dic**.*

- Haga clic en la pestaña **Archivo**, en **Opciones** y a continuación seleccione la categoría **Revisión**.
- Pulse el botón **Diccionarios personalizados.**
- Para crear un nuevo diccionario personal, pulse el botón **Nuevo**, escriba el **Nombre de archivo** del nuevo diccionario en la casilla correspondiente y pulse el botón **Guardar**.

*El nuevo diccionario aparece en la lista de diccionarios existentes y se abre automáticamente, la casilla **Habilitado** aparece marcada.*

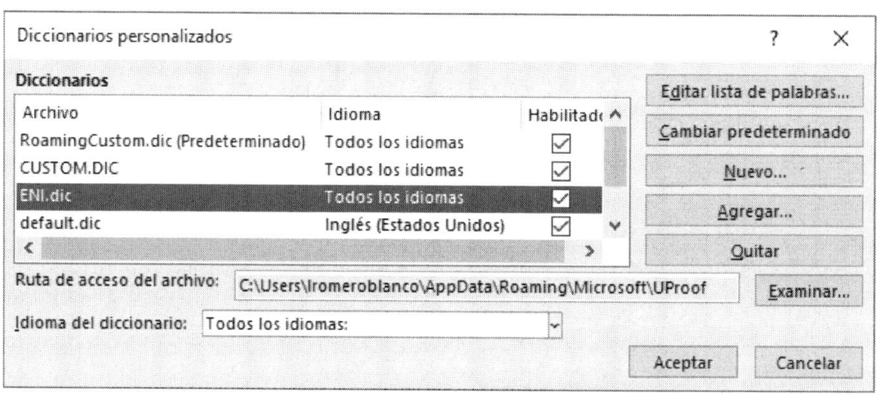

- Para que todas las palabras guardadas mediante el botón **Agregar al diccionario** (panel **Revisión**) se guarden en otro diccionario que no sea **RoamingCustom.dic**, seleccione el diccionario correspondiente de la **Lista de diccionarios** y pulse el botón **Cambiar predeterminado.**

*El texto **(Predeterminado)** aparece a la derecha del diccionario personal correspondiente.*

- Para modificar el idioma de un diccionario personal, haga clic en el nombre del diccionario pertinente de la lista **Diccionarios** y seleccione el idioma deseado de la lista **Idioma del diccionario**: Word utiliza este diccionario únicamente para revisar la ortografía de un texto escrito con este idioma.

  *De forma predeterminada, cuando se crea un nuevo diccionario, la opción **Todos los idiomas** aparece seleccionada; por lo tanto, el diccionario utilizará el idioma con el que está escrito el texto.*

- Para cargar un diccionario personal, pulse el botón **Agregar**, seleccione la unidad y la carpeta que contenga el archivo y, a continuación, haga doble clic en el archivo correspondiente.

- Para cerrar un diccionario abierto, desactive la casilla situada en la columna **Habilitado**.

  La desaparición de la marca indica que está cerrado.

- A la inversa, para activar un diccionario, marque la casilla situada en la columna **Habilitado**.

- Para modificar el contenido de un diccionario personal, selecciónelo en la lista y pulse el botón **Editar lista de palabras...**.

  Para agregar palabras al diccionario personal, escriba la(s) **Palabra(s)** en la casilla correspondiente y a continuación pulse el botón **Agregar**.

  Para eliminar una palabra del diccionario personal, seleccione la palabra que desea suprimir de la lista **Diccionario** y pulse el botón **Eliminar**.

  Pulse el botón **Aceptar**.

- Pulse el botón **Aceptar** del cuadro de diálogo **Diccionarios personalizados**.

- Pulse el botón **Aceptar** del cuadro de diálogo **Opciones de Word**.

El botón **Quitar** del cuadro de diálogo **Diccionarios personalizados** permite quitar el diccionario seleccionado de la lista **Diccionarios**. Atención, el archivo correspondiente (.DIC) no se elimina del ordenador; el botón **Quitar** no está disponible cuando el diccionario seleccionado es el diccionario principal **RoamingCustom.dic**.

Para consultar y/o modificar un diccionario personal, también puede abrir el archivo .DIC; para conocer la carpeta de guardado de los archivos de diccionarios personales, seleccione el nombre del diccionario pertinente en el cuadro de diálogo **Diccionarios personalizados** y consulte la información de la **Ruta de acceso del archivo**.

© Editions ENI - Reproducción prohibida

Utilizar la Autocorrección

Activar/desactivar la Autocorrección

Con este procedimiento, Word corrige las faltas habituales mientras se escribe (por ejemplo, si siempre escribe "acojer" en lugar de "acoger").

- Haga clic en la pestaña **Archivo** y luego en **Opciones**.
- Seleccione la categoría **Revisión** y pulse el botón **Opciones de Autocorrección**.
- Asegúrese de que la pestaña **Autocorrección** está seleccionada.
- Active o desactive, según desee, las cinco opciones anteriores a la de **Reemplazar texto mientras escribe**.
- Active o desactive la opción de **Reemplazar texto mientras escribe** si desea detener la corrección y el reemplazo automático mientras escribe.

  Esta opción aparece activada de forma predeterminada.
- Pulse el botón **Aceptar**.

Definir autocorrecciones

De forma predeterminada, Word ofrece una lista importante de autocorrecciones. Se pueden agregar a esta lista otras autocorrecciones que serán palabras o abreviaturas que Word reemplazará mientras se escribe.

- Seleccione el texto sin errores de ortografía si ya se ha escrito en el documento.

  Si el texto tiene un formato aplicado, Word ofrece la posibilidad de almacenar dicha Autocorrección conservando o no el formato.
- Haga clic en la pestaña **Archivo** y luego en **Opciones**.
- Seleccione la categoría **Revisión** y pulse el botón **Opciones de Autocorrección**.
- Asegúrese de que la pestaña **Autocorrección** está seleccionada.
- Active, si fuese necesario, la opción **Reemplazar texto mientras escribe**.
- Escriba la palabra con el error ortográfico o la abreviatura en la casilla **Reemplazar**.
- Escriba, si fuese necesario, la palabra ortográficamente correcta en la casilla **Con**: esta casilla ya está llena si el texto escrito correctamente ha sido seleccionado anteriormente en el documento.

- Active, si fuese necesario, la opción **Texto sin formato** si la entrada de Autocorrección debe almacenarse sin formato o la opción **Texto con formato** si debe almacenarse con el formato.

  Estas dos opciones no están disponibles si anteriormente no se ha realizado ninguna selección de texto en el documento.

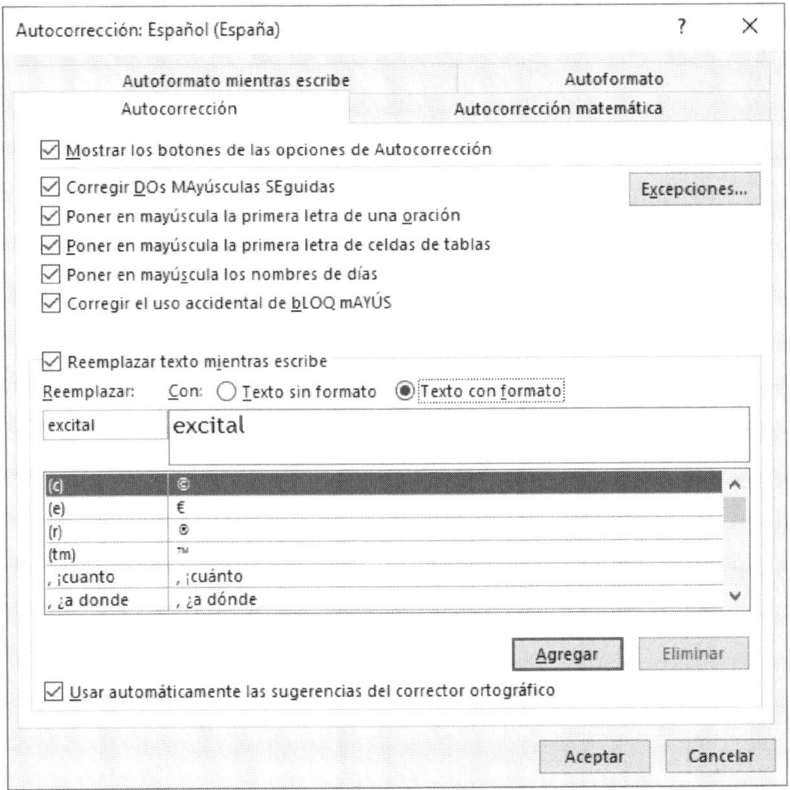

- Pulse el botón **Agregar**.
- Siga este procedimiento para insertar más autocorrecciones.
- Para eliminar una autocorrección, selecciónela en la lista y pulse el botón **Eliminar**.

© Editions ENI - Reproducción prohibida

- Asegúrese de que la opción **Usar automáticamente las sugerencias del corrector ortográfico** está activada si desea que Word reemplace automáticamente, mientras escribe, los errores por las palabras sugeridas por el diccionario principal y los diccionarios personales.

  Esta opción aparece activa por defecto.

- Pulse el botón **Aceptar** de las dos ventanas.

El botón **Excepciones** del cuadro de diálogo **Autocorrección** permite definir los textos que no desea que Word corrija automáticamente.

Utilizar el botón Autocorrección

*Cada vez que se corrige una palabra automáticamente mientras se escribe, Word asocia el botón de opción **Autocorrección** que permite, si fuese necesario, modificar la corrección.*

- Asegúrese de que la opción **Mostrar los botones de las opciones de Autocorrección** del cuadro de diálogo **Autocorrección** (pestaña **Archivo** - **Opciones** - categoría **Revisión** - botón **Opciones de Autocorrección** - ficha **Autocorrección**) está activada.

  Esta opción aparece activada por defecto.

- Señale la palabra corregida automáticamente mientras escribe.

  Aparece un pequeño rectángulo debajo de las dos primeras letras de la palabra.

- Señale el pequeño rectángulo para mostrar el botón **opciones de Autocorrección** y, a continuación, púlselo.

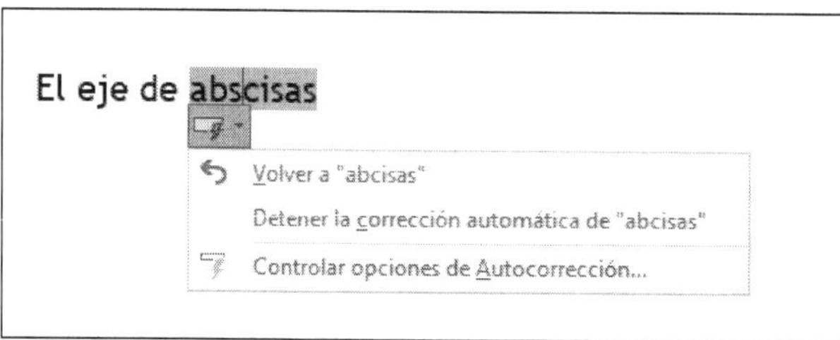

- Para volver a la ortografía de la palabra escrita inicialmente, haga clic en la opción **Volver a " "**: la opción **Rehacer Correcciones automáticas** remplaza la opción **Deshacer Correcciones automáticas.**

  Si la autocorrección se refiere a la mayúscula de la primera letra de una frase pero usted ya no desea que las primeras letras de las frases se escriban automáticamente en mayúsculas, haga clic en la opción **Dejar de usar mayúsculas automáticamente en la primera letra de las frases**: el hecho de hacer clic en esta opción desmarca la opción **Poner en mayúscula la primera letra de una oración** en el cuadro de diálogo **Autocorrección** (pestaña **Archivo** - **Opciones** - categoría **Revisión** - botón **Opciones de Autocorrección** - pestaña **Autocorrección**); al marcar esta opción se permite que, de nuevo, las primeras letras de las frases se escriban automáticamente en mayúsculas.

- Si desea que esta palabra no se vuelva a corregir automáticamente, haga clic en la opción **Detener la corrección automática de**: a partir de ese momento la opción aparece precedida por una marca; haga clic de nuevo en dicha opción para restablecer la Autocorrección.

- Para abrir el cuadro de diálogo **Autocorrección**, haga clic en la opción **Controlar opciones de Autocorrección.**

Indicar el idioma utilizado para la revisión ortográfica

Puede modificar el idioma de revisión del documento o de una parte del documento. Esta función es interesante para los documentos que contienen textos en español y en otros idiomas. Puesto que el idioma español será el idioma de revisión activo por defecto para todo el documento, si no se aplica ningún cambio, los textos escritos en otros idiomas quedarán marcados en rojo para destacar los errores. En cambio, si a medida que se escribe el texto se va seleccionando el idioma, el texto no quedará marcado en rojo (salvo si Word detecta errores en el idioma seleccionado) y, en el momento de la revisión, el diccionario del idioma correspondiente quedará automáticamente seleccionado para ese texto.

- Seleccione la parte del texto para la que desea escoger otro idioma de revisión.
- En la pestaña **Revisar**, haga clic en el botón **Idioma** que se muestra en el grupo **Idioma** y luego en la opción **Establecer idioma de corrección**.
- Seleccione el idioma que desea utilizar en la lista **Marcar texto seleccionado como** y luego haga clic en el botón **Aceptar**.

© Editions ENI - Reproducción prohibida

El nombre del idioma de revisión definido para el texto seleccionado aparece de manera predeterminada en la barra de estado. Si este no es su caso, haga clic con el botón secundario del ratón en la barra de estado y haga clic en la opción **Idioma** para activarlo (a la izquierda de la opción aparece una marca).

Puede indicar otro idioma de revisión antes de escribir el texto: sitúe el punto de inserción en su documento en el lugar a partir de cual desea empezar a escribir el texto en otro idioma y, a continuación, escoja el idioma en cuestión en el cuadro de diálogo **Idioma**. Proceda de este modo cada vez que desee cambiar el idioma de revisión en su documento.
Puede cambiar las preferencias lingüísticas de Microsoft Office en el cuadro de diálogo **Opciones de Word** (pestaña **Archivo - Opciones** - categoría **Idioma**).

Si todos los documentos deben adoptar un determinado idioma, selecciónelo en el cuadro de diálogo **Idioma**, haga clic en el botón **Establecer como predeterminado** y luego confirme su elección.

Contar frases, palabras, etc. de un documento

- Si necesita contar palabras de una parte del documento, seleccione esa parte, en caso contrario haga clic en cualquier parte del documento.
- En la pestaña **Revisar**, haga clic en la herramienta **Contar palabras** que se encuentra en el grupo **Revisión**.
- Para **Incluir cuadros de texto, notas al pie y notas al final**, active dicha opción en el cuadro de diálogo **Contar palabras**.

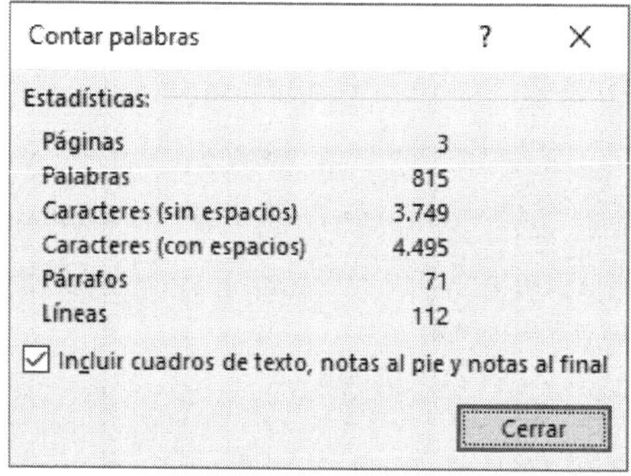

- Consulte las estadísticas y haga clic en el botón **Cerrar**.

Utilizar las reglas de Autocorrección matemática

*Cuando están activas, las reglas de **Autocorrección matemática**, permiten introducir un código que será sustituido por un símbolo matemático.*

- Para activar las reglas de Autocorrección matemática, haga clic en **Archivo** y después en **Opciones.** Seleccione la categoría **Revisión** y haga clic en el botón **Opciones de Autocorrección.**
- Active la pestaña **Autocorrección matemática** y señale la opción **Utilizar las reglas de Autocorrección matemática fuera de las áreas matemáticas.**

Se muestra la lista de códigos existentes, cada uno de ellos comienza con la tecla \ seguida de nombre del código:

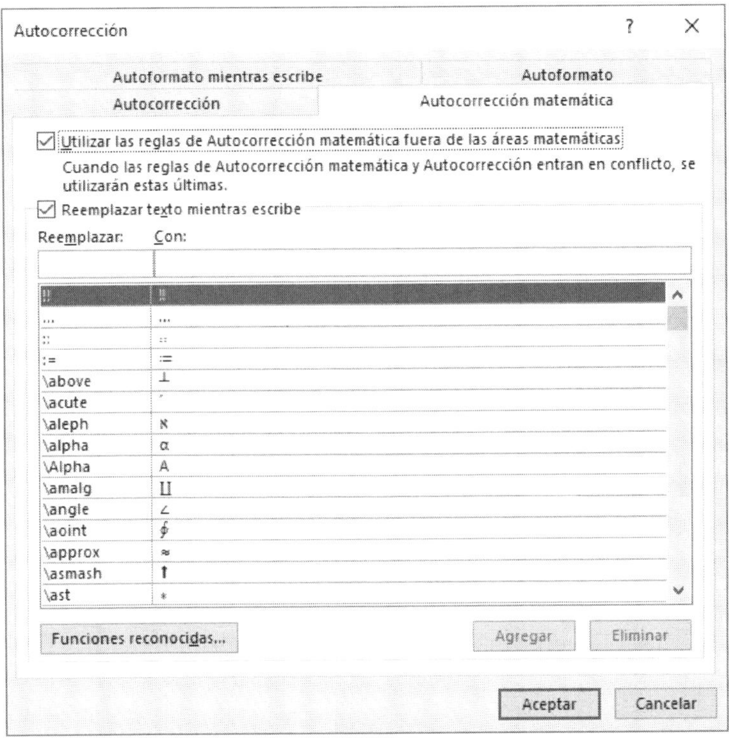

*Es posible añadir otros símbolos matemáticos introduciendo el código en el cuadro **Remplazar** y el código por el que será sustituido en el cuadro **Con** (ver Utilizar la Autocorrección).*

© Editions ENI - Reproducción prohibida

- Haga clic en **Aceptar**.
- Para insertar un símbolo matemático en un documento, sitúe el punto de inserción en el lugar donde desea mostrar el símbolo, introduzca el código correspondiente al símbolo que desea insertar y pulse la tecla Espacio o la tecla ↵ para insertar el símbolo.

  Para insertar el símbolo infinito **∞**, por ejemplo, introduzca el código **\infty** y pulse la tecla Espacio o ↵.

  *Para conocer los diferentes códigos predefinidos, consulte la lista de códigos del cuadro de diálogo **Autocorrección** - pestaña **Autocorrección matemática** (pestaña **Archivo - Opciones** - categoría **Revisión** - botón **Opciones de Autocorrección**) donde se ofrece una lista de las diferentes opciones predeterminadas.*

Utilizar el diccionario de sinónimos

- Sitúe el punto de inserción en la palabra cuyo sinónimo desea buscar o justo detrás de ésta.
- En la pestaña **Revisar**, haga clic en el botón **Sinónimos** que se muestra en el grupo **Revisión** o utilice el método abreviado de teclado Mayús F7.

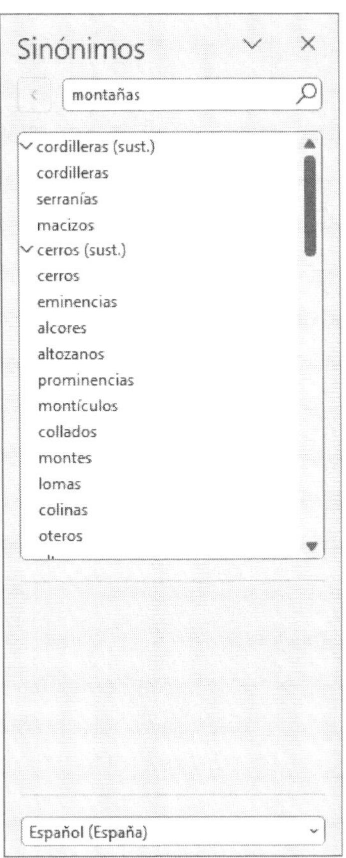

- Si lo desea, cambie el diccionario que desea utilizar para buscar sinónimos en la lista de la parte inferior del panel; de manera predeterminada aparece el diccionario **Español (España)**.

© Editions ENI - Reproducción prohibida

*Los sinónimos de la palabra seleccionada se muestran ordenados por significado en el panel **Sinónimos**.*

- Para buscar sinónimos de otra palabra, haga clic en el documento en la palabra en cuestión y luego haga clic en el botón **Sinónimos** o utilice el método abreviado de teclado Mayús F7. También puede escribir directamente la palabra en el cuadro de texto que se encuentra en la parte superior del panel y luego pulsar la tecla.
- Para mostrar los sinónimos asociados a un significado, pulse el botón > situado a su izquierda; pulse el botón ˅ para ocultarlos.
- Para mostrar la lista de sinónimos de uno de ellos, haga clic en su nombre.
- Si desea volver a la búsqueda anterior, pulse en la herramienta <.
- Si uno de los sinónimos debe reemplazar una palabra del texto, asegúrese de que el punto de inserción se encuentra en la palabra, señale el sinónimo correspondiente en el panel **Sinónimos**, abra la lista asociada al sinónimo pulsando en el botón y haga clic en la opción **Insertar**.
- Cierre, si fuese necesario, el panel **Sinónimos** mediante la herramienta X.

Para buscar un sinónimo de una palabra, también puede pulsar el botón secundario del ratón en la palabra, seleccionar la opción **Sinónimos** y hacer clic en el sinónimo deseado.

Traducir un texto

El servicio en línea Microsoft Translator permite traducir parte del texto o el documento completo al idioma de su elección. Para utilizar este servicio de traducción, asegúrese de que la conexión Internet está activa.

Traducir una parte del texto

- Si el texto que desea traducir ya está escrito en el documento, selecciónelo.
- En la pestaña **Revisar**, haga clic en el botón **Traducir** del grupo **Idioma** y pulse en la opción **Traducir selección**.

A la derecha de la ventana se abre el panel **Traductor** con la pestaña **Selección** activa. El texto seleccionado aparece en el campo **Del**, mientras que el texto traducido aparece en el campo **A**:

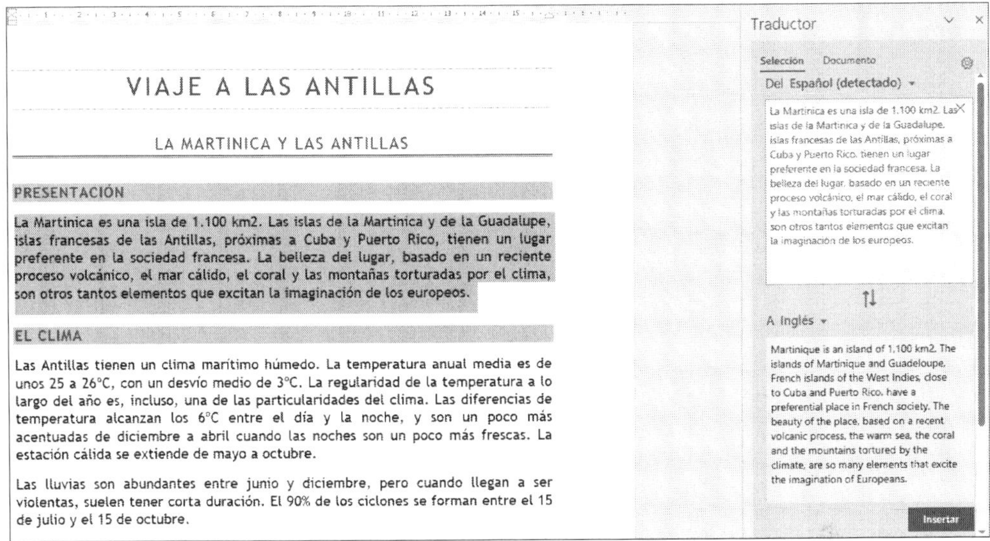

- Si no ha seleccionado un fragmento del documento previamente, escríbalo en el campo **Seleccione texto en el documento o escriba aquí un texto para traducir**.
- Si el idioma de origen y el idioma de destino no son los deseados, abra la lista asociada al idioma que desee cambiar y elija el correcto.

La herramienta ⇅ permite invertir los idiomas de origen y destino.

*Cuando sitúa el puntero sobre una palabra en el campo **Del**, la traducción correspondiente se muestra en la parte inferior del panel **Traductor**.*

© Editions ENI - Reproducción prohibida

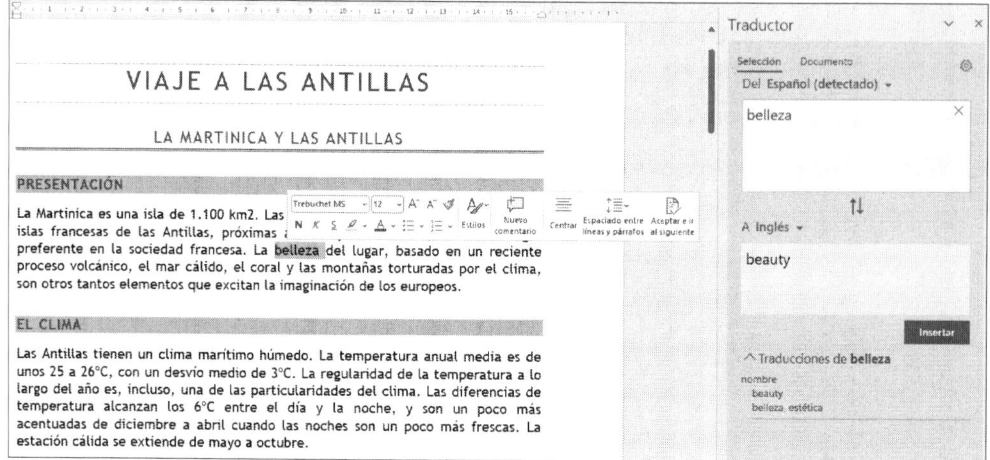

- Para añadir la traducción al documento, sitúe el punto de inserción en la posición que prefiera y luego haga clic en el botón **Insertar** que se muestra debajo del texto traducido en el panel **Traductor**.
- Para traducir otro fragmento del texto, selecciónelo. Dicho fragmento aparecerá en el campo **Del** y su correspondiente traducción, en el campo **A**.

Traducir un documento completo

- Para traducir todo el texto de un documento, en la pestaña **Revisar**, haga clic en el botón **Traducir** del grupo **Idioma** y escoja la opción **Traducir documento.**

  El panel **Traductor** se abre, con la pestaña **Documento** en primer plano. A continuación, elija en las listas correspondientes los idiomas de origen y destino y pulse en **Traducir**.

  Una copia del documento traducido se abre en una nueva ventana. Guarde este documento si desea conservarlo.

Cambiar el idioma de traducción

- En la pestaña **Revisar**, pulse en el botón **Traducir** del grupo **Idioma** y escoja la opción **Traducir selección del documento** si desea traducir una sección del documento que haya seleccionado previamente. Si desea traducir el documento completo, seleccione la opción **Traducir documento.**
- En el panel **Traductor** que se abre, escoja los idiomas de traducción en las listas correspondientes.

- Por último, cierre el panel **Traductor**.

Realizar divisiones de palabras

La división de palabras se efectúa con un guion. Esta división permite atenuar las irregularidades de los márgenes o, con una alineación justificada, reducir los espacios entre las palabras.

Definir las opciones de división de palabras

- En la pestaña **Disposición**, pulse el botón **Guiones** y haga clic en la opción **Opciones de guiones**.

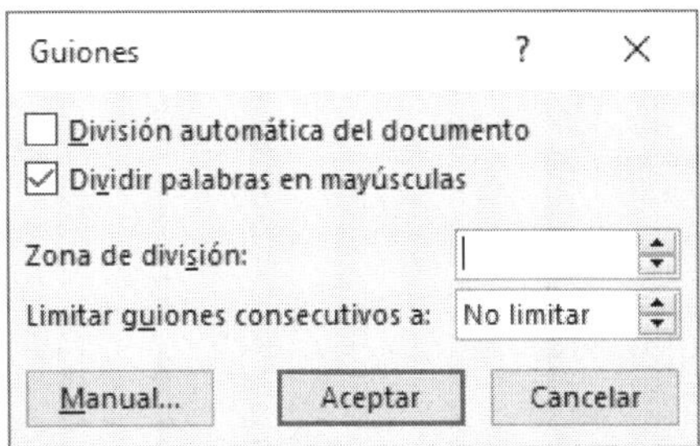

- Indique las opciones de división de palabras:

  Dividir palabras en mayúsculas: cuando está desactivado, Word no divide las palabras que contienen mayúsculas.

  Limitar guiones consecutivos a: permite especificar el número máximo de divisiones de palabras que se pueden introducir unas debajo de otras. En castellano, suelen permitirse tres divisiones.

  Si el espacio disponible en una línea es superior al valor de la zona de división (0,75 cm como valor predeterminado) permite cortar la primera palabra de la línea siguiente.

- Pulse el botón **Aceptar**.

Activar la división automática de palabras

Word lleva a cabo las divisiones sin pedir confirmación. Si a continuación el usuario agrega texto al documento, las palabras serán divididas automáticamente mientras se escriben.

- Modifique si es necesario las opciones de guiones (véase apartado anterior).

© Editions ENI - Reproducción prohibida

- Sitúe el punto de inserción al principio del documento.
- En la pestaña **Disposición**, pulse el botón **Guiones** del grupo **Configurar página** y haga clic en la opción **Automáticos**.

  Word inserta automáticamente guiones en el documento, cuando son necesarios.

Si no desea efectuar la división automática de palabras en una parte del documento, seleccione dicha parte y active la opción **No dividir con guiones** del cuadro de diálogo **Párrafo** (pestaña **Inicio** - grupo **Párrafo** - botón ⧉ - pestaña **Líneas y saltos de página**) antes de proceder a la división automática de palabras.

Para eliminar la división automática de palabras en el documento, pulse el botón **Guiones**, en la pestaña **Disposición**, y haga clic en la opción **Ninguno**.

División manual de palabras

Word pide confirmación antes de cada división de palabra.

- Modifique si es necesario las opciones de división de palabras (véase Definir las opciones de división de palabras).

Utilizando el cuadro de diálogo

- Si la división de palabras debe efectuarse en todo el documento, sitúe el punto de inserción al principio del documento; de no ser así, seleccione la parte del texto correspondiente.
- En la pestaña **Disposición**, pulse el botón **Guiones** del grupo **Configurar página** y haga clic en la opción **Manuales**.

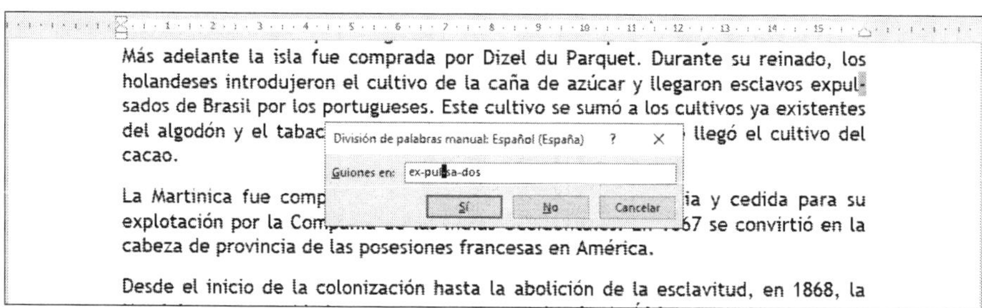

Un rectángulo negro parpadea en la división propuesta: si acepta, todo el texto anterior, así como el guion, pasa a la línea anterior. Los demás guiones que pueden aparecer corresponden a otras posibilidades de división de la palabra.

- Para aceptar la división, pulse el botón **Sí**; para rechazarla, pulse el botón **No**; para desplazar el guion, utilice las flechas de desplazamiento → o ← y pulse el botón **Sí**.
- Pulse el botón **Aceptar** del mensaje que informa de que la división se ha terminado.

Utilizando el teclado

- Sitúe el punto de inserción en el lugar donde desea hacer una división.
- Inserte un guion opcional (o guion de no separación) pulsando Ctrl _.

En el teclado es conveniente utilizar este guion opcional (en lugar del guion convencional) porque si, a raíz de una modificación en el párrafo, la palabra dejara de estar al final de una línea, el guion no se mostraría.

© Editions ENI - Reproducción prohibida

Crear notas al pie de página y notas al final del documento

Las notas al pie y las notas al final del documento permiten explicar, comentar o proporcionar indicaciones relativas a una palabra o grupos de palabras.

- Sitúe el punto de inserción justo detrás de la expresión o la palabra a la que se vinculará la nota.
- Haga clic en la pestaña **Referencias**.
- Para **Insertar nota al pie**, haga clic en el botón correspondiente que se muestra en el grupo **Notas al pie**.

  Para **Insertar nota al final**, haga clic en el botón correspondiente que se muestra en el grupo **Notas al pie**.

  Con la vista Diseño de impresión (tipo de vista activa por defecto), el punto de inserción aparece en la parte inferior de la página (nota al pie) o en la última página del documento (nota al final), por encima del pie de página.

  Con la vista Borrador, el punto de inserción aparece en el panel de notas en la parte inferior de la ventana.

- Escriba el contenido de la nota.

  Los estilos previstos para escribir el contenido de las notas se llaman "Texto nota pie" o "Texto nota al final"; los estilos de las referencias se llaman "Ref. de nota al pie" y "Ref. de nota al final".

- Haga clic en el área de trabajo, o haga clic en el botón **Cerrar** ☒ que se muestra a la derecha del panel de notas si está activada la vista **Borrador**.

© Editions ENI - Reproducción prohibida

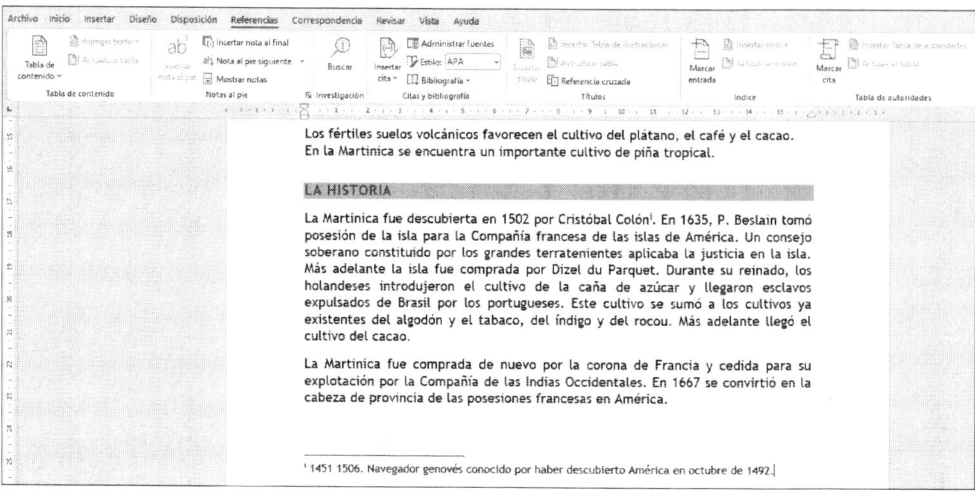

- Siga este método para introducir todas las notas que desee al pie de página y/o al final del documento.

  Las notas se numeran automáticamente según su posición en el documento.

- Para ver el contenido de una nota, sitúe el puntero del ratón sobre la referencia (sin hacer clic). Con la vista **Borrador**, también puede utilizar el panel de notas (pestaña **Referencias** - grupo **Notas al pie** - botón **Mostrar notas**).

Modificar la posición y/o el formato de las notas

- Si las modificaciones deben aplicarse a una sección del documento, sitúe el punto de inserción en una de las páginas de la sección pertinente.

- En la pestaña **Referencias**, pulse el selector de cuadro de diálogo ⧉ del grupo **Notas al pie** para abrir el cuadro de diálogo **Notas al pie y notas al final**.

- Para modificar la ubicación de la impresión de las notas, seleccione el tipo de nota que desea mediante la opción **Notas al pie** o **Notas al final** del cuadro **Posición** y, a continuación, seleccione la opción correspondiente a la ubicación deseada.

	Posición	Notas impresas
Para las notas al pie	**Final de página** **Por debajo de la selección**	Encima del margen inferior Debajo de la última línea de la página
Para las notas al final	**Final de la sección** **Final del documento**	Al final de una sección Al final del documento

- Para modificar el **Formato de número**, abra la lista correspondiente y haga clic en el formato que desea aplicar.
- Modifique, si fuese necesario, en la casilla **Iniciar en**, el número o el carácter con el que Word debe empezar la numeración.
- Abra la lista **Numeración** para indicar si la numeración debe ser **Continua** en todo el documento, si debe **Reiniciar cada sección** o si debe **Reiniciar cada página**.
- En la lista **Aplicar cambios a**, seleccione la opción correspondiente a la parte del documento en la que desea aplicar las modificaciones.
- Pulse el botón **Aplicar**.

El cuadro de diálogo **Notas al pie y notas al final** también puede utilizarse para crear notas. Para ello, tras haber definido el tipo de nota que va a crear, pulse el botón **Insertar**. La **Marca personal** de este cuadro de diálogo permite crear la referencia de nota (por ejemplo, un * o un **Símbolo**, seleccionado con el correspondiente botón).

El botón **Convertir** del cuadro de diálogo **Notas al pie y notas al final**, permite convertir las notas al pie de página en notas al final y viceversa.

Word reserva un espacio en la parte inferior de las páginas para que el contenido de las notas al pie de página quede impreso en la misma página que la referencia de dicha nota.

Con la Vista **Borrador**, para abrir el panel de notas, pulse el botón **Mostrar notas** (pestaña **Referencias** - grupo **Notas al pie**).

Para ir a la siguiente nota al pie, pulse el botón **Siguiente nota al pie** (pestaña **Referencias** - grupo **Notas al pie**). Para ir a la **Nota al pie anterior**, a la **Siguiente nota al final** o a la **Nota al final anterior**, pulse la opción correspondiente en la lista asociada al botón **Siguiente nota al pie**.

© Editions ENI - Reproducción prohibida

Administrar las notas existentes

Para administrar las notas, deberá trabajar con las referencias y no con el texto de las notas.

- Para modificar el contenido de una nota, haga doble clic en la referencia de la nota correspondiente para situarse en el texto de la nota y, a continuación, realice los cambios que desee.
- Para situarse en la referencia de la nota en el documento, haga doble clic en el número (o el símbolo) de la nota situado a la izquierda del texto de la nota.
- Para eliminar una nota, seleccione la referencia de la nota correspondiente y pulse la tecla Supr.
- Para mover una nota, desplace la referencia de la nota correspondiente tal y como se realiza con una parte de texto.

En el caso de eliminar o mover una nota, enseguida se vuelven a numerar automáticamente todas las notas en función de su posición en el documento.

Crear y utilizar marcadores

Un marcador permite localizar un punto en un texto para poder, por ejemplo, ir a él de forma rápida.

Crear un marcador

- Si al situarse en el marcador también desea que el texto quede seleccionado, seleccione dicho texto. Si al situarse en el marcador solo desea que se desplace el punto de inserción, sitúe el punto de inserción en la ubicación adecuada.
- En la pestaña **Insertar**, pulse el botón **Marcador** del grupo **Vínculos** o utilice el método abreviado Ctrl Mayús F5.
- Escriba el **Nombre del marcador**.

  Un nombre de marcador puede contener hasta 50 caracteres, debe empezar con una letra y no puede contener espacios.
- Pulse el botón **Agregar**.

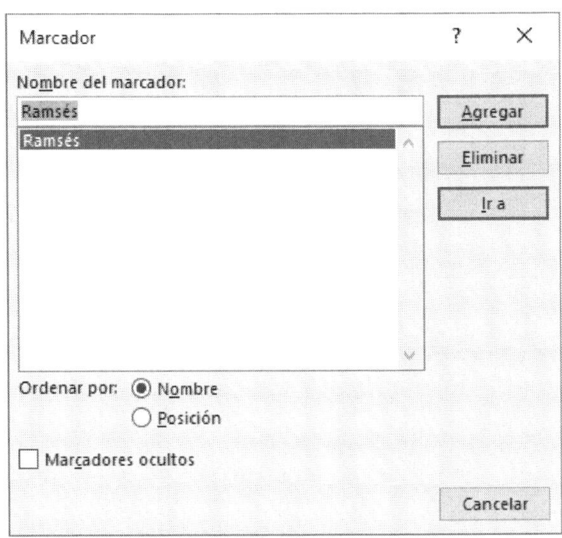

Para **Mostrar marcadores** en el documento, active la opción correspondiente que se encuentra en el apartado **Mostrar contenido de documento** del cuadro de diálogo **Opciones de Word** (pestaña **Archivo** - **Opciones** - categoría **Avanzadas**). De esta forma, si el marcador contiene un texto, éste se muestra entre corchetes; si concierne a una ubicación, una barra vertical se muestra en dicha ubicación. Los corchetes y las barras verticales no se imprimirán.

Eliminar un marcador

- En la pestaña **Insertar**, pulse el botón **Marcador** del grupo **Vínculos** o utilice el método abreviado Ctrl Mayús F5.
- Seleccione el nombre del marcador que desea eliminar de la lista **Nombre del marcador**.
- Pulse el botón **Eliminar** y a continuación el botón **Cerrar**.

Utilizar un marcador

- En la pestaña **Insertar**, pulse el botón **Marcador** del grupo **Vínculos** o utilice el método abreviado Ctrl Mayús F5.
- Con la opción **Ordenar por**, la lista de marcadores existentes se clasifica por **Nombre** o por la **Posición** que ocupan en el documento.
- Seleccione, si lo desea, mostrar los **Marcadores ocultos**.

© Editions ENI - Reproducción prohibida

- Haga doble clic en el nombre del marcador al que desea ir o selecciónelo y pulse el botón **Ir a**.
- Cierre el cuadro de diálogo **Marcador** pulsando el botón **Cerrar**.

Los marcadores también se pueden localizar mediante la opción **Ir a** asociada a la lista del botón **Buscar** de la pestaña **Inicio** o con el método abreviado F5.

Crear referencias cruzadas

Una referencia cruzada hace referencia a un elemento (título, nota al pie de página, marcador, leyenda, etc.) que se encuentra en otra parte del documento.

- Escriba el texto de introducción de la referencia cruzada en el lugar deseado del documento y mantenga el punto de inserción justo después de este texto.
- En la pestaña **Insertar**, pulse el botón **Referencia cruzada** del grupo **Vínculos**.
- En la lista **Tipo**, haga clic en el tipo de elemento al que quiere hacer referencia: **Título**, **Marcador**, **Nota al pie**, **Tabla**, etc.
- En la lista **Referencia a**, seleccione la información que desea insertar en el documento (la referencia cruzada).

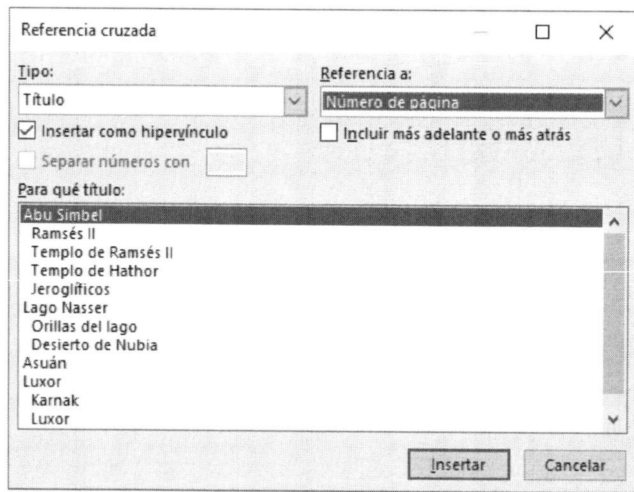

El contenido de esta lista depende del tipo seleccionado.

- En la lista **Para qué "tipo de referencia"**, seleccione el elemento al que debe efectuarse la referencia cruzada.
- Active la opción **Insertar como hipervínculo**, si desea acceder al elemento de referencia haciendo clic en la referencia cruzada.
- Active la opción **Incluir más adelante o más atrás**, si desea agregar a la referencia cruzada las palabras **Más adelante** o **Más atrás** en función de la posición del elemento referenciado.
- Pulse el botón **Insertar**.
- Si fuese necesario, indique las otras referencias de referencia cruzada.
- Cierre el cuadro de diálogo **Referencia cruzada** pulsando el botón **Cerrar**.

Para modificar una referencia cruzada, selecciónela, abra el cuadro de diálogo **Referencia cruzada**, haga clic en el nuevo elemento de la lista **Referencia a** y pulse el botón **Insertar**.

Para actualizar las referencias cruzadas, seleccione la referencia cruzada correspondiente, o todo el documento en el caso de que la actualización deba aplicarse a todas, pulse el botón secundario del ratón en la selección y, a continuación, haga clic en la opción **Actualizar campos**.

© Editions ENI - Reproducción prohibida

Crear un esquema utilizando estilos predefinidos de título

- Active la vista **Esquema:** haga clic en la pestaña **Vista** y luego en el botón **Esquema** que se muestra en el grupo **Vistas.**

  *La pestaña **Esquema** está seleccionada en la barra de pestañas. Las reglas no aparecen y cada párrafo está precedido por un círculo gris.*

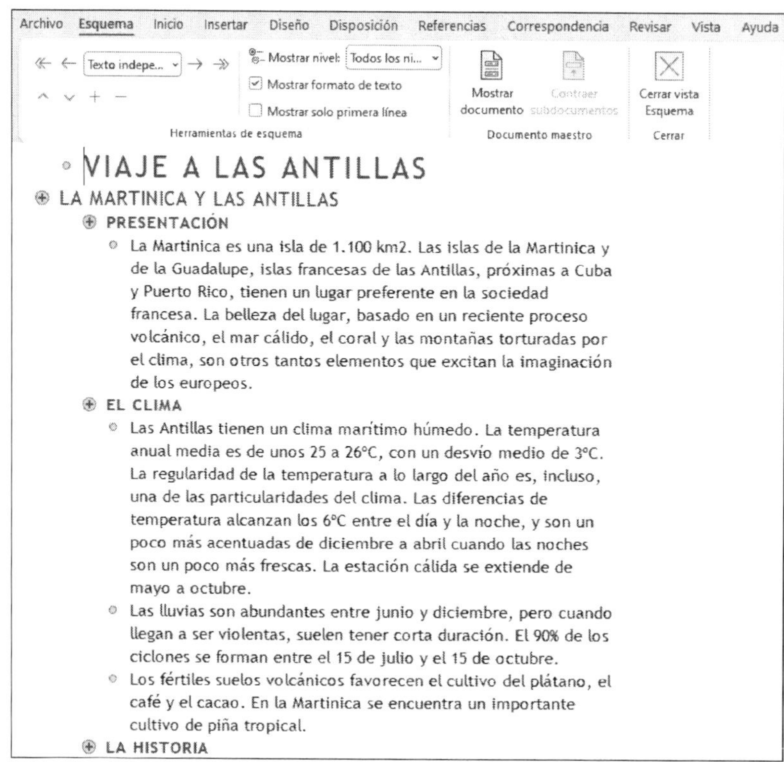

- Abra el panel **Estilos**: haga clic en la pestaña **Inicio** y pulse el selector de cuadro de diálogo ⧉ del grupo **Estilos.**

  *El panel **Estilos** se abre a la derecha de la ventana. Por defecto, solo se muestran parte de los estilos existentes.*

- Para ver todos los estilos, haga clic en el botón **Opciones** situado en la parte inferior del panel **Estilos**, seleccione la opción **Todos los estilos** en la lista **Seleccionar estilos que desea mostrar** y pulse el botón **Aceptar**.
- Active, si fuese necesario, la opción **Mostrar vista previa** para ver la vista previa del formato de los estilos del panel **Estilos**.
- Para introducir un título en el esquema, haga clic en el párrafo correspondiente y aplíquele el estilo predefinido que desee haciendo clic en su nombre en el panel **Estilos**. Seleccione el estilo predefinido en función de la importancia del título:

  Título 1 para los títulos principales

  Título 2 para los subtítulos

  Título 3 para los subsubtítulos.

  ...

  *También se pueden aplicar los estilos predefinidos con una vista que no sea la vista Esquema. Los estilos **Título 1**, **Título 2** y **Título 3**, etc. anulan, evidentemente, los formatos que se hayan aplicado anteriormente. La presencia de una cruz en un círculo gris ⊕ a la izquierda del texto indica que éste es un título del esquema.*
- Una vez se ha introducido el título en el esquema, puede aumentar su nivel con el icono ← o, en caso contrario, disminuirlo con el icono → situados en el grupo **Herramientas de esquema** de la pestaña **Esquema**.
- Si fuese necesario, cierre la vista **Esquema** pulsando el botón **Cerrar vista Esquema**.

Si por error, un texto normal ha sido definido como título, vuelva a la etapa anterior asignándole un estilo distinto de **Título 1**, **Título 2**, **Título 3**, etc.

Si algunos párrafos del documento ya poseen estilos personales que no desea reemplazar por los estilos predefinidos, deberá asignar un nivel de esquema a cada estilo para crear el esquema del documento (véase apartado siguiente).

© Editions ENI - Reproducción prohibida

Asignar un nivel de esquema a un párrafo

Si desea crear una tabla de contenido o numerar automáticamente los títulos conservando los estilos creados en el documento (siempre y cuando no se trate de los estilos predefinidos de título), deberá asignar un nivel de esquema a cada párrafo o a cada estilo de párrafo.

A un párrafo

- Asegúrese de que la vista **Diseño de impresión** está activa.
- Sitúe el punto de inserción en el párrafo correspondiente o selecciónelo.
- En la pestaña **Inicio**, pulse el selector de cuadro de diálogo del grupo **Párrafo**.
- Haga clic en la ficha **Sangría y espacio**.
- En la lista **Nivel de esquema**, seleccione el nivel que desea asignar al párrafo (de 1 a 9).
- Pulse el botón **Aceptar**.
- Indique así el nivel de esquema de cada párrafo.

A un estilo de párrafo

- Pulse en un párrafo al que se le haya aplicado el estilo que desea modificar.
- En la pestaña **Inicio**, haga clic derecho en el nombre del estilo en cuestión del grupo **Estilos** y seleccione la opción **Modificar**.
- Pulse el botón **Formato** y haga clic en la opción **Párrafo**.
- En la lista **Nivel de esquema**, seleccione el **Nivel** que desea asignar al estilo de párrafo (de 1 a 9).
- Pulse el botón **Aceptar** de las dos ventanas.

Utilizar el esquema de un documento

- Active la vista **Esquema** haciendo clic en el botón **Esquema** de la pestaña **Vista** (grupo **Vistas**).
- Para mostrar los títulos de un nivel así como todos los títulos de un nivel superior, abra la lista **Mostrar nivel** Todos los ni... y haga clic en la opción correspondiente al nivel deseado (ejemplo: si hace clic en el **Nivel 4**, se visualizarán todos los títulos del Nivel 4 así como todos los títulos de nivel 1, 2 y 3).

Para seleccionar un nivel, también puede mantener pulsadas las teclas [Alt] y [Mayús] y escribir el número (teclado alfanumérico) correspondiente al nivel.

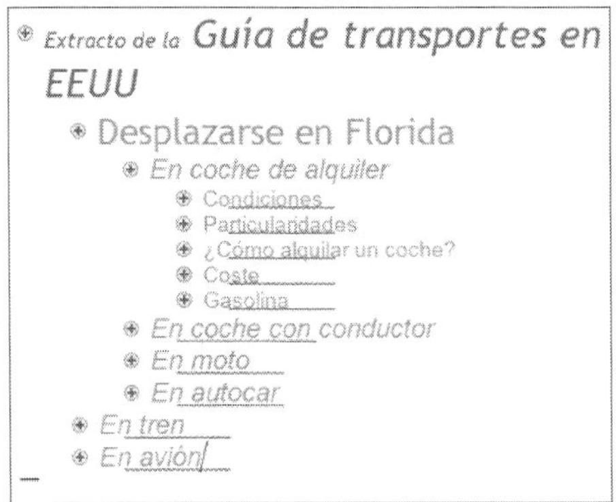

- Para mostrar todo el documento, (títulos y texto), abra la lista **Mostrar nivel** [Nivel 4] y haga clic en la opción **Todos los niveles**.
- Para mostrar únicamente la primera línea de cada párrafo, marque la opción **Mostrar solo primera línea**.
- Para ocultar el texto vinculado al título actual, puede hacer doble clic en el botón ⊕ situado a la izquierda del título, hacer clic en el icono [−] o pulsar la tecla - del teclado numérico.
- Para mostrar el texto vinculado al título actual, puede hacer doble clic en el botón ⊕ situado a la izquierda del título, hacer clic en la herramienta [+] o pulsar la tecla + del teclado numérico.
- Para aumentar el nivel de un título, sitúe el punto de inserción en el título correspondiente y haga clic en la herramienta [←] o pulse las teclas [Alt] [Mayús] [←].
- Para disminuir el nivel de un título, sitúe el punto de inserción en el título correspondiente y haga clic en la herramienta [→] o pulse las teclas [Alt] [Mayús] [→].
- Para mover un título con sus posibles subtítulos y textos asociados, pulse el botón ⊕ situado a la izquierda del título, haga clic y arrástrelo hacia la nueva posición, o haga clic en el título y utilice los iconos [^] o [v].

© Editions ENI - Reproducción prohibida

- Para imprimir el esquema del documento, muestre únicamente los títulos e inicie la impresión.

  La vista preliminar muestra todo el documento, pero únicamente se imprimirán los títulos del esquema.

- De forma predeterminada, los formatos del texto se muestran en el esquema. Sin embargo, se pueden ocultar deseleccionando la opción **Mostrar formato de texto.**

Utilizar el panel Navegación

Si un documento dispone de títulos a los que se hayan aplicado estilos de título, el panel ***Navegación*** *se puede utilizar para recorrer rápidamente el documento utilizando los títulos; también permite reorganizar el documento (desplazar, eliminar y añadir títulos, etc.) y buscar y localizar rápidamente una parte del texto.*

- En la pestaña **Vista**, marque la opción **Panel de navegación** que se encuentra en el grupo **Mostrar**; si se encuentra en la vista **Modo de Lectura**, puede hacer clic en la opción **Panel de navegación** del menú **Vista.**

  El panel de navegación aparece a la izquierda de la pantalla y muestra la estructura general del documento en forma de esquema. Puede desplazar su margen derecho para modificar la anchura.

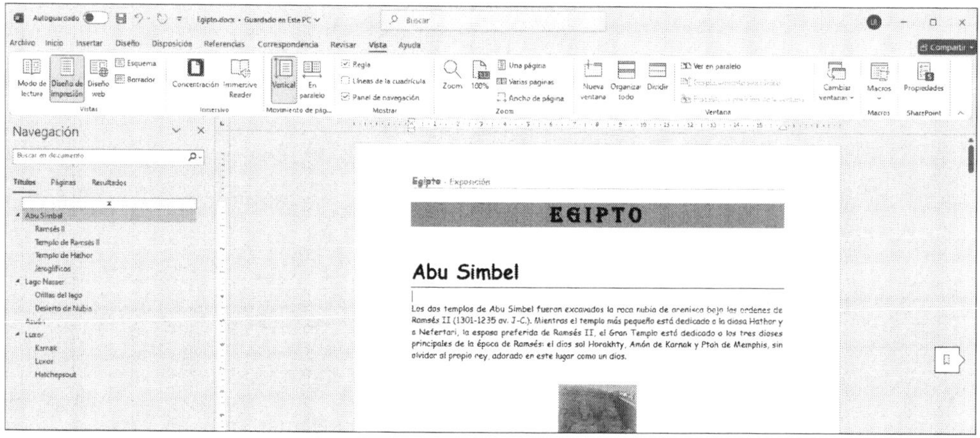

- Si no se muestra el esquema del documento, haga clic en la pestaña **Títulos** que se encuentra en la parte superior del panel de navegación.

- Para situarse en el título de un documento, haga clic en el título correspondiente en el panel.

  El punto de inserción se desplaza hasta el título seleccionado, y lo hace aparecer en la ventana del documento.

- Para modificar el nivel de título que desea mostrar en el panel **Navegación**, haga clic con el botón secundario del ratón en uno de los títulos del panel, marque la opción **Mostrar niveles de título** y luego haga clic en una de las opciones **Mostrar título n**. En el panel **Navegación** se muestran los títulos de ese nivel así como los títulos de nivel superior. Por ejemplo, si hace clic en la opción **Mostrar niveles de título - Mostrar título 3**, se mostrarán todos los títulos de nivel 3 así como los títulos de nivel 1 y 2.

- Para mostrar los títulos situados por debajo de un título, haga clic en el símbolo ▷; para ocultar esos títulos, haga clic en el símbolo ◢.

  *Para mostrar todos los títulos en el panel, haga clic con el botón secundario del ratón en un título y luego haga clic en la opción **Expandir todo**; para mostrar únicamente los títulos de nivel 1, haga clic en la opción **Contraer todo**.*

- Para seleccionar o imprimir un título con sus eventuales subtítulos, haga clic con el botón secundario del ratón en el título en cuestión y luego haga clic en la opción **Seleccionar título y contenido** o en la opción **Imprimir título y contenido**.

- Para modificar el nivel de un título y sus subtítulos, haga clic con el botón secundario del ratón en el título en cuestión y luego haga clic en la opción **Promover** para elevar en un nivel el título o en la opción **Disminuir nivel** para reducirlo en un nivel.

- Para crear un nuevo título, haga clic con el botón secundario del ratón en el título situado antes o después de aquel en el que desea insertar el nuevo título, haga clic en la opción **Nuevo título antes** o **Nuevo título después** y luego escriba el texto del título: el nivel del nuevo título creado será el mismo que el del título en el que haya hecho clic.

  La opción **Nuevo subtítulo** permite crear un título de nivel inferior al del título en el que haya hecho clic.

- Para mover un título con sus eventuales subtítulos y textos asociados, haga clic en el título en cuestión y arrástrelo hasta su nueva posición.

- Para eliminar un título con sus eventuales subtítulos y textos asociados, haga clic con el botón secundario del ratón en el título en cuestión, y haga clic en la opción **Eliminar**.

© Editions ENI - Reproducción prohibida

- Para buscar un texto en el documento, haga clic en el cuadro de texto **Buscar en documento** y escriba el texto que desea buscar.

  *Los textos encontrados se destacan en el documento; los títulos en los que aparece el texto buscado aparecen seleccionados en el panel de **Navegación**.*

  En la zona de búsqueda, se muestra el número de coincidencias localizadas.

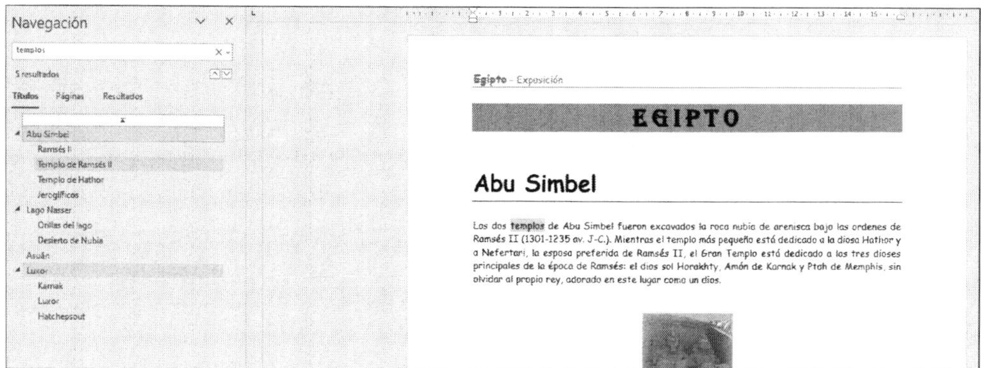

  Para recorrer rápidamente los resultados de la búsqueda, haga clic en la pestaña **Resultados** y haga clic en el extracto de texto que contiene el resultado de la búsqueda donde desea llegar.

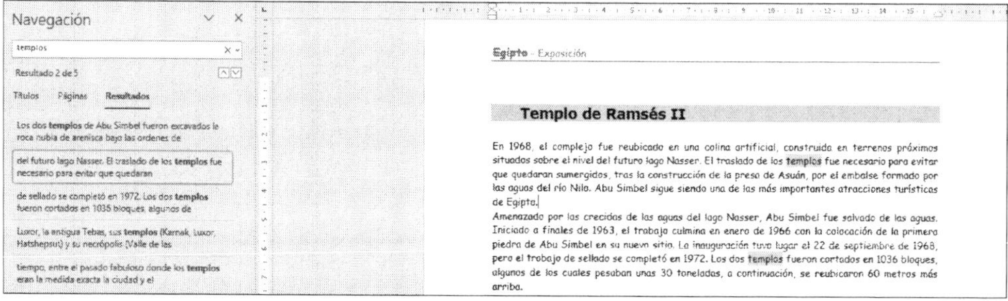

  Las herramientas [^] *y* [v] *le permiten situarse en el resultado anterior o posterior de la búsqueda.*

  Para anular la búsqueda, haga clic en el botón [X] que se encuentra a la derecha del cuadro de búsqueda.

  Para mostrar otra vez los títulos del documento en el panel de **Navegación**, haga clic en la pestaña **Títulos**.

- Para situarse en una página del documento, haga clic en la pestaña **Páginas** del panel de **Navegación**.

  Se muestra una representación en miniatura de cada página del documento.

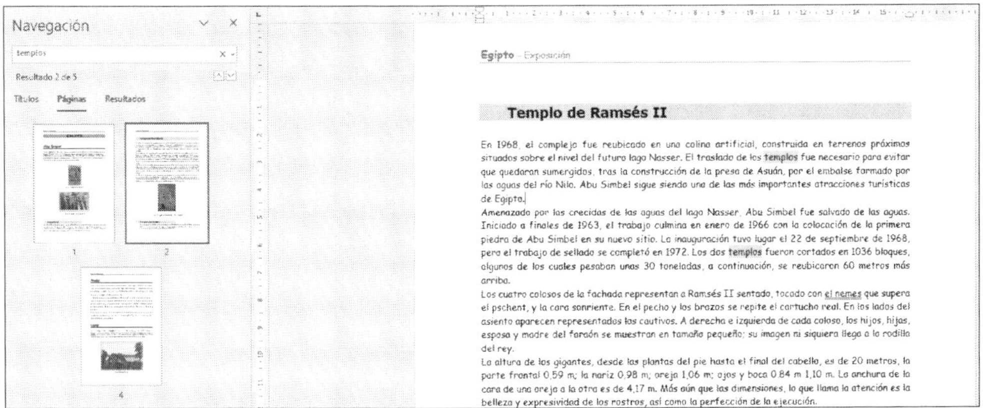

Para acceder a una página, haga clic en la miniatura correspondiente.

- Para cerrar el panel **Navegación**, haga clic en el botón **Cerrar** [X] o desactive la opción **Panel de navegación** de la pestaña **Vista** (grupo **Mostrar**).

También puede buscar **Gráficos**, **Tablas**, **Ecuaciones**, **Notas al pie o notas al final** o **Comentarios** de su documento, haciendo clic en la opción correspondiente de la lista asociada al cuadro de texto **Buscar en documento**.

Mostrar/ocultar el contenido de los títulos en un documento

Si el documento tiene títulos en los que ha aplicado estilos de título predefinidos (Título 1, Título 2, Título 3...), puede escoger si mostrar u ocultar el contenido de esos títulos y hacerlo directamente en el documento.

- Compruebe que el documento en cuestión aparezca en la vista **Diseño de impresión** o en **Modo de lectura**.
- Para ocultar el contenido de un título, señale el título en cuestión y luego haga clic en el símbolo ◢ que se encuentra a la izquierda del título.

  El cuerpo del texto, así como los subtítulos (títulos de niveles inferiores) de este título quedan ocultos. El símbolo ▶ sustituye al símbolo ◢.

© Editions ENI - Reproducción prohibida

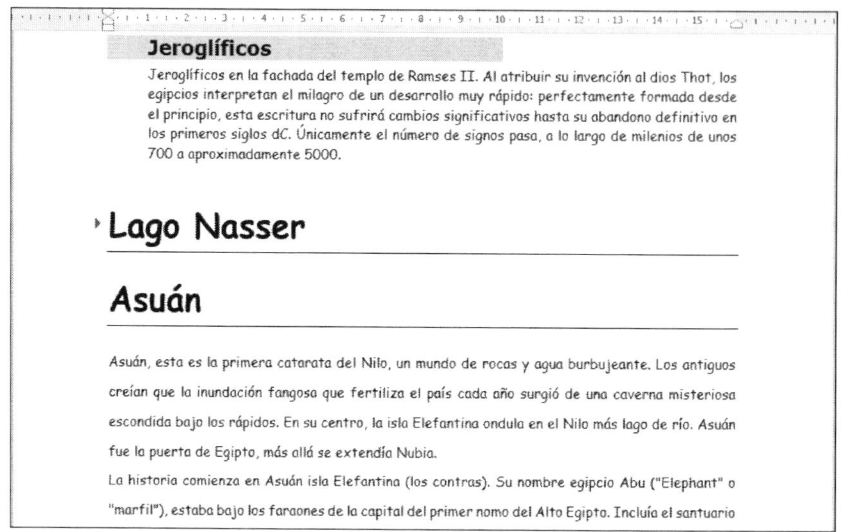
Jeroglíficos

Jeroglíficos en la fachada del templo de Ramses II. Al atribuir su invención al dios Thot, los egipcios interpretan el milagro de un desarrollo muy rápido: perfectamente formada desde el principio, esta escritura no sufrirá cambios significativos hasta su abandono definitivo en los primeros siglos dC. Únicamente el número de signos pasa, a lo largo de milenios de unos 700 a aproximadamente 5000.

Lago Nasser

Asuán

Asuán, esta es la primera catarata del Nilo, un mundo de rocas y agua burbujeante. Los antiguos creían que la inundación fangosa que fertiliza el país cada año surgió de una caverna misteriosa escondida bajo los rápidos. En su centro, la isla Elefantina ondula en el Nilo más lago de río. Asuán fue la puerta de Egipto, más allá se extendía Nubia.

La historia comienza en Asuán isla Elefantina (los contras). Su nombre egipcio Abu ("Elephant" o "marfil"), estaba bajo los faraones de la capital del primer nomo del Alto Egipto. Incluía el santuario

- Para mostrar el contenido de un título, haga clic en el símbolo ▶ que se encuentra a la izquierda del título en cuestión.

  El cuerpo del texto y los subtítulos del título vuelven a estar visibles en el documento.

- Para mostrar u ocultar el contenido de todos los títulos del documento, haga clic con el botón secundario del ratón en uno de los títulos del documento, señale la opción **Expandir o Contraer** y luego, según el caso, haga clic en la opción **Expandir todos los títulos** o **Contraer todos los títulos**.

  *Las opciones **Expandir título** y **Contraer título** de este menú contextual permiten mostrar u ocultar el contenido del título activo.*

Numerar los títulos

Numerar los títulos del esquema creados con estilos predefinidos

- Active la vista que desee y sitúe el punto de inserción en uno de los títulos del documento.
- En la pestaña **Inicio**, haga clic en el icono del grupo **Párrafo**.
- Haga clic en una de las numeraciones de la lista que contenga la palabra **Título**.

Word añade la numeración a cada uno de los estilos predefinidos Título 1, Título 2, etc.: todos los títulos del documento se numeran en función del formato elegido y del nivel.

Numerar los párrafos presentados con estilos personalizados

- Sitúe el punto de inserción en un párrafo que presente un estilo.
- En la pestaña **Inicio**, pulse el icono del grupo **Párrafo**.
- Haga clic en la opción **Definir nueva lista multinivel**.
- Haga clic, si fuera necesario, en el botón **Más** para ver las opciones suplementarias.
- Para cada nivel de estilo que desee definir:
  - Seleccione el nivel en la lista **Haga clic en el nivel que desea modificar**.
  - Seleccione el estilo que desea asociar al nivel con la opción **Vincular nivel al estilo**.

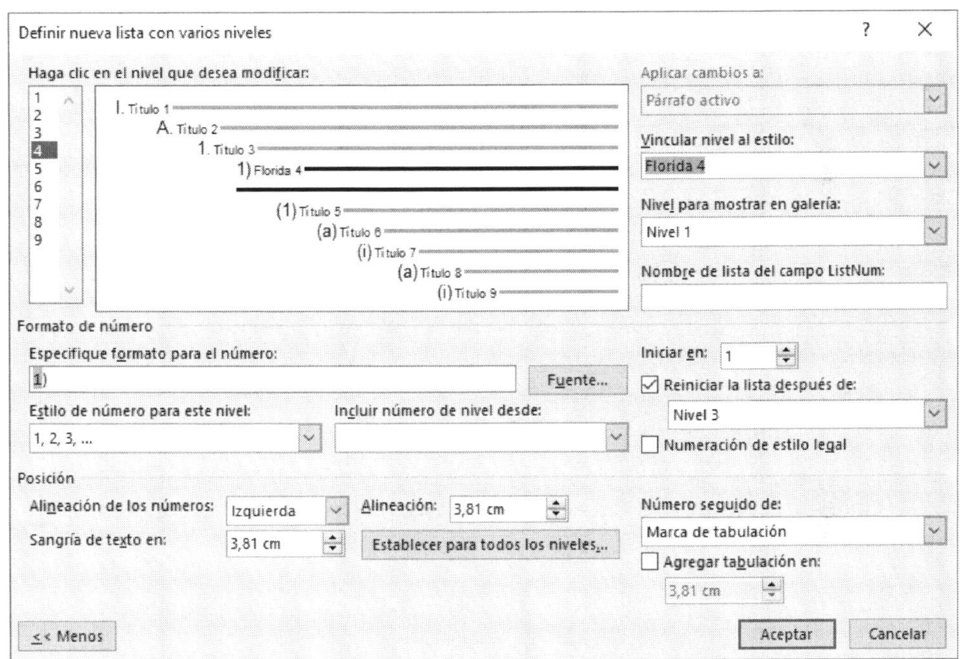

© Editions ENI - Reproducción prohibida

- Modifique, si fuese necesario, las opciones de presentación y numeración (véase apartado siguiente).
- Pulse el botón **Aceptar**.

  Word numera automáticamente los párrafos que utilizan los estilos a los que se han vinculado los niveles de estilos.

- Si desea eliminar la numeración de uno o más párrafos, selecciónelos y escoja la opción **Ninguno** en la lista asociada a la herramienta : Word cambia automáticamente la numeración del documento.
- Para eliminar la numeración de un documento, es necesario eliminar la numeración de cada estilo: haga clic en un párrafo que disponga de un estilo con numeración, haga clic con el botón secundario del ratón en ese estilo en el panel **Estilos** y luego haga clic en la opción **Modificar**. A continuación, haga clic en el botón **Formato** y luego en la opción **Numeración**, seleccione **Ninguno** y luego haga dos veces clic en **Aceptar**: todos los párrafos con ese estilo cambian.

Personalizar la numeración de los títulos del esquema

- Sitúe el punto de inserción en un párrafo que presente un estilo.
- En la pestaña **Inicio**, pulse el icono del grupo **Párrafo** y seleccione la opción **Definir nueva lista multinivel**.
- Haga clic, si fuera necesario, en el botón **Más** para ver todas las opciones del cuadro de diálogo.
- Seleccione el nivel que desea modificar en la lista **Haga clic en el nivel que desea modificar**.
- Modifique, si fuese necesario, el estilo que desee asociar al nivel seleccionado con la lista **Vincular nivel al estilo**.
- Seleccione el **Estilo de número para este nivel** en la lista correspondiente.

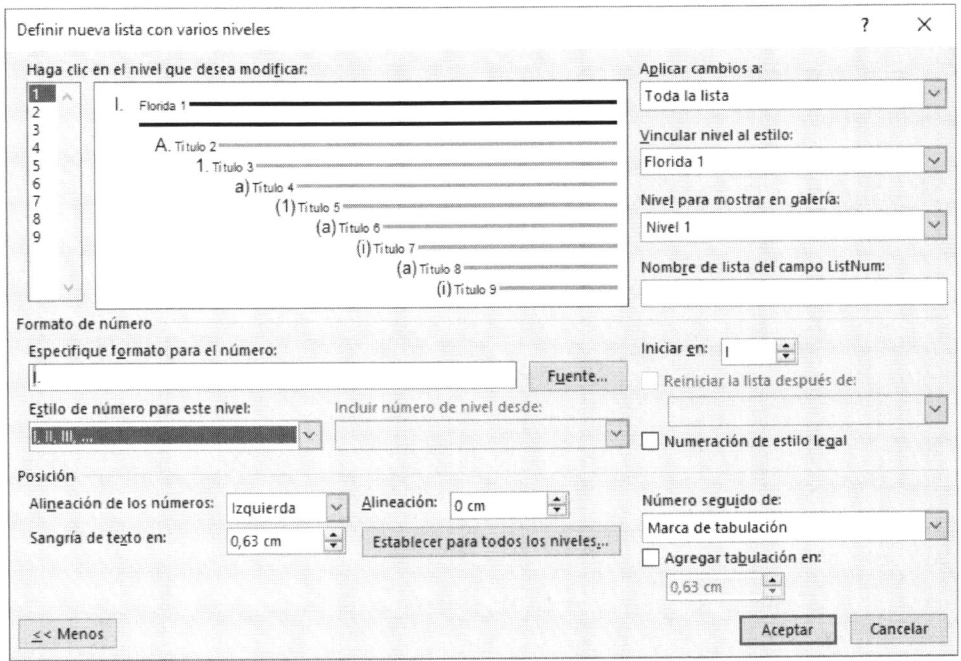

- Para agregar la numeración asociada a un nivel superior, abra la lista **Incluir número de nivel desde** y haga clic en el nivel que contenga el número que desea agregar; como no hay ningún nivel superior al nivel 1, esta lista no está disponible cuando éste sea el nivel seleccionado.

  La numeración incluye entonces los niveles superiores, por ejemplo: 2.1.a). También puede eliminar la numeración de un nivel superior seleccionando el número correspondiente visible al principio de la casilla ***Especifique formato para el número*** *y, a continuación, pulsar la tecla* Supr.

- Especifique, si fuese necesario, el nuevo número de inicio en la casilla **Iniciar en**.

  Atención, esta casilla muestra la numeración del párrafo en el que se sitúa el punto de inserción, por lo tanto, si se modifica, el número de inicio cambiará a partir de dicho párrafo.

- Personalice el texto de la numeración en la casilla **Especifique formato para el número**; utilice el botón **Fuente** si desea modificar los atributos de la fuente de la numeración.

© Editions ENI - Reproducción prohibida

- Seleccione la **Alineación de los números** en la lista correspondiente y modifique, si es el caso, la posición del número (respecto al margen izquierdo) en la casilla **Alineación**.
- Indique la position del texto respecto al margen izquierdo, en la casilla **Sangría de texto en**.

  *Si la opción **Espacio** o **Nada** está seleccionada en la lista **Número seguido de**, la sangría no se aplica al texto de la primera línea que sigue la numeración.*
- Para definir la sangría del texto para todos los niveles, pulse el botón **Establecer para todos los niveles**. Indique las diferentes sangrías en las correspondientes zonas y pulse el botón **Aceptar**.
- Modifique, si fuese necesario, el elemento que debe separar el número de la primera letra del texto mediante la lista **Número seguido de**: **Marca de tabulación**, **Espacio** o **Nada**.
- Para agregar un marcador de tabulación al texto, active la opción **Agregar tabulación en** e indique la posición del marcador de tabulación en la casilla asociada.

  *Esta opción está disponible únicamente cuando la opción **Tabulación** de la lista **Número seguido de** está activada.*
- Active, si fuese necesario, la opción **Numeración de estilo legal** para reemplazar los números en la lista del esquema actual por las cifras árabes correspondientes (ejemplo: "Artículo II" se reemplazará por "Artículo 2").
- Para volver a empezar la numeración desde un nivel, active la opción **Reiniciar la lista después de** y seleccione, en la lista asociada, el nivel a partir del cual debe comenzar la numeración. Word reinicia la numeración solo si los niveles van seguidos.
- Indique, si fuese necesario, la parte del documento en la que se debe aplicar la personalización mediante la lista **Aplicar cambios a**.
- Pulse el botón **Aceptar**.

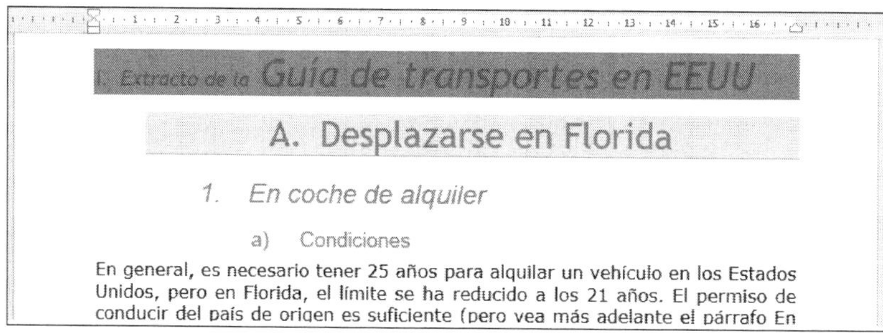

Construir una tabla de contenido

La tabla de contenido de un documento incluye los textos en los que se ha aplicado un estilo predefinido (Título 1, Título 2, etc.) o un estilo personalizado al que se ha asignado un nivel de esquema; sin embargo, también puede incluir textos estándares si a cada uno de ellos se les ha aplicado un nivel.

Word pone a disposición del usuario una galería de tablas de contenidos predefinidas.

- Si todavía no lo ha hecho, aplique estilos de tipo **Título 1**, **Título 2**, etc., a los párrafos que desee introducir en la tabla de contenido, utilizando la galería del grupo **Estilos** en la pestaña **Inicio** o asignando un nivel de esquema (véase Asignar un nivel de esquema a un párrafo).
- Sitúe el punto de inserción en el lugar donde desee insertar la tabla de contenido.

Crear una tabla de contenido predefinida

- En la pestaña **Referencias**, pulse el botón **Tabla de contenido** del grupo **Tabla de contenido.**

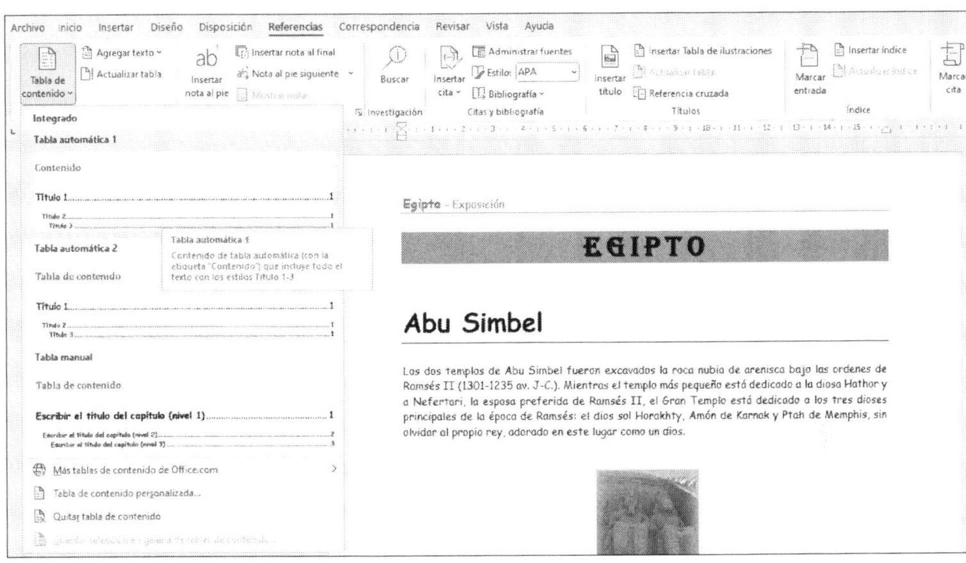

- Haga clic en la tabla de contenido predefinida que prefiera.

© Editions ENI - Reproducción prohibida

Según el tipo de tabla de contenido escogida, la tabla se inserta, o no, en una página nueva.

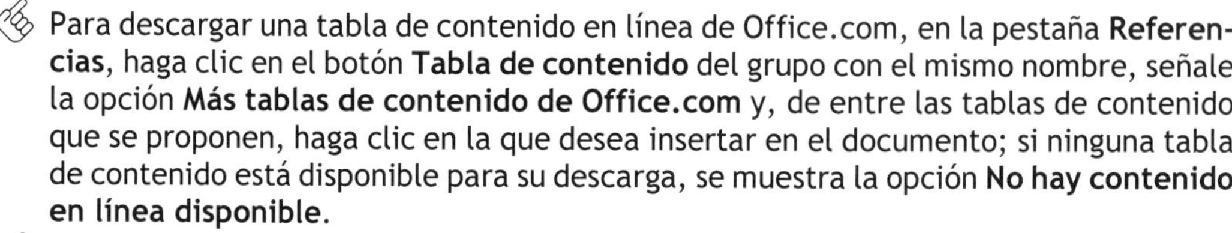

Para descargar una tabla de contenido en línea de Office.com, en la pestaña **Referencias**, haga clic en el botón **Tabla de contenido** del grupo con el mismo nombre, señale la opción **Más tablas de contenido de Office.com** y, de entre las tablas de contenido que se proponen, haga clic en la que desea insertar en el documento; si ninguna tabla de contenido está disponible para su descarga, se muestra la opción **No hay contenido en línea disponible**.

Encontrará la lista de tablas de contenido predefinidas en el cuadro de diálogo **Organizador de bloques de creación** (pestaña **Insertar** - botón **Elementos rápidos** - opción **Organizador de bloques de creación**).

Crear una tabla de contenido personalizada

- En la pestaña **Referencias**, pulse el botón **Tabla de contenido** del grupo **Tabla de contenido** y haga clic en la opción **Tabla de contenido personalizada**.

  *Se abre en pantalla el cuadro de diálogo **Tabla de contenido**.*

- En la lista **Formatos** del cuadro **General**, seleccione la presentación deseada y podrá ver el resultado gracias a la **Vista preliminar**.

  *También puede ver en la **Vista previa de Web** cómo se mostrará la tabla de contenido cuando aparezca en el explorador web.*

- Para visualizar la numeración de las páginas en la tabla de contenido, marque la opción **Mostrar números de página**; si los números han de estar alineados a la derecha de la página, marque la opción **Alinear números de página a la derecha**.
- Para todos los **Formatos**, salvo los formatos **Sencillo** y **Moderno**, indique si desea agregar algún tipo de **Carácter de relleno** entre los títulos y los números de página mediante la lista correspondiente.
- Indique el número de niveles de título que desea mostrar en la tabla de contenido mediante la lista **Mostrar niveles**.

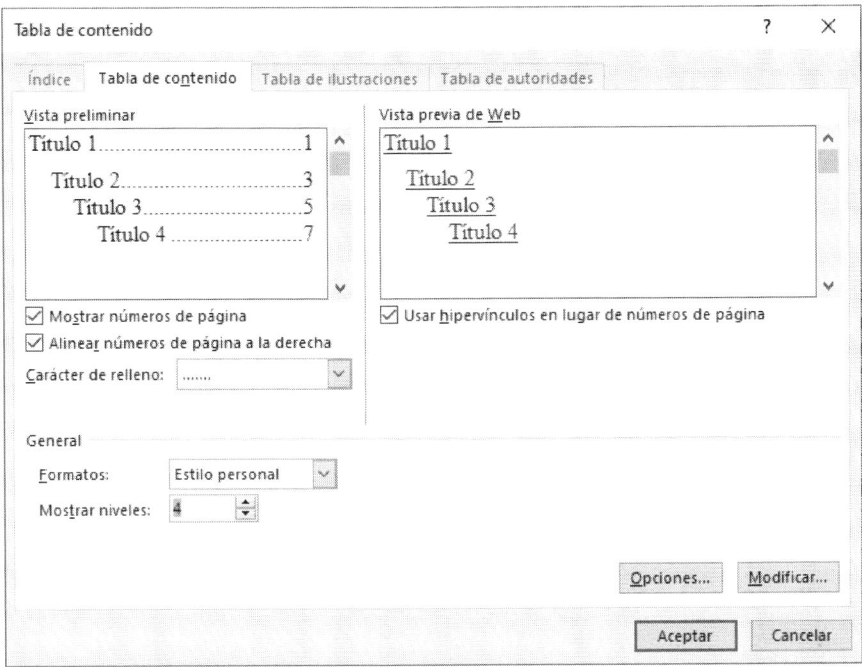

- Si ha escogido el formato **Estilo personal**, haga clic en el botón **Modificar** si desea cambiar el formato de las entradas de la tabla de contenido cambiando el estilo correspondiente.

  Para cada estilo de entrada que desee modificar, selecciónelo en la lista **Estilos**, haga clic en el botón **Modificar**, efectúe los cambios y pulse el botón **Aceptar**. Cuando haya terminado la modificación, haga clic en el botón **Aceptar**.

- Si desea utilizar estilos personalizados que no tengan asignado ningún nivel de esquema, o si desea cambiar, añadir o eliminar el nivel de un estilo, haga clic en el botón **Opciones**.

  Para cada estilo en cuestión, haga clic en la zona asociada **Nivel de TDC**, escriba el número correspondiente al nivel que prefiera (entre 1 y 9) o elimine ese número si no desea asociar al estilo ningún nivel.

© Editions ENI - Reproducción prohibida

*En este caso, se ha asignado el nivel 4 al estilo personalizado **Párrafo de lista**. Los añadidos y las modificaciones de nivel que se aporten en este cuadro de diálogo solo se aplican a la tabla de contenido.*

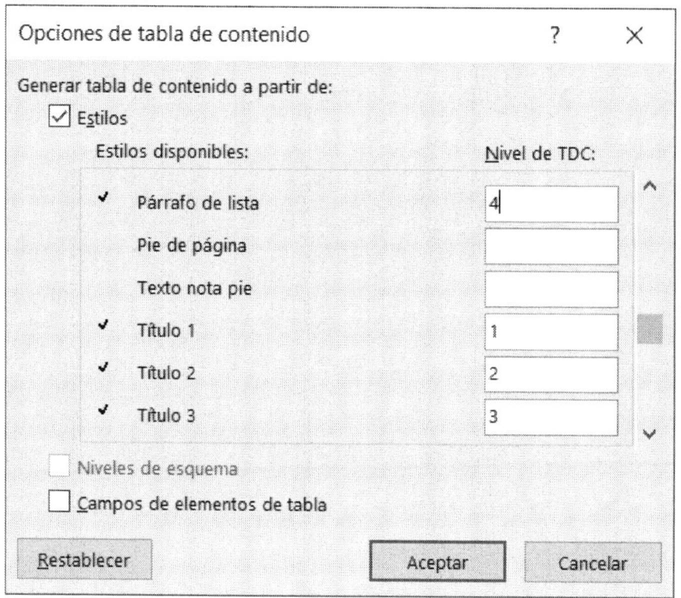

Si al utilizar el botón **Agregar texto** de la pestaña **Referencias**, ha asignado niveles al texto, desmarque la opción **Niveles de esquema** (esta opción está marcada de manera predeterminada) si los textos en cuestión no deben integrarse en la tabla de contenido; esta opción no está disponible si se ha asignado un nivel a un estilo personalizado.

Si ha utilizado campos para crear entradas en la tabla de contenido, marque la opción **Campos de elementos de tabla** si los textos en cuestión han de quedar integrados en la tabla de contenido.

*El botón **Restablecer** permite anular las modificaciones aportadas al cuadro de diálogo **Opciones de tabla de contenido**.*

Haga clic en el botón **Aceptar** del cuadro de diálogo **Opciones de tabla de contenido**.

Si la tabla de contenido debe aparecer posteriormente en un navegador web y desea crear un hipervínculo para cada título, asegúrese de que la opción **Usar hipervínculos en lugar de números de página** está activada.

Cuando esta opción está activa, también se pueden crear hipervínculos para cada título de la tabla de contenido insertada en el documento, sin eliminar los números de página.

- Pulse el botón **Aceptar**.
- Utilice, si fuese necesario, las teclas Alt F9 para ocultar el código correspondiente a la tabla de contenido creada y visualizar su contenido.

TABLA DE CONTENIDOS

*Si ha activado la opción **Usar hipervínculos en lugar de números de página** del cuadro de diálogo **Tabla de contenido**, habrá creado un hipervínculo para cada título de la tabla de contenido.*

- Para ir a un título del documento, mantenga pulsada la tecla Ctrl y haga clic en el título correspondiente en la tabla de contenido.

De forma predeterminada, cuando haga clic en ella, la tabla de contenido aparecerá sombreada. Para cambiarlo, utilice la lista **Sombreado de campo** del cuadro de diálogo **Opciones de Word** (pestaña **Archivo** - **Opciones** - categoría **Avanzadas** - apartado **Mostrar contenido de documento**).

© Editions ENI - Reproducción prohibida

- Para modificar la presentación de la tabla de contenido, seleccione otro formato en el cuadro de diálogo **Tabla de contenido** (pestaña **Referencias** - botón **Tabla de contenido** - opción **Tabla de contenido personalizada**); tras confirmar, la nueva presentación reemplazará la anterior. En el caso de una tabla de contenido predefinida, puede elegir otra presentación mediante el botón 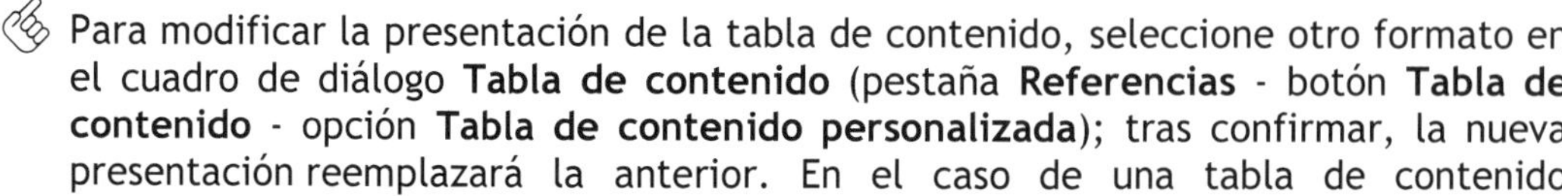 que aparece cuando el punto de inserción se encuentra en la tabla de contenido.
- Si desea que en algunos niveles no aparezcan los números de página de la tabla de contenido, deberá añadir un conmutador de campo \N en el campo correspondiente de la tabla de contenido. Para ello, haga clic en la tabla de contenido y muestre el campo correspondiente utilizando las teclas Alt F9. A continuación, haga clic al final del campo y escriba el conmutador **\N** seguido por los niveles en los que desea que los números no aparezcan; estos niveles deben escribirse entre comillas.

  ```
  { TOC \ O "1-3" \H \Z \T "SUB-TITULO VL;4"\N "2-3" }
  ```

  En este caso, en la tabla de contenido se eliminarán los números de página de los niveles 2 y 3. Si solo desea eliminar los números del nivel 3, escriba **\N "3-3"** en el campo. Una vez escrito el conmutador de campo, utilice otra vez las teclas Alt F9 para mostrar la tabla de contenido y a continuación, actualícela (véase más adelante el título correspondiente).
- Para eliminar una tabla de contenido, haga clic en su interior para activarla; a continuación pulse el botón **Tabla de contenido** de la pestaña **Referencias** (grupo **Tabla de contenido**) y seleccione la opción **Quitar tabla de contenido**.

Actualizar la tabla de contenido

Esta función resulta útil para actualizar la tabla de contenido tras haber realizado modificaciones en el texto.

- Haga clic en uno de los títulos de la tabla de contenido para activarla.
- Pulse la tecla F9 o pulse el botón **Actualizar tabla** situado en la pestaña **Referencias** (grupo **Tabla de contenido**).
- Seleccione **Actualizar solo los números de página** o **Actualizar toda la tabla** activando la opción deseada.
- Pulse el botón **Aceptar**.

 Para actualizar una tabla de contenido predefinida, también puede hacer clic en la opción **Actualizar tabla** que aparece cuando el punto de inserción se sitúa en la tabla de contenido.

Guardar una tabla de contenido

En esta parte se muestra cómo crear una tabla de contenido personalizada y guardarla en la galería de tablas de contenido predefinidas para poder utilizarla posteriormente.

- Si todavía no lo ha hecho, cree una tabla de contenido personalizada y selecciónela.
- En la pestaña **Referencias**, pulse el botón **Tabla de contenido** del grupo **Tabla de contenido** y haga clic en la opción **Guardar selección en galería de tablas de contenidos.**

  *Como una tabla de contenido es un bloque de creación, en pantalla se abrirá el cuadro de diálogo **Crear nuevo bloque de creación**.*
- Indique el **Nombre** de la tabla de contenido en la casilla correspondiente.
- Asegúrese de que en la lista **Galería** esté activa la opción **Tabla de contenido**.
- Abra la lista **Categoría** y seleccione una de las categorías que se ofrecen en la lista o haga clic en la opción **Crear nueva categoría** para crear una categoría nueva.

  Si se ha optado por crear una categoría, introduzca el **Nombre** en el cuadro de diálogo **Crear nueva categoría** y pulse el botón **Aceptar**.

  *Las tablas de contenido predefinidas en la lista asociada al botón **Tabla de contenido** (pestaña **Referencias**) se ordenan por categoría.*
- Introduzca, si fuese necesario, una **Descripción** de la tabla de contenido en la casilla correspondiente.

© Editions ENI - Reproducción prohibida

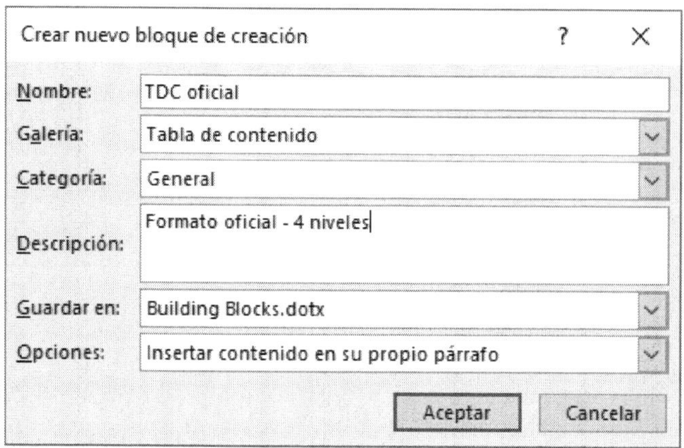

- Si el documento actual está basado en una plantilla que no es la plantilla Normal y dicha tabla de contenido debe guardarse en esta plantilla, seleccione el nombre correspondiente en la lista **Guardar en**: la tabla de contenido estará disponible únicamente en los documentos basados en esta plantilla.
- Abra la lista **Opciones** y seleccione una de las opciones siguientes:

Insertar solo contenido/ Insertar contenido en su propio párrafo	Seleccione una de las dos opciones para que la tabla de contenido se inserte en un nuevo párrafo.
Insertar contenido en su propia página	La tabla de contenido se inserta en una página nueva: Word crea un salto de página antes y después de la tabla de contenido.

- Pulse el botón **Aceptar** para guardar la tabla de contenido.

La tabla de contenido se ha agregado a una plantilla; se ofrece guardar la plantilla en el momento de cerrar el documento o en el mismo momento de guardar el documento para que la tabla de contenido asociada a la plantilla se guarde definitivamente.

Crear un índice

He aquí un ejemplo de índice que se puede realizar:

A

Aeropuerto 5, 7, 8
Autobús 7
Avión *Ver* Aeropuerto

B

Bebidas 2
- Cervezas 2
- Frías 2
- Refrescos 2
- Vaso de leche 2
- Zumos 2

Brunch 2
Buey 1, 2

C

Cabo Cañaveral 6
Cena 2
Coches de alquiler
- Alquilar 7
- Precio 7

Cocinas 3
- Cubana 3
- Especialidades 2
- Floribeña 3
- No Floribeña 3
- Nuevo mundo 3

Comer 1, 4

D

Desayuno 1, 4
Días festivos 6

E

Ensaladas 1
Especialidades 2

F

Fiesta
- Columbus Day 6
- Fantasy Fest 6
- Halloween 6
- Navidad 6
- Oktoberfest 6
- Saint-Patrick 6
- Thanksgiving 6

Fiesta
- 4 de julio 6

Fumar 5

H

Horarios
- Bancos 4
- Cena 2
- Comida 1
- Museos 4
- Oficinas postales 4
- Tiendas 4

M

Marisco 3

P

Pescado 2
Postre 2
Postres 2
- Cheese cake 2
- Helados 2
- Key lime pie 3

Propinas 2, 4
Puntualidad 4

R

Ropa correcta 4

S

Salsas 1, 2
Sea Food 3
Seguridad 4, 5

V

Vinos *Véase* Bebidas

© Editions ENI - Reproducción prohibida

Definir manualmente una entrada de índice

Antes de generar el índice, deberá insertar en el texto entradas de índice para cada texto que desea indexar (cuyo número de página aparecerá en el índice). Las entradas de índice pueden ser de varios niveles; por ejemplo, en el caso que se ilustra más arriba, la entrada Bebidas es una entrada principal, las entradas Cervezas, Zumos de frutas, etc. son subentradas; el texto seleccionado para estas entradas de índice se encuentra, respectivamente, en las páginas 2 y 1 del documento.

El primer método consiste en marcar manualmente las entradas seleccionando en el documento el texto que se desea indexar.

- Seleccione el texto (palabra o grupo de palabras) que desea indexar, o haga clic a su derecha.

  Para marcar todas las ocurrencias de un texto, deberá seleccionarlas.

- En la pestaña **Referencias**, pulse el botón **Marcar entrada** del grupo **Índice** o utilice el método abreviado [Alt] [Mayús] **X**.
- Si es necesario, escriba la **Entrada** principal en la casilla correspondiente.
- Acceda a la casilla **Subentrada** y escriba la entrada secundaria.

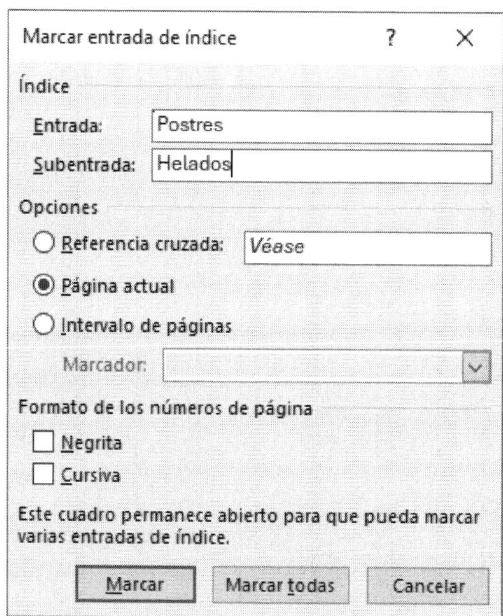

- Si se deben crear otros niveles de entrada, escriba el signo de puntuación dos puntos (:) antes de seguir introduciendo el texto en la casilla de **Subentrada**.
- Indique qué debe aparecer en el índice, asociado a la entrada actual:
  - Si desea agregar a la entrada de índice el texto de referencia cruzada en lugar del número de página, active la opción **Referencia cruzada**.

  Esta opción se utiliza cuando, en lugar de un número de página, se desea reenviar a otra entrada del índice. Es el caso de la entrada Avión, en el ejemplo antes ilustrado.

  - Seleccione la opción **Página actual** para que en el índice se muestre el número de la página en la que se encuentra dicho texto.

  Esta es la opción activa por defecto.

  - Si desea que aparezca en el índice un grupo de páginas (por ejemplo, 2-4) asociado a un marcador previamente definido, active la opción **Intervalo de páginas** y seleccione el marcador en la lista **Marcador**.
- Para aplicar el formato **Negrita** y/o **Cursiva** a los números de página de esta entrada de índice, active las opciones correspondientes en el cuadro **Formato de los números de página**.
- Si es necesario, modifique el formato de los caracteres escritos mediante los métodos abreviados.
- Haga clic en el botón **Marcar** para crear una entrada de índice únicamente en el texto seleccionado, o en el botón **Marcar todas**, para crear entradas de índice en todos los textos idénticos al texto seleccionado.

  *El botón **Marcar todas** solo está disponible en el documento si se ha seleccionado algún texto.*

© Editions ENI - Reproducción prohibida

La inserción del código o de los códigos de campo {XE...} se muestra en el documento en forma de texto oculto. Si las marcas de párrafo ¶ y otros símbolos de formato estuvieran ocultos, en el momento de insertar la primera entrada de índice se muestran todos automáticamente en el documento.

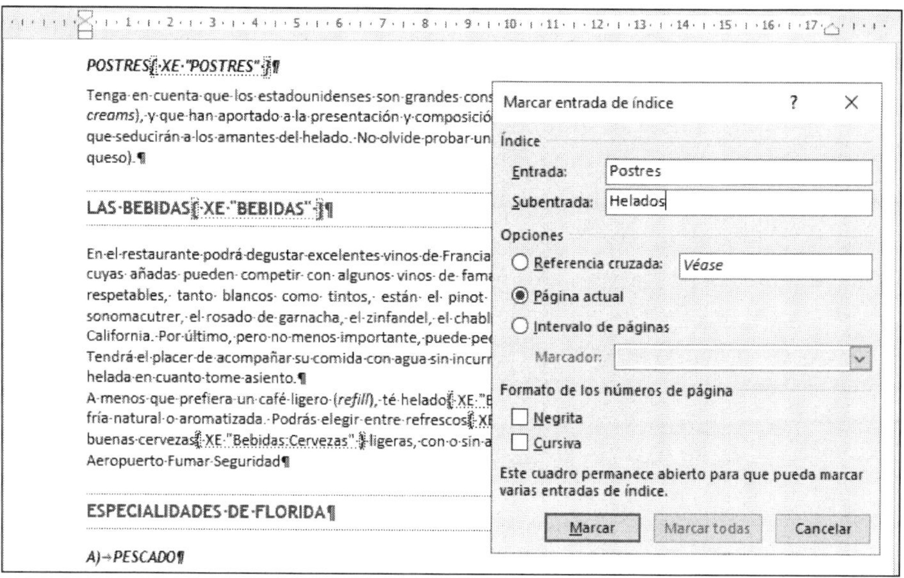

- Prosiga con el mismo sistema para cada texto que desee indexar.

  Si desea crear varias entradas de índice, no es necesario cerrar el cuadro de diálogo después de cada entrada de índice.

- Una vez indexados todos los textos, haga clic en el botón **Cerrar** del cuadro de diálogo **Marcar entrada de índice**.

  Los códigos de los campos se visualizan a la derecha de cada uno de los textos indexados.

Para modificar una entrada de índice, o para cambiar su formato, cambie el texto que se encuentra entre comillas en el campo correspondiente.

Para eliminar una entrada de índice, seleccione su campo correspondiente, incluidos los corchetes ({}) y luego pulse la tecla [Supr].

Para eliminar rápidamente todas las entradas de índice de un documento, compruebe que están visibles utilizando las marcas de formato ¶ y luego abra el cuadro de diálogo **Buscar y reemplazar** (pestaña **Inicio** - botón **Reemplazar**). A continuación haga clic en el cuadro de texto **Buscar**, en el botón **Especial** (si fuera necesario, haga clic en el botón **Más** para poder ver ese botón) y escoja la opción **Campo**: en el cuadro de texto **Buscar** aparece el símbolo **^d**. Puesto que se trata de eliminar los códigos de campo, no es necesario que escriba nada en el cuadro de texto **Reemplazar con** y haga directamente clic en el botón **Reemplazar todos** y luego en el botón **Aceptar** del mensaje que le informa del número de reemplazos efectuados: Word busca todos los campos del documento y los elimina.

Definir automáticamente las entradas de índice

Se puede utilizar este método si las entradas de índice están catalogadas en un archivo de índices. Se trata de un documento de Word compuesto por una tabla con dos columnas en la que están detallados los textos que se deben buscar y los que se deben indexar.

- Cree un documento nuevo de Word en el que insertará una tabla con dos columnas y varias filas. Cada fila corresponde a una entrada de índice.

  Para más información relativa a las tablas, consulte el título Insertar una tabla, en el capítulo Crear tablas.

- Para cada entrada de índice que se deba crear, en la primera columna de la tabla escriba el texto que desea indexar y que Word deberá buscar en el documento.

  A continuación, haga clic en la segunda columna, y escriba el texto de la entrada, tal como debe aparecer en el índice; para crear los niveles de entrada, separe el texto de cada nivel con el signo de puntuación dos puntos (:), sin espacios delante ni detrás; por ejemplo: **Comidas:Desayuno**. La entrada **Comidas** es una entrada principal, mientras que la entrada **Desayuno** es una entrada secundaria.

  *Es importante respetar las mayúsculas y minúsculas al escribir. Si el texto que se debe buscar es, por ejemplo, **circulación**, Word no indexará ni **Circulación**, ni **CIRCULACIÓN**. Por el mismo motivo, para indexar un mismo texto escrito de distintas maneras, será necesario crear distintas entradas de índice.*

© Editions ENI - Reproducción prohibida

Desayuno	Desayuno
Desayuno	Comida:Desayuno
Comida	Desayuno
Comida	Comida:Desayuno
Salsas	Comida:Salsas
Salsas	Salsas
Salsas	Desayuno:Salsas
ensaladas	Ensaladas
ternera	Ternera
ternera	Desayuno:Ternera
comida	Desayuno:Horarios
comida	Desayuno
Brunch	Brunch
Brunch	Comida:Brunch
Postres	Postre
Postres	Comida:Postre
bebidas	Bebidas
bebidas	Bebidas:Vinos
bebidas	Vinos
agua	Bebidas:Agua
agua	Agua
Pescado	Pescado
Pescado	Especialidades de Florida:Pescado
Ternera	Ternera
Ternera	Especialidades de Florida:Ternera
Sea food	Sea food
Sea food	Especialidades de Florida:Sea food
Key lime pie	Key lime pie
Key lime pie	Especialidades de Florida: Key lime pie

- Si fuera necesario aplicar atributos (negrita, cursiva, etc.) a algunas entradas de índice, aplique esos formatos a los textos situados en la columna derecha.
- Guarde el archivo de índice y ciérrelo.
- A partir del documento que desea indexar, en la pestaña **Referencias**, haga clic en el botón **Insertar índice** del grupo **Índice** y luego en la herramienta **Automarcar** en el cuadro de diálogo **Índice**.

  *El cuadro de diálogo **Abrir archivo de Automarcar índice** se abre en pantalla.*
- Pulse dos veces en el archivo de índice antes creado.

  Todas las entradas de índice catalogadas en el archivo de índice quedan automáticamente marcadas.

LAS·COMIDAS¶

DESAYUNO{·XE·"Comidas:Desayuno"·}{·XE·"Desayuno"·}¶

El·desayuno{·XE·"Desayuno"·}{·XE·"Desayuno:Horarios"·},·ou·*breakfast*,·ha·adquirido·cierta·importancia·al·otro·lado·del·Atlántico.·Si·deseas·empezar·el·día·a·la·americana,·deberá·tomar·un·zumo·de·frutas{·XE·"Bebidas:Zumo"·},·cereales,·huevos·revueltos·o·en·el·plato;·acompañados·de·beicon·o·salchichas·de·pequeño·tamaño·y·de·*pancakes*,·incluso·fruta·fresca·y·queso.·Todo·esto·acompañado·con·un·café·ligero·(o·varios)·y·té.¶

COMIDA{·XE·"COMIDA:COMIDA"·}{·XE·"COMIDA"·}¶

La·comida{·XE·"Comida"·}{·XE·"Comida:Horarios"·},·o·*lunch*,·es·ligera·y·rápida.·Ensaladas{·XE·"Ensaladas"·}·mixtas·donde·las·verduras·se·mezclan·con·queso·y·aderezos·sabrosos·e·ingeniosos.·Puede·componer·y·comer·la·cantidad·de·ensalada·que·desee·en·el·bufé·especializado·(*salad·bar*),·eligiendo·su·aliño·(*salad·dressing*):¶

¶

Nuestras·salsas{·XE·"Comidas:Salsas"·}{·XE·"Salsas"·}**·favoritas**¤	
Blue·Cheese¤	Queso·azul¤
Thousand·Island¤	Mayonesa·de·tomate·picante¤
Ranch¤	Crema·de·ajo¤
Caesar¤	Queso·parmesano¤
Honey·Mustard¤	Miel·y·mostaza¤
Esperanza¤	Picante¤

¶

·La·carne,·en·forma·de·carnes·a·la·parrilla,·desempeña·un·papel·primordial·en·Estados·Unidos,·que,·no·lo·olvidemos,·dio·a·Europa·la·receta·de·la·barbacoa,·acompañada·de·sus·diversas·salsas.·Aquí·la·carne·de·vacuno{·XE·"Comidas:Carne·de·vacuno"·}{·XE·"Carne·de·vacuno"·}·es·de·la·mejor·calidad.·Tanto·si·se·come·como·en·*T-bone·steak*·o·en·forma·de·hamburguesa,·suele·ser·sabrosa·y·estar·bien·preparada.·Cuidado:·las·raciones·son·siempre·abundantes.·Cualquier·plato·de·carne·suele·servirse·con·una·o·dos·verduras.¶

Si añade nuevas entradas de índice en el archivo de índice, deberá actualizar el documento indexado para poder integrar las nuevas entradas. Para ello, proceda como lo hizo durante el primer marcado automático.

Cuando en el archivo de índice se modifica una entrada de índice existente, Word crea, en el momento de aplicar el automarcado, una nueva entrada que se inserta a continuación de la entrada existente, pero que no la reemplaza en ningún caso.

Es posible modificar una entrada directamente en su correspondiente código de campo. Sin embargo, puesto que este método no permite mantener actualizada la tabla de indexación, le proponemos una solución sencilla y rápida: elimine todas las entradas de índice existentes en el documento (véase la observación incluida en el subtítulo anterior), a continuación, efectúe todos los cambios que desee en el archivo de índice (agregar, eliminar o modificar texto o formato) y luego proceda de nuevo al marcado automático.

Se pueden combinar, en un mismo documento, el marcado manual y el automático de las entradas de índice.

© Editions ENI - Reproducción prohibida

Insertar la tabla de índice

- Los códigos de campo son caracteres no imprimibles, pero asegúrese de que están ocultos utilizando la herramienta ¶ para que no sean tenidos en cuenta en el momento del cálculo de la paginación.
- Posicione el punto de inserción en el lugar donde desea insertar el índice.
- En la pestaña **Referencias**, haga clic en el botón **Insertar índice** que se encuentra en el grupo **Índice**.

  *Aparecerá en pantalla el cuadro de diálogo **Índice**.*

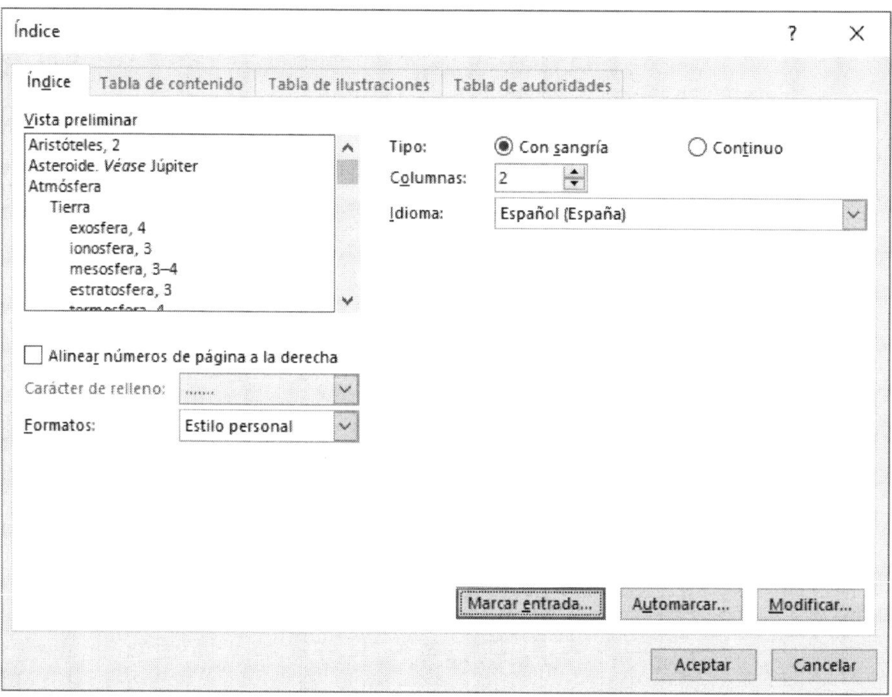

- Seleccione el **Tipo** de subentrada:

Con sangría	Las entradas secundarias aparecen marcadas con una sangría y se colocan unas debajo de otras.
Continuo	Las entradas se detallan unas debajo de las otras salvo las entradas secundarias que aparecen una al lado de otra, separadas con un punto y coma.

- En la lista **Formatos**, seleccione la opción correspondiente a la presentación que desea aplicar al índice y visualice el resultado en el cuadro **Vista preliminar**.
- Si ha seleccionado el formato **Estilo personal**, haga clic en el botón **Modificar** si desea cambiar el formato de las entradas de índice cambiando los correspondientes estilos.

  Para cada estilo de entrada que desee modificar, selecciónelo en la lista **Estilos**, haga clic en el botón **Modificar**, efectúe los cambios que prefiera y haga clic en el botón **Aceptar**. Cuando haya terminado todos los cambios, haga clic en el botón **Aceptar** del cuadro de diálogo **Estilo**.
- Si lo desea puede modificar las distintas opciones que se ofrecen: **Alinear números de página a la derecha**, **Carácter de relleno**, **Columnas** e **Idioma**.
- Pulse el botón **Aceptar**.
- Si fuera necesario, utilice las teclas Alt F9 para ocultar el campo correspondiente a la tabla de índice creada y poder visualizar su contenido.

Los estilos de la tabla de índice se llaman Índice 1, Índice 2, etc., y pueden modificarse tanto utilizando el botón **Modificar** del cuadro de diálogo **Índice** (véase más arriba) como a través del panel **Estilos**.

Como sucede con la tabla de contenido, puede, si lo desea, mostrar la tabla de índice sobre un fondo gris mediante la lista **Sombreado de campo** del cuadro de diálogo **Opciones de Word** (pestaña **Archivo** - **Opciones** - categoría **Avanzadas** - apartado **Mostrar contenido de documento**).

Para modificar la presentación de la tabla de índice, seleccione otro formato en el cuadro de diálogo **Índice** (pestaña **Referencias** - grupo **Índice** - herramienta **Insertar índice**); tras la confirmación, la nueva presentación reemplaza a la anterior.

Para eliminar una tabla de índice, selecciónela y pulse la tecla Supr.

© Editions ENI - Reproducción prohibida

Actualizar una tabla de índice

Esta función permite actualizar los números de página y/o las entradas de índice si estas se han modificado.

- Haga clic en la tabla de índice.
- En la pestaña **Referencias**, haga clic en la herramienta **Actualizar índice** del grupo **Índice** o pulse la tecla F9.

Crear una tabla de ilustraciones

Una tabla de ilustraciones muestra la lista de títulos, imágenes, gráficos, objetos o de cualquier otro tipo de ilustración que se encuentre en el documento.

- Asocie un título a cada objeto correspondiente (véase capítulo Gestión de objetos - Asociar un título a un objeto).
- Sitúe el punto de inserción donde desea insertar la tabla.
- En la pestaña **Referencias**, haga clic en el botón **Insertar Tabla de ilustraciones** que se encuentra en el grupo **Títulos**.

  En pantalla aparece el cuadro de diálogo ***Tabla de ilustraciones****.*
- En la lista **Formatos** del cuadro **General**, seleccione la opción correspondiente a la presentación que desea aplicar a la tabla de ilustraciones y visualice el resultado en el cuadro **Vista preliminar**.

  También puede ver la ***Vista previa de web*** *de la tabla de ilustraciones tal y como se visualizará con el navegador web.*
- Si ha escogido el formato **Estilo personal**, haga clic en el botón **Modificar** si desea modificar el estilo aplicado a los títulos.
- Para visualizar la numeración de las páginas en la tabla de ilustraciones, marque la opción **Mostrar números de página**; si los números han de estar alineados a la derecha de la página, marque la opción **Alinear números de página a la derecha**.
- Para todos los **Formatos**, excepto el formato **Centrado**, especifique si desea agregar **Carácter de relleno** entre las entradas y los números de página, mediante la correspondiente lista.

- Seleccione, en la lista **Rótulo de título**, la opción correspondiente al rótulo de título que deberá tenerse en cuenta para crear la tabla de ilustraciones; si todos los rótulos de título del documento son del tipo **Ilustración** y se elige **Tabla** en la lista **Rótulo de título**, en lugar de la tabla de ilustraciones se visualizará un texto de error indicando que no se ha encontrado ninguna entrada de tabla de ilustraciones. De igual forma, si en un documento se visualizan dos rótulos de título diferentes o más (ejemplos: **Imagen** e **Ilustración**), únicamente los rótulos de título correspondientes a la opción elegida en la lista **Rótulo de título** aparecerán en la tabla de ilustraciones.

  Para visualizar todos los rótulos de título del documento, deberá crear una tabla de ilustraciones para cada título.

  Si cuando se agrega un título a un objeto se ha creado un nuevo rótulo (véase Gestión de objetos - Asociar un título a un objeto), este se muestra en la lista ***Rótulo de título****.*

- Desactive la opción **Incluir rótulo y número** si no desea incluir los rótulos de título (ejemplos: **Ecuación**, **Ilustración** y **Tabla**) en la tabla de ilustraciones. En ese caso, únicamente los rótulos de título en los que se ha agregado un texto serán visibles en la tabla de ilustraciones.

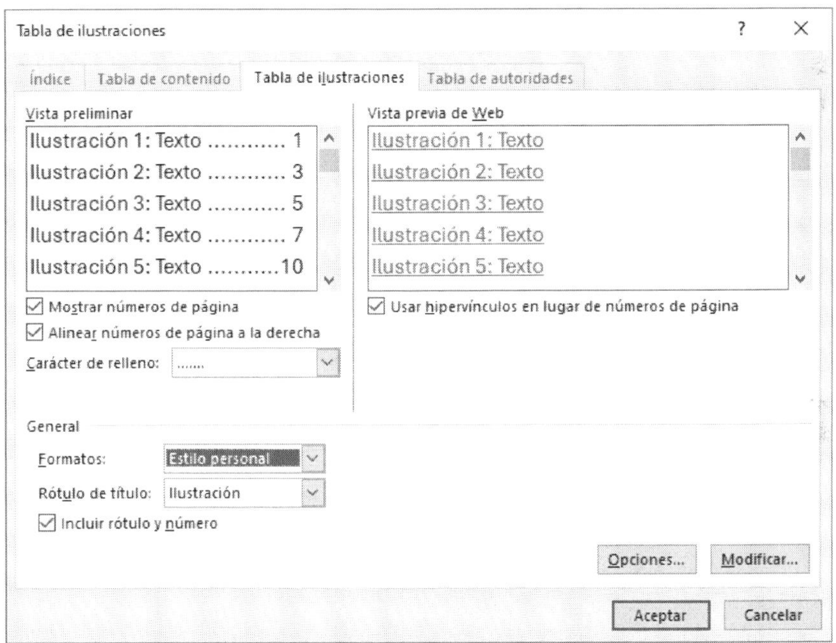

© Editions ENI - Reproducción prohibida

- Si la tabla de ilustraciones debe, posteriormente, mostrarse en un navegador Web y desea que se cree un hipervínculo para cada título, asegúrese de que la opción **Usar hipervínculos en lugar de números de página** esté activada.

  Si esta opción está activada, permite, también, crear hipervínculos para cada entrada de la tabla de ilustraciones insertada en el documento, sin eliminar los números de página.

- Pulse el botón **Aceptar**.
- Utilice, si fuese necesario, las teclas Alt F9 para ocultar el código correspondiente de la tabla de ilustraciones creada y así visualizar su contenido.

Tabla de ilustraciones

*Se crea un hipervínculo para cada entrada de la tabla de ilustraciones si se ha activado la opción **Usar hipervínculos en lugar de números de página** del cuadro de diálogo **Tabla de ilustraciones**.*

- Para ir a una etiqueta de título del documento, mantenga pulsada la tecla Ctrl y haga clic sobre la entrada correspondiente en la tabla de ilustraciones.
- Para actualizar la tabla de ilustraciones tras haber agregado, movido o modificado los rótulos de título, haga clic en una de las entradas de la tabla de ilustraciones y pulse en el botón **Actualizar tabla** del grupo **Títulos** (pestaña **Referencias**) o pulse la tecla F9. Seleccione **Actualizar solo los números de página** o **Actualizar toda la tabla** mediante la opción correspondiente y pulse el botón **Aceptar**.

Para cambiar la presentación de la tabla de ilustraciones, seleccione otro formato en el cuadro de diálogo **Tabla de ilustraciones** (pestaña **Referencias** - grupo **Títulos** - botón **Insertar Tabla de ilustraciones**); una vez confirmado el cambio, la nueva presentación reemplaza a la anterior.

Para crear una tabla de ilustraciones sin crear rótulos de título, puede aplicar un estilo a los textos asociados a los objetos y luego puede especificar el estilo que Word debe utilizar para generar la tabla de ilustraciones. Para ello, haga clic en el botón **Opciones** del cuadro de diálogo **Tabla de ilustraciones** (pestaña **Referencias** - botón **Insertar Tabla de ilustraciones**), marque la opción **Estilo** y seleccione el estilo que desea utilizar antes de confirmar la opción pulsando **Aceptar**: a partir de ese momento, la opción (**Ninguno**) está selecciona en la lista **Rótulo de título** porque no se utilizarán los rótulos de título para crear la tabla de ilustraciones. Observe que el mismo estilo debe ser utilizado para todos los rótulos de título de las ilustraciones y debe ser utilizado únicamente para los rótulos de título; si este estilo se aplica a un texto que no sea rótulo de título, el texto quedará integrado en la tabla de ilustraciones.

Crear una bibliografía

*Una **bibliografía** enumera las fuentes (libro, artículo de periódico, sitio web, película, etc.) de un documento. Normalmente se inserta al final del documento.*

Insertar una nueva cita

Una cita es el texto que se muestra a la derecha de una oración o de la expresión citada en el documento. Normalmente, al insertar una nueva cita, se crea una nueva fuente. Sin embargo, veremos cómo una misma fuente puede ser usada para distintas citas.

- Sitúe el punto de inserción en el lugar en el que se insertará la nueva cita y haga clic en la pestaña **Referencias**.
- Abra la lista **Estilo** del grupo **Citas y bibliografía** y haga clic en la opción correspondiente al estilo de cita que desea utilizar.

  *Los campos (zonas en las que se escribe la información vinculada a la fuente: para un libro, dispondrá de los campos **Autor**, **Título**, **Año**, etc.) asociados a la fuente pueden cambiar en función del estilo que se selecciona.*
- Haga clic en el botón **Insertar cita** del grupo **Citas y bibliografía**.

© Editions ENI - Reproducción prohibida

Si el documento contiene citas, las fuentes de estas citas se muestran en la parte superior de la lista.

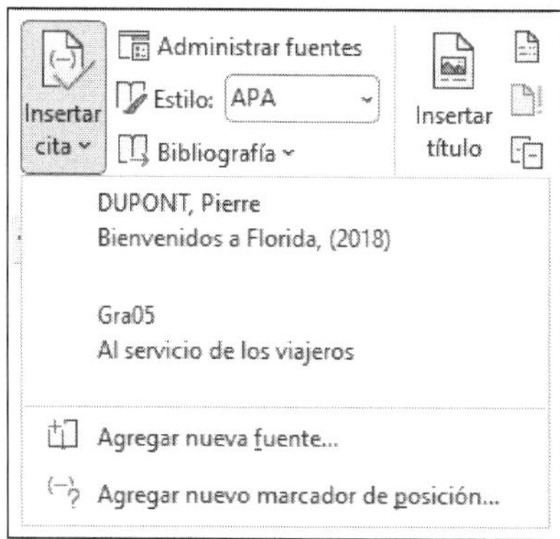

Realice las siguientes acciones:

- Para crear una cita utilizando una fuente existente, haga clic en la fuente que desee de la parte superior de la lista.
- Para agregar una cita creando una nueva fuente y aportar las informaciones pertenecientes a esta fuente, haga clic en la opción **Agregar nueva fuente**.
- Para agregar una cita creando una nueva fuente sin aportar la información sobre la fuente, pulse el botón **Agregar nuevo marcador de posición**: la información de la fuente podrá completarse posteriormente.

Si ha seleccionado una fuente ya existente, la cita correspondiente se inserta donde haya situado el punto de inserción en el documento.

Si ha seleccionado agregar un nuevo marcador de posición o agregar nueva fuente, el cuadro de diálogo correspondiente se abrirá en la pantalla.

En el caso de un nuevo marcador de posición, escriba el nombre del marcador de posición en el campo y pulse el botón **Aceptar**.

En el caso de una nueva fuente, empiece seleccionando el **Tipo de fuente bibliográfica** en la lista correspondiente.

Los campos del cuadro de diálogo ***Crear fuente*** *cambian en función de la fuente seleccionada.*

Especifique las diferentes informaciones de la fuente en los campos correspondientes.

La fuente se guarda en el equipo y podrá volver a utilizarla en cualquier otro documento Word (véase Administrar las fuentes en este capítulo).

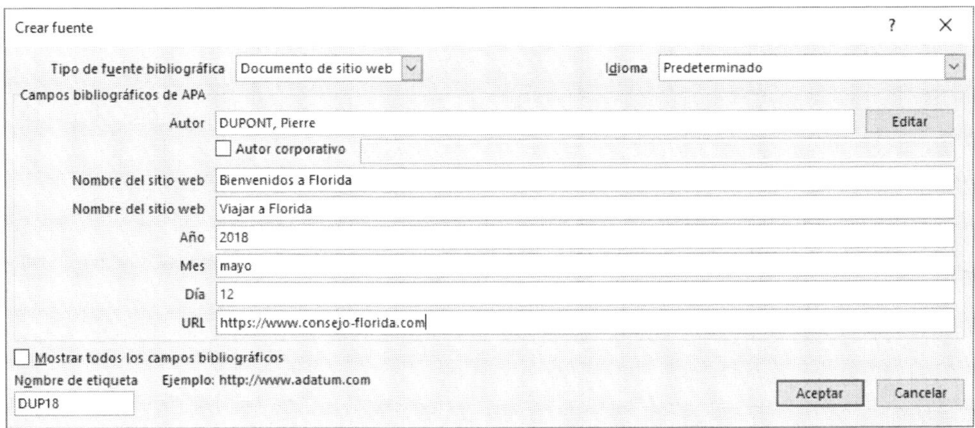

*Al hacer clic en un campo, aparece un ejemplo de lo que se puede escribir en la parte inferior del cuadro de diálogo. En la imagen, el punto de inserción está situado en el campo **URL** y se visualiza una dirección Web como ejemplo.*

- Para mostrar otras informaciones sobre la fuente, active la opción **Mostrar todos los campos bibliográficos** e introduzca la información en los nuevos campos que aparecen.
- Modifique eventualmente el **Nombre de etiqueta** en la casilla correspondiente.
- Pulse el botón **Aceptar**.

La cita se inserta, entre paréntesis, en el lugar en que se sitúa el punto de inserción.

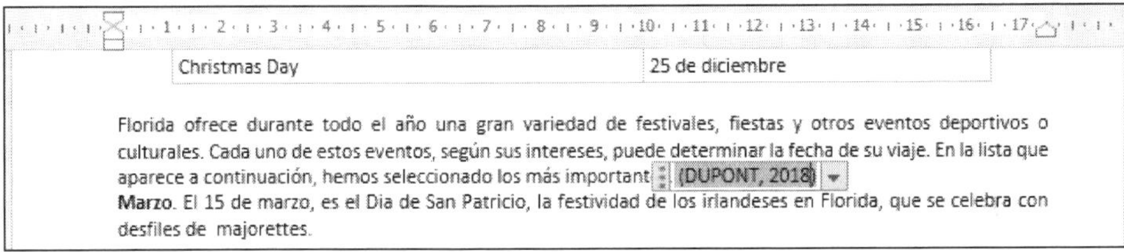

- Siga agregando todas las citas en el documento.

© Editions ENI - Reproducción prohibida

Una nueva fuente también puede crearse sin haber agregado una cita al documento. Tras seleccionar el **Estilo** en la lista correspondiente de la pestaña **Referencias** (grupo **Citas y bibliografía**), pulse el botón **Administrar fuentes** y pulse el botón **Nuevo** del cuadro de diálogo **Administrador de fuentes**. A continuación, seleccione el **Tipo de fuente bibliográfica** e introduzca la información pertinente antes de pulsar los botones **Aceptar** y **Cerrar**.

Administrar las citas

- Para modificar el texto de una cita, haga clic en el texto de la cita pertinente, pulse el botón [▾] para abrir la lista asociada y seleccione la opción **Editar cita**.

Inserte si es necesario el número de página de la cita en la casilla **Páginas** y elimine, si fuese necesario, el **Autor**, **Año** y/o el **Título** activando las opciones correspondientes.

Pulse el botón **Aceptar** para terminar: las modificaciones de texto efectuadas a la cita no repercuten en la fuente asociada.

- Para convertir una cita en texto estándar, haga clic en el texto de la cita pertinente, abra la lista pulsando en la herramienta [▾] y después seleccione la opción **Convertir cita en texto estático**: ya no tendrá acceso a las opciones vinculadas a la cita que permiten modificar la cita o incluso modificar la fuente.
- Para eliminar una cita, haga clic en el texto de la cita pertinente, haga clic en el símbolo [⋮] y pulse la tecla [Supr]: el hecho de eliminar una cita del documento, no elimina la fuente correspondiente de la bibliografía.

Insertar una bibliografía

Una bibliografía reúne las fuentes bibliográficas utilizadas en el documento. Se ha visto anteriormente que muchas veces la fuente se crea en el momento de añadir una cita, pero también es posible agregarla utilizando el cuadro de diálogo ***Administrar fuentes****.*

- Haga clic en el lugar donde desea insertar la bibliografía; normalmente la bibliografía se inserta al final del documento.
- En la pestaña **Referencias**, pulse el botón **Bibliografía** del grupo **Citas y bibliografía**.

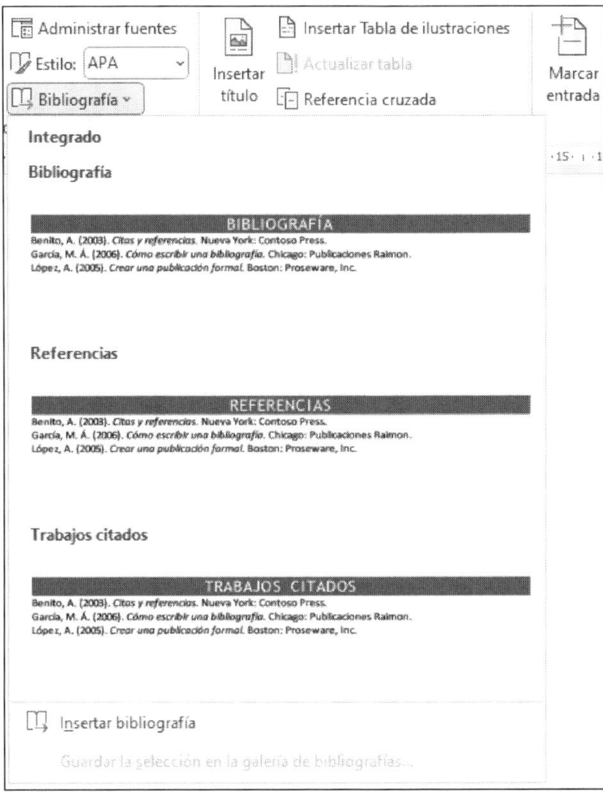

- Seleccione uno de los formatos predefinidos de bibliografía que se ofrecen en la lista o haga clic en la opción **Insertar bibliografía** para insertar una bibliografía sin un formato particular.

© Editions ENI - Reproducción prohibida

La bibliografía se inserta en la posición del punto de inserción del documento.

BIBLIOGRAFÍA

Dupont, P. (12 de mayo de 2018). *Bienvenidos a Florida*. Obtenido de Viaje a Florida: http://www.consejo-florida.com

Girault, C. (1998). *Miami y las nuevas relaciones interamericanas.*

Gran, I. (2005). *Juana de Arco hace tic-tac.* P.O.L.

Los marcadores de posición no aparecen en la bibliografía.

- Modifique, si lo desea, el formato y/o el texto del título de la bibliografía.

Administrar las bibliografías

- Para cambiar el formato de una bibliografía, sitúe el punto de inserción en el texto de la bibliografía, pulse en la herramienta y a continuación haga clic en el formato de bibliografía que desea aplicar.

  *El botón **Bibliografías** solo aparece si se ha seleccionado un formato predefinido de bibliografía.*

- Para eliminar una bibliografía con formato predefinido, sitúe el punto de inserción en el texto de la bibliografía, haga clic en el símbolo y luego pulse la tecla Supr.

  Para eliminar una bibliografía sin formato predefinido, seleccione el texto de la bibliografía y luego pulse la tecla Supr.

- Para convertir una bibliografía en texto estándar, haga clic en el texto de la bibliografía, pulse en la herramienta y seleccione la opción **Convertir la bibliografía en texto estático**: la bibliografía ya no se podrá actualizar cuando se agregue, modifique o elimine alguna de las fuentes.

La opción **Guardar la selección en la galería de bibliografías** asociada al botón **Bibliografía** de la pestaña **Referencias** (grupo **Citas y bibliografía**) permite agregar una bibliografía a la galería de los bloques de creación.

Administrar las fuentes

- En la pestaña **Referencias**, pulse el botón **Administrar fuentes** del grupo **Citas y bibliografía**.

  *En pantalla aparece el cuadro de diálogo **Administrador de fuentes**. En el cuadro **Lista general** se visualiza la lista de fuentes creadas en Word, mientras que en el cuadro **Lista actual** se visualiza la lista de fuentes del documento activo. Se muestra una **Vista previa** de la fuente seleccionada en el apartado situado en la parte inferior del cuadro de diálogo.*

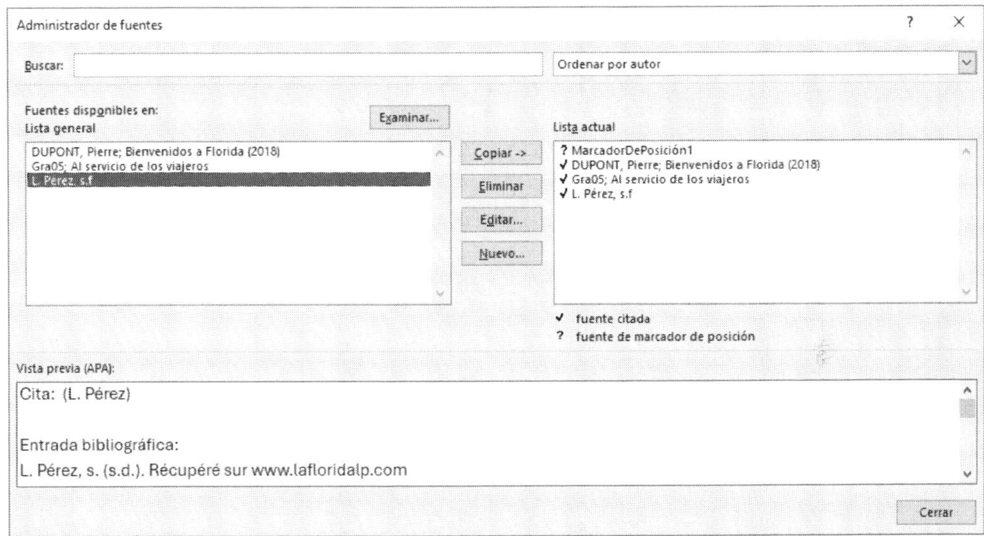

*En el cuadro **Lista actual**, las fuentes citadas aparecen con una marca y los marcadores de posición van precedidos por un signo de interrogación. Cuando una fuente no va precedida ni por una marca ni por un signo de interrogación, significa que dicha fuente no se ha citado en el documento. Sin embargo, si la fuente forma parte del cuadro lista actual, se integrará en la bibliografía.*

- Modifique, si fuese necesario, el orden de clasificación de las fuentes de los cuadros **Lista general** y **Lista actual**: abra la lista situada en la parte superior derecha del cuadro de diálogo y haga clic en la opción que corresponda al tipo de orden deseado; de forma predeterminada, las listas se clasifican por autor.

© Editions ENI - Reproducción prohibida

- Para buscar una fuente, haga clic en la casilla **Buscar** y escriba el nombre de la fuente: la búsqueda se efectúa en los dos cuadros y empieza cuando se escribe la primera letra.

  Para poder ver de nuevo todas las fuentes, elimine el contenido de la casilla **Buscar**.

- Para disponer en el documento actual de una fuente creada posteriormente en otro documento, seleccione la fuente en la **Lista general** y pulse el botón **Copiar**: la fuente aparecerá en la **Lista actual** y se añade a las citas de la lista **Insertar cita** (pestaña **Referencias**).

- Para eliminar una fuente, selecciónela en la **Lista general** o en la **Lista actual** y pulse el botón **Eliminar**.

  *No se puede eliminar una fuente utilizada en el documento (a la izquierda de la fuente, en el cuadro **Lista actual**, aparece una muesca).*

- Para modificar la información de una fuente, seleccione la fuente de una de las dos listas en función de los documentos a los que afectarán estas modificaciones. A continuación, pulse el botón **Editar**, efectúe las modificaciones pertinentes y pulse el botón **Aceptar**.

  Si la fuente modificada forma parte tanto de la lista general como de la lista actual, un mensaje le ofrecerá actualizar ambas listas.

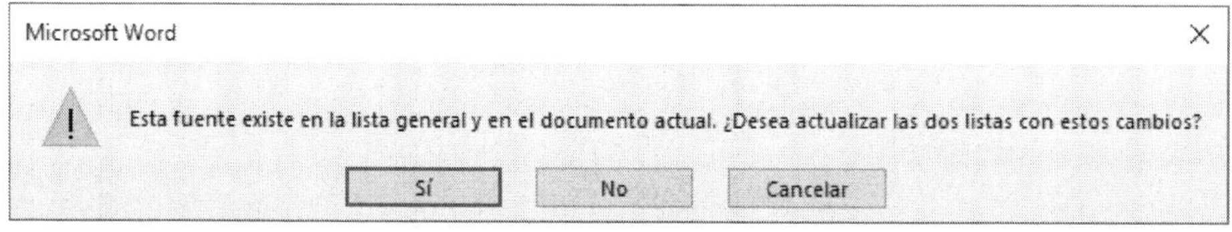

  *El botón **Cancelar** permite anular las modificaciones.*

- Para agregar una fuente nueva, pulse el botón **Nuevo**, seleccione el **Tipo de fuente bibliográfica** e introduzca la información de la fuente antes de pulsar los botones **Aceptar**.

  La nueva fuente creada aparece en la lista general y en la lista activa. Este método puede ser utilizado para crear una fuente sin insertar una cita.

- Pulse el botón **Cerrar**.

Para actualizar una bibliografía en función de las modificaciones efectuadas en el cuadro de diálogo **Administrador de fuentes**, pulse el botón secundario del ratón en el texto de la bibliografía y haga clic en la opción **Actualizar campos**; en caso de tratarse de un formato predefinido de bibliografía, también puede hacer clic en la opción **Actualizar citas y bibliografía.**

También puede modificar una fuente a partir de una cita: abra la lista de la cita correspondiente en el documento y a continuación seleccione la opción **Editar fuente.** Realice las modificaciones pertinentes y pulse el botón **Aceptar**.

© Editions ENI - Reproducción prohibida

Crear un documento maestro

*Un **documento maestro** permite reunir varios documentos Word (denominados **subdocumentos**) con el fin de gestionar simultáneamente los números de página, títulos, notas, etc. de los subdocumentos.*

- Cree un nuevo documento basado en la plantilla común a todos los subdocumentos.
- Active la vista **Esquema** haciendo clic en el botón **Esquema** de la pestaña **Vista** (grupo **Vistas**).

  *En la cinta de opciones se activa la pestaña **Esquema**.*
- Pulse el botón **Mostrar documento** del grupo **Documento maestro** para activar el modo **Documento maestro** y poder ver las opciones correspondientes en la pestaña **Esquema**.
- Para insertar un subdocumento, haga clic, si fuera necesario, en el párrafo en el que debe ser insertado y luego haga clic en el botón **Insertar**. A continuación, seleccione el documento que desea insertar y luego haga clic en **Abrir**.

  *Si el subdocumento utiliza estilos predefinidos que existen ya en el documento maestro (los estilos predefinidos de Word son **Título**, **Título 1**, **Título 2**, etc.), aparecerá un mensaje que le ofrece volver a nombrar los estilos del subdocumento para evitar conflictos.*

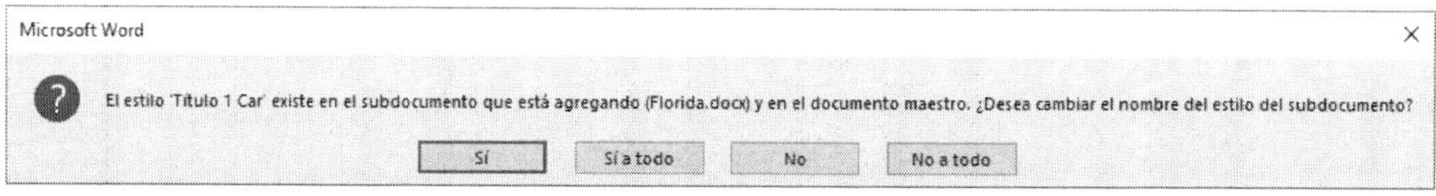

- En este caso, pulse uno de los botones siguientes:

  Sí Estos estilos se copian en el documento maestro y se les vuelve a dar nombre para evitar conflictos. De forma predeterminada los estilos que se utilizan son los del documento maestro.

  No Estos estilos no se copian en el documento maestro.
- Prosiga de este modo para insertar todos los subdocumentos en el documento maestro.

  Todo el subdocumento aparece enmarcado con un borde gris.
- Para mostrar únicamente el esquema del subdocumento, abra la lista **Mostrar nivel** y haga clic en el nivel deseado en función de los títulos que desee mostrar.

- Guarde el documento maestro y ciérrelo.

El botón **Crear** que se encuentra en el grupo **Documento maestro** (pestaña **Esquema**) permite crear un subdocumento directamente a partir del documento maestro. A continuación, solo necesita abrirlo para escribir su contenido (véase el apartado siguiente).

Utilizar un documento maestro

- Abra el documento maestro que contiene los subdocumentos.
- Si fuera necesario, active la vista **Esquema** (pestaña **Vista** - botón **Esquema**) y haga clic en el botón **Mostrar documento**.

Cada subdocumento aparece en forma de hipervínculo. Puede hacer clic en el vínculo hipervínculo para abrir el subdocumento. Los subdocumentos están separados por saltos de sección que se muestran cuando se visualizan las marcas de formato.

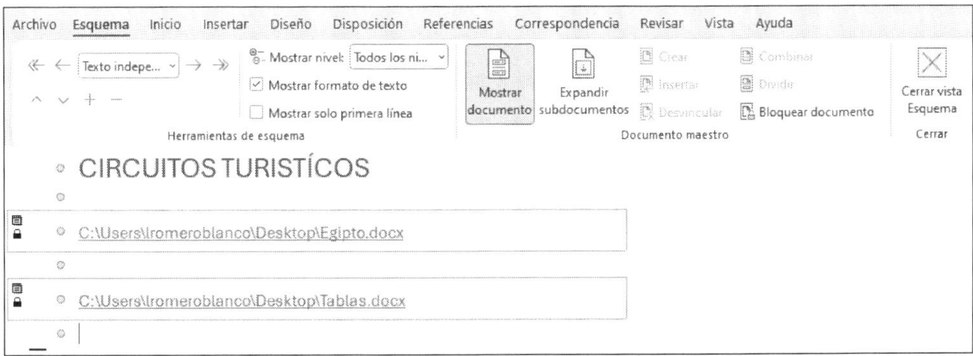

- Haga clic en el botón **Expandir subdocumentos** del grupo **Documento maestro**.
- Escoja lo que desea visualizar utilizando la lista **Mostrar nivel** del grupo **Herramientas de esquema**.
- Para abrir un subdocumento, haga doble clic en el icono subdocumento situado en la esquina superior izquierda del cuadro.

Tras haber realizado la consulta y/o modificado el contenido del documento, guarde, si es necesario, las modificaciones y ciérrelo antes de volver al documento maestro.

Si no lo cierra, el subdocumento aparecerá bloqueado en el documento maestro (con un candado debajo de) y no podrá modificarse.

© Editions ENI - Reproducción prohibida

- Para bloquear un subdocumento y así evitar cualquier tipo de modificación, haga clic en el subdocumento y pulse el botón **Bloquear documento**. Para desbloquearlo, pulse de nuevo este botón.
- Para reorganizar el contenido del documento maestro, desplace el o los títulos en cuestión utilizando las herramientas ⌃ o ⌄; también puede arrastrar el botón ⊕ que precede el título que desea desplazar.

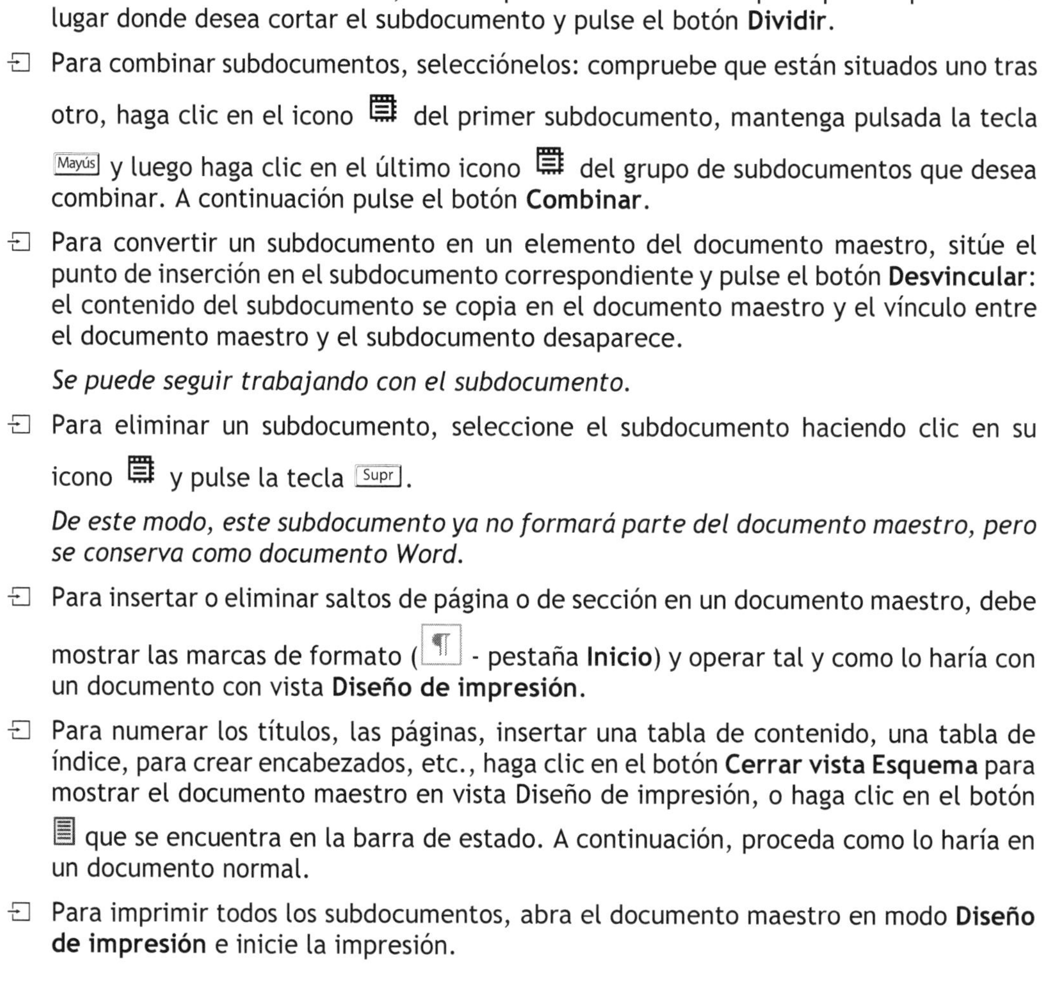

- Para dividir un subdocumento, sitúe el punto de inserción al principio del párrafo del lugar donde desea cortar el subdocumento y pulse el botón **Dividir**.
- Para combinar subdocumentos, selecciónelos: compruebe que están situados uno tras otro, haga clic en el icono del primer subdocumento, mantenga pulsada la tecla Mayús y luego haga clic en el último icono del grupo de subdocumentos que desea combinar. A continuación pulse el botón **Combinar**.
- Para convertir un subdocumento en un elemento del documento maestro, sitúe el punto de inserción en el subdocumento correspondiente y pulse el botón **Desvincular**: el contenido del subdocumento se copia en el documento maestro y el vínculo entre el documento maestro y el subdocumento desaparece.

  Se puede seguir trabajando con el subdocumento.
- Para eliminar un subdocumento, seleccione el subdocumento haciendo clic en su icono y pulse la tecla Supr.

  De este modo, este subdocumento ya no formará parte del documento maestro, pero se conserva como documento Word.
- Para insertar o eliminar saltos de página o de sección en un documento maestro, debe mostrar las marcas de formato (¶ - pestaña **Inicio**) y operar tal y como lo haría con un documento con vista **Diseño de impresión**.
- Para numerar los títulos, las páginas, insertar una tabla de contenido, una tabla de índice, para crear encabezados, etc., haga clic en el botón **Cerrar vista Esquema** para mostrar el documento maestro en vista Diseño de impresión, o haga clic en el botón que se encuentra en la barra de estado. A continuación, proceda como lo haría en un documento normal.
- Para imprimir todos los subdocumentos, abra el documento maestro en modo **Diseño de impresión** e inicie la impresión.

Insertar una tabla

Primer método

- Sitúe el punto de inserción en el lugar donde debe insertarse la tabla.

  Puede desplazar el punto de inserción al interior de una celda de la tabla si desea crear una tabla anidada (una tabla dentro de otra).

- En la pestaña **Insertar**, pulse el botón **Tabla** del grupo **Tablas** y haga clic en la opción **Insertar tabla**.

- Indique el **Número de columnas** y el **Número de filas** en las casillas correspondientes.

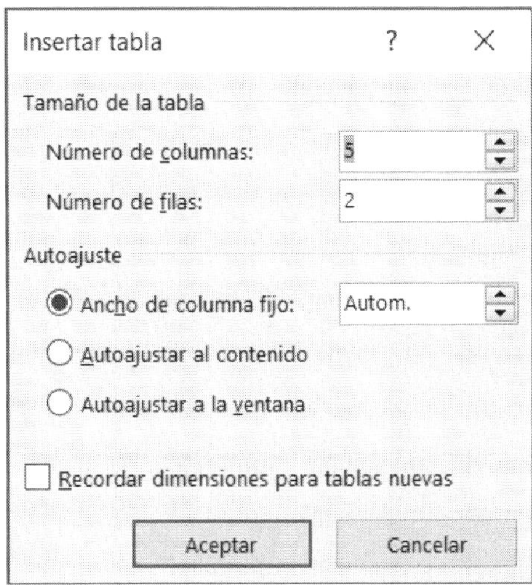

- En el cuadro **Autoajuste**, haga clic en una de las tres opciones que se ofrecen:

  Ancho de columna fijo: el ancho de las columnas no se modifica automáticamente cuando se escribe. Deje que Word determine la anchura de cada columna en el cuadro de texto (**Automático**) o introduzca el valor deseado.

  Autoajustar al contenido: la tabla se inserta en el documento con anchos de columna mínimos. Cuando se escribe, el ancho de las columnas se autoajusta al contenido (atención, si se modifica manualmente el ancho de una columna, el autoajuste dejará de funcionar).

  Autoajustar a la ventana: en el documento, la tabla se inserta entre los márgenes y cuando varían, consecuentemente, la tabla se autoajusta. Mientras se escribe, el ancho de las columnas no se autoajusta, sino que se mantiene fijo.

© Editions ENI - Reproducción prohibida

Sea cual sea la opción elegida, cuando se inserta un objeto o una imagen en la tabla, el ancho de la columna se autoajusta en función del tamaño del objeto o imagen insertada.

- Active la opción **Recordar dimensiones para tablas nuevas** si desea conservar los parámetros seleccionados para la creación de nuevas tablas.
- Pulse el botón **Aceptar**.

*La tabla se inserta instantáneamente. Aparecerán en la cinta de opciones dos pestañas contextuales: **Diseño de tabla** y **Disposición de tabla**. La pestaña activa, **Diseño de tabla**, presenta las opciones de formato de una tabla:*

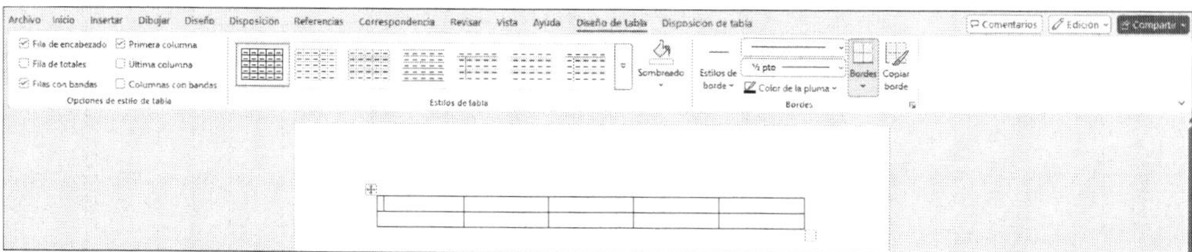

En la regla, los rectángulos a cuadros indican el ancho de cada columna. Tras la inserción de una tabla, la celda activa es sistemáticamente la primera.

- A continuación, complete la tabla. Introduzca el texto de la primera celda y acceda a la celda siguiente con la tecla .

Para dar formato al contenido de las celdas, hágalo como en un texto normal.

Segundo método

- Sitúe el punto de inserción en el lugar donde desea insertar la tabla.

Puede desplazar el punto de inserción al interior de las celdas de una tabla si desea crear una tabla anidada (una tabla dentro de otra).

- En la pestaña **Insertar**, pulse el botón **Tabla** del grupo **Tablas.**

En la parte superior de la lista se muestran celdas de una tabla.

- Sitúe el puntero en la primera celda y deslice el ratón hasta la última celda de la tabla en función del número de filas y columnas deseadas.

En el documento se muestra una vista previa de la tabla.

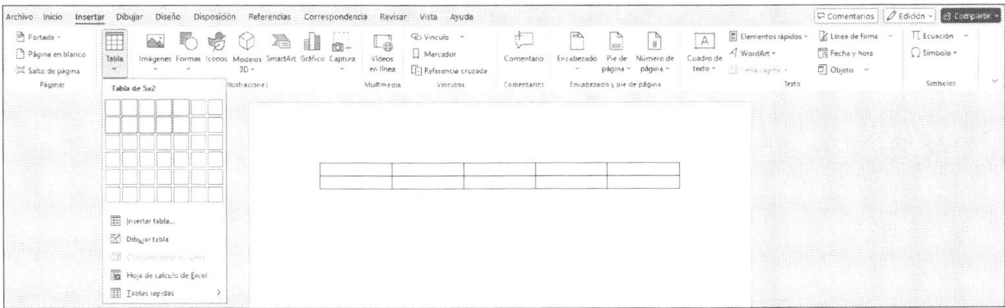

- Haga clic en la última celda de la tabla para insertar la tabla en el documento.

  *Tras la inserción de la tabla, aparecerán en la cinta de opciones dos pestañas contextuales: **Diseño de tabla** y **Disposición de tabla**. La pestaña activa, **Diseño de tabla**, presenta las opciones de formato de una tabla.*

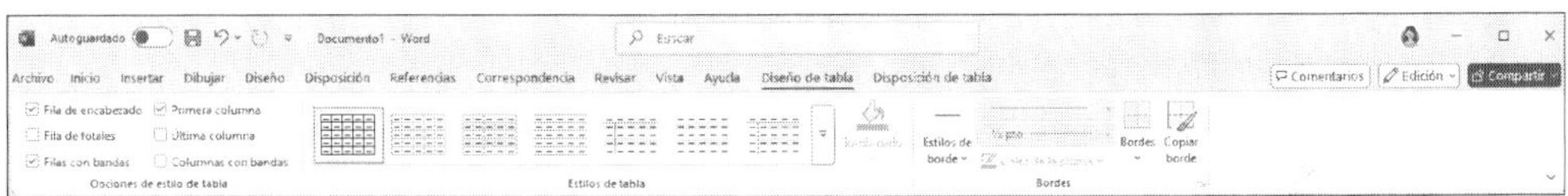

Tercer método

- En la pestaña **Insertar**, pulse el botón **Tabla** del grupo **Tablas** y haga clic en la opción **Dibujar tabla**.

  El puntero del ratón se convierte en un lápiz.

- Haga clic y arrastre el puntero para trazar el contorno de la tabla.

  *Aparecerán en la cinta de opciones dos pestañas contextuales: **Diseño de tabla** y **Disposición de tabla**.*

- Siga dibujando la tabla trazando las líneas de separación de filas y/o columnas.
- En la pestaña contextual **Disposición de tabla**, pulse el botón **Dibujar tabla** del grupo **Dibujar** para desactivarla.

© Editions ENI - Reproducción prohibida

Este procedimiento tiene como ventaja que se puede elegir el tipo de líneas, el ancho de las columnas y el alto de las filas.

Word pone a su disposición un cierto número de tablas predefinidas que contienen datos: haga clic en el botón **Tabla** de la pestaña **Insertar**, señale la opción **Tablas rápidas** y luego haga clic en la plantilla de tabla que desee insertar.

Las opciones de la pestaña **Texto alternativo** del cuadro de diálogo **Propiedades de tabla** (haga clic con el botón secundario del ratón en una tabla - opción **Propiedades de tabla**) permiten añadir un título y una descripción a la tabla. Este texto alternativo aparece en su explorador web mientras se está descargando la tabla o cuando falta la tabla.

Seleccionar en la tabla

Según el tipo de selección deseada, utilice las siguientes soluciones:

Para seleccionar una celda: sitúe el ratón dentro de la celda en la parte izquierda y cuando el puntero se convierta en una flecha negra hacia arriba y a la derecha, haga clic.

Para seleccionar una columna: sitúe el puntero encima de la primera línea horizontal de la columna; cuando el puntero se convierta en una flecha negra hacia abajo, haga clic.

Para seleccionar una fila: sitúe el ratón a la izquierda fuera de la primera celda de la fila. Cuando el puntero se convierta en una flecha blanca hacia arriba y a la derecha, haga clic.

Para seleccionar la tabla: sitúe el cursor en la esquina superior izquierda de la tabla y pulse el icono que aparece.

Para seleccionar varias celdas, columnas o filas seguidas, seleccione la primera celda, columna o fila, mantenga el botón del ratón pulsado y arrastre el puntero del ratón por las siguientes celdas, columnas o filas que desea seleccionar.

Para anular una selección, haga clic en una celda.

Para seleccionar la celda, fila, columna o tabla activa, utilice la opción correspondiente del botón **Seleccionar** de la pestaña **Disposición de tabla** (grupo **Tabla**).

Puede utilizar la tecla ⇥ para seleccionar la celda siguiente, o las teclas Mayús ⇥ para seleccionar la celda anterior.

Insertar y utilizar tabulación en una tabla

- Coloque las tabulaciones como si se tratase de un párrafo de texto.
- Para acceder al marcador de tabulación siguiente dentro de una celda, pulse Ctrl Tab.

Insertar una columna/fila

Primer método

- Seleccione la columna o fila delante de la cual o detrás de la cual desea insertar la nueva columna o fila; para insertar varias columnas o filas, seleccione tantas columnas o filas como desee insertar.
- En la pestaña **Disposición de tabla** y en el grupo **Filas y columnas**, haga clic en el botón **Insertar a la izquierda** o **Insertar a la derecha** para una columna, o **Insertar debajo** o **Insertar arriba** para una fila.

  Encontrará estas mismas opciones en el botón ***Insertar*** *de la minibarra de herramientas.*

  La nueva columna/fila adopta las características de presentación de la fila activa en el momento de la inserción.

Segundo método

- Para insertar una fila, sitúe el ratón encima de la primera línea horizontal de la tabla en el lugar donde desea insertar la nueva fila.

  Para insertar una columna, sitúe el ratón encima de la primera línea vertical de la tabla en el lugar donde desea insertar la nueva columna.

Notas obtenidas

Aparatos	15/01	15/03	15/05	15/07	15/09	15/11	Media
Barras	9,025	4,815	8,565	4,128	3,880	9,285	
Trampolín	9,025	6,595	6,945	9,375	7,925	8,445	
Suelo	8,885	8,555	8,425	2,557	5,125	9,930	
Saltos	8,970	7,290	8,170	8,810	9,430	9,375	
Anillos	8,955	9,910	6,620	6,825	5,040	9,150	
Potro	5,255	5,980	6,620		7,685		
Barras Fijas	5,955		4,620	8,825	6,040	7,450	
Barras Paralelas	7,255	9,025	6,110	6,565	6,355	8,250	
Suelo	3,475	6,285	4,620	7,140	6,930	3,450	

© Editions ENI - Reproducción prohibida

Aparece el símbolo ⊕ en la futura ubicación de la línea o de la columna.

- Haga clic en el símbolo ⊕ tantas veces como líneas o columnas desee insertar.

Notas obtenidas

Aparatos	15/01	15/03	15/05	15/07	15/09	15/11	Media
Barras	9,025	4,815	8,565	4,128	3,880	9,285	
Trampolín	9,025	6,595	6,945	9,375	7,925	8,445	
Suelo	8,885	8,555	8,425	2,557	5,125	9,930	
Saltos	8,970	7,290	8,170	8,810	9,430	9,375	

En el ejemplo que se muestra, se han añadido dos líneas a la tabla.

También puede utilizar este método seleccionando tantas columnas/filas como desee insertar.

Para insertar una fila al final de la tabla, haga clic en la última celda de la tabla y pulse la tecla ⇥.

Insertar celdas

- Seleccione las celdas delante de las cuales desea insertar las nuevas celdas; es necesario seleccionar tantas celdas como celdas desea insertar.
- En la pestaña contextual **Disposición de tabla**, pulse el selector de cuadro de diálogo ↘ del grupo **Filas y columnas**.

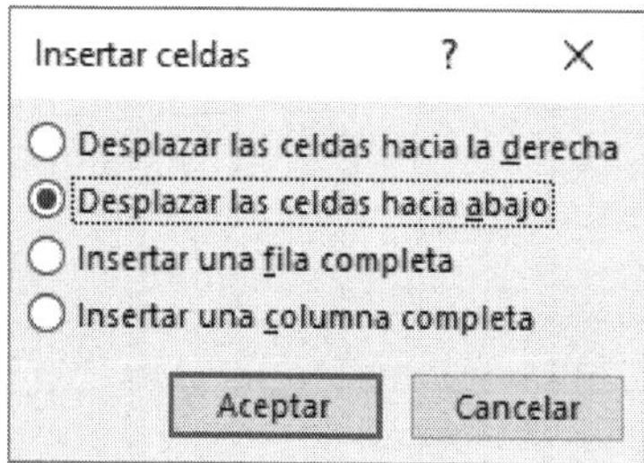

- Active la primera o la segunda opción según cómo deben insertarse las celdas y pulse el botón **Aceptar**.

  La o las nuevas celdas adoptan las características de formato de las celdas activas en el momento de la inserción.

Eliminar filas/columnas/celdas

Filas o columnas

- Seleccione las filas o las columnas que desea eliminar.
- En la pestaña contextual **Disposición de tabla**, pulse el botón **Eliminar** del grupo **Filas y columnas.**

  *También puede hacer clic en el botón **Eliminar** de la mini barra de herramientas que se muestra cuando las filas o las columnas están seleccionadas.*
- Haga clic en la opción **Eliminar columnas** o **Eliminar filas.**

Celdas

- Seleccione las celdas que desea eliminar.
- En la pestaña contextual **Disposición**, pulse el botón **Eliminar** del grupo **Filas y columnas** y haga clic en la opción **Eliminar celdas.**

  *También puede hacer clic en la opción **Eliminar celdas** en el botón **Eliminar** de la mini barra de herramientas.*
- Determine cómo deberán desplazarse las demás celdas.

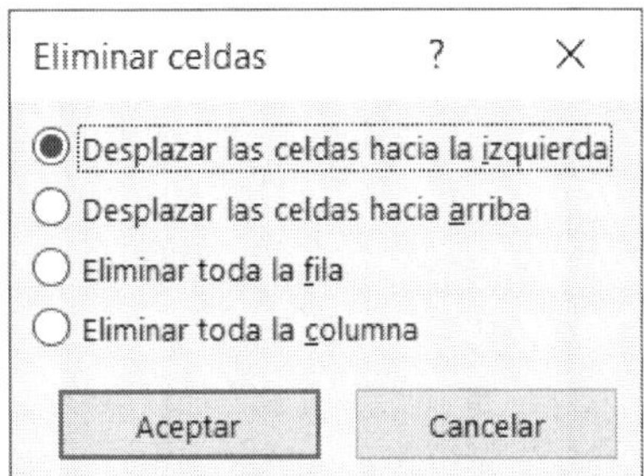

  Este cuadro de diálogo también le ofrece la posibilidad de eliminar la fila o la columna correspondiente.
- Pulse el botón **Aceptar**.

© Editions ENI - Reproducción prohibida

Dividir una tabla en dos

- Sitúe el punto de inserción en la fila antes de la cual desea insertar la división de la tabla.
- En la pestaña contextual **Disposición de tabla**, pulse el botón **Dividir tabla** del grupo **Combinar** o utilice el método abreviado Ctrl Mayús ↵.

  Obtendrá dos tablas diferentes separadas por un párrafo.

Combinar celdas

Esta operación permite transformar varias celdas en una sola. Ejemplo:

		TRIMESTRE 1			TRIMESTRE 2		
		Ene	Feb	Mar	Abr	Mayo	Jun
CATEGORÍA A	Menos de 15 años	101	105	110	102	107	115
	Más de 15 años	98	103	114	97	105	110
CATEGORÍA B	Menos de 15 años	100	101	103	99	109	112
	Más de 15 años	97	90	105	112	118	105

La celda TRIMESTRE 1 es el resultado de la combinación de tres celdas situadas en tres columnas adyacentes. La celda CATEGORIA A es el resultado de la combinación de dos celdas situadas en dos filas adyacentes.

Utilizando la herramienta

- Seleccione las celdas que desea combinar.
- En la pestaña contextual **Disposición de tabla**, haga clic en el botón **Combinar celdas** que se muestra en el grupo **Combinar**.

Borrando los bordes

- Haga clic en cualquier celda de la tabla.
- En la pestaña contextual **Disposición de tabla**, haga clic en el botón **Borrador** que se muestra en el grupo **Dibujar**.

  El puntero del ratón se convierte en una goma.
- "Borre", haciendo clic y arrastrando, la o las líneas que separan las celdas que desea unir.
- Haga clic de nuevo en el botón **Borrador** para desactivarlo.

Dividir celdas

Esta técnica permite, al contrario que la combinación, dividir una celda en varias celdas.

Utilizando el cuadro de diálogo

- Seleccione la o las celdas que desea dividir.
- En la pestaña contextual **Disposición de tabla**, pulse el botón **Dividir celdas** del grupo **Combinar**.
- Indique el **Número de columnas** y/o el **Número de filas** que desea crear.
- Active la opción **Combinar celdas antes de dividir** si desea crear primero una sola celda a partir de la selección y después dividir esta celda en X filas e Y columnas. Si la opción está desactivada, cada celda de la selección será dividida en X filas e Y columnas.
- Pulse el botón **Aceptar**.

Trazando los bordes

- Haga clic en cualquier celda de la tabla.
- En la pestaña contextual **Disposición de tabla**, pulse el botón **Dibujar tabla** del grupo **Dibujar**.

  El puntero del ratón se convierte en un lápiz.
- Arrastre el puntero del ratón (el lápiz) de forma horizontal o vertical para crear una nueva partición de celdas.
- Cuando se ha terminado la división, pulse de nuevo el botón **Dibujar tabla** para desactivar esta función.

Ordenar una tabla

- Seleccione los elementos que desea ordenar de la tabla. Si debe ordenar toda la tabla, no hace falta seleccionarla, basta con hacer clic en ella.
- En la pestaña contextual **Disposición de tabla**, haga clic en el botón **Ordenar** del grupo **Datos**.

  Observe que se puede ordenar a partir de tres criterios distintos.

© Editions ENI - Reproducción prohibida

- Si la primera fila de la selección contiene títulos de columna y no tiene que ser ordenada, active la opción **Con encabezado** del cuadro **La lista será**. En caso contrario, active la opción **Sin encabezado**.
- Seleccione en la lista **Ordenar por**, el número de la columna o encabezado de la columna en función de la cual deberá ordenarse.
- Elija, en la lista **Tipo**, el tipo de datos que se ordenarán: **Texto**, **Número** o **Fecha** (para los datos que incluyan al menos el día y el mes o el mes y el año).
- A continuación, indique si el orden debe efectuarse de forma **Ascendente** o **Descendente**.
- Si varias celdas de la columna que se ha utilizado como base para ordenar la tabla contienen los mismos datos, indique según el mismo principio, la columna que deberá ser utilizada como criterio de orden en la lista **Luego por**.

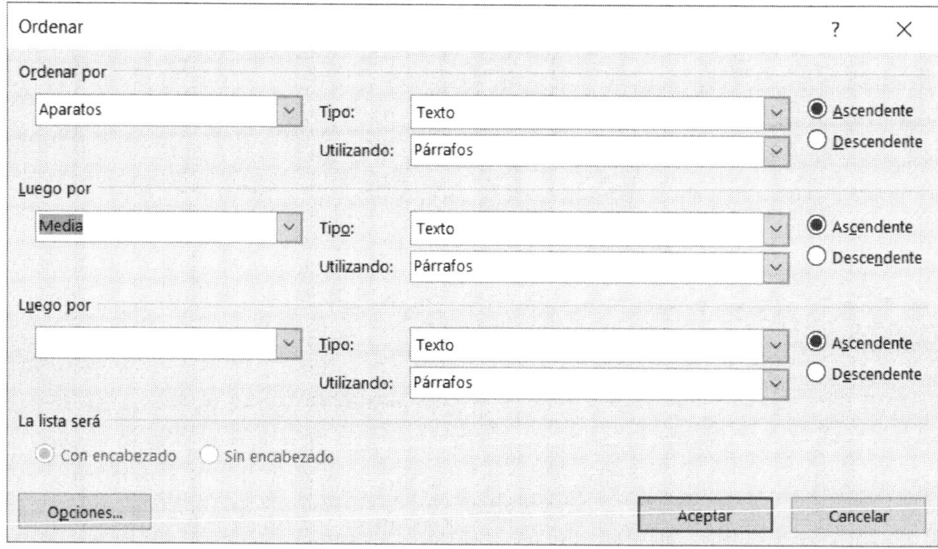

- Indique, si fuese necesario, un tercer criterio en el segundo cuadro **Luego por**.
- Cuando todos los criterios estén establecidos, pulse el botón **Aceptar** para iniciar el orden.

Si la tabla no se ha ordenado correctamente, no dude en utilizar la herramienta para volver al estado inicial.

Ordenar una sola columna de una tabla

- Seleccione la columna que desea ordenar.
- En la pestaña contextual **Disposición de tabla**, haga clic en el botón **Ordenar** del grupo **Datos**.
- Si la primera celda de la columna contiene el título de columna y no tiene que ser ordenada, active la opción **Con área** del cuadro **La lista será**. En caso contrario, active la opción **Sin área**.
- Elija, en la lista **Tipo** del área **Ordenar por**, el tipo de datos que desea ordenar: **Texto**, **Número** o **Fecha**.
- Pulse el botón **Opciones**.
- Active la opción **Ordenar solo columnas** en el apartado **Opciones**.
- Pulse el botón **Aceptar** de las dos ventanas.

También puede ordenar un conjunto de párrafos que contengan textos presentados en columna, separados por tabulaciones o puntos y comas (lista), mediante la herramienta A↓Z de la pestaña **Inicio** (grupo **Párrafo**); efectúe el orden pertinente como si se tratase de una tabla.

Convertir texto en tabla

Se trata de transformar en tabla un conjunto de párrafos que contengan textos presentados en columna, por ejemplo, separados con tabulaciones o con puntos y comas.

- Seleccione el texto que desea convertir.
- En la pestaña **Insertar**, pulse el botón **Tabla** del grupo **Tablas** y haga clic en la opción **Convertir texto en tabla**.

© Editions ENI - Reproducción prohibida

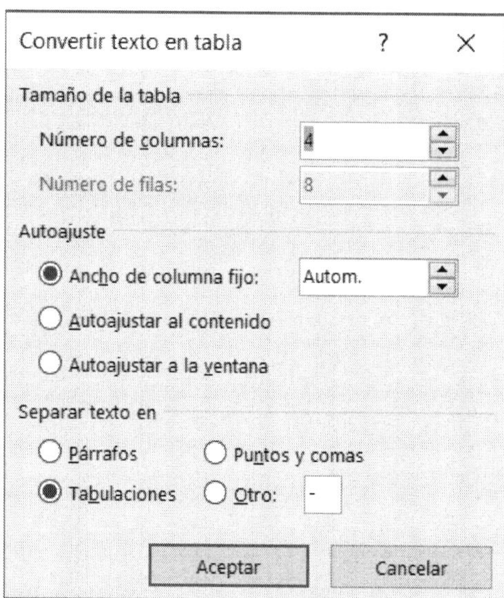

- Escriba, si fuese necesario, el **Número de columnas** que debe tener la tabla.
- Seleccione una de las tres opciones del cuadro **Autoajuste** para definir como debe realizarse el autoajuste de la tabla.

  Encontrará la explicación de estas tres opciones en el apartado Insertar una tabla.

- Seleccione, en el apartado **Separar texto en**, el carácter que debe servir de indicador para generar cada columna.
- Pulse el botón **Aceptar**.

  Si el carácter de separación del texto es la tecla ⭾ entonces, por cada vez que se ha pulsado la tecla ⭾ se ha generado una columna y por cada vez que se ha pulsado la tecla ↵ o Mayús ↵ se ha generado una fila.

También puede efectuar la operación inversa: convertir una tabla en texto. Para ello, seleccione la tabla correspondiente, haga clic en la pestaña contextual **Disposición de tabla**, y luego en el botón **Convertir texto a** del grupo **Datos**. A continuación, seleccione la opción correspondiente al carácter separador que desea utilizar para separar el texto y luego haga clic en **Aceptar**.

Repetir los títulos de las columnas en varias páginas

Este procedimiento permite imprimir los títulos de las columnas en todas las páginas si la tabla ocupa varias páginas.

- Seleccione las filas que contengan los títulos que desea repetir.

  La selección debe contener obligatoriamente la primera fila de la tabla y debe ser continua si afecta a varias filas.

- En la pestaña contextual **Disposición de tabla**, haga clic en el botón **Repetir filas de título** del grupo **Datos.**

Para anular esta operación, seleccione las filas correspondientes y vuelva a pulsar la opción **Repetir filas de título**.

Hacer un cálculo

Principios básicos

Cada columna se identifica con una letra (la primera columna es A, la segunda columna es B, etc.) y cada fila con un número (la primera fila es 1, la segunda fila es 2, etc.).

La referencia de una celda es, por lo tanto, la asociación entre la letra de la columna y el número de la fila (A2, B5, etc.).

Para nombrar las celdas adyacentes, indique la referencia de la primera celda, escriba dos puntos (:) y la referencia de la última celda (ej: C2:C4).

Para nombrar celdas no adyacentes, utilice el punto y coma (;) como separador (ej.: B5;D5).

Introducir una fórmula de cálculo

- Haga clic en la celda que contendrá el resultado.
- En la pestaña contextual **Disposición de tabla**, haga clic en el botón **Fórmula** del grupo **Datos**.
- Elimine, si fuese necesario, todo lo que aparece dentro de la casilla **Fórmula**, salvo el signo =.

© Editions ENI - Reproducción prohibida

- En la casilla **Fórmula**, introduzca la fórmula detrás del signo = mediante las referencias de las celdas y los elementos matemáticos siguientes:

-	Para la resta.
/	Para la división.
*	Para la multiplicación.
%	Para el cálculo de un porcentaje.
^	Para elevar a la potencia.
+	Para la suma.

En este caso, a la cantidad de la celda C7 se le resta la de la celda C6.

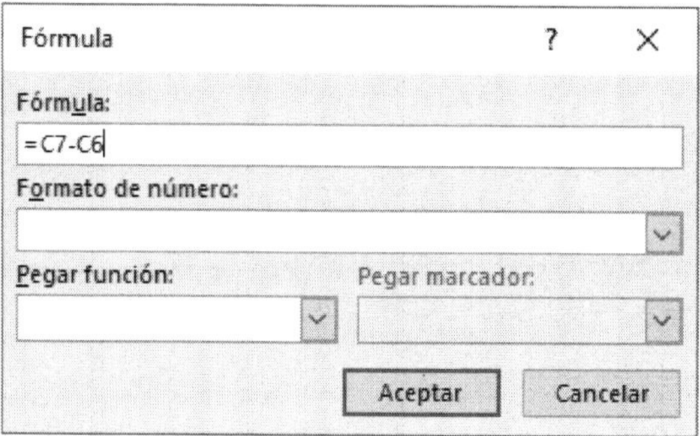

- Seleccione, si lo desea, un **Formato de número** en la lista correspondiente:

# ##0	-3 638
# ##0,00	-3 637,54
# ##0,00 €;(# ##0,00 €)	(3 637,54 €)
0	-3638
0%	-3638%
0,00	-3637,54
0,00%	-3637,54%

- Pulse el botón **Aceptar**.

Utilizar una función de cálculo en una tabla

- Haga clic en la celda que deberá contener el resultado.
- En la pestaña contextual **Disposición de tabla**, haga clic en el botón **Fórmula**.
- Elimine, si es necesario, todo lo que aparece en la casilla **Fórmula** salvo el signo =.
- En la lista **Pegar función**, seleccione la función que corresponde al cálculo que desea realizar.
- En la casilla **Fórmula**, indique a qué elementos debe aplicarse la fórmula insertando entre paréntesis los elementos siguientes:

ABOVE	Para todas las celdas superiores.
BELOW	Para todas las celdas inferiores.
LEFT	Para todas las celdas de la izquierda.
RIGHT	Para todas las celdas de la derecha.
Ref. celda:Ref. celda	Celdas adyacentes.
Ref. celda;Ref. celda	Celdas no adyacentes.

- Seleccione, si fuese necesario, el **Formato de número** que se debe aplicar al resultado.

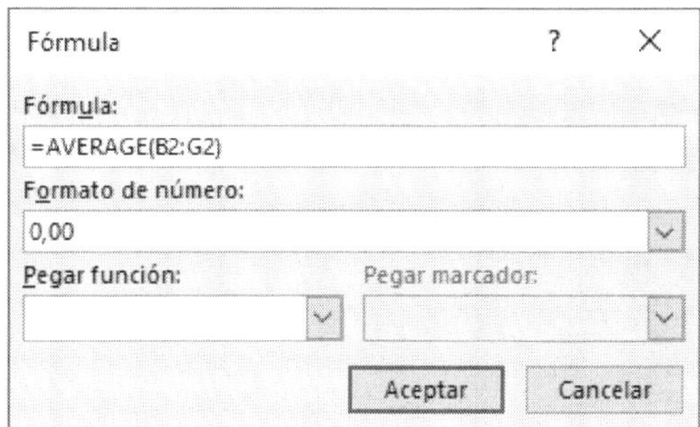

En la imagen, se efectuará el promedio de las celdas B2 a G2.

- Pulse el botón **Aceptar**.

Los resultados del cálculo son, de hecho, los resultados de un **CAMPO**. Los valores solo se pueden ver cuando está activado el modo de visualización de resultados, pero no se ven cuando la visualización es de códigos de campo (Alt F9).

Después de haber cambiado el valor de una celda implicada en una fórmula, actualice la fórmula haciendo clic en el campo correspondiente y pulsando la tecla F9.

© Editions ENI - Reproducción prohibida

Modificar el ancho de las columnas/alto de las filas

Una columna/fila

- Sitúe el punto de inserción dentro de la tabla.
- Para modificar el ancho de una columna, sitúe el puntero en la línea vertical de la derecha de la columna que desea modificar. El puntero aparece en forma de ↔‖. Haga clic y arrastre:

solo	Para modificar el ancho de la columna y también el de la columna de la derecha (se conserva el ancho total de la tabla).
con [Mayús]	Para modificar el ancho de la columna; no se modifican las de la derecha; se modifica el ancho total de la tabla.
con [Ctrl] [Mayús]	Para modificar el ancho de la columna; todas las de la derecha se modifican proporcionalmente para conservar el ancho total de la tabla.

- Para modificar el alto de una fila, en la vista **Diseño de impresión**, sitúe el puntero en la línea horizontal situada debajo de la fila correspondiente (el puntero aparece en forma de ↕) y, a continuación, haga clic y arrastre.

Si hace doble clic en la línea vertical situada a la derecha de la columna activa, se ajustará el ancho de esta columna respecto a su contenido.

Si mantiene pulsada la tecla [Alt] mientras hace clic y arrastra, verá las dimensiones de las columnas o de las filas en la regla.
Para modificar el ancho de una o varias celdas de una columna, selecciónelas y opere como lo haría para modificar el ancho de una columna.

Varias columnas

- Seleccione las columnas correspondientes.
- En la pestaña contextual **Disposición de tabla**, haga clic en el botón **Propiedades** que se muestra en el grupo **Tabla** y luego haga clic en la pestaña **Columna**.

*También puede hacer doble clic en el indicador de columna ▦ que aparece en la regla y hacer clic en la pestaña **Columna**. Cuando las columnas seleccionadas tienen todas el mismo ancho, su tamaño aparece en la primera casilla. En caso contrario, en esta casilla aparece sombreado el tamaño de la primera columna seleccionada.*

- Active, si fuese necesario, la opción **Ancho preferido**, seleccione la unidad con la que el ancho debe introducirse en la lista **Medir en** y escriba el nuevo ancho de columnas en la casilla asociada a la opción **Ancho preferido**.

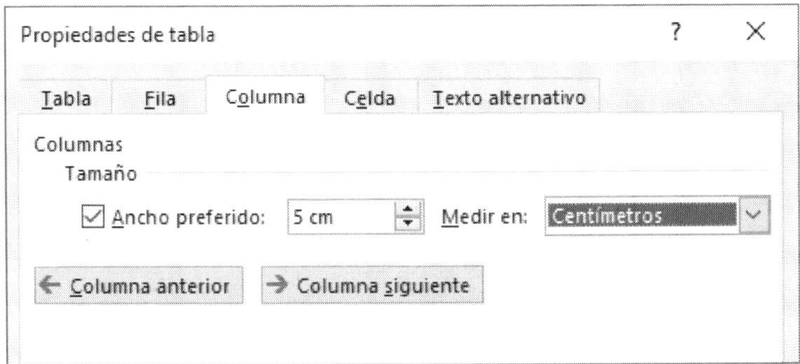

- Si también hay que modificar la **Columna siguiente** o la **Columna anterior**, prosiga el proceso pulsando los botones correspondientes antes de validar; si no, puede validar inmediatamente con el botón **Aceptar**.

Puede ajustar el ancho de todas las columnas de una tabla. Para ello, sitúe el punto de inserción en una celda de la tabla y, en la pestaña contextual **Disposición de tabla**, pulse el botón **Autoajustar** del grupo **Tamaño de celda**. Según el ajuste deseado, haga clic en una de las siguientes opciones:

Autoajustar al contenido: ajusta el ancho de todas las columnas de la tabla según su contenido.
Autoajustar a la ventana: ajusta el ancho de todas las columnas para que la tabla ocupe el ancho de página; los nuevos anchos aplicados a las columnas son proporcionales a los originales.
Ancho de columna fijo: se aplica un ancho de columnas fijo a todas las columnas de la tabla para que sus tamaños no varíen según el contenido.

Para modificar el ancho de varias columnas, también puede, tras haber seleccionado las columnas correspondientes, escribir el nuevo ancho deseado en la casilla asociada al icono del grupo **Tamaño de celda** (pestaña contextual **Disposición de tabla**).

Varias filas

- Seleccione las filas correspondientes con el mismo alto.
- En la pestaña contextual **Disposición de tabla**, pulse el botón **Propiedades** del grupo **Tabla** y a continuación, haga clic en la pestaña **Fila**.

  *También puede hacer doble clic en el indicador de columna que aparece en la regla y hacer clic en la ficha **Fila**.*
- En el apartado **Tamaño**, active la opción **Especificar alto**.
- En la lista **Alto de fila**, seleccione una de las opciones siguientes:

Mínimo	Para establecer un alto de celda mínimo.
Exacto	Para definir un alto de celda fijo.

- Tras la selección de **Mínimo** o **Exacto**, especifique el nuevo alto en la casilla asociada a la opción **Especificar alto**.

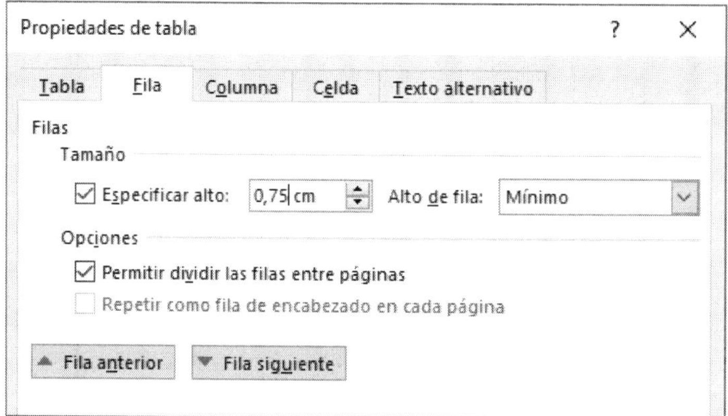

- Si también hay que modificar la **Fila siguiente** o la **Fila anterior**, prosiga el proceso pulsando los botones correspondientes antes de validar; si no, puede validar inmediatamente con el botón **Aceptar**.

Para modificar el alto de varias filas, también puede, tras haber seleccionado las filas correspondientes, escribir el nuevo alto deseado en la casilla asociada al icono del grupo **Tamaño de celdas** (pestaña contextual **Disposición de tabla**).

Aplicar formato a una tabla

Uniformizar el ancho de columnas/alto de filas

- Seleccione las filas/columnas que deberán adoptar el mismo alto/ancho.
- Para uniformizar el alto de las filas, haga clic en la pestaña contextual **Disposición de tabla** y, a continuación, haga clic en la herramienta **Distribuir filas** del grupo **Tamaño de celda**.
- Para uniformizar el ancho de las columnas, haga clic en la pestaña contextual **Disposición de tabla** y, a continuación, haga clic en la herramienta **Distribuir columnas** del grupo **Tamaño de celda**.

Aumentar el espaciado entre las celdas de una tabla

Esta tabla incluye un espaciado de 0,10 cm entre las celdas.

- Sitúe el punto de inserción dentro de la tabla.
- En la pestaña contextual **Disposición de tabla**, pulse el botón **Márgenes de celda** del grupo **Alineación**.
- Active la opción **Permitir espaciado entre celdas** e introduzca el valor del espaciado en la casilla asociada.
- Pulse el botón **Aceptar**.

© Editions ENI - Reproducción prohibida

Modificar los márgenes de las celdas en una tabla

En esta parte se muestra cómo modificar el espacio que separa el texto de los bordes de la celda.

Modificar los márgenes de todas las celdas de una tabla

- Sitúe el punto de inserción dentro de la tabla.
- En la pestaña contextual **Disposición de tabla**, pulse el botón **Márgenes de celda** del grupo **Alineación**.

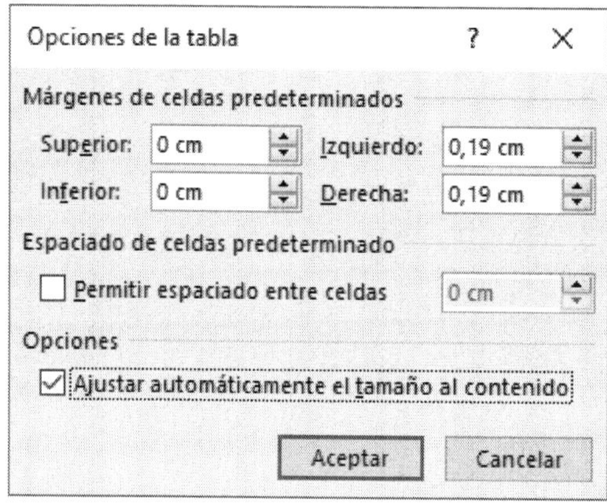

- Introduzca los valores de los nuevos márgenes en los campos **Superior**, **Inferior**, **Izquierdo** y/o **Derecha** del apartado **Márgenes de celdas predeterminados.**
- Pulse el botón **Aceptar**.

Modificar los márgenes de una o varias celdas de una tabla

- Haga clic en la celda pertinente; si debe aplicarse a varias celdas, selecciónelas con la operación de hacer clic y arrastrar.
- En la pestaña contextual **Disposición de tabla**, pulse el botón **Propiedades** del grupo **Tabla.**
- Haga clic en la ficha **Celda** y pulse el botón **Opciones.**
- Desactive la opción **Iguales que toda la tabla** y escriba los valores de los nuevos márgenes en los campos **Superior**, **Inferior**, **Izquierdo** y/o **Derecha**.

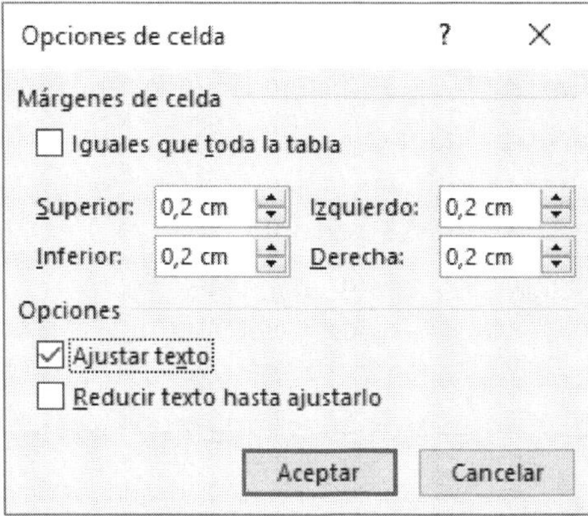

- Pulse el botón **Aceptar** de las dos ventanas.

  Incluso si no se ha seleccionado la totalidad de una fila, los nuevos valores asociados a los márgenes superior y/o inferior se aplican automáticamente a todas las celdas de la fila correspondiente.

Modificar la alineación del texto en las celdas

- Seleccione la o las celdas correspondientes.
- En la pestaña contextual **Disposición de tabla**, pulse en el grupo **Alineación** el icono correspondiente a la alineación deseada:

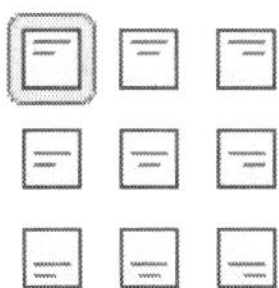

Para modificar la orientación del contenido de las celdas, seleccione la o las celdas correspondientes y, a continuación, en la pestaña contextual **Disposición de tabla**, pulse el botón **Dirección del texto** (grupo **Alineación**) hasta que obtenga la orientación deseada.

© Editions ENI - Reproducción prohibida

Dar un formato a una tabla mediante un estilo

En esta parte se muestra cómo dar formato de forma rápida a la tabla activa. El estilo puede ser un estilo creado por el usuario o un estilo predefinido de Word.

- Sitúe el punto de inserción en una celda de la tabla a la que desea dar formato y a continuación haga clic en la pestaña contextual **Diseño de tabla**.
- En el grupo **Opciones de estilo de tabla**, active las opciones correspondientes a los elementos de la tabla a los cuales se debe aplicar el estilo, y viceversa: desactive las que corresponden a los elementos de la tabla a los cuales no debe aplicarse el estilo.

  Estas opciones podrán modificarse posteriormente, tras haber aplicado el estilo.
- Pulse el botón **Estilos de tabla** situado debajo de la barra de desplazamiento de la galería de estilos de tabla, situada en el grupo **Estilos de tabla**: con la galería abierta se visualizan muchos más estilos al mismo tiempo.

  También puede ver los estilos de la galería mediante la barra de desplazamiento vertical para buscar el estilo que aplicará a la tabla.
- Si no está seguro del estilo de tabla que desea aplicar, sitúe el puntero encima de los diferentes estilos que se ofrecen para visualizar su efecto en la tabla activa.

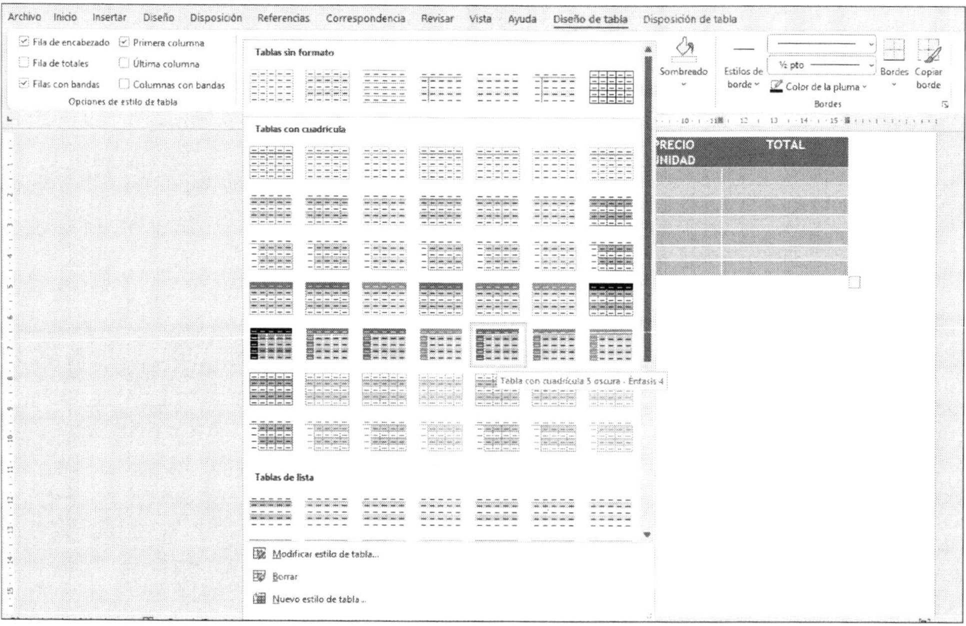

*Los estilos que se presentan en la galería tienen en cuenta las **Opciones de estilo de tabla** determinadas en el correspondiente grupo.*

- Cuando se haya elegido el estilo, haga clic en el estilo que desea aplicar a la tabla.

  El estilo se aplica a las celdas de la tabla activa.

- Si la presentación no es satisfactoria, puede modificar las opciones de estilo de tabla marcando o desmarcando las opciones que desee en el grupo **Opciones de estilo de tabla**.

Si el estilo de tabla elegido utiliza los colores de un tema (como sucede con los estilos de tabla predefinidos), los colores de la tabla cambiarán cuando se aplique otro tema al documento.

Para más información sobre la creación y administración de los estilos de tabla, vea los apartados Crear un estilo y Administrar los estilos del capítulo Estilos y conjuntos de estilos.

Modificar los bordes de una tabla

Utilizando las herramientas de la cinta de opciones

- Seleccione las celdas en cuestión o toda la tabla y, a continuación, haga clic en la pestaña contextual **Diseño de tabla**.

  Los bordes se aplican a la selección y no a cada una de las celdas seleccionadas.

- Abra la lista **Estilo de pluma** del grupo **Bordes** y seleccione el estilo de borde que desea aplicar.

- Abra la lista **Grosor de pluma** ½ pto del grupo **Bordes** y seleccione el grosor de borde que desea aplicar.

- Haga clic en el botón **Color de la pluma** del grupo **Bordes** y seleccione el color que desea aplicar al borde: los colores asociados en el apartado **Colores del tema** están vinculados al tema aplicado al documento (véase capítulo Temas). Si selecciona uno de los **Colores del tema**, el color del borde cambiará si se aplica otro tema al documento. En el caso contrario, si selecciona uno de los **Colores estándar**, el color no está vinculado al tema y por lo tanto no cambiará.

- Abra la lista **Bordes** del grupo **Bordes**.

© Editions ENI - Reproducción prohibida

*En la imagen, se aplicará un borde exterior a la selección; este borde recibirá las características de presentación definidas anteriormente mediante las opciones del grupo **Bordes**.*

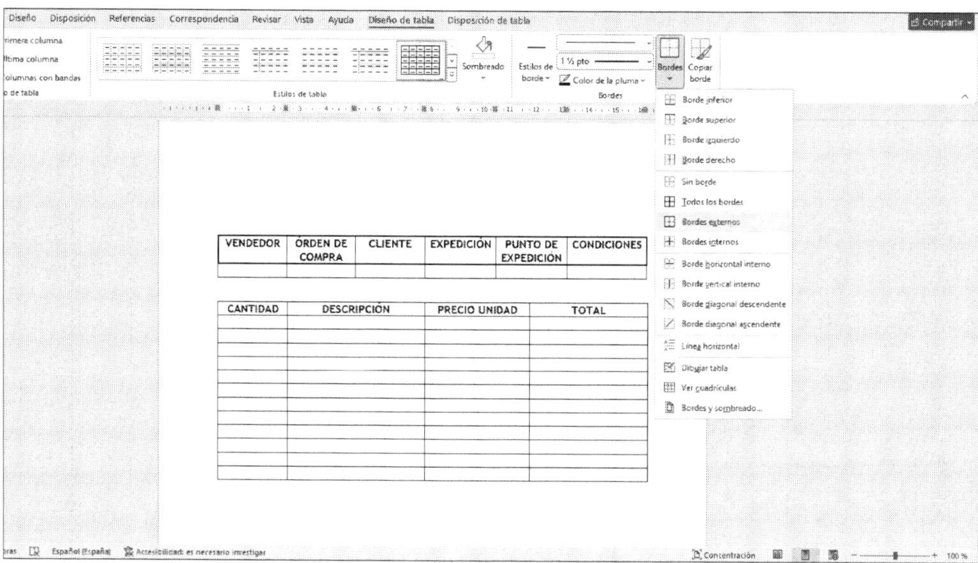

- Haga clic en la opción correspondiente al tipo de borde que desea aplicar.

  *El icono asociado al botón **Bordes** muestra el último borde seleccionado.*

- Opere de la misma forma con todos los bordes que desea aplicar a la tabla.

Word pone a su disposición algunos bordes predefinidos que se encuentran en la lista **Estilos de borde** del grupo **Borde** (pestaña contextual **Diseño de tabla**). En esta lista también encontrará los bordes utilizados recientemente.

Para eliminar un borde, seleccione las celdas correspondientes, abra la lista **Bordes** y haga clic en la opción **Sin borde**.

Para aplicar el último borde seleccionado, es suficiente con hacer clic en el botón **Bordes** sin abrir la lista.

Aplicar formato a una tabla

Utilizando el cuadro de diálogo

- Seleccione las celdas en cuestión o toda la tabla y, a continuación, haga clic en la pestaña contextual **Diseño de tabla**.

  Los bordes se aplican a la selección y no a cada una de las celdas seleccionadas.

- Haga clic en el selector de cuadro de diálogo del grupo **Bordes**.

  *También puede abrir la lista del botón **Bordes** del grupo **Bordes** y hacer clic en la opción **Bordes y sombreado**.*

  *Aparecerá el cuadro de diálogo **Bordes y sombreado** con la ficha **Bordes** activada.*

- Para aplicar un borde predefinido, haga clic en uno de los bordes que se ofrecen en el cuadro **Valor**: **Cuadro**, **Todos** o **Cuadrícula**.

  A continuación, haga clic en el **Estilo** de borde deseado del apartado correspondiente.

  Seleccione el **Color** que se aplicará al borde en la lista correspondiente; los colores que aparecen en los **Colores del tema** están vinculados al tema aplicado al documento (véase capítulo Temas). Si selecciona uno de los **Colores del tema**, el color del borde cambiará si se aplica otro tema al documento.

  Abra la lista **Ancho** y haga clic en el grosor de borde deseado.

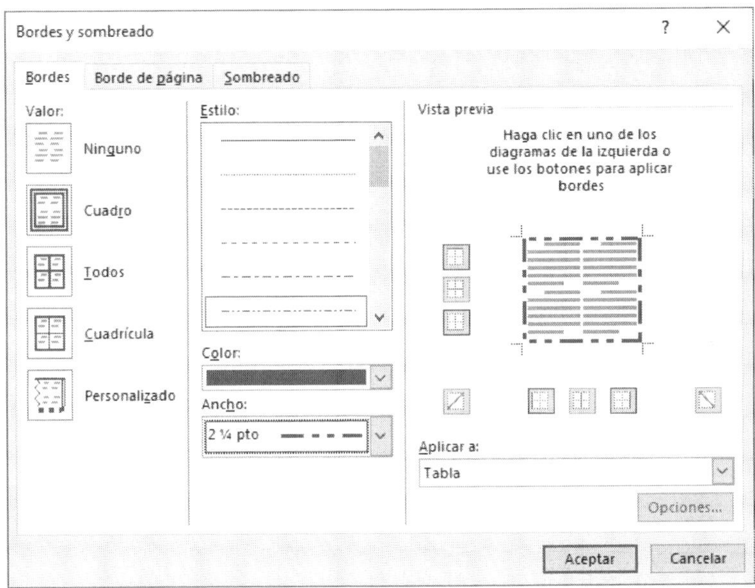

*En el cuadro correspondiente, puede ver una **Vista previa** del borde seleccionado.*

© Editions ENI - Reproducción prohibida

- Para aplicar bordes personalizados a la selección, haga clic en la opción **Personalizado** del cuadro **Valor**. Para cada tipo de borde que desee aplicar a la selección, siga estas indicaciones:

  - Seleccione, en la lista correspondiente, el **Estilo** de línea deseado para cada borde.
  - Seleccione el **Color** que se aplicará al borde en la lista correspondiente.
  - Seleccione el grosor de línea que desee en la lista **Ancho**.
  - En el cuadro **Vista previa**, haga clic en los bordes que desea aplicar.

  Para aplicar bordes, también puede hacer clic en el o en los botones correspondientes al borde que desea aplicar; al hacer nuevamente clic en un botón, el borde en cuestión se oculta.

  *Los botones y que permiten dibujar diagonales, no están disponibles para todos los **estilos** de línea.*

- Para eliminar un borde, pulse el botón correspondiente que se encuentra visible en el cuadro **Vista previa** o haga clic directamente en el borde correspondiente en la vista previa.
- Para eliminar todos los bordes, haga clic en la opción **Ninguno** que se encuentra en el cuadro **Valor**.
- Asegúrese de que la opción **Tabla** está seleccionada en la lista **Aplicar a**.
- Pulse el botón **Aceptar**, para validar.
- Haga clic fuera de la selección para poder ver el resultado en la tabla.

La opción cuadrícula muestra los límites de las celdas de las tablas en las que no se ha aplicado ningún borde. De manera predeterminada, la cuadrícula de las celdas está oculta, pero puede mostrarla haciendo clic en el botón **Ver cuadrículas** de la pestaña contextual **Disposición de tabla** (grupo **Tabla**); la cuadrícula se oculta al hacer nuevamente clic en este botón.

Utilizando la pluma

- Haga clic en una celda cualquiera de la tabla en cuestión.
- Haga clic en la pestaña contextual **Diseño de tabla**.
- En el grupo **Bordes**, seleccione el estilo, el grosor y el color del borde utilizando las listas , ½ pto y **Color de la pluma**. Encontrará más información en el subtítulo Utilizando las herramientas de la cinta de opciones de este título.

Aplicar formato a una tabla

Al situar el puntero del ratón en el documento, pasa a tener la forma de una pluma .

- Para aplicar el nuevo borde en los bordes de celdas no contiguas, haga clic sucesivamente sobre esos bordes.

  Para aplicar el nuevo borde en los bordes de celdas contiguas, haga clic en el primer borde de celda y arrastre sobre los bordes de las celdas en las que también desea aplicar el borde.

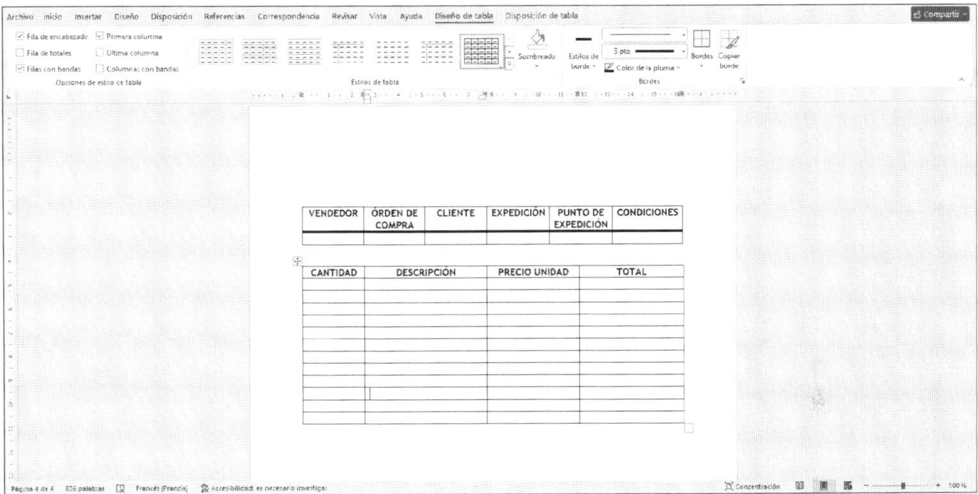

- Cuando haya terminado de aplicar los bordes, haga clic en el botón **Bordes** del grupo **Bordes** para desactivar el pincel.

Para eliminar un borde, seleccione la opción **Sin borde** de la lista **Estilo de pluma** y proceda como para aplicar un borde haciendo sucesivos clics o clics de arrastre.

Si el estilo, el grosor y el color del borde seleccionados en las listas correspondientes del grupo **Bordes** le convienen, puede hacer clic directamente en el botón **Bordes** y aplicar esos bordes a la tabla activa.

Copiando el formato de un borde

En este caso se trata de copiar el formato de un borde que ya existe en el documento para aplicarlo a otro borde.

- Haga clic en una celda cualquiera de una tabla del documento.
- Haga clic en la pestaña contextual **Diseño de tabla**.
- Haga clic en el botón **Estilos de borde** del grupo **Bordes** y después en la opción **Muestrario de bordes**.

  Cuando se sitúa el puntero del ratón en el documento, el puntero toma la forma .
- Haga clic en el borde que contiene el formato que desea copiar.

  El puntero del ratón se transforma en una pluma .
- Aplique el borde utilizando uno de los dos métodos siguientes:
  - Haga clic sucesivamente o haga clic y arrastre en los bordes de las celdas en cuestión.
  - Haga clic en el botón **Bordes** para desactivarlo y seleccione las celdas en las que desea aplicar el nuevo borde. Abra a continuación la lista del botón **Bordes** que se encuentra en el grupo **Bordes** y haga clic en la opción que corresponda al tipo de borde que desea aplicar.

Aplicar sombreado a las celdas

Utilizando la herramienta

- Seleccione las celdas correspondientes.
- En la pestaña contextual **Diseño de tabla**, abra la lista del botón **Sombreado** del grupo **Estilos de tabla**.

Cuando se sitúa el puntero encima de un color, las celdas seleccionadas muestran una vista previa.

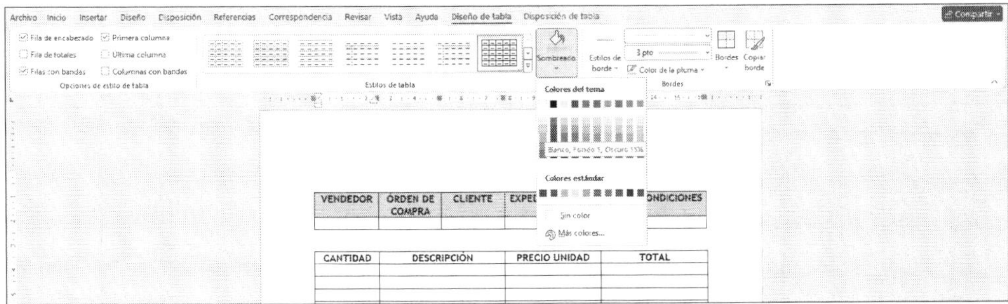

- Seleccione un color: los colores del apartado **Colores del tema** están vinculados al tema aplicado al documento (véase capítulo Temas). Si selecciona uno de los **Colores del tema**, el color del sombreado cambiará si más adelante se aplica otro tema al documento.

Para eliminar el color sombreado aplicado a las celdas seleccionadas, pulse el botón **Sombreado** del grupo **Estilos de tabla** y seleccione la opción **Sin color**.

Para aplicar el último color seleccionado, haga clic en la parte superior del botón **Sombreado** del grupo **Estilos de tabla** (pestaña contextual **Diseño de tabla**).

Utilizando el cuadro de diálogo

- Seleccione la o las celdas en cuestión y haga clic en la pestaña contextual **Diseño de tabla**.
- Haga clic en el selector de cuadro de diálogo ⧅ del grupo **Bordes**.

  *También puede abrir la lista el botón **Bordes**, que se encuentra en el grupo **Bordes**, y luego hacer clic en la opción **Bordes y sombreado**.*
- Seleccione la pestaña **Sombreado**.
- Seleccione el color de sombreado en la lista **Relleno**.
- Seleccione el porcentaje o la trama en la lista **Estilo**.
- Seleccione el color de la trama en la lista **Color**.
- Pulse el botón **Aceptar**.

© Editions ENI - Reproducción prohibida

Modificar el tamaño de una tabla

- Con la vista **Diseño de impresión**, sitúe el puntero encima de la tabla para que aparezca el controlador de dimensiones ☐ en la esquina inferior derecha.
- Sitúe el puntero encima del controlador de dimensiones ☐ para que se muestre la flecha ⤡.
- Haga clic y arrastre para aumentar o disminuir el tamaño de la tabla (de alto y/o de ancho) y suelte el botón del ratón.

Para modificar el ancho de una tabla, también puede activar la opción **Ancho preferido** del cuadro de diálogo **Propiedades de tabla** (pestaña contextual **Disposición de tabla** - grupo **Tabla** - botón **Propiedades** - ficha **Tabla**) e indicar el ancho deseado en la casilla asociada.

Desplazar una tabla con el controlador de desplazamientos

Las tablas se consideran verdaderos objetos y por ello es posible moverlas a cualquier lugar de la página.

- Con la vista **Diseño de impresión**, sitúe el puntero encima de la tabla para que aparezca el controlador de desplazamiento ⊞. Sitúe el puntero del ratón sobre el controlador de desplazamiento ⊞ para que se convierta en una flecha de cuatro puntas ✥.
- Haga clic y arrastre para desplazar la tabla hacia su nueva posición y suelte el botón del ratón.

Esta tabla estará eventualmente "rodeada" de texto del documento si se activa la opción **Alrededor** del cuadro **Ajuste del texto** del cuadro de diálogo **Propiedades de tabla** (pestaña contextual **Disposición de tabla** - grupo **Tabla** - botón **Propiedades** - ficha **Tabla**).

Aplicar formato a una tabla

Posicionar una tabla en función del ancho de una página

- Sitúe el punto de inserción en la tabla.
- En la pestaña contextual **Disposición de tabla**, pulse el botón **Propiedades** del grupo **Tabla**.
- Si fuese necesario, haga clic en la ficha **Tabla** para activarla.
- En cuadro **Alineación**, haga clic en la opción que corresponde a la posición de la tabla: **Izquierda**, **Centro** o **Derecha**.
- Si ha elegido la alineación **Izquierda**, indique en la zona **Sangría a la izquierda**, si fuera necesario, el valor de la sangría de la tabla en relación con el margen izquierdo.
- Pulse el botón **Aceptar**.

Guardar una tabla en la galería

En esta parte se muestra cómo crear una tabla personalizada y a continuación guardarla en la galería de tablas predefinidas para poder utilizarla posteriormente.

- Si no se ha hecho, cree y aplique un formato a la tabla y, a continuación, selecciónela.
- En la pestaña **Insertar**, pulse el botón **Tabla** del grupo **Tablas**, haga clic en la opción **Tablas rápidas** y seleccione la opción **Guardar selección en galería de tablas rápidas**.

  *Como una tabla es un bloque de creación, se abre el cuadro de diálogo **Crear nuevo bloque de creación**.*

- Indique el **Nombre** de la tabla en la casilla correspondiente.
- Asegúrese de que la opción **Tablas** está seleccionada en la lista **Galería**.
- Abra la lista **Categoría** y seleccione una de las categorías que se ofrecen o haga clic en la opción **Crear nueva categoría** para crear una categoría nueva.

  Si ha elegido crear una nueva categoría, escriba el **Nombre** en el cuadro de diálogo **Crear nueva categoría** y pulse el botón **Aceptar**.

  *Las tablas de la lista asociada al botón **Tabla** (pestaña **Insertar** - botón **Tabla** - opción **Tablas rápidas**) están ordenadas por categoría.*

© Editions ENI - Reproducción prohibida

- Es posible escribir una **Descripción** de la tabla en la casilla correspondiente.

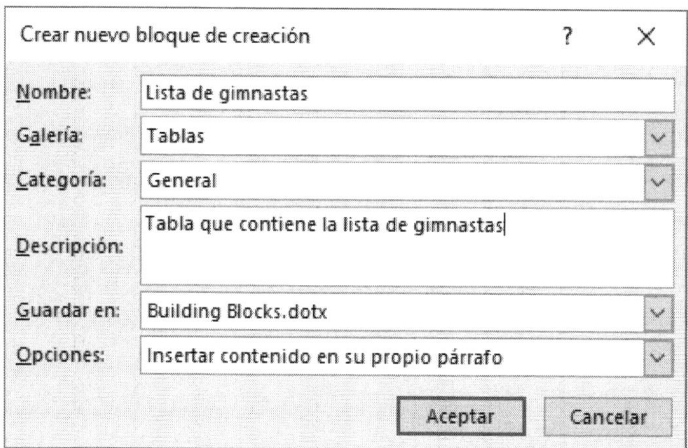

- Si el documento actual se basa en una plantilla que no sea la plantilla Normal y la tabla debe guardarse en esta plantilla, seleccione el nombre en la lista **Guardar en**: la tabla estará disponible únicamente para los documentos basados en esta plantilla.
- Abra la lista **Opciones** y seleccione una de las siguientes opciones:

  Insertar solo contenido/Insertar contenido en su propio párrafo: con ambas opciones, la tabla se inserta en un nuevo párrafo.

  Insertar contenido en su propia página: la tabla se inserta en una nueva página: Word inserta un salto de página antes y después de la tabla.
- Pulse el botón **Aceptar** para validar el guardado de la tabla.

  *La tabla está, a partir de este momento, disponible en la lista **Tablas rápidas** (pestaña **Insertar** - botón **Tabla**) y puede, pues, insertarse en cualquier documento.*

La tabla se ha agregado a la plantilla; cuando se cierra el documento o en el mismo momento de guardar, se le propone guardar la plantilla.

Insertar un objeto de dibujo

Toda forma dibujada constituye un objeto de dibujo.

- En la pestaña **Insertar**, pulse el botón **Formas** del grupo **Ilustraciones**; si una forma ya está seleccionada en el documento, también puede acceder a la galería de formas desde el grupo **Insertar formas** de la pestaña contextual **Formato de forma.**

Word ofrece una gran variedad de formas predefinidas.

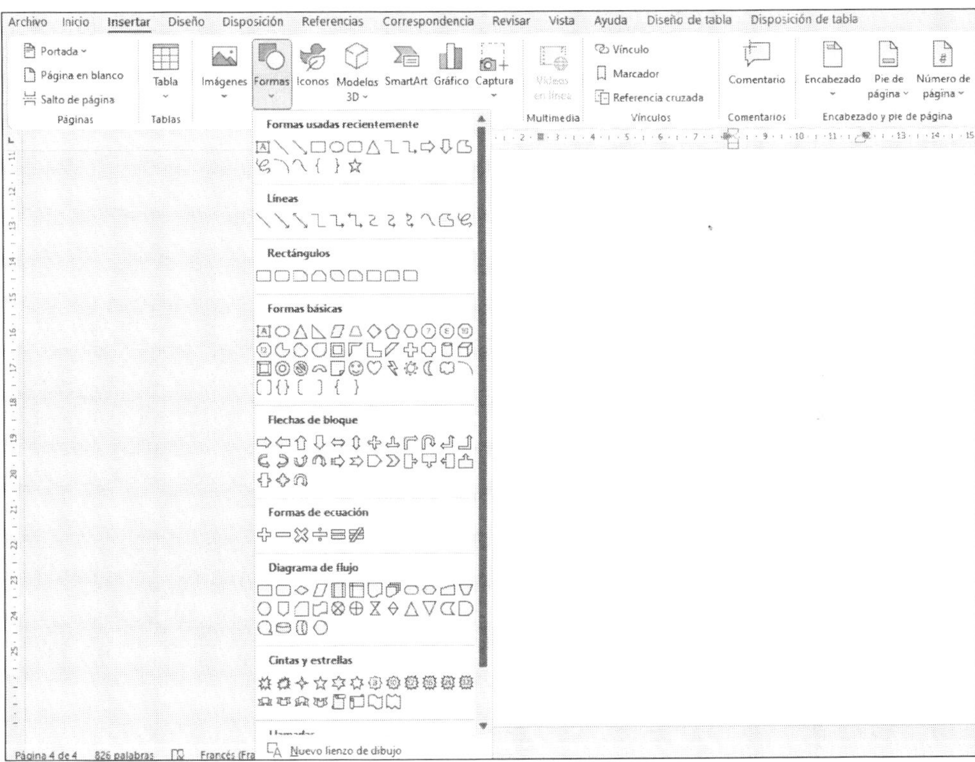

*Las formas predefinidas se ordenan por categorías. Las **Formas usadas recientemente** se sitúan en la categoría correspondiente al principio de la lista.*

- Haga clic en la forma que desee insertar.
- Haga clic y arrastre para dibujar la forma.

© Editions ENI - Reproducción prohibida

*Al soltar el botón del ratón, la forma aparece seleccionada en el documento y la pestaña contextual **Formato de forma** está seleccionada en la cinta de opciones.*

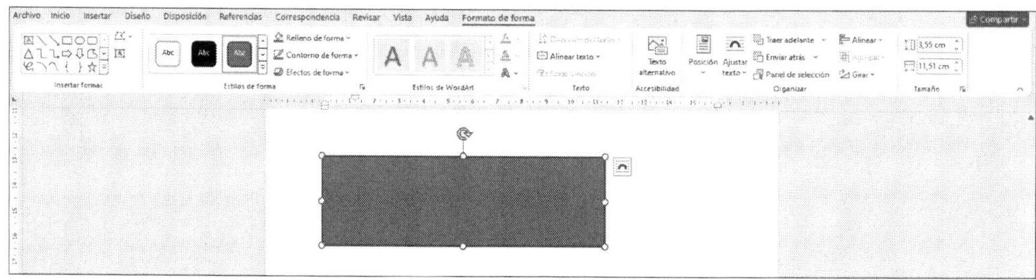

*Observe la aparición del icono **Opciones de diseño** en la parte superior derecha del objeto seleccionado. Este icono contiene opciones que le permiten modificar rápidamente la forma en la que el texto debe estar repartido alrededor del objeto; encontrará más detalles en los títulos Colocar un objeto en la página y Modificar el ajuste de un objeto en el capítulo Gestión de objetos.*

Puede dibujar objetos en un lienzo de dibujo. De este modo, los objetos contenidos en el lienzo podrán ser administrados de forma conjunta y sus alineaciones y/o espacios podrán ser determinados con respecto al lienzo. Para insertar un lienzo de dibujo, en la pestaña **Insertar**, pulse el botón **Formas** y haga clic en la opción **Nuevo lienzo de dibujo**. A continuación, inserte las formas deseadas en el lienzo a través de las formas que aparecen en el grupo **Insertar formas** (pestaña contextual **Formato de forma**).

Para dibujar una forma a partir de su centro y no desde un extremo, mantenga pulsada la tecla Ctrl mientras la dibuja. Para obtener un cuadrado o un círculo, seleccione la forma predefinida que representa el rectángulo o la elipse y haga clic y arrastre con la tecla pulsada Mayús. Para dibujar un cuadrado o un círculo desde su centro, además de la tecla Ctrl, mantenga pulsada la tecla Mayús.

Insertar un icono

Microsoft ofrece una biblioteca compuesta por alrededor de 500 iconos que puede insertar en sus documentos. Estos iconos tienen formato SVG (Scalable Vector Graphics), lo que permite redimensionarlos, modificar su color y girarlos sin que pierdan calidad.

- Pulse en el lugar del documento en el que desee insertar los iconos.
- Acceda a la pestaña **Insertar** y pulse en el botón **Iconos**, situado en el grupo **Ilustraciones**.

  Se abre una ventana.

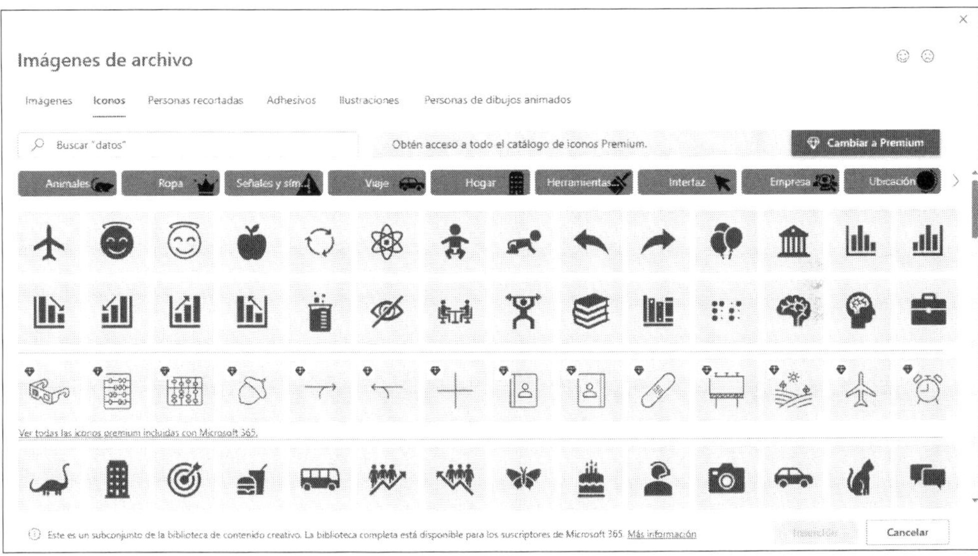

- Utilice la barra de desplazamiento vertical para ver los iconos o escoja una categoría en el panel izquierdo.
- Pulse en el icono o los iconos que desee insertar.
- A continuación, pulse en **Inserción**.

Para cambiar el tamaño, el color o hacer girar un icono, consulte el capítulo Gestión de objetos.

Asimismo, puede insertar cualquier archivo gráfico en formato SVG arrastrándolo desde el Explorador de archivos hasta el documento o utilizando el botón **Imágenes** de la pestaña **Insertar** (grupo **Ilustraciones**).

Crear un cuadro de texto

Un cuadro de texto permite colocar un texto en cualquier parte de la página o colocar párrafos uno al lado de otro.

- En la pestaña **Insertar**, haga clic en el botón **Cuadro de texto** que se muestra en el grupo **Texto** y luego en la opción **Dibujar cuadro de texto**; si un cuadro de texto está ya seleccionado, puede hacer clic en la herramienta **Dibujar cuadro de texto** que se muestra en el grupo **Insertar formas**, de la pestaña contextual **Formato de forma**.

  El puntero del ratón se convierte en una cruz: +.

- Haga clic y arrastre para dibujar el cuadro de texto.

  El cursor parpadea en el interior del cuadro de texto.

- Escriba el texto como si se tratara de un texto normal.

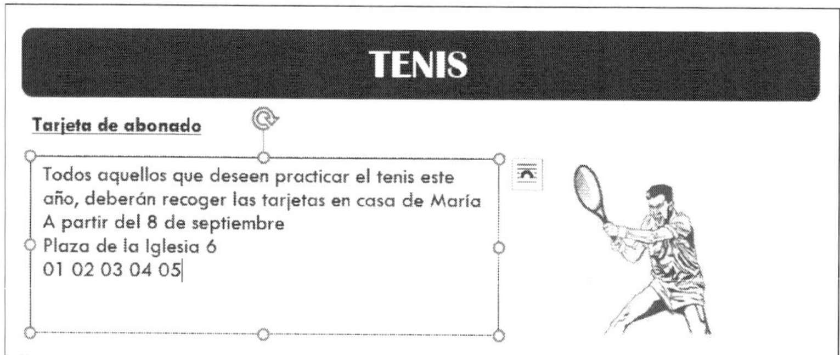

- Haga clic fuera del cuadro de texto para finalizar la introducción de texto.

También puede insertar un cuadro de texto predefinido y formateado. Para ello, en la pestaña **Insertar**, haga clic en el botón **Cuadro de texto** del grupo **Texto** y, entre los cuadros de texto que se proponen, haga clic en el que prefiera para insertarlo en el documento. A continuación, solo será necesario que reemplace el texto de esta zona por el nuevo texto.

Para descargar un cuadro de texto desde Office.com, también puede señalar la opción **Más cuadros de texto de Office.com** del botón **Cuadro de texto** y, de entre los cuadros de texto que se proponen, haga clic en el que desea insertar en el documento; si ningún cuadro de texto está disponible para su descarga, se mostrará la opción **No hay contenido en línea disponible**.

Para modificar la dirección del texto, seleccione el cuadro de texto correspondiente y, en la pestaña contextual **Formato de forma**, haga clic en el botón **Dirección del texto** del grupo **Texto** y, a continuación, haga clic en la opción correspondiente a la dirección que prefiera.

También puede cambiar la alineación vertical del texto en un cuadro de texto: una vez seleccionado el cuadro de texto en cuestión, en la pestaña contextual **Formato de forma**, haga clic en el botón **Alinear texto** del grupo **Texto** y luego en la opción correspondiente a la alineación que prefiera.

Encontrará las opciones relacionadas con un cuadro de texto (presentación del texto, márgenes, etc.) en la pestaña **Opciones de texto** del panel **Formato de forma**: seleccione el cuadro de texto en cuestión y, a continuación, en la pestaña contextual **Formato de forma**, haga clic en el selector de cuadro de diálogo del grupo **Estilos de WordArt**. Luego haga clic en el icono de la pestaña **Opciones de texto**.

Si desea que las propiedades (margen, alineación, etc.) definidas para un cuadro de texto se apliquen a todos los nuevos cuadros de texto creados en el documento activo, una vez seleccionado el cuadro de texto, haga clic con el botón secundario del ratón en el cuadro de texto y luego escoja la opción **Establecer como cuadro de texto predeterminado**.

Para agregar texto a un objeto de dibujo (forma), selecciónelo y, a continuación, escriba el texto.

Crear un vínculo entre dos cuadros de texto

Esta operación permite transferir texto de un cuadro de texto demasiado lleno a otro cuadro de texto.

- Cree el primer cuadro de texto y escriba el contenido.
- Cree el segundo cuadro de texto sin introducir texto alguno.
- Seleccione el primer cuadro de texto.

© Editions ENI - Reproducción prohibida

- En la pestaña contextual **Formato de forma**, pulse el botón **Crear vínculo**, situado en el grupo **Texto**: el puntero del ratón se convierte en .

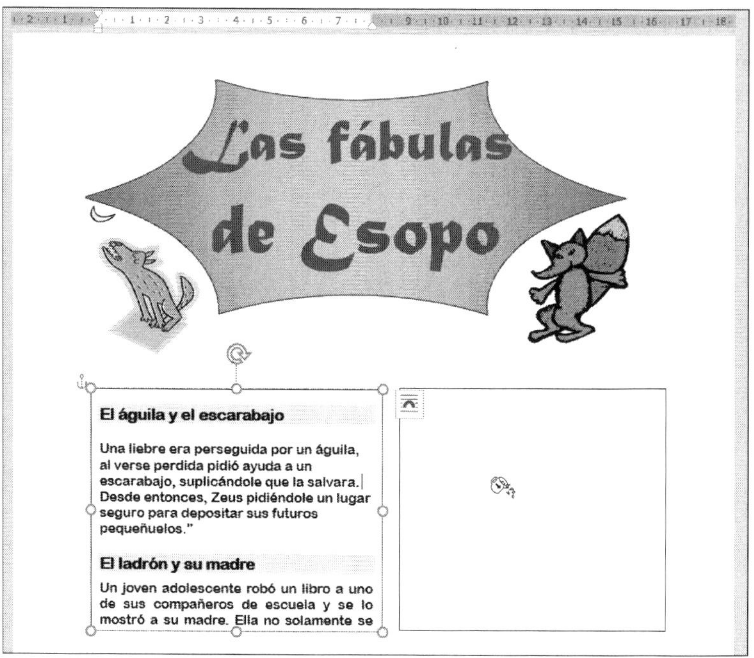

- Haga clic en el cuadro de texto vacío.

  Inmediatamente, el "excedente" del primer cuadro de texto se "vierte" en el segundo.

Para anular el vínculo entre dos cuadros de texto, seleccione el primer cuadro de texto y, a continuación, en la pestaña contextual **Formato de forma**, pulse el botón **Romper vínculo** del grupo **Texto**.

Insertar una captura de pantalla

Le resultará muy sencillo insertar en el documento una captura de pantalla con la representación del conjunto o de una parte de las ventanas abiertas.

- Sitúe el cursor en el punto donde desea insertar la captura de pantalla, y luego haga clic en la pestaña **Insertar**.
- Para capturar una ventana en su conjunto, haga clic en el botón **Captura** del grupo **Ilustraciones**.

  *Se muestra en pantalla el área **Ventanas disponibles** con las miniaturas de cada una de las ventanas abiertas.*

  Haga clic en la miniatura correspondiente a la captura de pantalla que desea insertar en el documento.
- Para capturar una parte de una ventana, empiece por activar la ventana en cuestión haciendo clic en el botón correspondiente en la barra de tareas.

  Visualice de nuevo el documento en el que desea insertar la captura de pantalla.

  Haga clic en el botón **Captura** del grupo **Ilustraciones**, y luego en la opción **Recorte de pantalla**.

  Haga clic y arrastre para seleccionar la zona de la pantalla que desea capturar.

  En el punto donde se había situado el cursor, aparece la captura de pantalla cuando se suelta el botón del ratón.
- Si lo desea, modifique la captura de pantalla como lo haría con cualquier imagen, utilizando las herramientas disponibles en la pestaña contextual **Formato de imagen**.

Crear un objeto WordArt

Se trata de aplicar efectos tipográficos concretos a un texto. Ejemplo:

- Sitúe el punto de inserción en el lugar donde desea insertar el objeto WordArt.
- En la pestaña **Insertar**, pulse el botón **WordArt** [WordArt] del grupo **Texto**.

© Editions ENI - Reproducción prohibida

- Seleccione el efecto de texto deseado.

  *El objeto WordArt aparece en el documento y la pestaña contextual **Formato de forma** queda seleccionada en la cinta de opciones.*

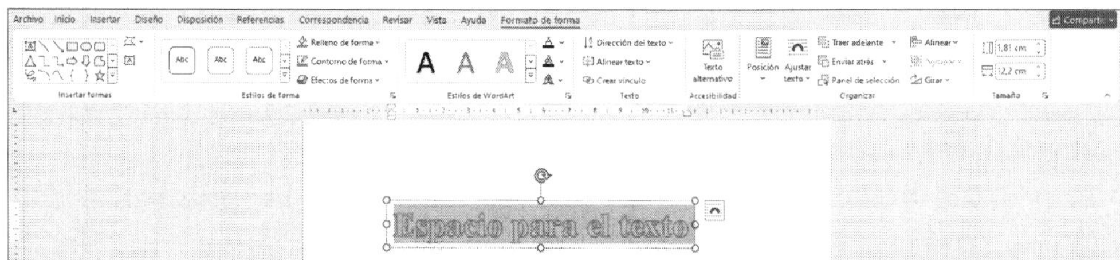

- Escriba el texto utilizando la tecla ↵ para cambiar de línea: el texto que se escribe reemplaza la anotación **Espacio para el texto**.
- Cuando haya terminado de escribir el texto, haga clic fuera del objeto de WordArt.

Es posible convertir un texto existente en objeto WordArt: en la pestaña **Insertar**, seleccione el texto en cuestión, haga clic en el botón **WordArt** del grupo **Texto** y luego haga clic en el estilo de texto que prefiera.

Modificar un objeto WordArt

- Seleccione el objeto WordArt en cuestión haciendo clic en su borde.
- Haga clic, si fuese necesario, en la pestaña contextual **Formato de forma**.
- Para modificar el texto del objeto WordArt, haga clic directamente en el lugar que prefiera del texto del objeto y haga los cambios que desee.
- Para cambiar el formato de los caracteres (fuente, tamaño, color, etc.) seleccione el objeto WordArt si el cambio debe implicar a todo el texto o, si solo desea dar formato a una parte del texto, selecciónelo con un clic de arrastre. Proceda a continuación como lo haría con cualquier otro texto (véase el capítulo Caracteres).
- Para cambiar la **Dirección del texto**, haga clic en el botón correspondiente del grupo **Texto** y luego haga clic en la opción adecuada al cambio que prefiera.
- Para cambiar la alineación vertical del texto, en la pestaña contextual **Formato de forma**, haga clic en el botón **Alinear texto** del grupo **Texto** y luego haga clic en la opción correspondiente a la alineación que prefiera.

- Para cambiar el estilo aplicado al objeto WordArt, haga clic en el botón **Estilos rápidos** del grupo **Estilos de WordArt** y haga clic en el estilo que prefiera.
- Para aplicar un efecto al texto del objeto WordArt, haga clic en la herramienta **Efectos de texto** del grupo **Estilos de WordArt**, señale la opción del tipo de efecto que prefiera y haga clic en el efecto para aplicarlo. Si ninguno de los efectos predefinidos que ofrece Word le conviene, puede hacer clic en la opción **Opciones "nombre del efecto"** (por ejemplo, **Opciones de sombra**) para crear su propio efecto personalizado (la mayoría de estos efectos también se pueden aplicar en un texto estándar; para más información, consulte los títulos correspondientes del capítulo Caracteres).

- Si ha aplicado una transformación al texto del objeto WordArt (efecto **Transformar**), puede modificar la propia transformación arrastrando los indicadores de color amarillo que se encuentran en el borde.
- Para aplicar una rotación al objeto WordArt, señale el circulo situado en la parte superior del objeto y haga clic y arrastre para hacer girar el objeto.

© Editions ENI - Reproducción prohibida

Insertar un diagrama (gráfico SmartArt)

Un diagrama ofrece la representación gráfica de información e ideas. Word propone varios tipos de diagrama (lista, jerárquica, piramidal, etc.) y, para cada uno de ellos, están disponibles varias disposiciones.

Ejemplo de un diagrama del tipo ***Organigrama jerárquico****:*

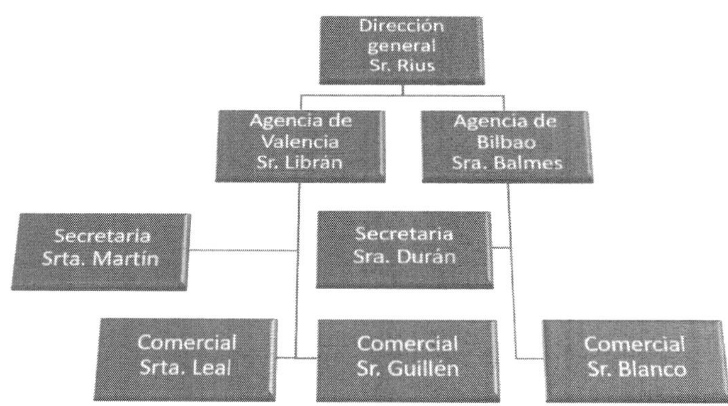

Ejemplo de diagrama de tipo ***Proceso de azar a resultado****:*

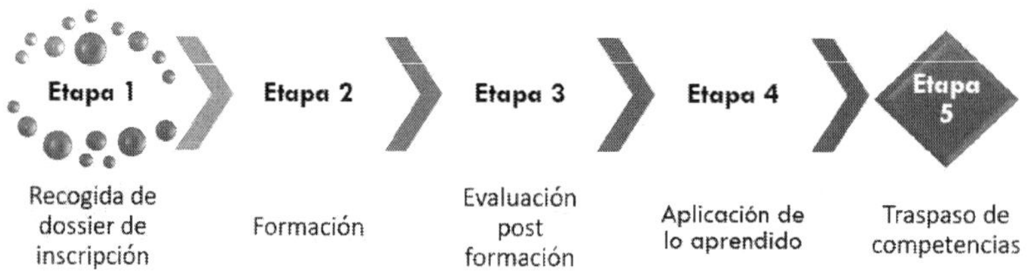

Sitúe el punto de inserción en el lugar donde desea insertar el diagrama en el documento.

- En la pestaña **Insertar**, pulse el botón **SmartArt** del grupo **Ilustraciones.**

  *Se abre el cuadro de diálogo **Elegir un gráfico SmartArt**.*

- En el apartado de la izquierda del cuadro de diálogo, seleccione la opción que corresponda al tipo de diagrama que desea insertar.

  Los tipos de diagrama que corresponden al tipo seleccionado aparecen en la parte central del cuadro de diálogo.

- Haga clic en el diagrama que responda a la estructura deseada.

  En la parte derecha del cuadro de diálogo se muestra una vista previa.

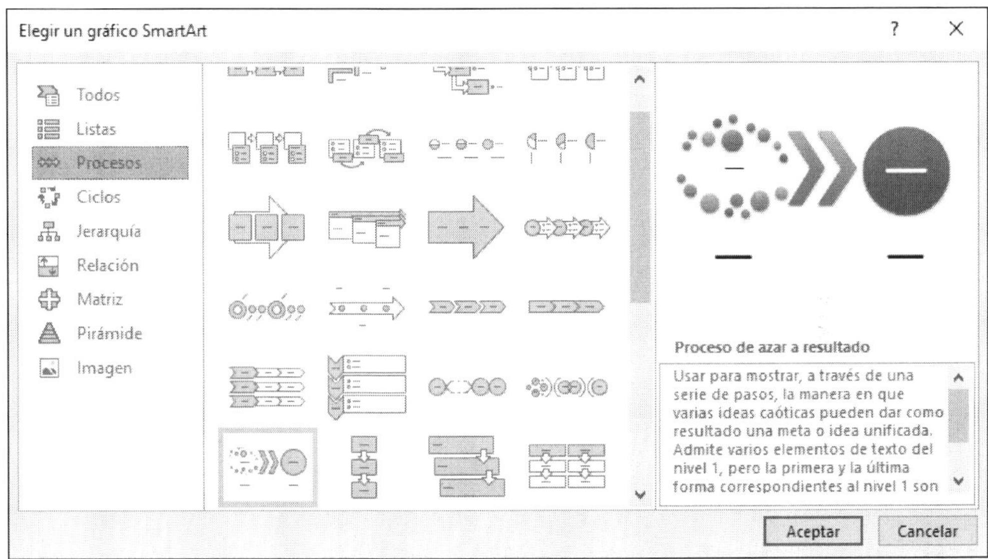

- Pulse el botón **Aceptar**.

  *El diagrama seleccionado aparece en la posición del punto de inserción en el documento y las pestañas contextuales **Diseño de SmartArt** y **Formato** aparecen en la cinta de opciones.*

© Editions ENI - Reproducción prohibida

- Escriba el texto en las diferentes formas del diagrama con la ayuda del panel **Texto** situado a la izquierda o a la derecha de aquel. Para ello, opere de la siguiente manera:
  - En el panel **Texto**, haga clic en la etiqueta **[Texto]** que corresponda a la forma en cuestión, o haga clic directamente en la forma del organigrama para activar la etiqueta **[Texto]** correspondiente.
  - Escriba el texto pertinente; para forzar el salto de línea, utilice las teclas Mayús ↵: el tamaño de los caracteres se ajusta automáticamente para que todo el texto aparezca en el cuadro.

*Si no se visualiza el panel **Texto**, puede abrirlo pulsando en el botón <, y viceversa: puede cerrarlo pulsando en el botón >. El panel **Texto** también se puede mostrar y ocultar haciendo clic en el botón **Panel de texto** de la pestaña contextual **Diseño de SmartArt** (grupo **Crear gráfico**).*

Algunos diagramas no permiten insertar texto en las formas, sino únicamente en los espacios reservados para ello.

- Para agregar una viñeta, seleccione la forma o el cuadro de texto correspondiente y pulse el botón **Agregar viñeta** del grupo **Crear gráfico** disponible en la pestaña **Diseño de SmartArt**. A continuación, escriba el texto que desea asociar a esta viñeta.

*No se pueden agregar viñetas a los diagramas del tipo **Jerarquía**.*

- Modifique, si es necesario, la estructura del diagrama y su formato.

Encontrará las explicaciones correspondientes en los dos siguientes apartados: Modificar la estructura de un diagrama y Modificar el formato de un diagrama.

- Haga clic fuera del diagrama cuando esté terminado.
- Para eliminar un diagrama, haga clic en él para activarlo, a continuación haga clic en el contorno y pulse la tecla Supr.
- Para modificar un texto del diagrama, haga clic en el texto correspondiente en el panel **Texto** y efectúe las modificaciones deseadas. También puede modificar directamente un texto en el diagrama haciendo clic en la forma o en el cuadro de texto en cuestión.

Puede convertir imágenes en diagrama de tipo **Imagen**. Para ello, una vez seleccionadas las imágenes en cuestión, haga clic en el botón **Diseño de imagen** en el grupo **Estilos de imagen** de la pestaña contextual **Formato**, luego en la disposición que prefiera para el diagrama.

Modificar la estructura de un diagrama

- Haga clic en el diagrama cuya estructura desea modificar.
- Si fuera necesario, haga clic en la pestaña contextual **Diseño de SmartArt**.
- Para agregar una forma al diagrama, seleccione la forma a la que se debe agregar la nueva. A continuación, abra la lista asociada al botón **Agregar forma** haciendo clic en la parte inferior de este botón y seleccione una de las opciones que se ofrecen:

Agregar forma detrás	La nueva forma se agrega detrás de la forma seleccionada; en el caso de un diagrama del tipo **Jerarquía**, la forma se agrega en el mismo nivel que la forma seleccionada.
Agregar forma delante	La nueva forma se agrega delante de la forma seleccionada; en el caso de un diagrama del tipo **Jerarquía**, la forma se agrega en el mismo nivel que la forma seleccionada.
Agregar forma superior	La nueva forma se sitúa en el lugar de la forma seleccionada: la forma seleccionada y todas las inferiores, bajan un nivel. Esta opción está principalmente disponible en los diagramas del tipo **Jerarquía**.
Agregar forma debajo	La nueva forma se agrega un nivel por debajo de la forma seleccionada; si este nivel ya contiene formas, la nueva forma se agrega detrás de las otras. Esta opción está, principalmente, disponible en los diagramas del tipo **Jerarquía**.

© Editions ENI - Reproducción prohibida

Agregar asistente La nueva forma se agrega en el mismo nivel que la forma seleccionada, justo por debajo de las formas de un nivel superior. Esta opción está principalmente disponible en los diagramas del tipo Organigrama (tipo **Jerarquía**).

*Se ha agregado una forma tras la que contiene el texto **Etapa 3**:*

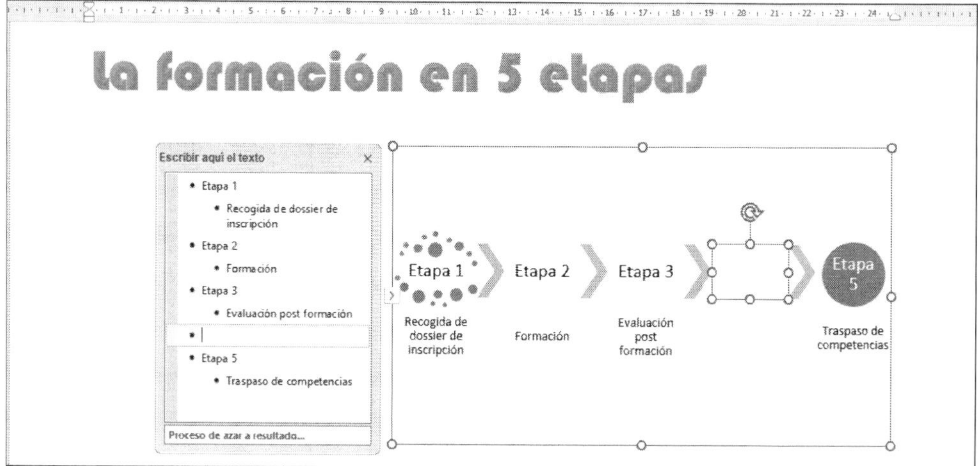

- Para modificar el diseño de las **formas** en un Organigrama (tipo **Jerarquía**), seleccione la forma situada en el nivel más alto de la rama en la que desea aplicar la nueva disposición. A continuación, pulse el botón **Diseño** del grupo **Crear gráfico** y seleccione la opción correspondiente al diseño deseado.
- Para eliminar una forma, haga clic en la forma que desea eliminar (fuera del texto) para seleccionarla y pulse la tecla Supr; para eliminar un cuadro reservado al texto, haga clic en uno de los bordes del cuadro antes de pulsar la tecla Supr.
- Para desplazar una forma, haga clic en ella para seleccionarla y a continuación haga clic y arrástrela hacia la nueva posición.
- Para aumentar el nivel de la forma o de la viñeta seleccionada, haga clic en el botón **Promover** del grupo **Crear gráfico**. En caso contrario, para disminuir el nivel de la forma o de la viñeta seleccionada, haga clic en el botón **Disminuir nivel**.
- Para desplazar hacia arriba o hacia abajo la forma o el cuadro de texto seleccionado, según el caso, haga clic en el botón **Subir** o **Bajar** del grupo **Crear gráfico**.

- Para invertir la orientación de un diagrama de derecha a izquierda, pulse el botón **De derecha a izquierda** del grupo **Crear gráfico**; si vuelve a pulsar el botón, se vuelve a la orientación estándar.
- Para modificar el diseño de las formas de un diagrama, pulse el botón **Cambiar diseño** situado bajo las flechas de desplazamiento de la galería del grupo **Diseños**. Sitúe el puntero sobre uno o varios diseños que se ofrecen en la galería para poder visualizar los efectos correspondientes en el diagrama y, cuando haya elegido, haga clic en el diseño que se aplicará.
- Para modificar el tipo de diagrama, pulse, en el grupo **Diseños**, el botón **Cambiar diseño** y seleccione la opción **Más diseños**. Seleccione el tipo de diagrama que desea y pulse el botón **Aceptar**.
- Cuando haya terminado de modificar la estructura del diagrama, haga clic fuera del diagrama.

Modificar el formato de un diagrama

Modificar el formato de todo el diagrama

- Haga clic en el diagrama cuyo formato desea modificar y luego haga clic en la pestaña contextual **Diseño de SmartArt**.
- Para cambiar los colores aplicados al diagrama, pulse el botón **Cambiar colores** del grupo **Estilos SmartArt** y haga clic en el conjunto de colores que desea aplicar.

  Los colores están vinculados al tema aplicado al documento.
- Para cambiar el estilo de las formas de un diagrama, pulse el botón **Estilos rápidos** de la galería del grupo **Estilos SmartArt** y después en el estilo que desea aplicar.

© Editions ENI - Reproducción prohibida

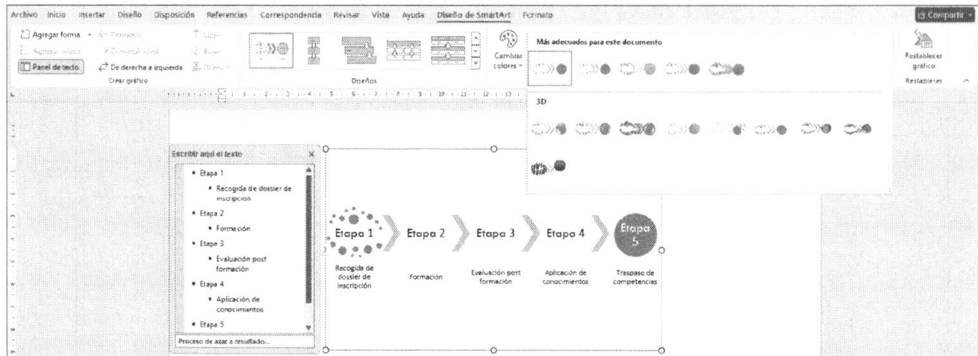

- Si el estilo aplicado al diagrama utiliza un efecto 3D, puede eliminar este efecto y volver al estado 2D pulsando el botón **Editar en 2D** del grupo **Formas** de la pestaña contextual **Formato**; pulsar de nuevo este botón permite volver al efecto 3D.

  Esta opción no está disponible para todos los tipos de diagrama.

- Cuando haya terminado de aplicar el formato al diagrama, haga clic fuera del cuadro.

Modificar el formato de uno o varios elementos de un diagrama

Se trata de modificar el formato de las formas, de los cuadros de texto y/o de los conectores de un diagrama.

- Haga clic en el diagrama correspondiente y seleccione el o los elementos cuyo formato desea modificar. Si desea cambiar el formato de varios elementos, utilice la tecla Ctrl para seleccionarlos.
- Haga clic en la pestaña contextual **Formato**.
- Para modificar el estilo del o de los elementos seleccionados, haga clic en el botón **Estilos rápidos** de la galería situada en el grupo **Estilos de forma** y luego haga clic en el estilo que desea aplicar.
- Para cambiar el color de relleno de los elementos seleccionados (excepto los conectores), pulse el botón **Relleno de forma** del grupo **Estilos de forma** y haga clic en el color deseado; para rellenar las formas o cuadros de texto con una **Imagen**, un **Degradado** o una **Textura**, haga clic en la opción correspondiente que se encuentra en la lista **Relleno de forma**.

- Para modificar el color del contorno de los elementos seleccionados, pulse el botón **Contorno de forma** del grupo **Estilos de forma** y haga clic en el color que desea aplicar.
- Para modificar el estilo de contorno de los elementos seleccionados, pulse el botón **Contorno de forma** del grupo **Estilos de forma**, marque la opción **Rayas** y haga clic en el estilo que desee aplicar. Para modificar el **Grosor** de la línea, haga clic en la opción correspondiente de la lista **Contorno de forma** y seleccione el grosor que debe aplicarse.

  *Si ha seleccionado uno o más conectores, la opción **Flechas** que está disponible en la lista **Contorno de forma** le permitirá asociar una flecha a los conectores seleccionados.*
- Para agregar un efecto a los elementos seleccionados, pulse el botón **Efectos de formas** del grupo **Estilos de forma** y seleccione el tipo de efecto que debe aplicarse.

  Sitúe el puntero sobre uno o varios efectos que se ofrecen para visualizar su efecto en los elementos seleccionados y, cuando haya elegido, haga clic en el efecto que desea aplicar.
- Para modificar el formato del texto de los elementos seleccionados (formas o cuadros de texto), utilice las opciones que se encuentran en el grupo **Estilos de WordArt** o las del grupo **Fuentes** de la pestaña **Inicio** (fuente, tamaño, atributos, etc.); si solo desea cambiar el formato de una parte del texto de una forma o de un cuadro de texto, seleccione el texto en cuestión en el panel de **Texto** o en la forma.
- Para reemplazar la o las formas seleccionadas por otro tipo de forma, pulse el botón **Cambiar forma** del grupo **Formas** y haga clic en la forma que debe aplicarse.

  Word conserva los formatos aplicados inicialmente a las formas.
- Para modificar el tamaño de las formas o de los cuadros de texto seleccionados, pulse tantas veces como sea necesario el botón **Aumentar** o **Reducir** situados en el grupo **Formas.**
- Cuando haya terminado de modificar el formato del diagrama, haga clic fuera del cuadro.

Un clic en el icono asociado al botón **Relleno de forma** o **Contorno de forma** permite aplicar la última opción utilizada de la lista correspondiente.

© Editions ENI - Reproducción prohibida

 Si desea que el objeto diagrama sea considerado como un objeto gráfico y no un carácter, deberá modificar el estilo de ajuste del objeto que, de forma predeterminada, es **En línea con el texto**; para más información sobre el ajuste de un objeto, véase Modificar el ajuste de un objeto del capítulo Gestión de objetos.

 Para eliminar los formatos aplicados a todos los elementos de un diagrama y recuperar el formato original, haga clic en el diagrama correspondiente y, a continuación, en la pestaña contextual **Diseño de SmartArt**, pulse el botón **Restablecer gráfico** del grupo **Restablecer**; si solo desea restablecer el formato de uno o varios elementos del diagrama, selecciónelos, pulse el botón secundario del ratón en uno de los elementos seleccionados y haga clic en la opción **Restablecer forma**.

Buscar e insertar una imagen en línea

Puede insertar imágenes a partir de un sitio de Internet.

- Sitúe el punto de inserción en el punto de su documento donde la imagen debe ser insertada.
- En la pestaña **Insertar**, haga clic en el botón **Imágenes** y luego haga clic en **Imágenes en línea** que se encuentra en el grupo **Ilustraciones**.

  *Se abre la ventana **En línea Imágenes**:*

- Para acceder a las imágenes de una de las categorías propuestas (**Avión**, **Animales**, **Manzana**, etc.), pulse en la viñeta correspondiente.
- Para buscar una imagen en la web utilizando el motor de búsqueda Bing, haga clic en el campo **Buscar en Bing**. Escriba la palabra o las palabras clave que le permitan encontrar la imagen y pulse la tecla ↵ para iniciar la búsqueda.

© Editions ENI - Reproducción prohibida

En el ejemplo que se expone, se visualiza una búsqueda en la web de la palabra "girasol". El motor de búsqueda de Bing muestra por defecto las imágenes correspondientes a las palabras clave que cuentan con licencia Creative Commons, lo que significa que pueden ser utilizadas bajo ciertas condiciones definidas por su autor.

- Para ver todas las imágenes sin tener en cuenta la licencia de uso, deseleccione la opción **Solo Creative Commons**.
- Para filtrar los resultados, haga clic en la herramienta **Filtro** y escoja los criterios que desee.

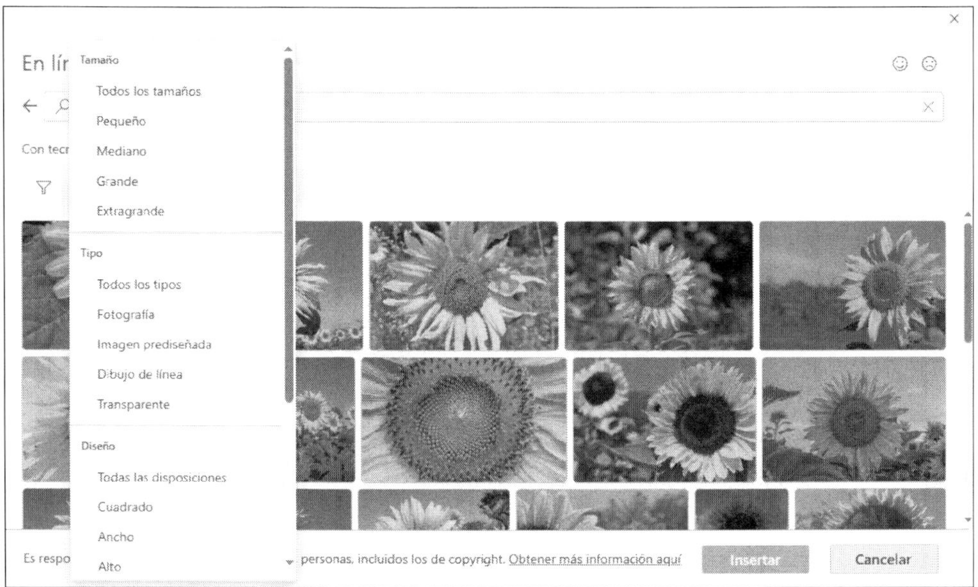

Pulse en cada una de las imágenes que desee añadir y luego haga clic en el botón **Insertar**.

*La imagen o imágenes aparecen seleccionadas en el documento y la pestaña contextual **Formato de imagen** está seleccionada en la cinta de opciones. Observe que en la parte superior derecha de la imagen aparece el icono **Opciones de diseño** . Este icono contiene opciones que le permiten modificar rápidamente la manera en que el texto debe ser repartido alrededor de la imagen; para más detalles, véanse los títulos Colocar un objeto en la página y Modificar el ajuste de un objeto, que se encuentran en el capítulo Gestión de objetos.*

© Editions ENI - Reproducción prohibida

*La imagen se inserta en la posición del punto de inserción. Puesto que el ajuste predeterminado es **En línea con el texto**, la imagen está considerada como un carácter. De este modo la posición de la imagen se ve afectada por las manipulaciones que se lleven a cabo en el texto. Si desea que la imagen sea considerada como un objeto gráfico en lugar de como un carácter, deberá modificar su ajuste en el texto (véase el título Modificar el ajuste de un objeto en el capítulo Gestión de objetos).*

Insertar una imagen a partir de un archivo

- Sitúe el punto de inserción en el lugar donde desea insertar la imagen.
- En la pestaña **Insertar**, pulse el botón **Imágenes** del grupo **Ilustraciones** y después seleccione **Este dispositivo**.

  Esta opción permite buscar una imagen en el disco duro del ordenador y también en el espacio de almacenamiento **OneDrive** que se muestra en el panel de navegación de la izquierda.
- Seleccione la carpeta en la que se encuentra la imagen que desea insertar y seleccione el archivo de la imagen.

Abra la lista asociada al botón **Insertar** y, según la forma en la que se debe insertar la imagen en el documento, haga clic en una de las opciones siguientes:

Insertar: para incorporar la imagen al documento: el tamaño del documento se ve aumentado por el tamaño de archivo de la imagen. No existe ningún vínculo entre la imagen original y la imagen incorporada.

Vincular al archivo: para insertar la imagen en el documento y establecer un vínculo entre esta imagen y la original. En este caso, aunque la imagen aparezca en el documento, éste no contiene la imagen sino un vínculo que indica la ubicación de la imagen. Por esto, si cambia el nombre, elimina o mueve el archivo de imagen, el vínculo se rompe y, en la siguiente apertura de la aplicación Word, en el lugar de la imagen aparecerá un mensaje de error.

Esta opción no incorpora la imagen en el documento: el tamaño de archivo no se ve aumentado por el tamaño de archivo de la imagen.

Insertar y vincular: esta opción, que agrupa las dos opciones anteriores, permite incorporar la imagen al documento y establecer un vínculo con la imagen original. Si cambia el nombre, elimina o mueve el archivo imagen, el vínculo se rompe, pero la imagen seguirá visible en el documento.

© Editions ENI - Reproducción prohibida

*La imagen aparecerá seleccionada en el documento y en la cinta de opciones estará seleccionada la pestaña contextual **Formato de imagen**.*

Si la imagen debe incorporarse al documento, puede hacer directamente doble clic en el archivo correspondiente en el cuadro de diálogo **Insertar imagen**.

Si ha seleccionado establecer un vínculo con la imagen original, la actualización de la imagen se efectuará automáticamente al abrir la aplicación Word. Sin embargo, si desea actualizar la imagen sin tener que cerrar y volver a abrir la aplicación Word, seleccione la imagen correspondiente y pulse la tecla F9.

Para sustituir una imagen por otra conservando el formato que se le ha aplicado, seleccione la imagen y, en la pestaña contextual **Formato de imagen**, pulse el botón **Cambiar imagen** que se encuentra en el grupo **Ajustar**. Haga clic en la opción correspondiente a la ubicación donde desea buscar la imagen y haga doble clic en la imagen que desea insertar; en el título anterior encontrará más detalles sobre la inserción de imágenes en línea.

Añadir y modificar un Modelo 3D

Esta nueva versión de Word permite insertar en los documentos imágenes 3D que estén almacenadas en su equipo o que provengan de un sitio de Internet (a través de Remixer 3D). Una vez insertadas, se pueden cambiar la rotación y el ángulo.

Desde un archivo

- Sitúe el punto de inserción donde desee insertar la imagen 3D.
- Acceda a la pestaña **Insertar**, abra la lista del botón **Modelos 3D** situado en el grupo **Ilustraciones** y después pulse en la opción **Este Dispositivo**.
- Acceda a la carpeta en la que se encuentre el archivo y pulse dos veces en él para abrirlo.

Desde la biblioteca en línea Remixer 3D

- Sitúe el punto de inserción donde desee insertar la imagen 3D.
- Acceda a la pestaña **Insertar** y pulse en el botón **Modelos 3D de Archivo** situado en el grupo **Ilustraciones**.

*Se abre la ventana **En línea Modelos 3D**:*

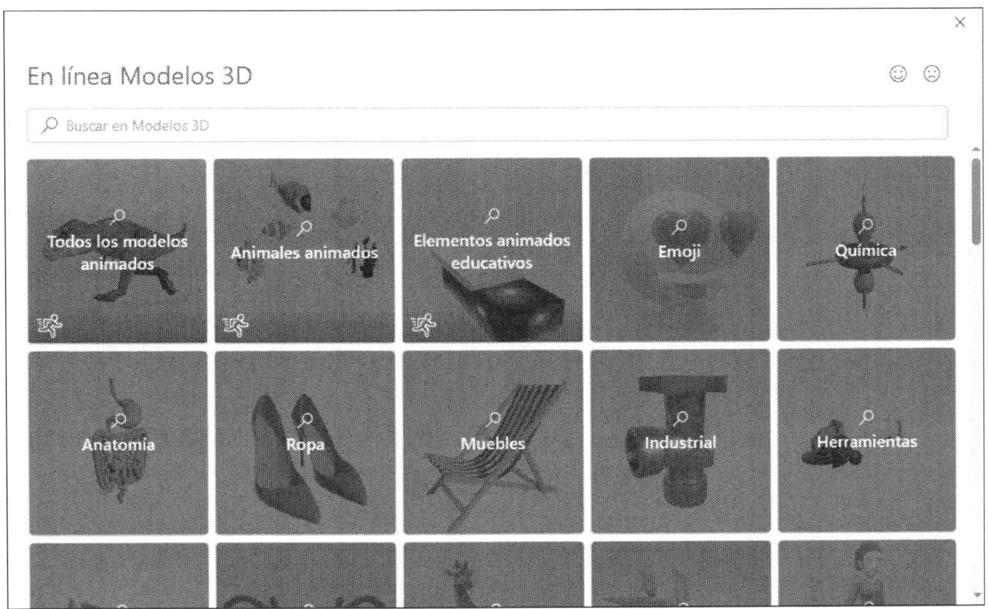

- Para acceder a los modelos 3D de una de las categorías propuestas, pulse en la viñeta correspondiente.
- Para buscar un Modelo 3D, escriba una o varias palabras claves en el campo de búsqueda y pulse en la tecla ↵ para iniciar la búsqueda.

© Editions ENI - Reproducción prohibida

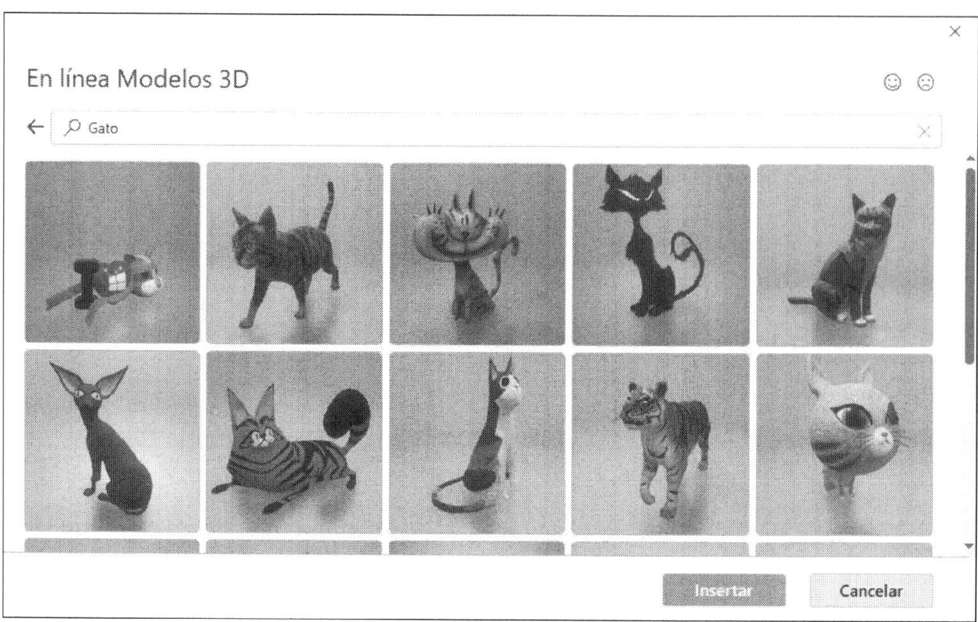

- Pulse en el modelo que desee añadir y después en el botón **Insertar**.

  *La imagen 3D se inserta en el documento y la pestaña contextual **Modelo 3D** aparece seleccionada en la cinta de opciones:*

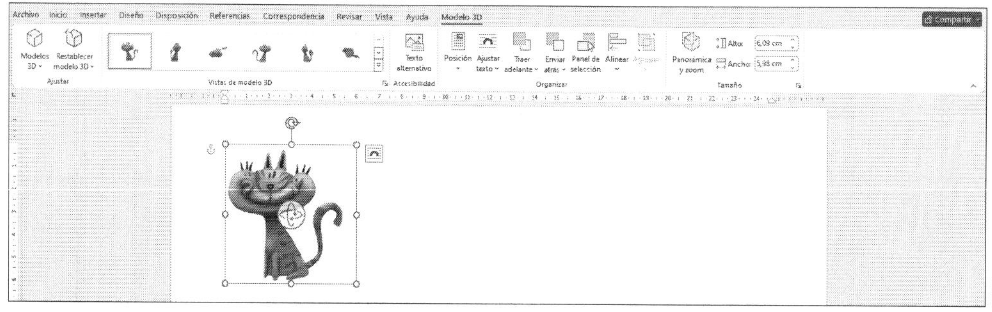

Modificar un modelo 3D

- Pulse en el modelo 3D que desee modificar para seleccionarlo.
- Para modificar el tamaño de la imagen, arrastre uno de sus controladores de selección (círculos blancos) o indique en centímetros el alto y ancho que desee aplicarle en los campos **Alto** y **Ancho** del grupo **Tamaño** situado en la pestaña contextual **Modelo 3D**.
- Para escoger una vista diferente del modelo, abra la galería del grupo **Vistas de modelo 3D** y escoja una de las vistas propuestas.

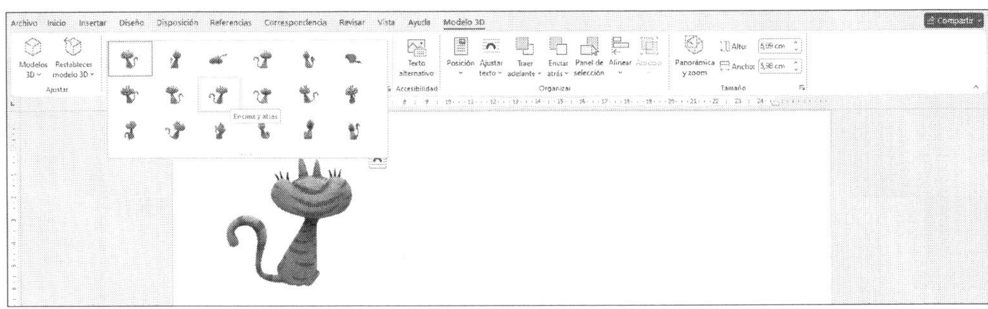

- Para girar o inclinar el modelo 3D, arrastre la herramienta situada en el centro de la imagen.
- Para mover o cambiar el tamaño de la imagen dentro de su marco, pulse en el botón **Panorámica y zoom** del grupo **Tamaño**.

© Editions ENI - Reproducción prohibida

Para desplazar el marco, arrástrelo.

Para modificar el tamaño de la imagen dentro de su marco, pulse en la herramienta situada a la derecha y arrástrela hacia arriba para agrandar la imagen o hacia abajo para reducirla.

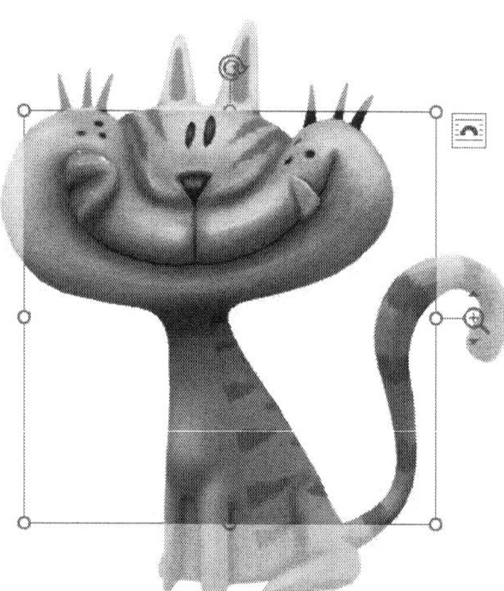

- Para anular los cambios aplicados al modelo 3D, pulse en el botón **Restablecer modelo 3D** del grupo **Ajustar**. Para anular los cambios y restablecer su tamaño de origen, abra la lista del botón **Restablecer modelo 3D** y elija la opción **Restablecer modelo 3D y tamaño**.

Insertar un vídeo accessible desde un sitio de Internet

Esta técnica permite insertar un vídeo accesible desde uno de los proveedores de videos (YouTube, Vimeo o un servicio de vídeo en línea como SharePoint Enterprise for Business). Este sistema tiene la ventaja de que no sobrecarga la presentación porque el vídeo se leerá directamente desde el sitio al que estará vinculado.

- Desde el navegador de Internet, acceda al vídeo que desea incorporar en su documento.
- Copie la dirección del video que aparece en la barra de direcciones del navegador utilizando el atajo del teclado Ctrl **C**.
- En su documento Word sitúe el punto de inserción en el lugar donde desea insertar el vídeo.
- En la pestaña **Insertar**, haga clic en el botón **Vídeos en línea** del grupo **Multimedia**.

  En pantalla se abre una ventana ***Insertar vídeo*** *y en ella puede introducir la URL del vídeo.*

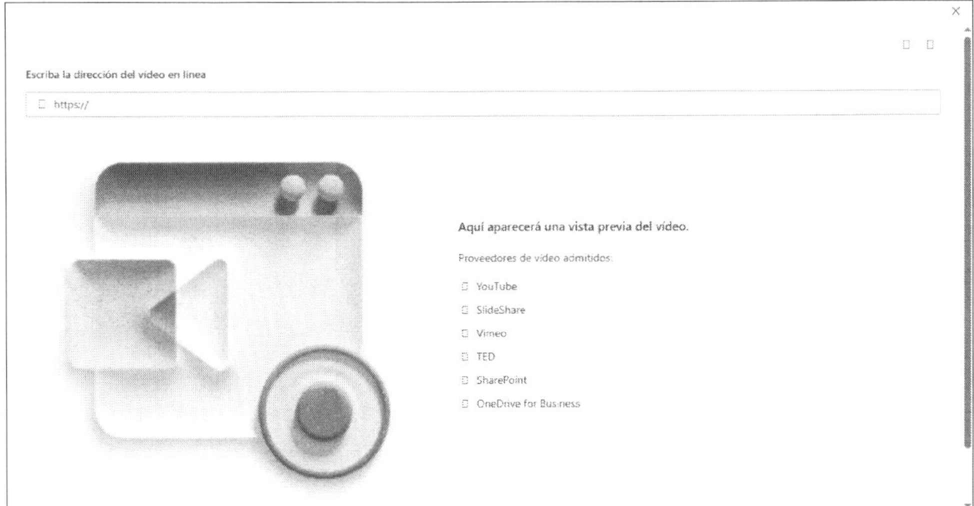

© Editions ENI - Reproducción prohibida

- En el cuadro de texto asociado con la opción **Escriba la dirección del video en línea**, pegue la URL usando el método abreviado de teclado Ctrl **V**.

En este ejemplo, el video procede de la página internet de Youtube.

- Después haga clic en el botón **Insertar**.

Comprimir imágenes

Comprimir una imagen

- Seleccione la imagen que desea comprimir; si se trata de todas las imágenes del documento, no será necesario seleccionarlas una a una: bastará con seleccionar una imagen .
- En la pestaña contextual **Formato de imagen**, haga clic en la herramienta **Comprimir imágenes** que se encuentra en el grupo **Ajustar**.

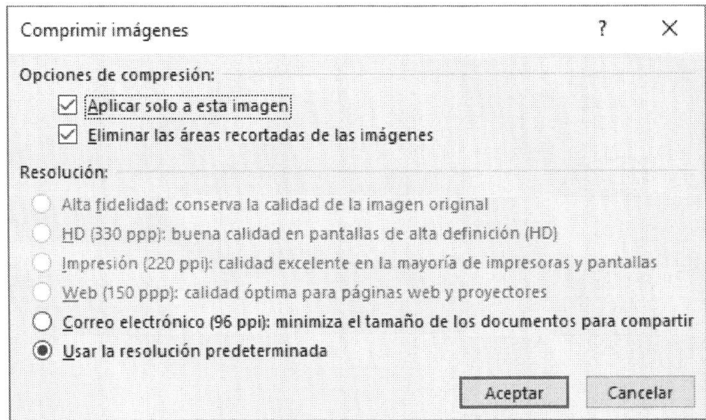

- Si solo desea cambiar la resolución de las imágenes seleccionadas, compruebe que está activada la opción **Aplicar solo a esta imagen**; si no se activa, cambiará la resolución de todas las imágenes del documento.
- Si una o más imágenes han sido recortadas, active la opción **Eliminar las áreas recortadas de las imágenes** para reducir el tamaño del documento.

  Para más información sobre las áreas recortadas de una imagen, véase, en este mismo capítulo, el apartado Recortar una imagen.
- Seleccione la resolución de las imágenes activando una de las opciones del cuadro **Resolución**.

  *La opción **Usar la resolución predeterminada** permite utilizar la resolución definida en el cuadro de diálogo **Opciones de Word** (véase el título siguiente).*

  A menor resolución, menor será el peso del documento, pero la calidad de la imagen será inferior.
- Pulse el botón **Aceptar**.

Cambiar los parámetros predeterminados de compresión

- En la pestaña **Archivo**, haga clic en **Opciones** y luego seleccione la categoría **Avanzadas**.
- Si fuera necesario, abra la lista **Tamaño y calidad de la imagen** para seleccionar el archivo cuyos parámetros de compresión desea predefinir por defecto.

© Editions ENI - Reproducción prohibida

*En esta lista se muestra la lista de los documentos abiertos en Word, así como la opción **Todos los documentos nuevos** que permite definir los parámetros para los nuevos documentos que se creen.*

- Si ha realizado cambios en una imagen (recorte, brillo, contraste, etc.) y si desea que estas modificaciones sean permanentes y no puedan ser anuladas, marque la opción **Descartar datos de edición**.
- Si no desea que el tamaño de las imágenes se vea reducido automáticamente al guardar un documento, marque la opción **No comprimir las imágenes del archivo**.
- Escoja la resolución predeterminada de las imágenes en la lista **Resolución predeterminada**.
- Haga clic en el botón **Aceptar**.

Cambiar el tamaño de una imagen insertada

- Haga clic en la imagen insertada para seleccionarla.

  *Alrededor de la imagen aparecen controladores de selección (círculos blancos) y la pestaña contextual **Formato de imagen** está seleccionada en la cinta de opciones.*
- Para modificar las dimensiones de una imagen deformándola, arrastre uno de los controladores laterales. Para cambiar el tamaño de la imagen conservando las proporciones originales, arrastre uno de los controladores de ángulo.
- Para modificar el tamaño de los dos lados opuestos de forma idéntica, arrastre el controlador de tamaño central de uno de los dos lados y mantenga pulsada la tecla Ctrl.

  *Esta manipulación y la siguiente no funcionan si el ajuste de la imagen es **En línea con el texto** (véase Modificar el ajuste de un objeto del capítulo Gestión de objetos).*
- Para modificar los cuatro lados a la vez, arrastre un controlador de tamaño de algún ángulo y mantenga pulsada la tecla Ctrl.

También puede cambiar las dimensiones de una imagen utilizando el cuadro de diálogo **Diseño**: pestaña contextual **Formato de imagen** - grupo **Tamaño** - botón ⇲ - pestaña **Tamaño**.

Del mismo modo que para una imagen, puede cambiar el tamaño del marco de un vídeo.

Para indicar el tamaño de una imagen manteniendo sus proporciones, seleccione la imagen y, en la pestaña contextual **Formato de imagen**, introduzca un valor en la casilla asociada al icono **Alto de forma** o en la asociada al icono **Ancho de forma** del grupo **Tamaño**: modificar el alto, modifica automáticamente el ancho para que se conserven las proporciones.

Recortar una imagen

Recortar una imagen le permite descartar bordes horizontales y/o verticales que no desea utilizar.

- Seleccione la imagen que quiere recortar.
- En la pestaña contextual **Formato de imagen**, haga clic en la parte superior del botón **Recortar** que se muestra en el grupo **Tamaño**.

Alrededor de la imagen aparecen controladores de recorte:

- Para recortar un lado, haga clic en el controlador central del lado que desea recortar y arrastre el controlador hacia el interior de la imagen.

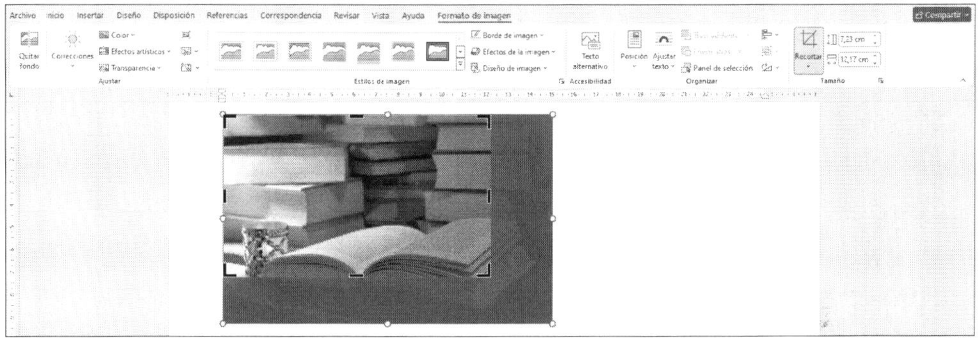

- Para recortar dos lados contiguos de la imagen, haga clic en el controlador en el ángulo correspondiente y arrástrelo hacia el interior de la imagen; para recortar dos lados de forma idéntica, mantenga pulsada la tecla Mayús mientras hace clic y arrastra.
- Para recortar dos lados opuestos de forma idéntica, seleccione el controlador central de uno de los lados, pulse la tecla Ctrl y, sin soltarla, haga clic y arrastre el controlador hacia el interior de la imagen.

© Editions ENI - Reproducción prohibida

- Para recortar los cuatro lados de forma simultánea, sitúe el puntero en uno de los controladores de ángulo, pulse la tecla Ctrl y, sin soltarla, haga clic y arrastre el controlador hacia el interior de la imagen.
- Para recortar la imagen con una forma específica, haga clic en la parte inferior del botón **Recortar**, señale la opción **Recortar a la forma** y haga clic en la forma que desea utilizar para recortar la imagen.

  La imagen se recorta para rellenar la forma y las proporciones de la imagen se mantienen.

- Para recortar la imagen siguiendo las proporciones corrientes de fotografía, haga clic en la parte inferior del botón **Recortar**, señale la opción **Relación de aspecto** y haga clic en la proporción que prefiera.
- Para desactivar el procedimiento, haga clic en la parte superior del botón **Recortar** o pulse la tecla esc.

Si después de haber efectuado un recorte comprueba que las proporciones de la imagen no se han conservado, la opción **Relleno** de la lista **Recortar** le permite, mediante un cambio de dimensiones de la imagen en la pantalla, recuperar las proporciones de la imagen.

Si después de haber recortado una imagen desea que aparezca completa en la zona de imagen conservando sus proporciones, utilice la opción **Ajustar** de la lista **Recortar**.

Para desplazar la zona de recorte para resituar la imagen, después de haber seleccionado la imagen, haga clic en el botón **Recortar**, y luego arrastre el área recortada o la zona de imagen.

Para eliminar las áreas recortadas de una imagen es necesario comprimir la imagen correspondiente (véase, en este mismo capítulo, Comprimir imágenes).

Para anular un recorte, arrastre el correspondiente controlador de recorte hacia el exterior de la imagen mientras mantiene, o no, según el caso, la tecla Ctrl pulsada.

Para anular todos los recortes de una imagen y poder recuperar su tamaño original, selecciónela y luego, en la pestaña contextual **Formato de imagen**, abra la lista de la herramienta **Restablecer imagen** y haga clic en la opción **Restablecer imagen y tamaño**.

Del mismo modo que para una imagen, puede recortar el tamaño del marco de un vídeo.

Eliminar el fondo de una imagen

Esta función permite eliminar una parte o la totalidad del fondo de una imagen.

- Seleccione la imagen cuyo fondo desea eliminar.
- En la pestaña contextual **Formato de imagen**, haga clic en el botón **Quitar fondo** del grupo **Ajustar**.

© Editions ENI - Reproducción prohibida

*La pestaña **Eliminación del fondo** está seleccionada. Aparecen unas líneas de selección que delimitan la parte de la imagen que desea conservar. La parte del fondo que desea eliminar se muestra en tono violeta.*

- Si no desea eliminar alguna zona del fondo, haga clic en el botón **Marcar las áreas para mantener** del grupo **Afinar** y luego dibuje líneas en las zonas de fondo que desea conservar.
- Al contrario, para eliminar zonas de fondo más allá de las que quedan marcadas automáticamente, haga clic en el botón **Marcar las áreas para quitar** en el grupo **Afinar** y luego defina las líneas en las áreas de fondo para quitar.
- Confirme sus modificaciones haciendo clic en el botón **Mantener cambios** en el grupo **Cerrar**.

Para hacer modificaciones a la eliminación del fondo de una imagen, seleccione la imagen en cuestión, haga clic en el botón **Quitar fondo** de la pestaña contextual **Formato de imagen** y luego efectúe los cambios que prefiera.

Para anular la eliminación del fondo de una imagen, seleccione la imagen en cuestión, haga clic en el botón **Quitar fondo** de la pestaña contextual **Formato de imagen** y luego haga clic en el botón **Descartar todos los cambios** del grupo **Cerrar**.

Modificar el brillo, el contraste, la nitidez y los colores de una imagen

- Seleccione la imagen correspondiente y, si fuese necesario, pulse la pestaña contextual **Formato de imagen**.
- Para modificar la nitidez, el brillo y el contraste de la imagen, haga clic en el botón **Correcciones** del grupo **Ajustar** y luego en la viñeta correspondiente al efecto que prefiera.
- Para modificar los colores de una imagen, haga clic en el botón **Color** del grupo **Ajustar** y luego en la viñeta correspondiente a los colores que desea aplicar a la imagen.

Al señalar una opción de nitidez, brillo, contraste o color, se muestra una vista previa del efecto en la imagen seleccionada en el documento.

Para cambiar la nitidez, el contraste, el brillo y los colores de una imagen, también se pueden utilizar las opciones de las categorías **Correcciones de imágenes** y **Color de imagen** del panel **Formato de imagen** (pestaña **Formato de imagen** - grupo **Estilos de imagen** - botón ⧉ - icono **Imagen** ).

Para anular el cambio de color aplicado a la imagen seleccionada, haga clic en el botón **Color** (pestaña **Formato de imagen** - grupo **Ajustar**) y en la primera viñeta de la categoría **Volver a colorear**.

Del mismo modo que para una imagen, puede modificar el brillo, el contraste, la nitidez y el color de un vídeo.

Aplicar un estilo y/o un efecto a una imagen

- Seleccione la imagen correspondiente y, si fuera necesario, pulse la pestaña contextual **Formato de imagen**.
- Para aplicar un estilo a la imagen, pulse el botón **Estilos rápidos** ⊽ de la galería de estilos del grupo **Estilos de imagen**: con la galería abierta se pueden ver más estilos al mismo tiempo. Sin embargo, también puede utilizar la barra de desplazamiento vertical para ver los diferentes estilos.

  Si no tiene claro el estilo que desea aplicar a la imagen, sitúe el puntero en los diferentes estilos que se ofrecen para ver su efecto en la imagen seleccionada.

© Editions ENI - Reproducción prohibida

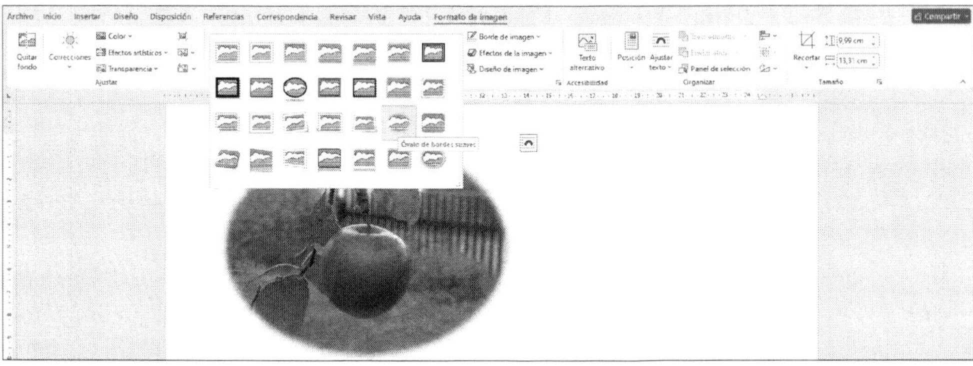

Una vez elegido, haga clic en el estilo que desea aplicar a la imagen.

Para aplicar un efecto a la imagen, pulse el botón **Efectos de la imagen** del grupo **Estilos de imagen** y pulse en la opción correspondiente al tipo de efecto que se desea aplicar.

Se pueden aplicar varios efectos a una misma imagen.

Los efectos que desea aplicar a una imagen también se pueden definir a partir del panel **Formato de imagen** (pestaña contextual **Formato de imagen** - grupo **Estilos de imagen** - botón ⧉ - icono **Efectos**) utilizando las opciones de las categorías **Sombra**, **Reflejo**, **Iluminado**, **Bordes suaves**, **Formato 3D**, **Giro 3D** y **Efectos artísticos**. En los títulos correspondientes del capítulo Caracteres obtendrá más información relativa a estos efectos. Para las opciones relativas al efecto de giro 3D, acuda al título Aplicar un giro 3D a un objeto del capítulo Gestión de objetos.

Del mismo modo que para una imagen, puede aplicar un estilo o un efecto a un vídeo.

Aplicar un efecto artístico a una imagen

Puede aplicar un efecto artístico a una imagen para que parezca un dibujo o un boceto.

- Seleccione la imagen a la que desea aplicar el efecto artístico.
- En la pestaña contextual **Formato de imagen**, haga clic en el botón **Efectos artísticos** del grupo **Ajustar**.
- Si no tiene claro el efecto que desea aplicar, sitúe el puntero en los diferentes efectos que se ofrecen para ver su resultado en la imagen seleccionada.

- Cuando haya elegido, haga clic en el efecto artístico que desea aplicar.

Para anular el efecto artístico aplicado a una imagen, selecciónela, haga clic en el botón **Efectos artísticos** de la pestaña contextual **Formato de imagen** y luego haga clic en la primera viñeta.

Para aplicar un efecto artístico también puede utilizar las opciones de la categoría **Efectos artísticos** del panel **Formato de imagen** (pestaña **Formato de imagen** - grupo **Estilos de imagen** - botón ⧉ - icono ⬠).

Del mismo modo que para una imagen, puede aplicar un efecto artístico a un vídeo.

© Editions ENI - Reproducción prohibida

Eliminar el formato aplicado a una imagen

Todas las modificaciones de formato efectuadas a una imagen (estilo, efecto, brillo, etc.) serán eliminadas. En cambio, el recorte y la modificación del tamaño, por no ser consideradas modificaciones de formato, no se anularán.

Seleccione la imagen y, en la pestaña contextual **Formato de imagen**, pulse el botón **Restablecer imagen** del grupo **Ajustar**.

Del mismo modo que para una imagen, puede anular los formatos aplicados a un vídeo.

Gestión de objetos

Administrar objetos

- Para seleccionar un objeto, haga clic en él; para seleccionar varios objetos, mantenga la tecla Mayús o Ctrl pulsada mientras hace clic sucesivamente en los objetos que desea seleccionar.
- Para cambiar el tamaño de un objeto, selecciónelo y arrastre uno de los controladores de selección; para respetar las dimensiones del objeto, arrastre un controlador de ángulo mientras mantiene la tecla Mayús pulsada.

  *Si el objeto cuyo tamaño desea cambiar se encuentra incluido entre texto y el ajuste de este es **En línea con el texto**, **Cuadrado**, **Estrecho**, **Transparente** o **Arriba y abajo**, en el momento de cambiar el tamaño del objeto podrá ver una vista previa instantánea de la posición del texto en relación con el objeto redimensionado. Para más detalles sobre el ajuste de un objeto, véase el título Modificar el ajuste de un objeto, un poco más adelante en este capítulo.*
- Para desplazar un objeto, señale el objeto en cuestión, y arrástrelo hasta su nueva ubicación.

  Durante el desplazamiento de un objeto, podrá ver unas guías de alineación que le facilitarán la alineación del objeto en relación con otros objetos, márgenes o textos.

En el ejemplo que se presenta, se observan dos guías de alineación: la guía horizontal muestra la alineación del objeto con la parte superior de la forma que se encuentra a la izquierda, mientras que la guía vertical muestra la alineación del objeto con respecto al centro de la página.

© Editions ENI - Reproducción prohibida

Para dimensionar con precisión un objeto, selecciónelo y luego, en la pestaña contextual **Formato de imagen**, indique la altura y la anchura del objeto en los campos correspondientes del grupo **Tamaño**.

Para gestionar las guías de alineación, véase el título Administrar guías en este mismo capítulo.

Para seleccionar, ocultar o mostrar los objetos de su documento, puede utilizar el **Panel de selección** situado en la pestaña contextual **Formato de imagen**, grupo **Organizar**.

Gestionar la cuadrícula de dibujo

La cuadrícula de dibujo facilita el trazado de los objetos en el documento, así como su alineación.

Mostrar/ocultar la cuadrícula de dibujo

Para mostrar la cuadrícula de dibujo, en la pestaña **Disposición**, haga clic en el botón **Alinear** del grupo **Organizar** y luego en la opción **Ver líneas de división**.

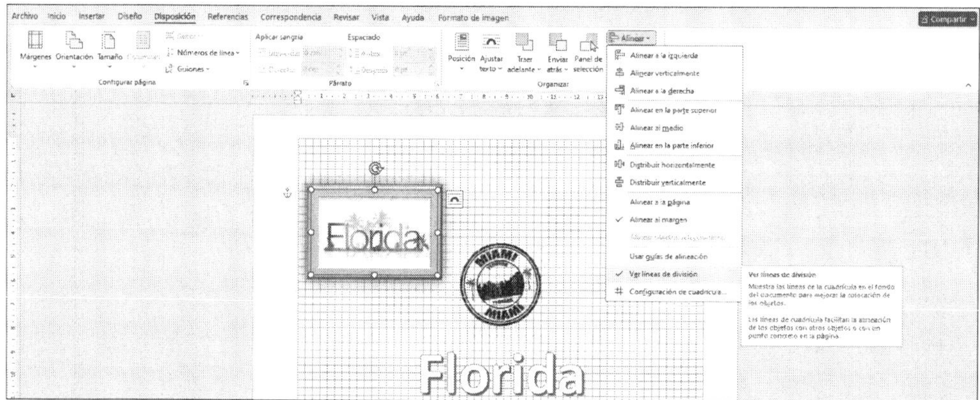

La cuadrícula de dibujo se muestra únicamente en vista Diseño de impresión. Durante el trazado, el desplazamiento o el cambio de dimensiones de un objeto, éste está atraído por las líneas de cuadrícula.

- Para ocultar la cuadrícula de dibujo, haga otra vez clic en la opción **Ver líneas de división** del botón **Alinear** (pestaña **Disposición**).

Las guías de alineación no pueden estar activas cuando en pantalla está activada la cuadrícula. Del mismo modo, el hecho de activar la cuadrícula desactiva automáticamente las guías de alineación; para más información sobre las guías de alineación, véase el próximo título.

Modificar la configuración de cuadrícula

- En la pestaña **Disposición**, haga clic en el botón **Alinear** del grupo **Organizar** y luego en la opción **Configuración de cuadrilla**.
- Para modificar el espaciado entre las líneas verticales y/o líneas horizontales de la cuadrícula, indique los valores de espaciado que prefiera en las áreas asociadas a las opciones **Espaciado horizontal** y **Espaciado vertical**.
- La cuadrícula de dibujo se muestra, de manera predeterminada, en el interior de los márgenes. Para extenderla fuera de los bordes del documento, desmarque la opción **Utilizar márgenes**.
- Para **Mostrar las líneas de la cuadrícula en pantalla**, haga clic en la opción correspondiente.

  *Puesto que las guías de alineación no se pueden utilizan mientras en pantalla se muestra la cuadrícula, cuando se activa la opción **Mostrar las líneas de la cuadrícula en pantalla** se desactiva automáticamente la opción **Mostrar guías de alineación** (naturalmente si esta opción estaba activada).*

- Si únicamente deben mostrarse las líneas horizontales en la cuadrícula, desmarque la opción **Vertical cada**.
- Para cambiar el número de líneas verticales que deben aparecer en la cuadrícula, compruebe que la opción **Vertical cada** esté marcada, y luego especifique el valor que prefiera en el cuadro de texto correspondiente.
- Para cambiar el número de líneas horizontales que deben aparecer en la cuadrícula, indique el valor que prefiera en el cuadro de texto **Horizontal cada**.

© Editions ENI - Reproducción prohibida

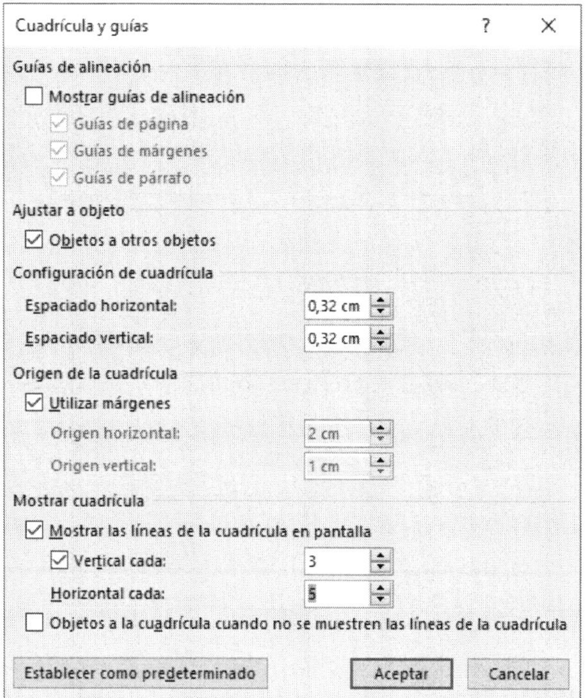

- Si en el momento del trazado, desplazamiento o cambio de dimensiones de un objeto desea que éste sea atraído por los bordes del objeto hacia el cual está trazando, desplazando o cambiando las dimensiones, active la opción **Objetos a otros objetos**.
- Si en el momento del trazado, desplazamiento o cambio de dimensiones de un objeto desea que se alinee a la cuadrícula, aunque no esté visible, marque la opción **Objetos a la cuadrícula cuando no se muestren las líneas de la cuadrícula**.
- Si desea que la configuración que ha definido sea la configuración predeterminada para los siguientes nuevos documentos que va a crear, haga clic en el botón **Establecer como predeterminado**, y luego en el botón **Sí** del mensaje que aparece.
- Para confirmar su selección, haga clic en el botón **Aceptar**.

Si la cuadrícula de dibujo está visible y desea ignorar de manera provisional su configuración, mantenga pulsada la tecla Alt mientras está trazando, desplazando o cambiando el tamaño del objeto.

Administrar guías

Las guías de alineación permiten, en el momento de desplazar o cambiar las dimensiones de un objeto, facilitar su alineación en relación con los otros objetos, los márgenes o los textos.

Activar/desactivar las guías de alineación

- Para activar las guías de alineación, en la pestaña **Disposición**, haga clic en el botón **Alinear**, del grupo **Organizar** y luego haga clic en la opción **Usar guías de alineación** para activarla.

  Aparece una marca a la izquierda de la opción.

  Las guías de alineación aparecen cuando se está desplazando o cambiando las dimensiones de un objeto.

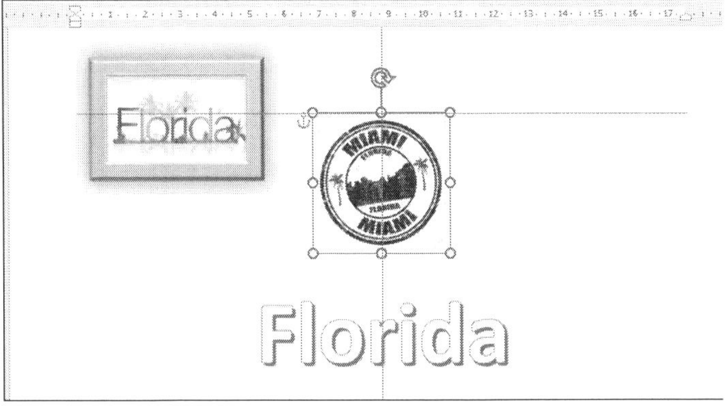

- Para desactivar las guías de alineación, haga otra vez clic en la opción **Usar guías de alineación** del botón **Alinear** (pestaña **Disposición**).

La cuadrícula no puede estar activa cuando se activan las guías de alineación. Del mismo modo, el hecho de activar las guías de alineación oculta automáticamente la cuadrícula si se encontraba visible en la pantalla.

© Editions ENI - Reproducción prohibida

Modificar la configuración de las guías de alineación

- En la pestaña **Disposición**, haga clic en el botón **Alinear** del grupo **Organizar** y haga clic en la opción **Configuración de cuadrícula.**
- Para activar las guías de alineación, marque la opción **Mostrar guías de alineación.**

  *Puesto que las guías de alineación no pueden utilizarse cuando la cuadrícula se muestra en la pantalla, al marcar la opción **Mostrar guías de alineación** se desmarca automáticamente la opción **Mostrar las líneas de cuadrícula en pantalla** (naturalmente, si esta opción estaba activada).*
- Para escoger el tipo de guía de alineación que debe mostrarse, compruebe que la opción **Mostrar guías de alineación** está activada y, a continuación, y según sus preferencias, marque o desmarque las opciones **Guías de página**, **Guías de márgenes** y/o **Guías de párrafo.**
- Para validar su selección, haga clic en el botón **Aceptar**.

Colocar un objeto en la página

En esta parte se muestra cómo definir la posición de un objeto en la página, pero como todo objeto insertado está sujeto a un párrafo, si desea mover este párrafo, el objeto también será desplazado; si elimina el párrafo, el objeto también será eliminado.

- Seleccione el objeto correspondiente; si se trata de una imagen, para poder colocarla, asegúrese de que su estilo de ajuste no sea **En línea con el texto** (véase Modificar el ajuste de un objeto).
- En la pestaña contextual **Formato de forma** (o en la pestaña **Formato de imagen** si se trata de una imagen), pulse el botón **Posición** del grupo **Organizar**.
- Para aplicar una posición predefinida, haga clic en la posición deseada en el apartado **Con ajuste de texto**; cuando sitúa el puntero del ratón encima de una posición, se muestra una vista previa del objeto en el documento.

  Un ajuste de texto cuadrado se asocia a cada una de las posiciones predefinidas.

  Para indicar una posición personalizada, haga clic en **Más opciones de diseño.**

  *Si ha seleccionado una posición predefinida, el objeto se sitúa en el documento. En caso contrario, se abre el cuadro de diálogo **Disposición**.*

- Compruebe que la pestaña **Posición** está seleccionada.

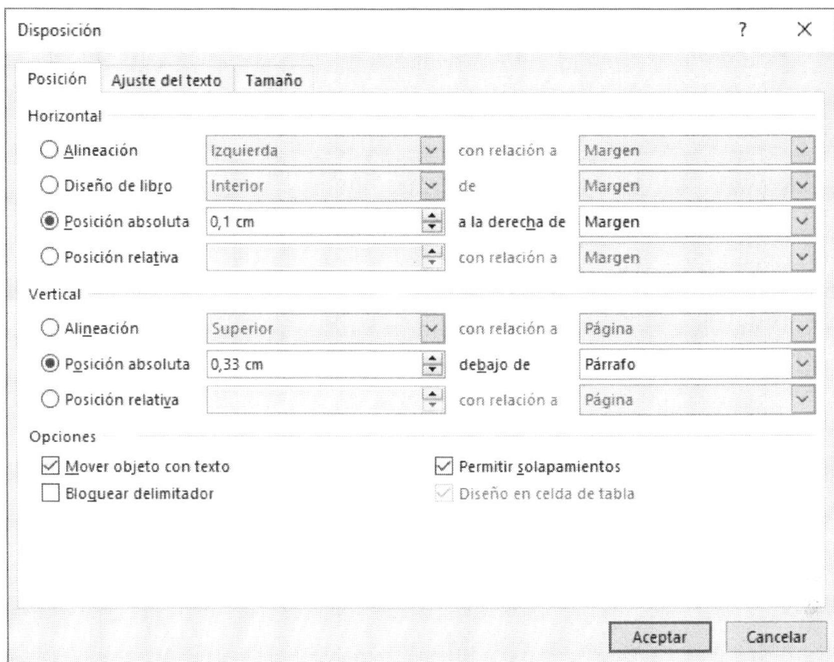

*Para abrir el cuadro de diálogo **Diseño**, también puede hacer clic en el icono **Opciones de diseño**, que aparece en la parte superior derecha del objeto seleccionado, y luego en el vínculo **Ver más**.*

- En el cuadro **Horizontal**, indique cómo debe colocarse el objeto en el ancho de la página e indique, con las listas correspondientes, el punto a partir del cual el objeto debe posicionarse. Las opciones que se ofrecen son las siguientes:

  Alineación: permite alinear el objeto a la izquierda, en el centro, o a la derecha del elemento seleccionado en la lista **con relación a**.

  Diseño de libro: permite alinear el objeto respecto al **Interior** o el **Exterior** del margen de la página o de la misma página.

  Posición absoluta: permite alinear el objeto horizontalmente respetando el espacio introducido entre el borde izquierdo del objeto y el borde izquierdo de la opción seleccionada en la lista **a la derecha de**. La posición del objeto se mantiene fija y no cambia si modifica el tamaño y/o los márgenes del documento.

© Editions ENI - Reproducción prohibida

Posición relativa: permite alinear el objeto horizontalmente, respetando el porcentaje introducido, entre el borde izquierdo del objeto y el elemento seleccionado en la lista **con relación a**. Por ejemplo, si introduce 50 % con relación al **Margen izquierdo** y si éste es de 2 cm, entonces, el borde izquierdo del objeto se coloca a 1 cm en el margen izquierdo. Si introduce 50 % con relación a la **Página**, el borde izquierdo del objeto se centrará horizontalmente en la página, mientras que, si selecciona con relación al **Margen**, el borde izquierdo del objeto se centrará horizontalmente entre el margen izquierdo y el margen derecho. La posición del objeto varía y cambia en función de los márgenes y/o del tamaño aplicado al documento.

- En el cuadro **Vertical**, indique cómo debe colocarse el objeto en el alto de la página e indique, con las listas correspondientes, el punto a partir del cual el objeto deberá colocarse. El principio es similar a las opciones del cuadro **Horizontal**.
- Mantenga marcada la opción **Permitir solapamientos** si desea que los objetos con el mismo ajuste puedan superponerse.
- Si desea que el objeto se desplace mientras está añadiendo o eliminando texto de la página, mantenga marcada la opción **Mover objeto con texto**.

  En cambio, si desea que el objeto conserve su posición mientras está añadiendo o eliminando texto de la página, desmarque esa opción. Recuerde, no obstante, que cuando el párrafo en el que está bloqueado el objeto pasa a la página siguiente, el objeto también se desplaza a esa página.
- Cuando está desplazando un objeto, el bloqueo asociado se desplaza hasta un nuevo párrafo en función de la nueva posición del objeto. Si desea que el objeto se mantenga siempre en el mismo párrafo, marque la opción **Bloquear delimitador**.

  El objeto no podrá ser desplazado hacia otra página. Únicamente permitirá su movimiento en la misma página.
- Haga clic en el botón **Aceptar**.

En el momento de añadir o eliminar texto, podrá escoger rápidamente si un objeto debe ser desplazado o no: una vez seleccionado el objeto en cuestión, haga clic en el icono **Opciones de diseño**, que aparece en la parte superior derecha del objeto y active la opción **Mover con el texto** para que el objeto se desplace con el texto o, en caso contrario, active la opción **Ajustar posición en la página**.

Modificar el ajuste de un objeto

Ajustar un objeto es elegir la manera en que desea repartir el texto alrededor del objeto. De manera predeterminada los objetos se insertan en la posición del punto de inserción y su estilo de ajuste es ***En línea con el texto****, porque están considerados como caracteres.*

Primer método

Este método, muy rápido, no permite modificar las opciones vinculadas al estilo de ajuste de texto seleccionado.

- Seleccione el objeto en cuestión.
- Haga clic en el icono **Opciones de diseño** que se encuentra en la parte superior derecha del objeto.

  En pantalla aparece el panel ***Opciones de diseño****.*

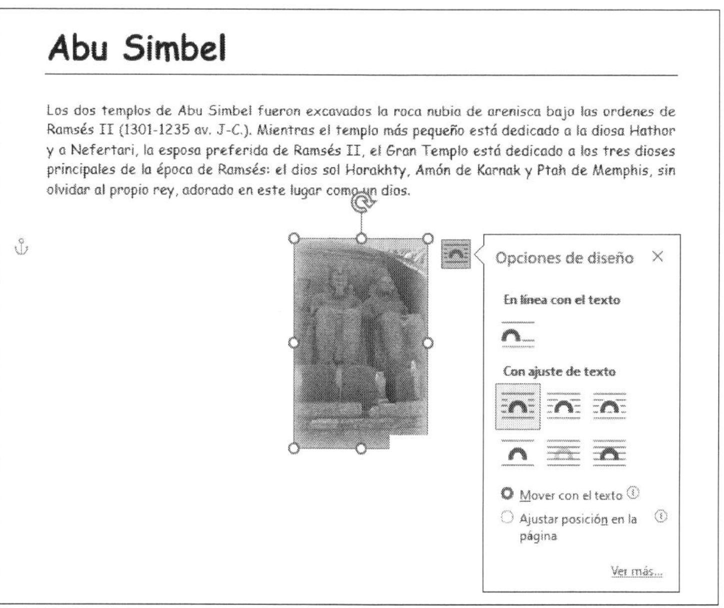

- En el apartado **Con ajuste de texto**, haga clic en el icono que corresponda al estilo de ajuste que prefiera: **Cuadrado**, **Estrecho**, **Transparente**, **Arriba y abajo**, **Detrás del texto** o **Delante del texto**.

© Editions ENI - Reproducción prohibida

El ajuste que haya escogido se aplica al objeto.

- Haga clic en el botón [×] del panel **Opciones de diseño** para cerrar o pulse en la tecla [esc].

Puede encontrar las opciones de ajuste de texto en la lista **Ajustar texto** de la pestaña contextual **Formato de forma** o **Formato de imagen** (grupo **Organizar**).

Segundo método

Este método le permitirá definir con más precisión el ajuste que prefiera.

- Seleccione el objeto en cuestión.
- En la pestaña contextual **Formato de forma** (o **Formato de imagen** si se trata de una imagen), haga clic en el botón **Ajustar texto** que aparece en el grupo **Organizar** y luego haga clic en la opción **Más opciones de diseño.**

*También puede hacer clic en el icono **Opciones de diseño** que se muestra en la parte superior derecha del objeto seleccionado, hacer clic en el vínculo **Ver más** y luego en la pestaña **Ajuste de texto**.*

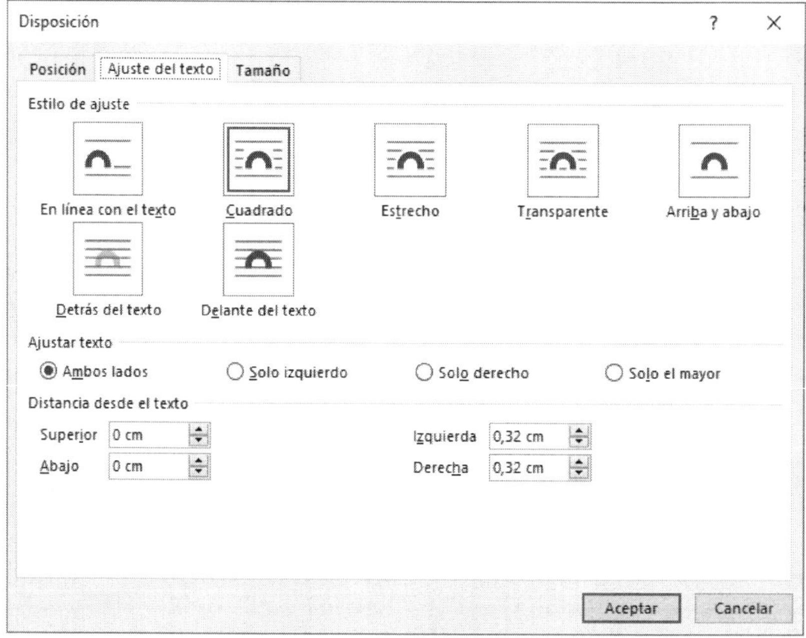

Gestión de objetos

- Indique cómo debe repartirse el texto alrededor del objeto mediante las opciones del cuadro **Estilo de ajuste**.
- En el cuadro **Ajustar texto**, indique cómo el texto debe repartirse en relación al objeto: **Ambos lados**, **Solo izquierdo**, **Solo derecho** o **Solo el mayor** (para repartir el texto alrededor del lado más alto o más ancho del objeto).

  Estas opciones están disponibles únicamente para los estilos de ajuste ***Cuadrado****,* ***Estrecho*** *y* ***Transparente****.*
- Modifique, si fuese necesario, la distancia entre los lados del objeto y el texto con las casillas **Superior**, **Abajo**, **Izquierda** y/o **Derecha** del cuadro **Distancia desde el texto**.
- Pulse el botón **Aceptar**.

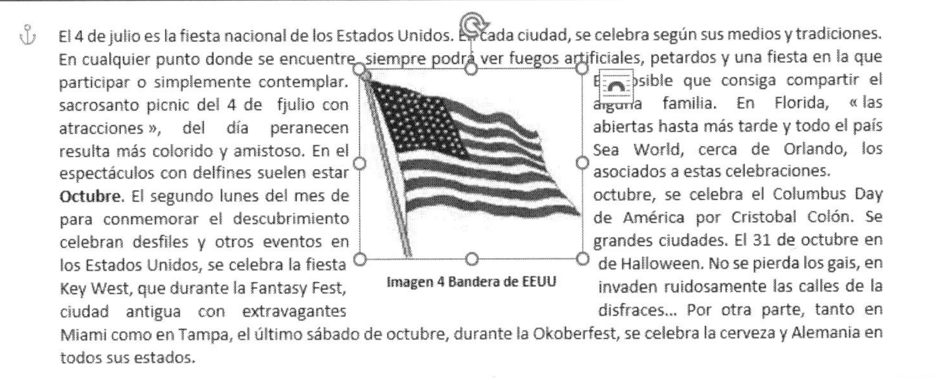
El 4 de julio es la fiesta nacional de los Estados Unidos. En cada ciudad, se celebra según sus medios y tradiciones. En cualquier punto donde se encuentre, siempre podrá ver fuegos artificiales, petardos y una fiesta en la que participar o simplemente contemplar. E[illegible]sible que consiga compartir el sacrosanto picnic del 4 de fjulio con alguna familia. En Florida, « las atracciones », del día peranecen abiertas hasta más tarde y todo el país resulta más colorido y amistoso. En el Sea World, cerca de Orlando, los espectáculos con delfines suelen estar asociados a estas celebraciones.
Octubre. El segundo lunes del mes de octubre, se celebra el Columbus Day para conmemorar el descubrimiento de América por Cristobal Colón. Se celebran desfiles y otros eventos en grandes ciudades. El 31 de octubre en los Estados Unidos, se celebra la fiesta de Halloween. No se pierda los gais, en Key West, que durante la Fantasy Fest, invaden ruidosamente las calles de la ciudad antigua con extravagantes disfraces... Por otra parte, tanto en Miami como en Tampa, el último sábado de octubre, durante la Okoberfest, se celebra la cerveza y Alemania en todos sus estados.

Imagen 4 Bandera de EEUU

Para modificar los puntos de ajuste de un objeto seleccionado, en la pestaña contextual **Formato de imagen** (o **Formato de forma**), pulse el botón **Ajustar texto** del grupo **Organizar** y después en la opción **Modificar puntos de ajuste**: el cuadro de ajuste del objeto aparece delimitado por un borde rojo y los puntos de ajuste se representan con pequeños cuadrados negros. Para cada punto que desee cambiar, arrástrelo hacia la nueva posición; para crear un nuevo punto, haga clic en el lugar deseado sobre el borde rojo y haga clic y arrástrelo para situar el punto.

© Editions ENI - Reproducción prohibida

Asociar un título a un objeto

Agregar manualmente un título a un objeto

- Seleccione el objeto correspondiente (imagen, gráfico, tabla, etc.).
- En la pestaña **Referencias**, pulse el botón **Insertar título** del grupo **Títulos**.
- En la lista **Rótulo**, seleccione uno de los tipos que se ofrecen: **Ecuación**, **Ilustración** o **Tabla** o pulse el botón **Nuevo rótulo** para crear el suyo.

  *Si elige esta última opción, enseguida en el cuadro **Título** se muestra el nuevo título.*
- En la casilla **Título**, complete si es necesario el texto que aparece.
- En la lista **Posición**, seleccione la ubicación del título: **Encima de la selección** o **Debajo de la selección**.

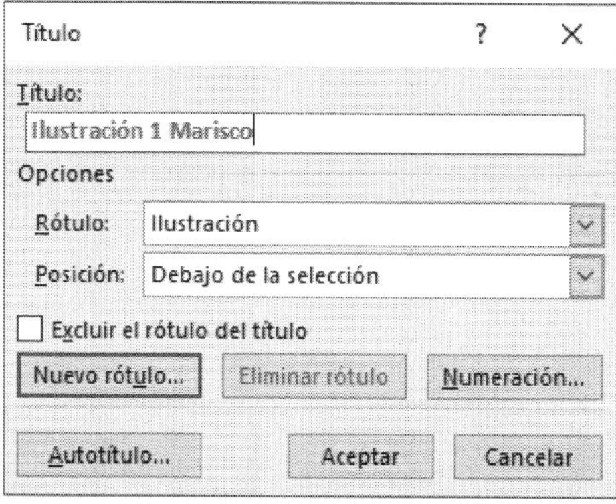

- Si fuese necesario, pulse el botón **Numeración**, abra el cuadro de la lista **Formato** para seleccionar el formato de los números y pulse el botón **Aceptar**.
- Si desea **Excluir el rótulo del título** active esta opción.
- Pulse el botón **Aceptar** para insertar el título.

C) MARISCO

Pero uno de los atractivos gastronómicos de Florida es sin duda su oferta en marisco (pescado y marisco). Langostas, cangrejos y cigalas son frescos y abundantes, de notable calidad y a precios razonables. Figuran en el menú de casi todos los restaurantes. Las cadenas especializadas en marisco sirven buenos productos a precios competitivos. Por supuesto, dependiendo de la época del año, los congelados pueden o no hacer acto de presencia. Informar de que no se sirven congelados es un buen argumento de venta.

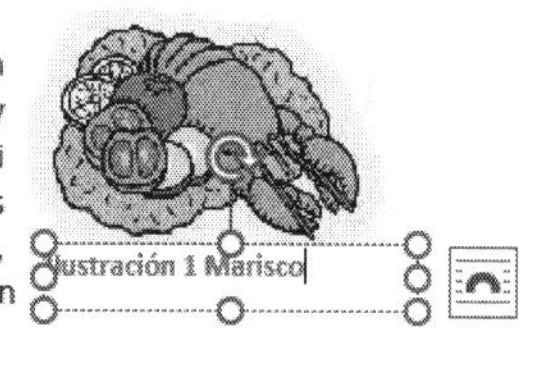

Agregar automáticamente un título a un objeto

Se agregan automáticamente los títulos a medida que se van insertando objetos de los cuales ya ha elegido el tipo. Esta elección debe realizarse en el momento de crear el documento, antes de insertar el primer objeto.

- En la pestaña **Referencias**, pulse el botón **Insertar título** del grupo **Títulos**.
- Pulse el botón **Autotítulo**.
- En la lista **Agregar título al insertar**, active las opciones correspondientes al tipo de objetos en los que desea agregar autotítulos.

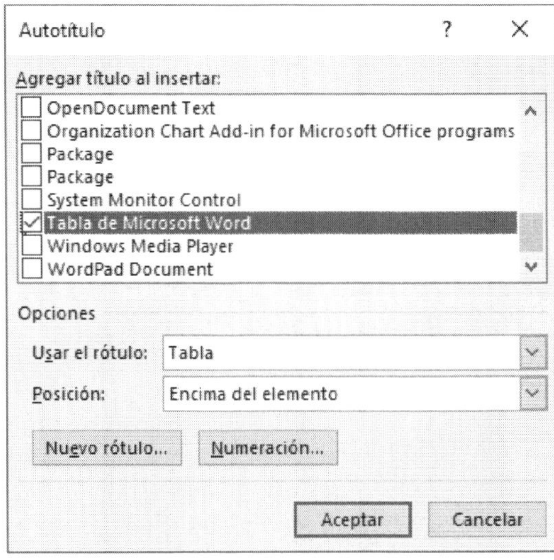

- En la lista **Usar el rótulo**, seleccione uno de los nombres de título que se ofrecen o pulse el botón **Nuevo rótulo** para crear el suyo.
- En la lista **Posición**, seleccione la opción correspondiente a la ubicación que desea para el título: **Encima del elemento** o **Debajo del elemento**.
- Si fuese necesario, pulse el botón **Numeración**, abra la lista **Formato** para seleccionar el formato de los números y pulse el botón **Aceptar**.
- Pulse el botón **Aceptar**.

*Cuando se inserta un tipo de objeto previamente especificado en el cuadro de diálogo **Autotítulo**, Word agrega automáticamente el título apropiado.*

© Editions ENI - Reproducción prohibida

Modificar los títulos

- Para modificar el rótulo de un título, seleccione el texto correspondiente, elimínelo y escriba el nuevo texto.
- Para modificar los rótulos de todos los títulos del mismo tipo, seleccione un título que contenga el rótulo correspondiente y, a continuación, en la pestaña **Referencias**, pulse el botón **Insertar título** de grupo **Títulos.** Seleccione el rótulo deseado en la lista **Rótulo** y pulse el botón **Aceptar**.
- Para modificar el formato numérico de todos los títulos del mismo tipo, seleccione un título que contenga el formato numérico correspondiente y, en la pestaña **Referencias**, pulse el botón **Insertar título** del grupo **Títulos.** A continuación, pulse el botón **Numeración**, seleccione el **Formato** numérico deseado en la lista correspondiente y pulse el botón **Aceptar** de las dos ventanas.

Actualizar títulos

Los números de título se actualizan cuando se inserta un nuevo título. Sin embargo, es preciso efectuar una actualización manual después de haber desplazado o eliminado un título.

- Para actualizar un título, selecciónelo y pulse la tecla F9.
- Para actualizar todos los títulos de un documento, seleccione todo el contenido del documento con el método abreviado Ctrl **E** y pulse la tecla F9.

Alinear/espaciar objetos

En esta parte se muestra cómo alinear objetos y/o uniformizar el espacio que existe entre cada objeto seleccionado.

- Seleccione los objetos que desea alinear o espaciar.
- En la pestaña contextual **Formato de forma** o **Formato de imagen**, haga clic en el botón **Alinear** del grupo **Organizar**.
- Para alinear los objetos con relación a la página, pulse en la opción **Alinear a la página**; para alinearlos en los márgenes, en la opción **Alinear al margen**, y para alinear los unos en relación con los otros, en la opción **Alinear objetos seleccionados.**
- Haga clic de nuevo en el icono **Alinear**.

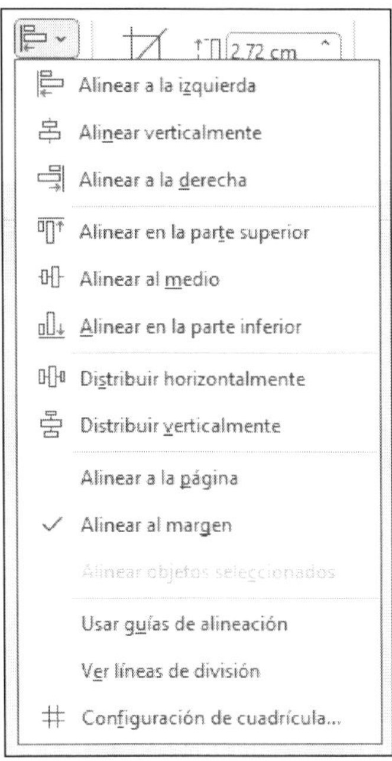

- Para modificar la alineación de los objetos seleccionados, haga clic en una de las seis primeras opciones que se ofrecen en la lista.

  Para uniformizar el espaciado entre los objetos seleccionados, haga clic en la opción **Distribuir horizontalmente** o en la opción **Distribuir verticalmente**.

Modificar el orden de superposición de los objetos

- Seleccione el objeto correspondiente y haga clic en la pestaña contextual **Formato de imagen** o **Formato de forma**.
- Para colocar el objeto delante del que le precede o detrás del que le sigue, haga clic en el botón **Traer adelante** o el botón **Enviar atrás**, que se encuentran en el grupo **Organizar**.
- Para colocar el objeto en primer plano, haga clic en el botón **Traer adelante** del grupo **Organizar** y luego haga clic en la opción **Traer al frente**.
- Para colocar el objeto en el fondo, haga clic en el botón **Enviar atrás** del grupo **Organizar** y luego haga clic en la opción **Enviar al fondo**.

© Editions ENI - Reproducción prohibida

Agrupar/desagrupar objetos

En esta parte se muestra cómo reagrupar varios objetos para poder manipularlos como si fueran un solo objeto (para, por ejemplo, desplazarlos todos de una sola vez).

- Seleccione los objetos que desea agrupar o los que desea desagrupar.
- En la pestaña contextual **Formato de imagen** o **Formato de forma**, haga clic en la herramienta **Agrupar objetos** del grupo **Organizar** para abrir la lista correspondiente.
- Haga clic en la opción **Agrupar** o en la opción **Desagrupar**.

Cambiar el tipo de una forma

En esta parte se muestra cómo modificar la forma del objeto manteniendo el formato que se le ha aplicado.

- Seleccione la forma correspondiente.
- En la pestaña contextual **Formato de forma**, haga clic en la herramienta **Editar forma** del grupo **Insertar formas**, señale la opción **Editar formas** y luego haga clic en la forma en cuestión.

Girar un objeto (una imagen)

Utilizando el ratón

- Seleccione el objeto correspondiente.
- Sitúe el puntero en el símbolo situado en la parte superior del objeto o de la imagen.
- Haga clic y arrastre para girar el objeto.

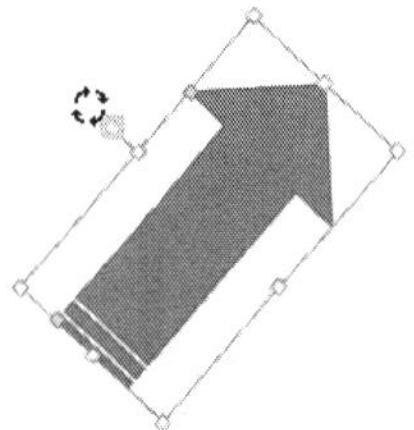

Utilizando la herramienta Girar

- Seleccione el objeto.
- En la pestaña contextual **Formato de imagen**, haga clic en la herramienta **Girar** del grupo **Organizar**.

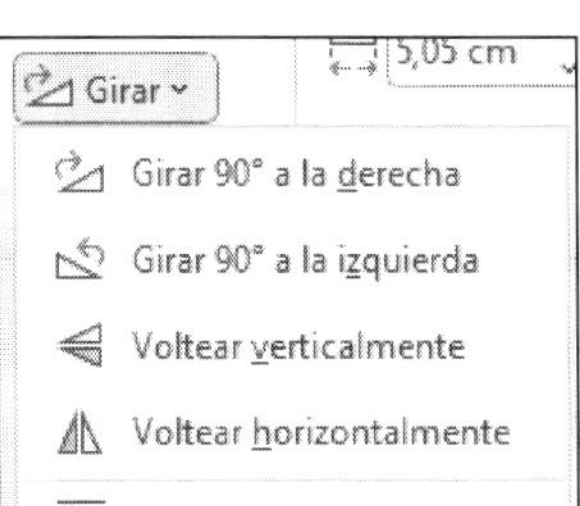

Cuando sitúe el puntero encima de una opción, el efecto correspondiente se visualiza en el objeto seleccionado.

- Haga clic en una de las opciones que se ofrecen: **Girar 90° a la derecha** o **Girar 90° a la izquierda**.

Las opciones **Voltear verticalmente** o **Voltear horizontalmente** permiten aplicar una simetría al objeto.

Aplicar un estilo a un objeto

- Seleccione el objeto y haga clic en la pestaña contextual **Formato de imagen** o **Formato de forma**.
- Pulse el botón **Estilos rápidos** de la galería del grupo **Estilos de imagen** o **Estilos de forma**.

  También puede deslizar la lista de estilos con la barra de desplazamiento vertical.
- Sitúe, eventualmente, el puntero en los distintos estilos que se ofrecen para visualizar los efectos correspondientes en el o los objetos seleccionados.
- Cuando tenga la elección, haga clic en el estilo que desea aplicar.

También puede hacer clic con el botón secundario del ratón en el objeto en cuestión, hacer clic en el botón **Estilo** y luego en el estilo que desea aplicar.

© Editions ENI - Reproducción prohibida

Modificar el contorno de un objeto (una imagen)

- Seleccione el objeto o la imagen.
- En la pestaña contextual **Formato de forma**, abra la lista asociada al icono **Contorno de forma** del grupo **Estilos de forma**; si una imagen está seleccionada, en la pestaña contextual **Formato de imagen**, pulse el botón **Borde de imagen** del grupo **Estilos de imagen**.

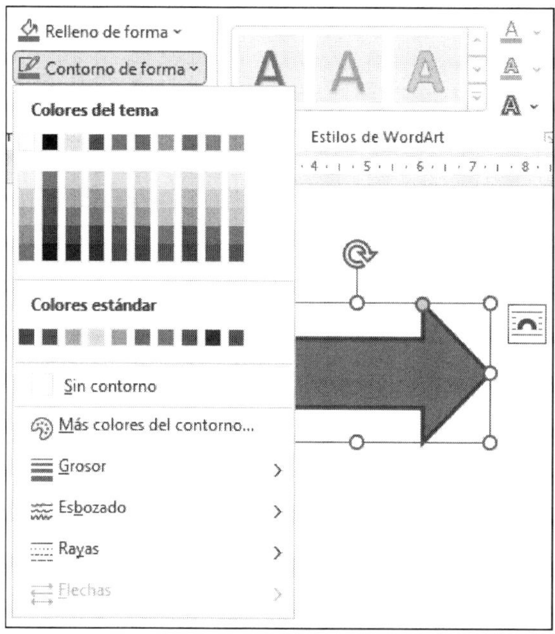

- Para modificar el color del contorno, haga clic en uno de los colores que se ofrecen: los colores del apartado **Colores del tema** están vinculados al tema aplicado al documento (véase capítulo Temas); si selecciona uno de estos colores, el color del contorno del objeto cambiará en función del tema aplicado al documento.

  *La opción **Más colores del contorno** abre el cuadro de diálogo **Colores** y le permitirá seleccionar otro color o personalizar los colores.*

- Para modificar el grosor del contorno, sitúe el puntero en la opción **Grosor** y haga clic en la opción correspondiente al grosor de línea que desea aplicar.
- Para modificar el estilo de línea, sitúe el puntero en la opción **Rayas** y haga clic en el estilo de guion que desea aplicar.
- Si el objeto es una flecha, modifique eventualmente el estilo de la flecha haciendo clic en la opción **Flechas** y seleccionando uno de los estilos que se ofrecen.

También puede modificar el contorno de un objeto utilizando las opciones de la categoría **Líneas** del panel **Formato de forma** (pestaña contextual **Formato de forma** - grupo **Estilos de forma** - botón - icono).

Para eliminar el contorno del objeto seleccionado, haga clic en el botón **Contorno de forma** de la pestaña contextual **Formato de forma** (grupo **Estilos de forma**) y luego en la opción **Sin contorno**.

También puede modificar el contorno de un objeto (pero no de una imagen) haciendo clic con el botón secundario del ratón en el objeto en cuestión y luego haciendo clic en el botón **Contorno**.

Si hace clic en el icono **Contorno** (sin abrir la lista), se aplica el último color de contorno utilizado.

Modificar el relleno de un objeto

Aplicar un color

- Seleccione el objeto.
- En la pestaña contextual **Formato de forma**, abra la lista asociada al icono **Relleno de forma** del grupo **Estilos de forma**.
- Haga clic en el color de relleno que desea aplicar al objeto: los colores que aparecen en el apartado **Colores del tema** están vinculados al tema aplicado al documento (véase capítulo Temas); si selecciona uno de estos colores, el color de relleno del objeto cambiará en función del tema aplicado al documento.

© Editions ENI - Reproducción prohibida

La opción **Más colores de relleno** abre el cuadro de diálogo **Colores** y le permite seleccionar otro color o personalizar los colores.

Si hace clic en el icono **Relleno de forma** (sin abrir la lista), se aplica el último color de relleno utilizado.

Aplicar una imagen, un degradado, una trama o una textura

Se muestra cómo rellenar un objeto con una imagen, un degradado, una textura o una trama.

- Seleccione el objeto.
- En la pestaña contextual **Formato de forma**, abra la lista asociada al icono **Relleno de forma** del grupo **Estilos de forma**.
- Para aplicar una imagen en el fondo del objeto, haga clic en la opción **Imagen** y, en la ventana **Insertar imágenes** que aparece, pulse en la opción **Desde un archivo** si la imagen que busca está almacenada en su equipo; en **Imágenes de archivo** para acceder a una biblioteca de imágenes; en la opción **Imágenes en línea** si desea buscar la imagen en Internet o en su espacio OneDrive (botón **OneDrive**); o en **Desde iconos** si desea añadir uno de los iconos propuestos como relleno. Escoja la imagen que desea aplicar buscándola en su ordenador o en la web y después haga clic en el botón **Insertar**.
- Para aplicar un **Degradado**, sitúe el puntero en la opción correspondiente y haga clic en uno de los degradados predefinidos que se ofrecen si hay alguno que le conviene. En caso contrario, haga clic en la opción **Más degradados** para abrir el cuadro de diálogo **Formato de forma** y, en la categoría **Relleno** (icono), active la opción **Relleno degradado**. A continuación, proceda como en la aplicación de un degradado en los caracteres (véase Aplicar un degradado a los caracteres, del capítulo Caracteres).

- Para aplicar una textura, sitúe el puntero en la opción **Textura** y haga clic en una de las texturas predefinidas que se ofrecen en la lista. Si no le conviene ninguna textura predefinida, haga clic en la opción **Más texturas** y, en la categoría **Relleno** del panel **Formato de forma** que aparece, active la opción **Relleno con imagen o textura**. Haga clic a continuación en el botón **Archivo** para seleccionar el archivo correspondiente a la textura que desea aplicar. También puede seleccionar una imagen utilizando el botón **Archivo**; el botón **En línea** permite escoger una imagen en la web para rellenar la forma, mientras que el botón **Portapapeles** rellena la forma con el contenido previamente copiado en el Portapapeles.
- Para aplicar una trama, haga clic en el selector de cuadro de diálogo del grupo **Estilos de forma** y, en la categoría **Relleno** del panel **Formato de forma** que se muestra, active la opción **Relleno de trama**. Haga clic en la trama que desea aplicar y modifique, si fuera necesario, el color de primer plano o de fondo utilizando las listas **Primer plano** y **Fondo**.

Para eliminar el relleno del objeto seleccionado, haga clic en la opción **Sin relleno** que aparece en la lista asociada al icono **Relleno de forma** (pestaña contextual **Formato de forma** - grupo **Estilos de forma**).

También puede modificar el relleno de un objeto haciendo clic con el botón secundario del ratón en el objeto en cuestión y haciendo clic en el botón **Relleno**.

Aplicar un efecto a un objeto

- Seleccione el objeto al que desea aplicar el efecto.
- En la pestaña contextual **Formato de forma**, haga clic en el botón **Efectos de forma** que se encuentra en el grupo **Estilos de formas**. En el caso de una imagen, haga clic en **Efectos de la imagen** del grupo **Estilos de imagen**.
- Señale la opción correspondiente al tipo de efecto que desea aplicar.

  Los efectos predefinidos correspondientes se muestran en pantalla.
- Si no tiene claro el efecto que desea aplicar a la imagen, señale sucesivamente los efectos propuestos para comprobar el resultado en el objeto y, una vez decidida la elección, haga clic en el efecto para aplicarlo.

© Editions ENI - Reproducción prohibida

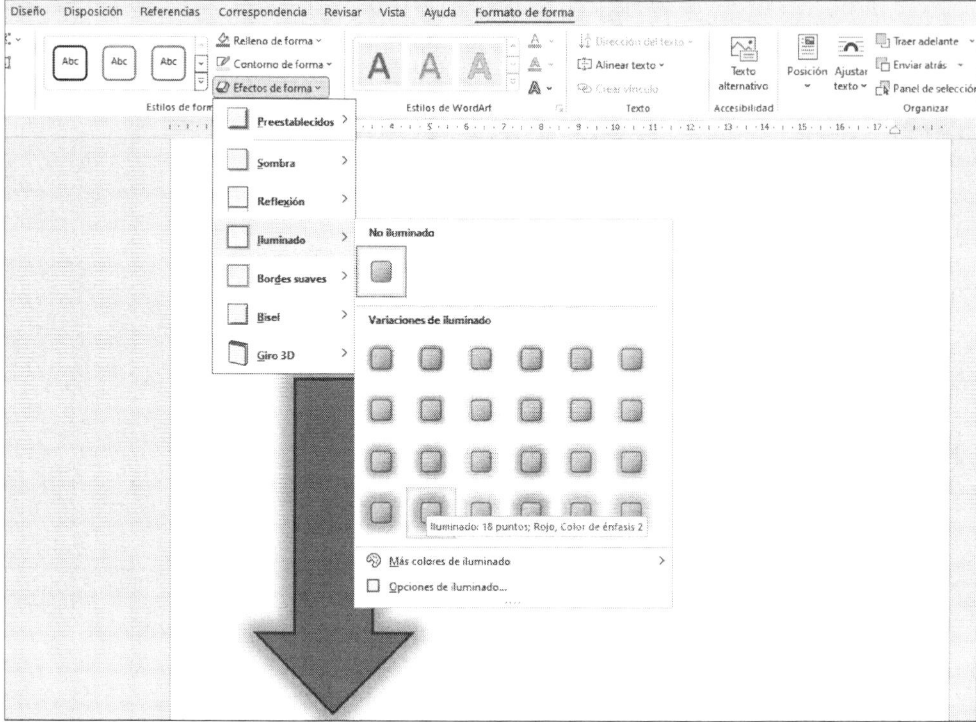

- Si ninguno de los efectos predefinidos le conviene, puede crear su propio efecto personalizado: en el botón **Efectos de formas**, señale la opción correspondiente al tipo de efecto que desea personalizar y haga clic en la opción **Opciones de "nombre del efecto"** (por ejemplo, **Opciones de sombra**).

La mayoría de estos efectos pueden aplicarse en un texto estándar. En los títulos correspondientes al capítulo Caracteres encontrará más información sobre los efectos de formas.

Se pueden aplicar varios efectos a un mismo objeto.

Aplicar un giro 3D a un objeto

Aplicar un giro 3D predefinido

Word pone a su disposición varios giros 3D predefinidos.

- Seleccione el objeto al que desea aplicar una rotación 3D.
- En la pestaña contextual **Formato de forma**, haga clic en el botón **Efectos de forma** y luego haga clic en la opción **Rotación 3D**.

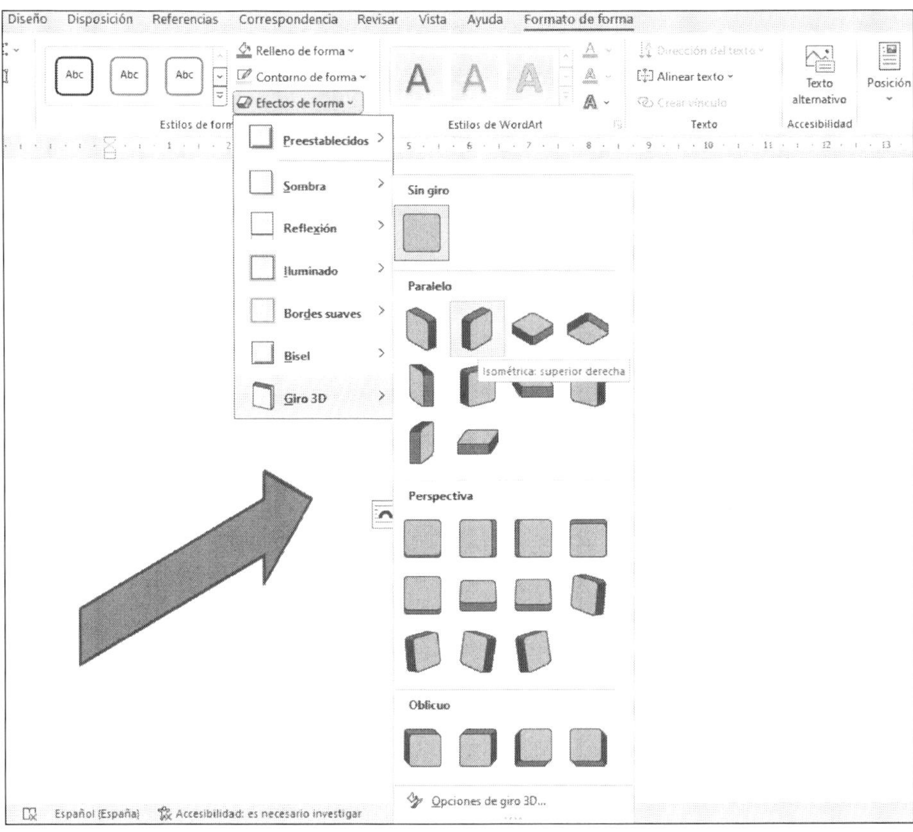

- Haga clic en el giro 3D predefinido que prefiera de entre los giros que se ofrecen.

© Editions ENI - Reproducción prohibida

Aplicar un giro 3D personalizado

Si no le conviene ninguno de los giros 3D predefinidos que Word le propone, puede crear su propio efecto de giro 3D.

- Seleccione el objeto en cuestión.
- En la pestaña contextual **Formato de forma**, haga clic en el botón **Efectos de forma**, señale la opción **Rotación 3D** y luego haga clic en **Opciones de giro 3D**.

  *En la pestaña contextual **Formato de forma**, también puede hacer clic en el selector de cuadro de diálogo del grupo **Estilos de forma**, y luego en el icono del panel **Formato de forma**.*
- Compruebe que la categoría **Giro 3D** está seleccionada.
- Si el giro 3D personalizado debe crearse a partir de un giro predefinido, selecciónelo en la lista **Preestablecidos**.

  En este caso, las opciones que aparecen muestran la configuración vinculada a la rotación 3D predefinida que se acaba de seleccionar. Naturalmente, es posible modificar estas opciones.
- Para cambiar el giro de un objeto, modifique los valores de los ejes **X**, **Y** y/o **Z**, bien directamente en los cuadros de texto o utilizando los botones asociados.
- Si fuera necesario, cambie la **Perspectiva** del giro 3D utilizando el cuadro de texto o los correspondientes botones.

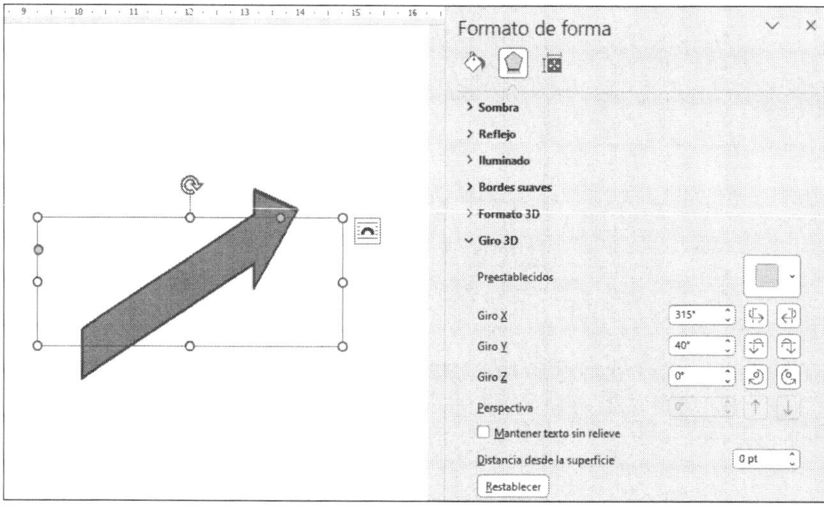

- Si el objeto contiene texto y no desea que el giro 3D le afecte, active la opción **Mantener texto sin relieve**; esta opción está desactivada de manera predeterminada.
- Si lo desea, cambie la posición del objeto con relación al borde inferior de su marco de selección indicando el valor que prefiera en el cuadro de texto **Distancia desde la superficie**; el valor ha de estar comprendido entre los -4000 y los 4000 puntos.

  Los atributos de giro 3D se aplican al objeto seleccionado a medida que se van definiendo.
- Una vez definidos todos los atributos, haga clic en la herramienta [X] del panel **Formato de forma** para cerrarlo.

Para eliminar el efecto de giro 3D aplicado a un objeto, selecciónelo y, en la pestaña contextual **Formato de forma**, haga clic en el botón **Efectos de forma**. Señale la opción **Rotación 3D** y haga clic en la viñeta **Ninguno** que se encuentra en el apartado **Sin giro**. También puede hacer clic en el botón **Restablecer** que se encuentra en la categoría **Giro 3D** del cuadro de diálogo **Formato de forma**.

Guardar un cuadro de texto

En esta parte se muestra cómo crear un cuadro de texto personalizado y guardarlo en la galería de cuadros de texto predefinidos para poderlo reutilizar posteriormente.

- Seleccione el cuadro de texto que desea guardar.
- En la pestaña **Insertar**, pulse el botón **Cuadro de texto** del grupo **Texto** y haga clic en la opción **Guardar selección en galería de cuadros de texto**.

  *Como un cuadro de texto es un bloque de creación, en la pantalla se abre el cuadro de diálogo **Crear nuevo bloque de creación**.*
- Escriba el **Nombre** del cuadro de texto en la casilla correspondiente.
- Asegúrese de que la opción **Cuadros de texto** está seleccionada en la lista **Galería**.
- Abra la lista **Categoría** y seleccione una de las categorías que se proponen o haga clic en la opción **Crear nueva categoría** para crear una nueva categoría. Si ha elegido crear una nueva categoría, escriba el **Nombre** en el cuadro de diálogo **Crear nueva categoría** y pulse el botón **Aceptar**.

  *Los cuadros de texto que aparecen en la lista asociada al botón **Cuadro de texto** (pestaña **Insertar** - grupo **Texto**) se ordenan por categoría.*
- Escriba, si fuese necesario, una **Descripción**.

© Editions ENI - Reproducción prohibida

- Si el documento actual se basa en una plantilla que no es la plantilla Normal y el cuadro de texto debe guardarse en esta plantilla, seleccione el nombre en la lista **Guardar en**: el cuadro de texto estará disponible únicamente para los documentos basados en esta plantilla.
- Abra la lista **Opciones** y seleccione una de las opciones siguientes:

  Insertar solo contenido/Insertar contenido en su propio párrafo: con estas dos opciones el cuadro de texto se inserta en la página actual en la posición definida cuando éste se guarda.

  Insertar contenido en su propia página: el cuadro de texto se inserta en una nueva página: Word crea un salto de página antes y después del cuadro de texto.

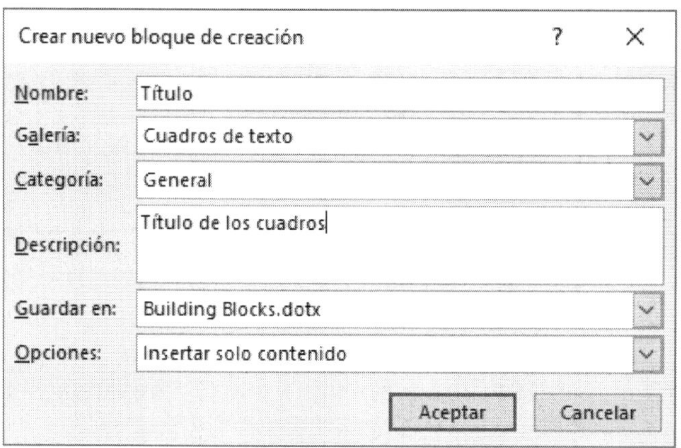

- Pulse el botón **Aceptar** para guardar el cuadro de texto.

  *El cuadro de texto está a partir de ese momento disponible en la lista asociada al botón **Cuadro de texto** (pestaña **Insertar**) y puede, por lo tanto, insertarse en cualquier documento (véase Objetos de dibujo - Crear un cuadro de texto).*

El cuadro de texto se ha agregado a una plantilla; Word le propone guardarla cuando se cierra el documento o en el mismo momento de guardarlo para que el cuadro de texto vinculado a la plantilla se guarde definitivamente.

Formularios

Crear un formulario

En este capítulo, solo se presentan las funciones básicas para crear un formulario.

Un formulario es un tipo de documento que contiene un texto constante y unas zonas variables. Ejemplo:

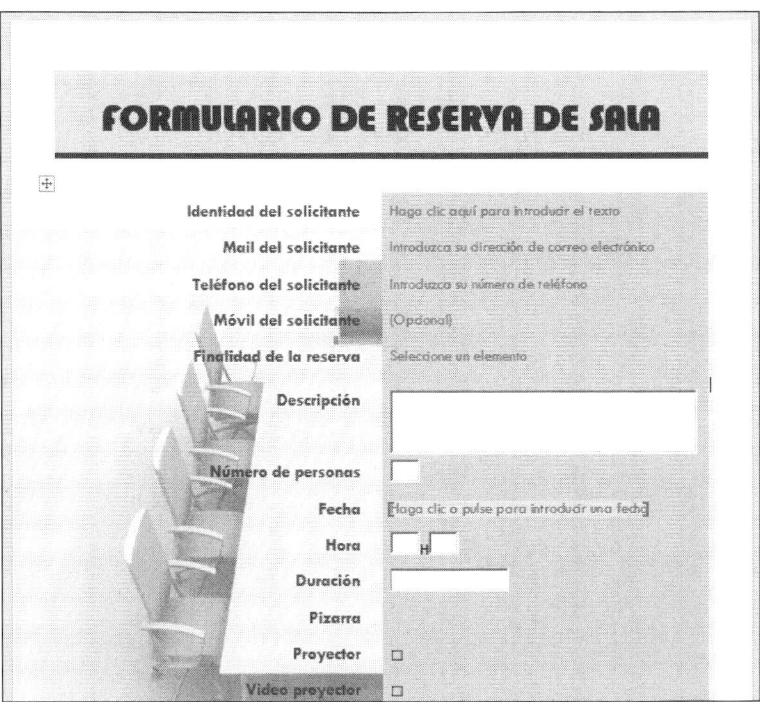

- Abra la pestaña **Programador**: en la pestaña **Archivo**, haga clic en **Opciones** y luego en la categoría **Personalizar cinta de opciones** en el cuadro de diálogo **Opciones de Word**.

  *Asimismo, puede pulsar con el botón derecho del ratón en la cinta de opciones y después en **Personalizar la cinta de opciones**.*

  Compruebe que la opción **Pestañas principales** está seleccionada en la lista **Personalizar la cinta de opciones**, marque la opción **Programador** en el área situada debajo de la lista y confirme pulsando **Aceptar**.

- Cree o modifique una plantilla de documento.

© Editions ENI - Reproducción prohibida

- Escriba el texto que será constante.
- En cada zona variable, inserte un control de contenido con las opciones del grupo **Controles** situado en la pestaña **Programador** (véase apartado siguiente).
- Cuando haya terminado el formulario, protéjalo (véase Restringir edición) y guárdelo.
- Oculte, si fuera necesario, la pestaña **Programador** desactivando la opción correspondiente del cuadro de diálogo **Opciones de Word** (categoría **Personalizar cinta de opciones**).

Insertar controles de contenido en un formulario

Un control de contenido se presenta en forma de texto, cuadro combinado, lista desplegable, selector de fechas o selector de bloques de creación.

- Asegúrese de que la pestaña **Programador** está visible en la cinta de opciones y actívela.
- Active el **Modo Diseño** pulsando el botón correspondiente del grupo **Controles.**
- Sitúe el punto de inserción en el lugar donde debe insertarse el control de contenido.
- Haga clic, en el grupo **Controles**, en uno de los iconos siguientes en función del control de contenido que desea insertar:

Inserta un control de texto que permite al usuario del formulario escribir un texto.

Inserta un control de contenido de una imagen y permite al usuario del formulario seleccionar una imagen.

Inserta un control de bloques de creación que permite al usuario insertar un contenido de la galería de bloques de creación.

Inserta un control de contenido de casilla de verificación. Este control es de tipo Sí/No: cuando está marcada es SÍ y a la inversa es NO.

Inserta un control de contenido de un cuadro combinado que permite al usuario del formulario seleccionar un elemento en la lista o escribir un texto si ningún elemento de los que se ofrecen le conviene.

Inserta un control de contenido de lista desplegable que permite al usuario del formulario seleccionar un elemento de dicha lista.

Inserta un control de contenido de selector de fecha y permite al usuario del formulario seleccionar una fecha.

El control de contenido se inserta en el documento en la posición del cursor.

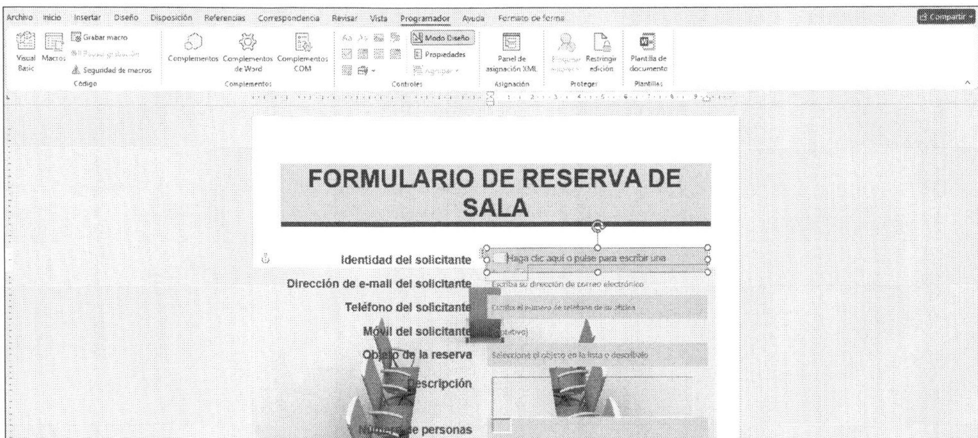

Dentro del control de contenido, se puede ver un pequeño texto (en la imagen, ***Haga clic o pulse aquí para escribir texto****) llamado* ***texto de instrucción****. Este texto permite guiar al usuario del formulario a la hora de escribir su información y se reemplaza por el contenido que se escribe al rellenar el formulario.*

- Modifique eventualmente el texto de instrucción del control: seleccione este texto, pulse la tecla Supr y escriba el nuevo texto de instrucción.
- Proceda de este modo con todos los controles de contenido del formulario.
- Para desactivar el **Modo Diseño** pulse el botón correspondiente en el grupo **Controles**.
- Si fuese necesario, aplique un formato a algunos controles del formulario: haga clic en él y, a continuación, en su barra para seleccionarlo y utilice las funciones habituales de Word para modificar el formato (fuentes, tamaño, cursiva, etc.).
- Guarde las modificaciones efectuadas en el formulario.

Para eliminar un control de contenido, active o no el **Modo Diseño** y haga clic en el control correspondiente. A continuación, haga clic en la barra que se le asocia y pulse la tecla Supr.

© Editions ENI - Reproducción prohibida

Definir las propiedades de un control de contenido

A pesar de que algunas propiedades son comunes a todos los controles de contenido, otras varían según el tipo de control insertado.

Propiedades de un control de contenido de texto

- Active la pestaña **Programador**.
- Haga clic en el control de contenido de texto y luego en el botón **Propiedades** del grupo **Controles**.

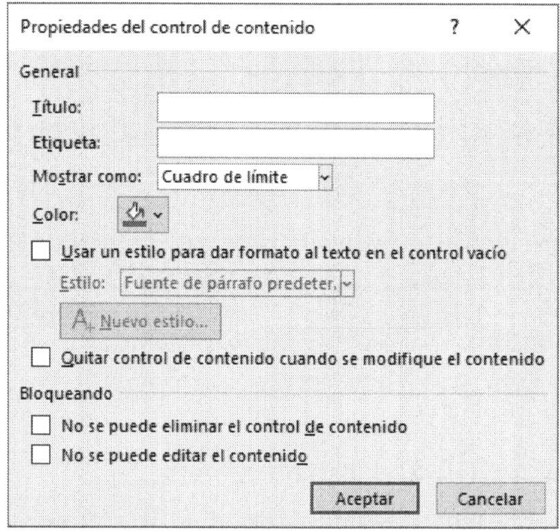

- Escriba, si lo cree necesario, un **Título** para el control en la casilla correspondiente: el título se muestra en la parte superior del control cuando se selecciona.
- Eventualmente puede dar un nombre a la etiqueta asociada al control en la casilla **Etiqueta**: con el modo Diseño, las etiquetas aparecen a cada extremo del control.
- Escoja cómo desea mostrar el control seleccionando una de las opciones de la lista **Mostrar como**:

Cuadro de límite	El control está rodeado por un marco cuando está activo; es la opción seleccionada de manera predeterminada.
Etiqueta inicial/final	Aparece una etiqueta al inicio y otra al final del control. Se muestran tanto cuando el control está activo como cuando está inactivo; son las mismas etiquetas que se muestran cuando el Modo Diseño está activo.

Ninguno Tanto si el control está activo como si no lo está, ni el marco ni las etiquetas aparecerán.

- Cambie, si fuera necesario, el color del control utilizando la lista **Color**.

  El nuevo color se aplicará al marco o a las etiquetas de inicio y de final del control, en función de cómo ha escogido mostrarlos (véase el párrafo anterior).

- Si desea utilizar un estilo para dar formato al contenido que se escribe, marque la opción **Usar un estilo para dar formato al texto en el control vacío** y seleccione el estilo que prefiera en la lista **Estilo** o, si ningún estilo le conviene, cree un estilo nuevo haciendo clic en el botón **Nuevo estilo**.

  El estilo elegido se aplicará al texto escrito cuando se rellene el formulario.

- Si desea que el control se elimine una vez que el usuario lo haya cumplimentado, marque la opción **Quitar control de contenido cuando se modifique el contenido**. En caso contrario, el control no será eliminado y se mantendrá visible en el documento, pero no aparecerá cuando se imprima el formulario.

- Para evitar que se elimine el control, active la opción **No se puede eliminar el control de contenido**.

  *Esta opción aparece en gris y por lo tanto no está disponible cuando la opción **Quitar control de contenido cuando se modifique el contenido** está activada.*

- Para evitar que se modifique el contenido del control, active la opción **No se puede editar el contenido**.

- En el caso de un control de texto sin formato, active la opción **Permitir retornos de carro (varios párrafos)** si desea autorizar que el usuario del formulario pueda insertar varios párrafos en el control: el "retorno de carro" es el equivalente de la tecla [Intro].

- Pulse el botón **Aceptar**.

Las propiedades presentadas son las mismas que para los controles de contenido de tipo imagen.

Propiedades de un control de contenido de cuadro combinado o lista despegable

- Active la pestaña **Programador**.

- Haga clic en el control de contenido de cuadro combinado o lista desplegable cuyas propiedades desea definir.

- Pulse el botón **Propiedades** del grupo **Controles**.

© Editions ENI - Reproducción prohibida

- Introduzca las propiedades del apartado **General** y las propiedades del apartado **Bloqueando** como si se tratase de un control de contenido de texto (véase apartado anterior).
- Para cada elemento que desea que aparezca en la lista, pulse el botón **Agregar**, escriba el **Nombre para mostrar** y pulse el botón **Aceptar**.

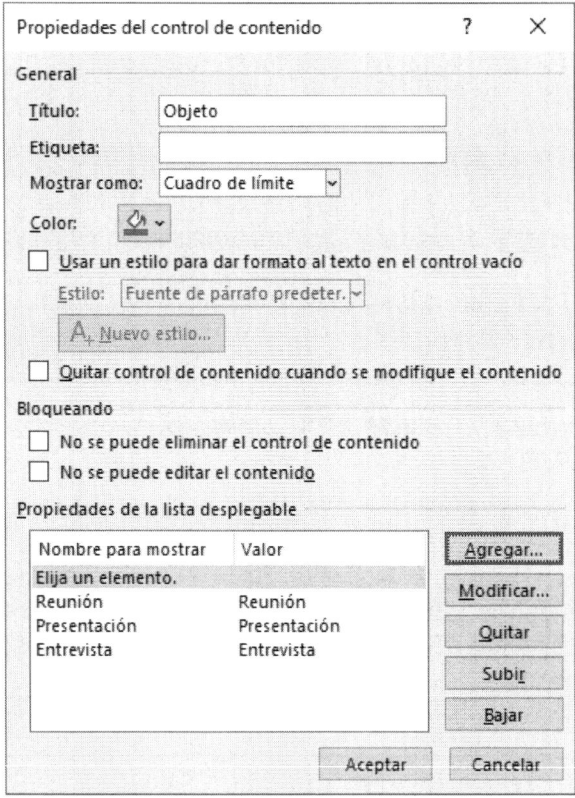

- Para modificar un elemento, selecciónelo en la lista, pulse el botón **Modificar**, efectúe las modificaciones pertinentes y valide el cambio con el botón **Aceptar**.
- Para quitar un elemento, selecciónelo en la lista y pulse el botón **Quitar**.
- Para modificar la posición de un elemento en la lista, selecciónelo y ayúdese de los botones **Subir** y/o **Bajar**.
- Pulse el botón **Aceptar**.

Propiedades de un control de contenido de selector de fechas

- Active la pestaña **Programador**.
- Haga clic en el control de contenido de selector de fechas y luego en el botón **Propiedades** del grupo **Controles**.
- Introduzca las propiedades del apartado **General** y las propiedades del apartado **Bloqueando** como si se tratase de un control de contenido de texto (véase apartado anterior).

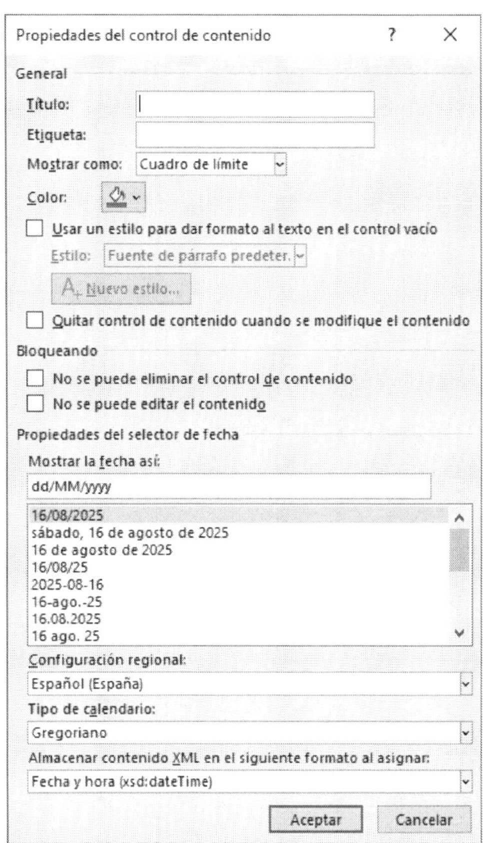

- Seleccione la **Configuración regional** y el **Tipo de calendario** que se utilizará en las respectivas listas.
- En la lista **Mostrar la fecha así**, seleccione el formato con el que desea mostrar la fecha.

© Editions ENI - Reproducción prohibida

- Pulse el botón **Aceptar**.

Restringir edición

- Después de guardar el formulario, desactive el **Modo Diseño** haciendo clic en el botón correspondiente de la pestaña **Programador**.
- En la pestaña **Programador**, haga clic en el botón **Restringir edición** que se encuentra en el grupo **Proteger** (este botón se puede encontrar también en la pestaña **Revisar**).

  *A continuación aparece el panel **Restringir edición**.*
- Marque la opción **Permitir solo este tipo de edición en el documento** que se encuentra en el apartado **Restricciones de edición**. A continuación, abra la lista y seleccione la opción **Rellenando formularios**.

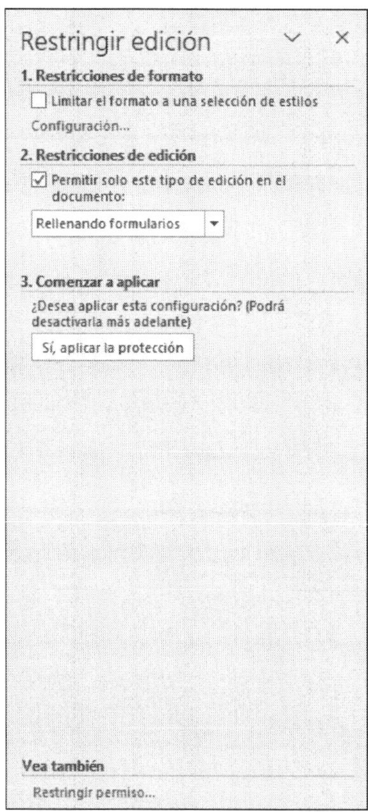

- Si el documento se divide en varias secciones, puede elegir proteger únicamente algunas secciones. Para ello, haga clic en el vínculo **Seleccionar secciones**, active las secciones que desee proteger y desactive las otras. Pulse el botón **Aceptar**.
- Pulse el botón **Sí, aplicar la protección**.
- Haga clic en la casilla y **Escriba la nueva contraseña (opcional)**, ésta puede tener un máximo de 15 caracteres.

  Introducir una nueva contraseña no es obligatorio, pero sí que es muy recomendable. De hecho, si no se vincula una contraseña al formulario, cualquier usuario podrá desactivar la protección y modificar el contenido.
- Si fuese el caso, **Vuelva a escribir la contraseña para confirmar** en esta casilla.

  En la pantalla, la contraseña se sustituye por unos puntos. Preste atención al tipo de caracteres (mayúscula o minúscula) de la contraseña.

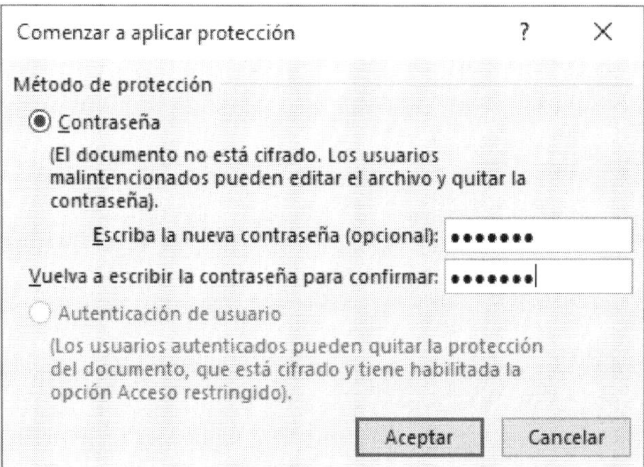

- Haga clic en el botón **Aceptar** y guarde las modificaciones aportadas al formulario.

  Los usuarios del formulario que no conozcan la contraseña únicamente podrán acceder a los campos del formulario para rellenarlos con los datos.

Para eliminar la protección, abra, si fuese necesario, el panel **Restringir edición** (pestaña **Programador o Revisar** - grupo **Proteger** - botón **Restringir edición**). Pulse el botón **Suspender la protección**, escriba la **Contraseña** que protege el formulario y pulse el botón **Aceptar**.

© Editions ENI - Reproducción prohibida

Utilizar un formulario

- Cree un nuevo documento basado en la plantilla del formulario (véase el título Crear un documento basado en una plantilla del capítulo Documentos).

  El primer control aparece seleccionado.

  El hecho de haber protegido el documento como formulario, únicamente permite el acceso a los campos del formulario.

- Para rellenar los controles, desplácese de control a control mediante la tecla ⇆ y Mayús ⇆ o haga clic sucesivamente en los controles que se deben rellenar.

  Atención, no se podrá desplazar mediante la tecla ⇆ y Mayús ⇆ cuando se trate de un control de contenido de texto enriquecido Aa, puesto que, en este caso, se inserta un carácter de tabulación en el control.

Etapas de creación de un mailing

*El **mailing** o **combinación de correspondencia** permite el envío masivo de documentos a destinatarios habituales, inscritos en un archivo de datos, una base de datos de Access o una tabla de Word/Excel.*

- Esta operación implica la utilización de dos archivos:
  - Un **documento principal** que contiene el texto fijo y los campos que servirán de vínculo con el archivo de datos.
  - Un **archivo de datos** que contiene la información variable.
- Un archivo de datos se compone de **campos** y de **registros**. Ejemplo:

Apellido	Nombre	Dirección	CP	Ciudad
LÓPEZ PLANAS	Manuel	Calle Algeciras	02001	Albacete
CIRERA ALONSO	Marta	Paseo de las Flores	36201	Vigo

Toda la información de LÓPEZ y CIRERA constituye los registros. Cada tipo de información (Nombre, Apellido, etc.) es un campo.

- Cree el documento principal.
- Asocie el archivo de datos al documento principal (si fuese necesario, cree el archivo de datos).
- Inserte los campos del archivo de datos en el documento principal, en el lugar adecuado.
- Ejecute el mailing.

Crear un mailing

Definir el documento principal

- Para utilizar un nuevo documento en blanco como documento principal, créelo utilizando el método abreviado Ctrl **U**.

  Para utilizar una plantilla predefinida o una de las plantillas personalizadas como documento de base, haga clic en la pestaña **Archivo** y luego en la opción **Nuevo** y escoja la plantilla que prefiera; para más información, véase el título Crear un documento basado en una plantilla del capítulo Documentos.

© Editions ENI - Reproducción prohibida

Para utilizar un documento existente, ábralo: puede ser un documento normal o un documento principal creado y utilizado para una combinación de correspondencia anterior.

- Haga clic en la pestaña **Correspondencia**.
- Pulse el botón **Iniciar combinación de correspondencia**, situado en el grupo que tiene el mismo nombre, y a continuación, según el tipo de documento principal que desee crear, haga clic en la opción **Cartas** o **Mensajes de correo electrónico**.

*La opción **Mensajes de correo electrónico** permitirá enviar un mensaje de correo electrónico personalizado a los destinatarios de su libreta de direcciones de correo electrónico. Para poder utilizar esta función, debe tener instalado el programa de correo electrónico Outlook en el equipo.*

Asociar una lista de destinatarios al documento principal

- En la pestaña **Correspondencia**, pulse el botón **Seleccionar destinatarios** del grupo **Iniciar combinación de correspondencia** y haga clic en una de las categorías que se ofrecen:

Escribir una nueva lista: permite escribir una nueva lista de destinatarios (véase Crear una lista de destinatarios en este mismo capítulo).

Usar una lista existente: abre el cuadro de diálogo **Seleccionar archivos de origen de datos** que permite seleccionar un archivo o una base de datos que contenga la lista de los destinatarios. Si la lista seleccionada no le resulta efectiva, seleccione otra lista haciendo clic de nuevo en esta opción.

Si selecciona como lista de datos, un libro Excel (.xlsx) o una base de datos Access (.accdb), cuando abra el archivo, Word abre un cuadro de diálogo que le permitirá elegir, según el caso, la hoja de cálculo o la tabla (o consultas) de la base de datos que contenga la lista de datos que desea utilizar para el mailing.

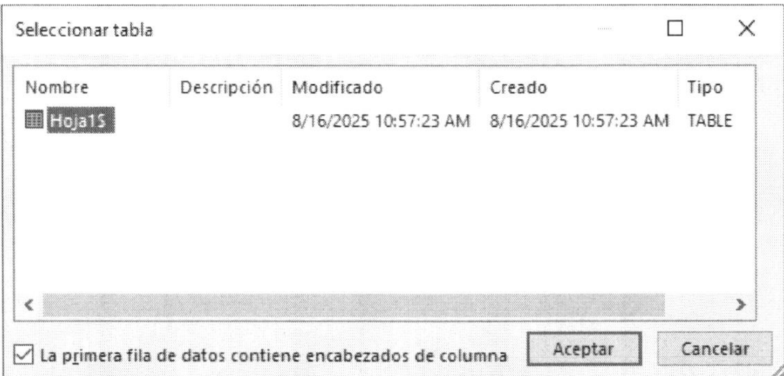

Elegir de los contactos de Outlook: se abre el cuadro de diálogo **Selección de los contactos** y le permite seleccionar el nombre de la libreta de contactos que contiene la lista de los destinatarios.

Desde el momento en que se ha asociado una lista de destinatarios al documento principal, la mayoría de las opciones de la pestaña ***Correspondencia*** *están disponibles.*

Si desea que no se asocie ninguna lista de destinatarios al documento principal actual, en la pestaña **Correspondencia**, pulse el botón **Iniciar combinación de correspondencia** situado en el grupo con el mismo nombre y seleccione la opción **Documento normal de Word**: la mayoría de las opciones de la pestaña **Correspondencia** aparecen sombreadas puesto que no están disponibles; el documento deja de ser un documento principal para un mailing y se convierte en un documento de Word normal.

Insertar campos combinados en el documento principal

- Escriba o modifique, si fuese necesario, el contenido del documento principal (texto fijo).
- Asegúrese de que la pestaña **Correspondencia** está seleccionada.
- Sitúe el punto de inserción en el lugar donde debe aparecer impreso el contenido del primer campo (por ejemplo, la ciudad del destinatario).
- Para insertar un campo, abra la lista asociada al botón **Insertar campo combinado** situado en el grupo **Escribir e insertar campos** y haga clic en el nombre del campo que desea insertar.

El campo ***Ciudad*** *se inserta en la posición del punto de inserción, a la derecha del campo* ***Código Postal****. Cada campo que se inserta aparece entre comillas « » lo cual permite distinguirlo del texto fijo.*

© Editions ENI - Reproducción prohibida

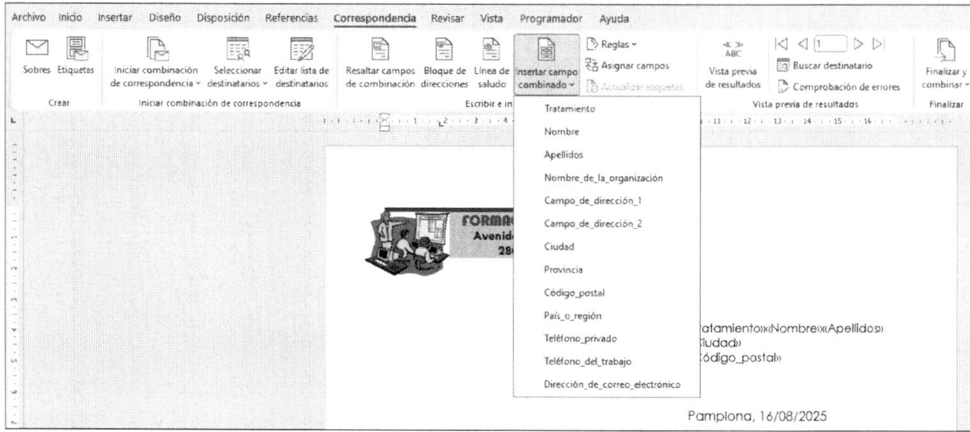

Para insertar el campo **Bloque de direcciones** (combinación de varios campos que constituyen la dirección de correo), pulse el botón correspondiente en el grupo **Escribir e insertar campos.**

Determine el contenido del bloque de direcciones con las opciones del apartado **Especifique los elementos de la dirección**.

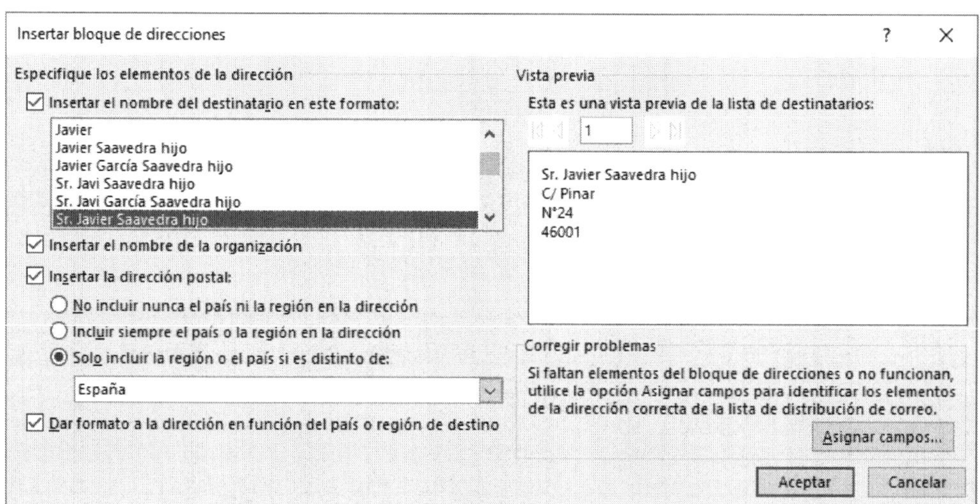

Si algunos elementos no aparecen en la dirección, pulse el botón **Asignar campos** para establecer una correspondencia entre los campos de la lista de destinatarios y los campos del bloque de direcciones.

Pulse el botón **Aceptar**.

El campo "Bloque de dirección" aparece en la posición del punto de inserción en el documento principal.

Para insertar el campo **Línea de saludo** (combinación de campos que constituyen la línea de saludo del correo), pulse el botón correspondiente del grupo **Escribir e insertar campos**.

Defina el contenido de este campo utilizando las listas del área **Formato de la línea de saludo**.

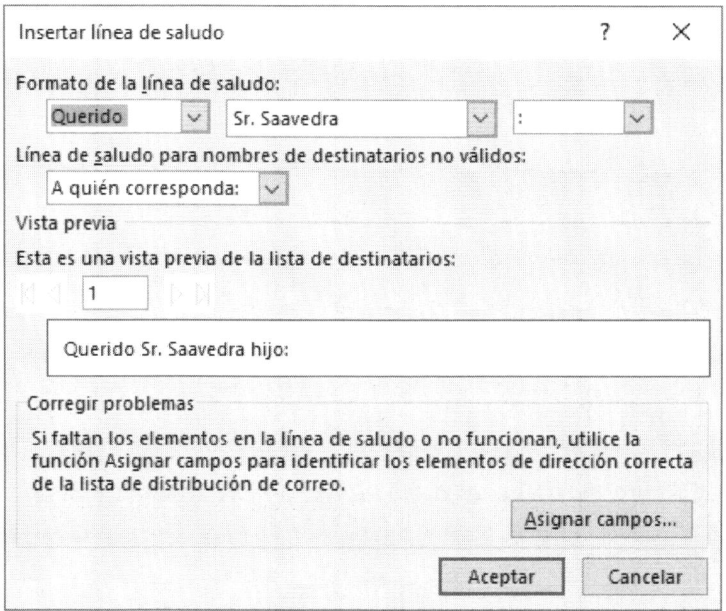

Si algunos elementos no aparecen en la línea de saludo, pulse el botón **Asignar campos** para establecer una correspondencia entre los campos de la lista de destinatarios y los campos de la línea de saludo.

Pulse el botón **Aceptar**.

Para resaltar los campos insertados en el documento y poder localizarlos fácilmente, en la pestaña **Correspondencia**, pulse el botón **Resaltar campos de combinación** del grupo **Escribir e insertar campos**.

© Editions ENI - Reproducción prohibida

Comprobar el mailing

Resulta interesante mostrar una vista previa de los resultados de la combinación para, en caso de que fuese necesario, efectuar alguna modificación al documento principal antes de ejecutar el mailing.

- Asegúrese de que la pestaña **Correspondencia** esté seleccionada.
- Para mostrar una **Vista previa de resultados** de la combinación, pulse el botón correspondiente del grupo **Vista previa de resultados.**

  En el documento principal, aparece una vista previa de la carta correspondiente a uno de los registros de la lista de datos.
- Utilice los siguientes botones, situados en el grupo **Vista previa de resultados**, para ver la vista previa del registro deseado:

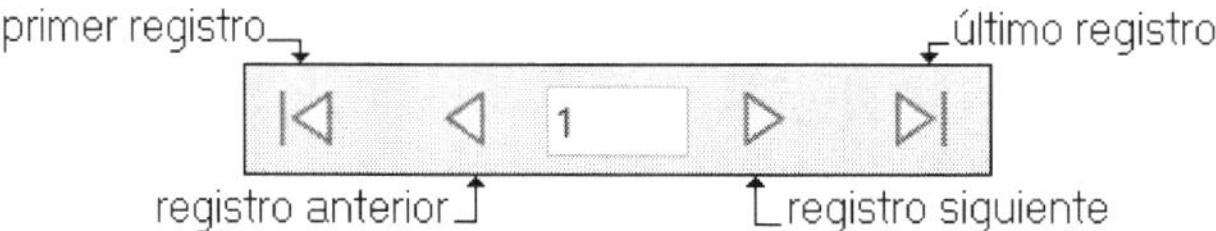

También puede introducir en la casilla el número de registro que desea ver y pulsar la tecla ⏎.

Para ver de nuevo los campos en el documento principal, pulse el botón **Vista previa de resultados** para desactivarla.

- Para buscar los posibles errores que pueden haberse producido durante la combinación, pulse el botón **Comprobación de errores** del grupo **Vista previa de resultados.**

  Active la opción correspondiente a la operación que desea efectuar y pulse el botón **Aceptar** para iniciar la comprobación.

Con la vista previa de los resultados, puede **Buscar destinario** de la lista de datos pulsando el botón correspondiente del grupo **Vista previa de resultados** (véase Administrar los registros de una lista de destinatarios en este mismo capítulo).

Ejecutar el mailing

- En la pestaña **Correspondencia**, pulse el botón **Finalizar y combinar** del grupo **Finalizar** y haga clic en una de las opciones siguientes:

  Editar documentos individuales: la combinación se efectúa en un nuevo documento; después de cada carta se inserta automáticamente un salto de página.

  Imprimir documentos: la combinación se efectúa en la impresora.

Enviar mensajes de correo electrónico: la combinación permite enviar el documento a los destinatarios a través del correo electrónico.

- Indique los registros que deben combinarse:

Para combinar todos los registros seleccionados en la lista de datos, active la opción **Todos**.

Para combinar el **Registro actual**, active la opción correspondiente.

Para limitar la combinación a algunos registros seleccionados en la lista de datos, introduzca el número del primer registro en la casilla **Desde** y el último en la casilla **Hasta**.

- Si el mailing es del tipo mensajes de correo electrónico, indique las **Opciones de mensajes** en el apartado correspondiente:

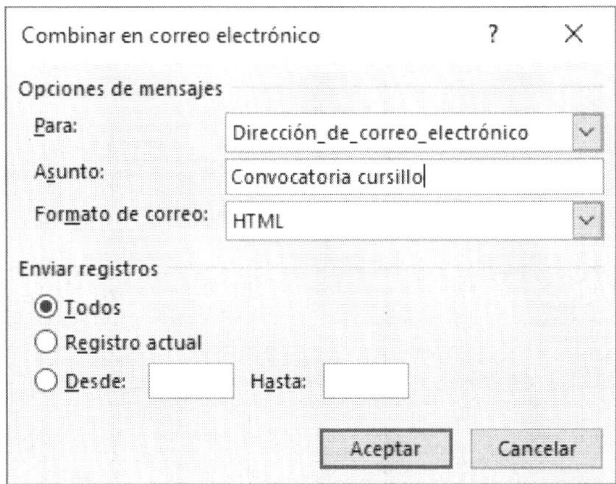

Para	Seleccione el campo en el que se encuentran las direcciones de correo electrónico de los destinatarios.
Asunto	Escriba el asunto del mensaje.
Formato de correo	Seleccione la opción **Texto sin formato** o **HTML** para enviar el documento principal en el cuerpo del mensaje; seleccione la opción **Datos adjuntos** para enviar el documento como archivo adjunto.

*Al contrario de la opción **HTML**, la opción **Texto sin formato** no permite incluir el formato o los posibles grafismos en los mensajes.*

- Pulse el botón **Aceptar** del cuadro de diálogo **Combinar**.

© Editions ENI - Reproducción prohibida

- Si el mailing se ha ejecutado en un documento nuevo, si fuese necesario, modifique, imprima y/o guarde el documento antes de cerrarlo.
- Guarde el documento principal y a continuación ciérrelo.

  Cuando se guarda el documento principal, también se guarda la conexión con el archivo de datos.

Si pulsa el botón **Editar lista de destinatarios** del grupo **Iniciar combinación de correspondencia** se abre el cuadro de diálogo **Destinatarios de combinar correspondencia** y permite modificar el contenido o la presentación de la lista de datos.

También puede crear un mailing con la ayuda del Asistente para combinar correspondencia. Para ello, seleccione la opción **Paso a paso por el Asistente para combinar correspondencia** situado en la lista asociada al botón **Iniciar combinación de correspondencia** (pestaña **Correspondencia**) y a continuación siga las diferentes etapas que va ofreciendo el asistente; encontrará las mismas opciones que figuran en los párrafos anteriores.

Abrir un documento principal

- Haga clic en la pestaña **Archivo** y luego en la opción **Abrir**.
- Si el archivo se encuentra en el panel derecho, pulse en él.

  En caso de que no fuera así, en el panel central haga clic en **Examinar** y seleccione la carpeta en la que se encuentra el documento principal y haga doble clic en el archivo que desea abrir.

  Word detecta que un archivo de datos está conectado al documento que desea abrir y ofrece los datos del archivo en el documento principal.

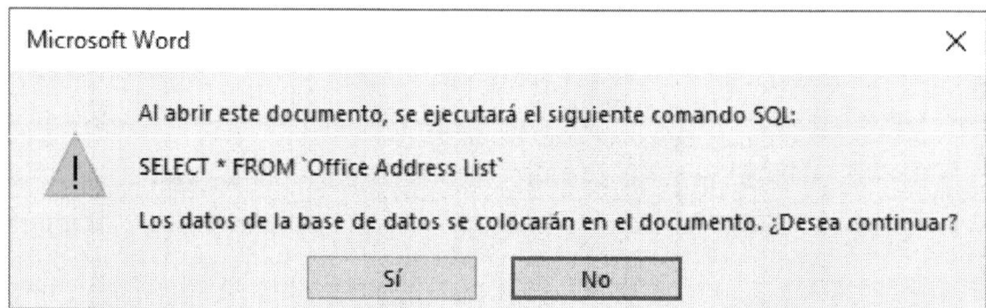

- Haga clic en uno de los siguientes botones:

  Sí Para establecer la conexión entre el documento principal y el archivo de datos.

  No Para eliminar la conexión entre el documento principal y el archivo de datos. El documento principal se convierte en un documento normal de Word.

  Si ha seleccionado establecer la conexión entre este documento y el archivo de datos, las opciones de la pestaña ***Correspondencia*** *están disponibles; en el caso contrario, estas opciones aparecen sombreadas y, por lo tanto, no están disponibles, puesto que las operaciones vinculadas al mailing solo se pueden efectuar cuando el documento está asociado a una lista de datos.*

Crear una lista de destinatarios

- Si el documento principal está creado, ábralo o defina un nuevo documento principal en el que escribirá el texto fijo del mailing.
- Asegúrese de que solo el documento principal está abierto con Word.
- En la pestaña **Correspondencia**, pulse el botón **Seleccionar destinatarios** del grupo **Iniciar combinación de correspondencia** y haga clic en la opción **Escribir nueva lista.**

  En pantalla se abre el cuadro de diálogo ***Nueva lista de direcciones****: cada columna representa un campo predefinido.*

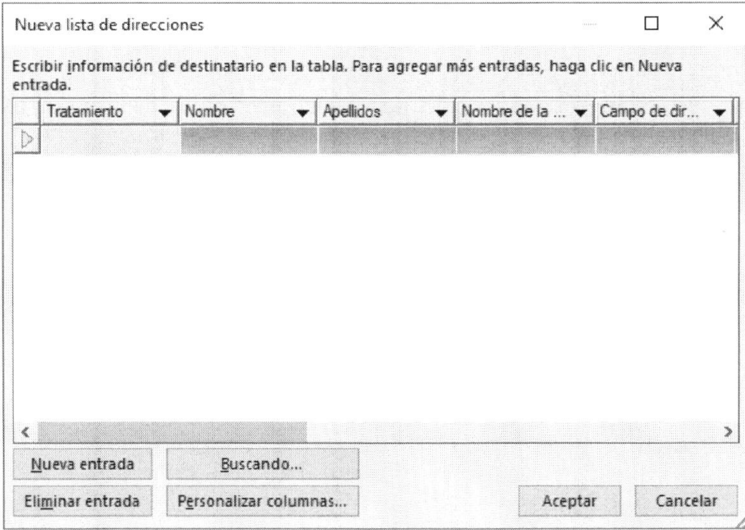

© Editions ENI - Reproducción prohibida

- Si las columnas no corresponden a la información deseada, pulse el botón **Personalizar columnas** para definir los campos de la nueva lista de datos y siga las siguientes instrucciones:

  - Para eliminar una columna, seleccione el campo correspondiente, pulse el botón **Eliminar** y en el botón **Sí** para confirmar la eliminación.
  - Para añadir un nuevo campo personalizado, pulse el botón **Agregar**, escriba el nombre del campo en la casilla **Escriba un nombre para el campo** y haga clic en el botón **Aceptar**.

  El campo personalizado se agrega debajo del campo seleccionado.

  - Para cambiar el nombre de un campo, selecciónelo en la lista, pulse el botón **Cambiar nombre**, escriba el nuevo en la casilla y pulse el botón **Aceptar**.
  - Para desplazar un campo, selecciónelo en la lista y utilice los botones **Subir** o **Bajar**.

  Es recomendable que los campos aparezcan en el orden en el que se introducen los datos.

- Cuando la estructura de la lista esté creada, pulse en **Aceptar**.

  En pantalla se muestra el formulario con los campos definidos anteriormente.

- Haga clic en la casilla del primer campo y escriba la información correspondiente.
- Pulse la tecla [Tab] para ir al campo siguiente y las teclas [Mayús][Tab] para ir al campo anterior. Introduzca la información en cada campo del registro de la lista.
- Cuando haya escrito todos los registros, pulse el botón **Aceptar**.

  *En la pantalla se abre el cuadro de diálogo **Guardar lista de direcciones**.*

- Escriba un **Nombre de archivo** para la lista de direcciones en la casilla correspondiente y, si fuese necesario, seleccione la carpeta en la que debe guardarse. A continuación, pulse el botón **Guardar**: la lista se guarda como lista de direcciones de Microsoft Office (.mdb).

  El archivo de datos que se acaba de crear, queda vinculado al documento principal.

Administrar los registros de una lista de destinatarios

Los registros de una lista de destinatarios pueden administrarse a través del formulario de datos. Sin embargo, si utiliza una lista de datos de un libro Excel (.xlsx) o de una base de datos Access (.accdb), no podrá efectuar algunas operaciones como, por ejemplo, agregar un campo o eliminar un registro. En este caso, para efectuar estas operaciones, tendrá que abrir el archivo de datos en Excel o Access.

Acceder al formulario de datos/modificar origen de datos

- Abra el documento principal.
- Pulse la pestaña **Correspondencia.**
- Pulse el botón **Editar lista de destinatarios** del grupo **Iniciar combinación de correspondencia.**

  *Se abre el cuadro de diálogo **Destinatarios de combinar correspondencia** que muestra la lista de destinatarios en una tabla. El nombre del archivo de la lista de destinatarios se puede ver en la primera columna de la tabla.*
- En el cuadro **Origen de datos**, seleccione el nombre del archivo de datos y pulse el botón **Edición**.

© Editions ENI - Reproducción prohibida

La visualización de los registros depende del tipo de archivo de origen. Si el archivo de origen es una lista de direcciones Microsoft Office, una tabla (o consulta) de base de datos o un libro Excel, los registros se muestran en forma de tabla (como en la ilustración anterior). Si el archivo de origen es un documento Word o un archivo de texto, aparecerá el primer registro en el formulario de datos (como en la siguiente ilustración).

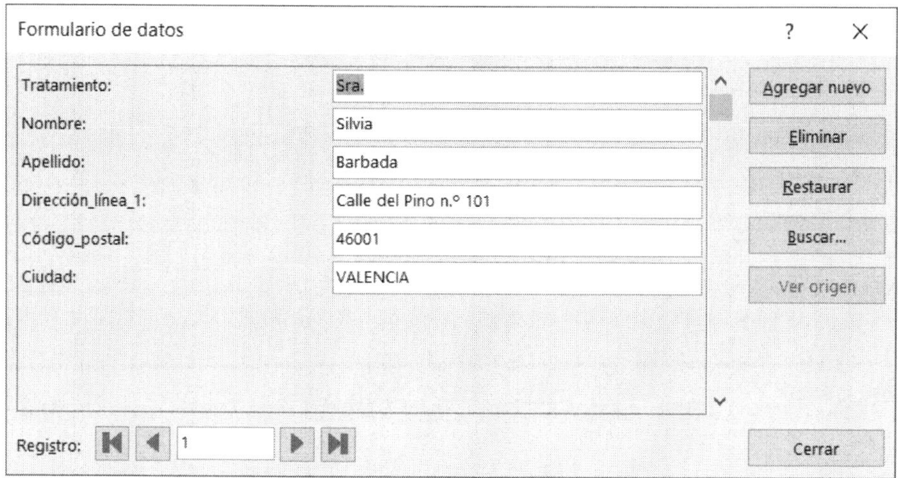

- Si se visualiza un formulario, utilice los botones de la parte inferior del formulario para pasar de un registro a otro.

Agregar un registro

- Acceda al formulario de datos/el origen de datos (véase el apartado anterior).
- Pulse, según el caso, el botón **Agregar nuevo** o **Nueva entrada**.

  Se inserta un nuevo registro o una fila en blanco para escribir.
- Escriba los datos del o de los nuevos registros. En el caso de tratarse de un formulario en el cual se puede escribir una información, tras introducir el contenido de último campo, pulse la tecla ↵ para introducir un nuevo registro o pulse el botón **Cerrar**, según el caso, para cerrar el formulario.

  Si el origen de los datos es una tabla (o consulta) de una base de datos o un libro Excel, Word abre un mensaje que propone actualizar la lista de los destinatarios, así como el archivo de origen correspondiente.
- En ese caso, pulse el botón **Sí**.

Los nuevos registros se agregan al final de la lista. Sin embargo, si el origen de los datos es una tabla (o consulta) de una base de datos y ésta ha sido ordenada, los registros se mostrarán según el orden de clasificación definido en la tabla (o consulta).

- Pulse el botón **Aceptar** del cuadro de diálogo **Destinatarios de combinar correspondencia**.

Buscar un registro

- Abra el formulario de datos/el origen datos.
- Seleccione o sitúese en el primer registro.
- Pulse el botón **Buscando**.
- Escriba el dato que desea buscar en la casilla **Buscar**.
- En la lista **Campos en uso** o **Este campo**, según el caso, haga clic en el nombre del campo en el que desea buscar el dato.

*La opción **Todos los campos** permite efectuar la búsqueda en todos los campos de la lista de datos; esta opción únicamente está disponible si la lista de datos es una tabla (o consulta) de base de datos o un libro Excel.*

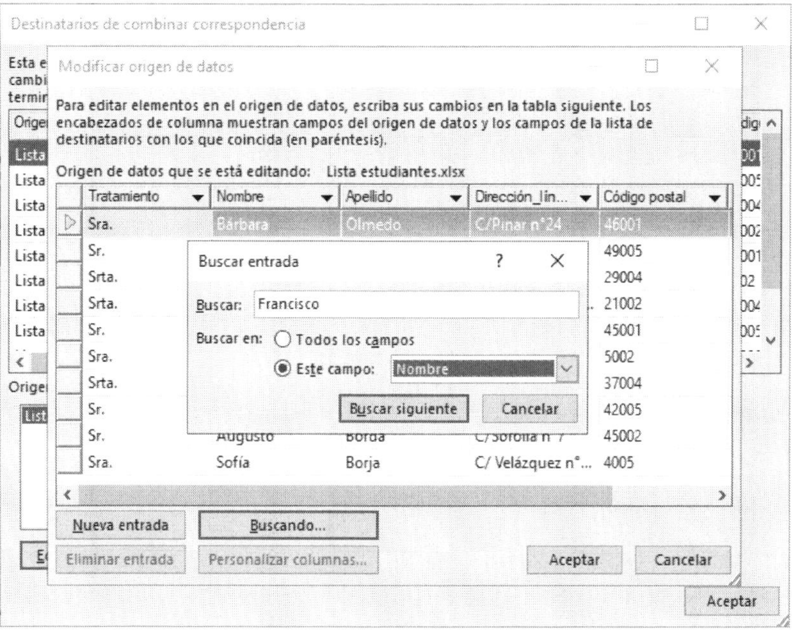

© Editions ENI - Reproducción prohibida

- Empiece la búsqueda: según el caso, pulse el botón **Buscar primero** o **Buscar siguiente** tantas veces como sea necesario para ir al registro que se busca.
- Pulse, según el caso, el botón **Cancelar** o **Cerrar** cuando haya terminado la búsqueda.
- Pulse, según el caso, el botón **Aceptar** o **Cerrar** para cerrar el cuadro formulario de datos/modificar origen de datos.
- Pulse el botón **Aceptar** de la ventana **Destinatarios de combinar correspondencia**.

Para buscar un registro, también puede mostrar la vista previa de los resultados haciendo clic en el botón **Vista previa de resultados** (pestaña **Correspondencia**) y luego haga clic en el botón **Buscar destinatario** que se muestra en el grupo **Vista previa de resultados**.

Eliminar un registro

No se pueden eliminar los registros si el origen de los datos es un libro Excel.

- Abra el formulario de datos/el origen de datos.
- Según el caso, seleccione el registro que desea eliminar en el formulario de datos o seleccione la fila del registro en la tabla de origen de datos.
- Pulse el botón **Eliminar** o **Eliminar entrada**, según el caso.
- Pulse, si fuese necesario, el botón **Sí** para confirmar la operación.
- Pulse, según el caso, el botón **Cerrar** o **Aceptar** y, a continuación, el botón **Aceptar** de la otra ventana.

Modificar un registro

- Acceda al formulario de datos/el origen de datos.
- Según el caso, seleccione el registro que desea modificar en la tabla o la fila del registro que desea modificar en la tabla de datos.
- Efectúe las modificaciones pertinentes.
- Si utiliza el formulario de datos, puede pulsar el botón **Restaurar** para volver a los antiguos datos del registro en el que se han efectuado las modificaciones.

- Pulse, según el caso, el botón **Cerrar** o **Aceptar** y, a continuación, el botón **Aceptar** de la otra ventana.

Para asegurarse de que la lista de destinatarios tiene en cuenta las últimas modificaciones efectuadas en el archivo de origen, una vez seleccionado el origen de los datos en el apartado **Origen de datos** del cuadro de diálogo **Destinatarios de combinar correspondencia** (pestaña **Correspondencia** - botón **Editar lista de destinatarios**), haga clic en **Actualizar**.

Para modificar la estructura de una lista de datos, abra el archivo de datos correspondiente como un documento (los registros aparecen en una tabla). Efectúe las modificaciones pertinentes y guarde el archivo.

Limitar la ejecución de un mailing a algunos registros

Para que únicamente se utilicen algunos registros cuando se ejecuta el mailing, deberá filtrar la lista de datos.

Filtrar uno de los valores de uno o de varios campos

Cada campo es una lista que se puede abrir haciendo clic en la punta de flecha visible a la derecha del nombre del campo.

- Abra el documento principal y, si fuese necesario, seleccione la pestaña **Correspondencia**.
- Pulse el botón **Editar lista de destinatarios** del grupo **Iniciar combinación de correspondencia**.

- Para cada campo que desee filtrar:
  - Abra la lista asociada al campo en cuestión.

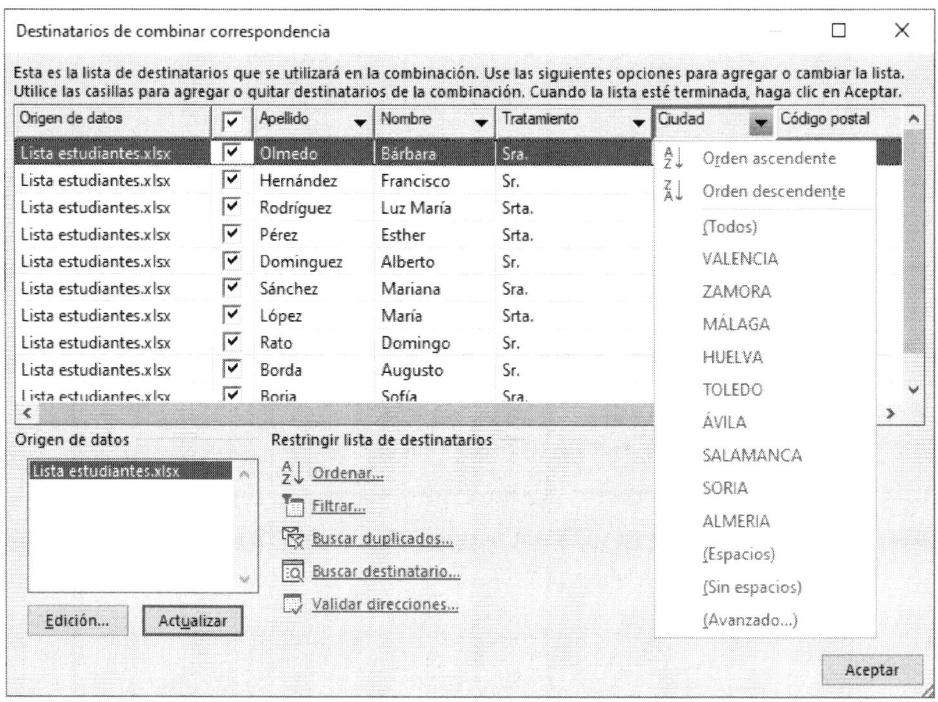

La lista incluye los valores del campo así como las opciones ***(Todos)****,* ***(Espacios)****,* ***(Sin espacios)*** *y* ***(Avanzado...)****.*

- Haga clic en el valor deseado; la opción **(Espacios)** permite mostrar los registros que no contienen un valor en ese campo y, contrariamente, la opción **(Sin espacio)** permite mostrar los registros que contienen algún valor en ese campo.

Se muestran solo los registros que cumplen el filtro. El botón de menú del campo aparece de color azul.

- Para mostrar de nuevo todos los valores de un campo, abra la lista del campo correspondiente y haga clic en la opción **(Todos)**.

La casilla de verificación que se encuentra a la izquierda de cada registro de la lista de datos del cuadro de diálogo **Destinatarios de combinar correspondencia** permite seleccionar (casilla marcada) o no (casilla no marcada) registros para combinar correspondencia.

La casilla de verificación situada en la parte superior de la lista permite seleccionar o no todos los registros.

Filtrar varios valores de uno o varios campos

- Abra el documento principal y, si fuese necesario, seleccione la pestaña **Correspondencia**.
- Pulse el botón **Editar lista de destinatarios** del grupo **Iniciar combinación de correspondencia**.
- Haga clic en el archivo **Filtrar** que se encuentra en el apartado **Restringir lista de destinatarios**.
- Seleccione, en la lista **Campo**, el nombre del campo que será el primer criterio.

  *La opción **(Ninguno)** de esta lista permite anular la línea de criterio correspondiente.*
- Si fuese necesario, modifique el elemento de **Comparación** en la lista del mismo nombre.

  *Esta lista se llama **Comparación** si la lista de datos es un archivo Word (.doc).*
- Haga clic en la casilla **Comparar con** y escriba el valor deseado.

  *Esta lista se llama **Comparado con** si la lista de datos es un archivo Word (.doc).*
- Para introducir otro criterio, seleccione un operador de conexión: seleccione el operador **Y** si las condiciones deben verificarse simultáneamente o el operador **O** si deben verificarse una condición o la otra.

  Indique a continuación los criterios.

© Editions ENI - Reproducción prohibida

Estos criterios permiten seleccionar los hombres de Madrid.

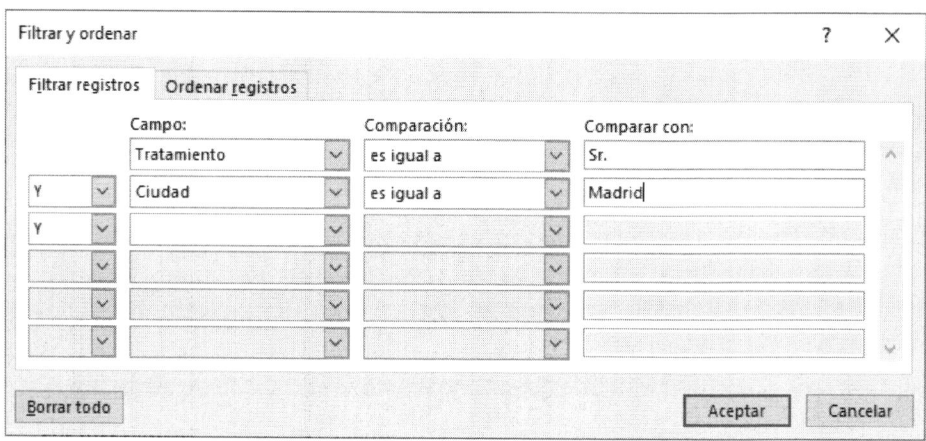

- Cuando estén definidos todos los criterios, pulse el botón **Aceptar**.

  *La lista filtrada aparece en el cuadro de diálogo **Destinatarios de combinar correspondencia**.*

- Pulse el botón **Aceptar**.

  Los criterios planteados se guardan en el documento principal.

Para eliminar todos los criterios, pulse el botón **Borrar todo** del cuadro de diálogo **Opciones de consulta** o **Filtrar y ordenar** según si la lista de datos es o no un archivo Word (.doc).

Plantear una condición para visualizar un texto

Plantear una condición permite mostrar un texto que cumpla una condición.

- Abra el documento principal y seleccione, si fuese necesario, la pestaña **Correspondencia**.
- Sitúe el punto de inserción en el documento principal, en el lugar donde deberá imprimirse el texto.
- Haga clic el icono **Reglas** del grupo **Escribir e insertar campos** y después en la opción **Si... Entonces... Sino...**

- Con las opciones **Nombre del campo**, **Comparación** y **Comparado con**, introduzca la condición.
- En el cuadro **Insertar este texto**, escriba el texto que debe aparecer cuando la condición se cumpla.
- En el cuadro **Si no, insertar este otro**, introduzca el texto que se debe mostrar cuando la condición no se cumpla.

*El texto escrito en los cuadros **Insertar este texto** y **Si no, insertar este otro** se puede resaltar en el documento principal.*

*En la imagen, si el valor del campo es igual a **Sr.**, se mostrará el texto **Estimado**, si no, se mostrará el texto **Estimada**.*

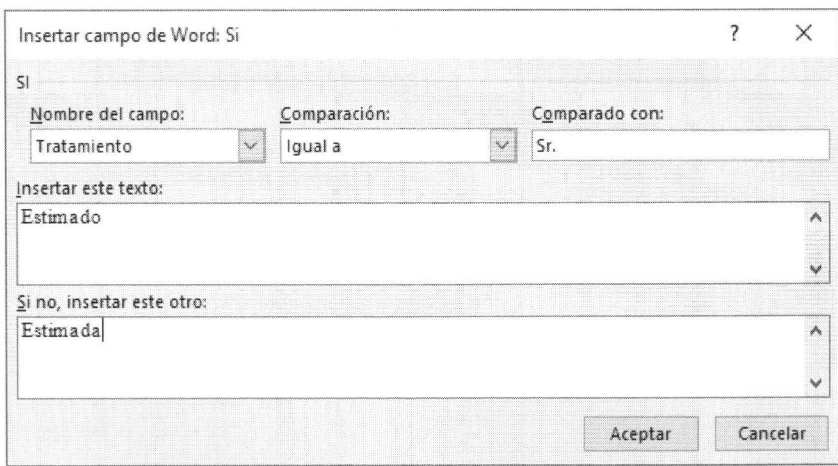

- Pulse el botón **Aceptar**.

Si no se muestran los códigos de campo, pulse las teclas Alt F9 *para mostrarlos; se muestra una fórmula de este tipo:*

Ejemplo: {IF{MERGEFIELD Tratamiento} = "Sr." "Estimado" "Estimada"}.

Las teclas Alt F9 *también permiten ocultar los códigos de campo.*

© Editions ENI - Reproducción prohibida

Ordenar una lista de destinatarios

- Abra el documento principal y, si fuese necesario, seleccione la pestaña **Correspondencia.**
- Pulse el botón **Editar lista de destinatarios** del grupo **Iniciar combinación de correspondencia.**
- Haga clic en el vínculo **Ordenar** que se muestra en el apartado **Restringir lista de destinatarios.**

  Una vez abierto el cuadro de diálogo, observará que puede plantear simultáneamente tres criterios de comprobación.
- Abra la lista **Ordenar por**, haga clic en el nombre del campo en función de cual desea ordenar e indique si la ordenación debe efectuarse de forma **Ascendente** o **Descendente** activando la opción correspondiente.

  La opción ***(ninguno)*** *de esta lista permite anular la línea de ordenación correspondiente.*
- Si varios registros pueden tener el mismo valor de ordenación, indique, si fuese necesario, un segundo valor de ordenación con el mismo principio en las listas **Luego por.**

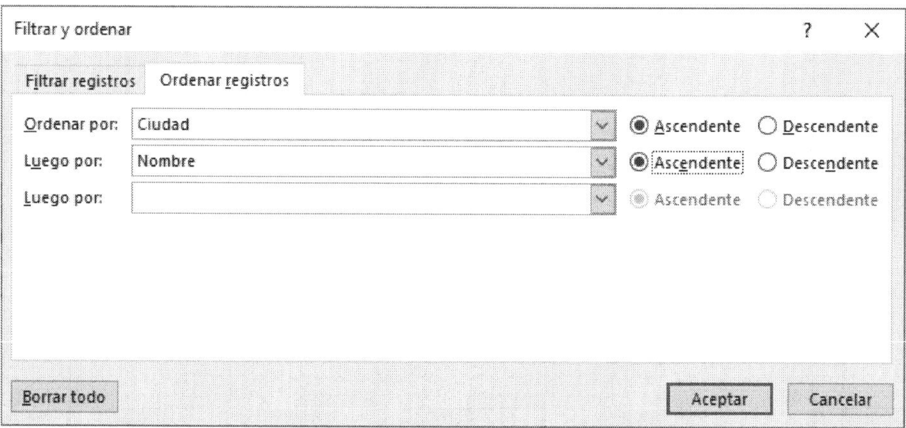

Los registros se ordenan en función del primer valor de ordenación. Cuando este valor es idéntico en varios registros, éstos se ordenan en función del segundo valor. Por ejemplo, los registros se ordenan según la ciudad y, de los de la misma ciudad, por nombre.

- Pulse el botón **Aceptar**.

  La lista ordenada aparece en el cuadro de diálogo ***Destinatarios de combinar correspondencia****.*

- Pulse el botón **Aceptar**.

  Si ejecuta el mailing, las cartas se imprimirán en función del orden de los registros.

Para eliminar los valores de ordenación, pulse el botón **Borrar todo** de **Opciones de consulta** o **Filtrar y ordenar** según si la lista de datos es o no un archivo Word (.doc).

Crear etiquetas de combinación de correspondencia

- Para crear el documento principal de las etiquetas de combinación de correspondencia, cree un nuevo documento con el método abreviado Ctrl **U**.
- Haga clic en la pestaña **Correspondencia**.
- Pulse en el botón **Iniciar combinación de correspondencia** del grupo del mismo nombre y después en la opción **Etiquetas**.

  En pantalla se abre el cuadro de diálogo ***Opciones para etiquetas*** *y le permite definir el formato de las etiquetas.*

- Indique si las etiquetas se imprimirán en alimentación continua o página por página activando la opción **Impresoras de alimentación continua** o **Impresoras de páginas** que se encuentra en el apartado **Información de impresora**.
- Seleccione la marca de las etiquetas que desea utilizar en la lista **Marcas de etiquetas**.

  En el cuadro ***Información de etiquetas*** *se pueden ver las características del tipo de etiquetas seleccionado.*

- Seleccione la referencia de las etiquetas que desea utilizar en la lista **Número de producto**.

© Editions ENI - Reproducción prohibida

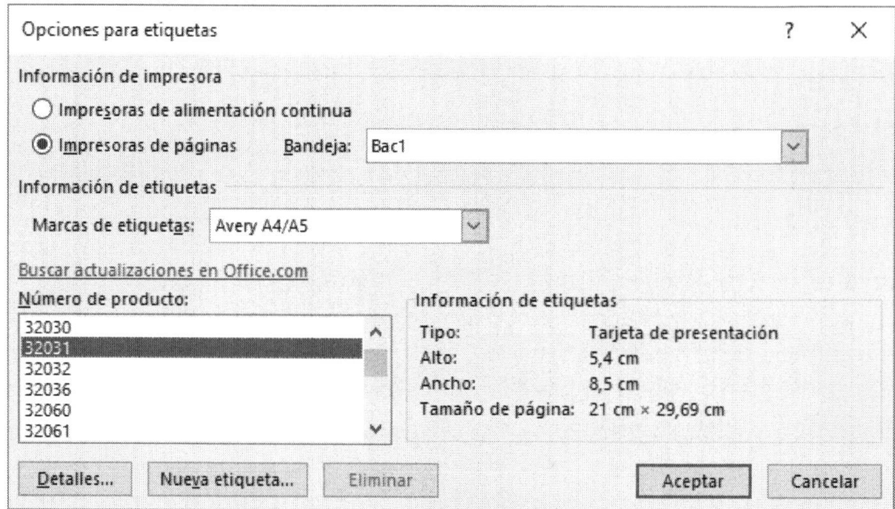

*El botón **Detalles** permite personalizar las opciones de la etiqueta seleccionada, mientras que el botón **Nueva etiqueta** permite crear una nueva etiqueta personalizada.*

- Pulse el botón **Aceptar**.
- Pulse el botón **Seleccionar destinatarios** del grupo **Iniciar combinación de correspondencia** y haga clic en una de las opciones que se ofrecen en función de la lista de destinatarios que desea asociar a la base de datos.

  Para más información sobre esto, véase el subapartado Asociar una lista de destinatarios al documento principal del apartado Crear un mailing.
- Defina el contenido de las etiquetas en la primera etiqueta de la página. Para cada campo que desee insertar, sitúe el punto de inserción en el lugar donde debe imprimirse el contenido, abra la lista asociada al botón **Insertar campo combinado** y haga clic en el nombre del campo que desea insertar.

  Para insertar el campo **Bloque de direcciones** (combinación de varios campos que constituyen la dirección de correo), pulse el botón correspondiente en el grupo **Escribir e insertar campos**. Especifique el contenido del bloque de dirección con el cuadro **Especifique los elementos de la dirección** y pulse el botón **Aceptar**.
- Si fuese necesario, aplique un formato de la etiqueta.

- Copie la disposición de la primera etiqueta en las demás etiquetas de la página pulsando el icono **Actualizar etiquetas** del grupo **Escribir e insertar campos.**
  En la imagen, se ha aplicado el estilo negrita a los campos «Nombre» y «Apellido».

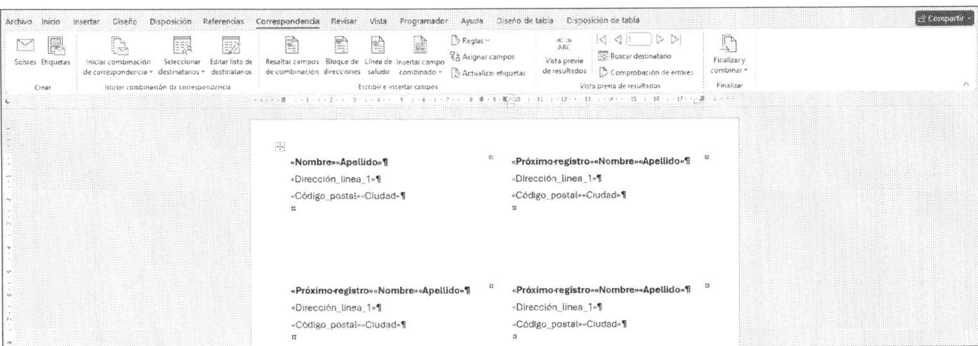

- Utilice las opciones del grupo **Vista previa de resultados** si desea comprobar el mailing antes de realizar la combinación.
  Para más información, véase el subapartado Comprobar el mailing del apartado Crear un mailing.
- Para ejecutar la fusión, pulse el botón **Finalizar y combinar** del grupo **Finalizar**; haga clic en la opción **Editar documentos individuales** para efectuar la combinación en un nuevo documento o la opción **Imprimir documentos** para efectuar la combinación en la impresora.
- Finalice la ejecución del mailing como lo haría con un mailing normal.

Si ha limitado los registros de combinación, Word completa la página de etiquetas iniciada (ejemplo: si cada página de etiquetas incluye 8 etiquetas y desea imprimir las que van del registro 5 al 15, Word imprimirá en la primera página las etiquetas correspondientes a los registros 5 al 12 y en la segunda página, las que corresponden a los registros 13 al 20).

© Editions ENI - Reproducción prohibida

Proteger un documento por medio de una contraseña

Para proteger el acceso a un documento por medio de una contraseña:

- Abra el documento que desee proteger.
- Pulse en la pestaña **Archivo** y después en la opción **Información**.
- Pulse en el botón **Proteger el documento** y seleccione la opción **Cifrar con contraseña**.

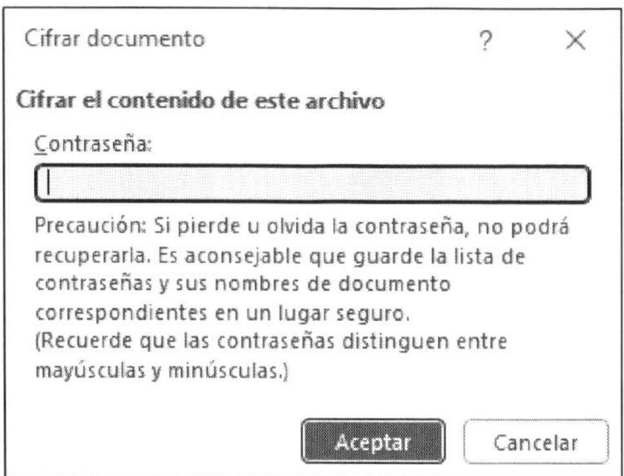

- Introduzca una contraseña en el campo previsto a este efecto.

Tenga en cuenta que no es posible recuperar una contraseña, por lo que es recomendable guardarla en un lugar seguro y alejado del documento en el que debe utilizarse

Se recomienda utilizar contraseñas "fuertes" que combinen letras mayúsculas y minúsculas, números y caracteres especiales. Las contraseñas deben tener en cuenta estos criterios.

- Haga clic en **Aceptar**.
- Repita la contraseña y después, haga clic en **Aceptar** para confirmar la entrada.
- Para eliminar la contraseña que protege el documento, acceda al cuadro de diálogo **Cifrar con contraseña**. Después, borre la contraseña y haga clic en **Aceptar**.

© Editions ENI - Reproducción prohibida

Restringir la lectura o edición con una contraseña

Este método permite proteger el contenido de un documento.

- Abra el documento que desee proteger y, a continuación, acceda al cuadro de diálogo **Guardar como** (pestaña **Archivo** - opción **Guardar como** o **Guardar una copia** - opción **Examinar**).
- Haga clic en **Herramientas**, situado en la parte inferior del cuadro de diálogo **Guardar como - Examinar**, y después seleccione **Opciones generales**.
- Para proteger la lectura del documento, es decir, para solicitar a un usuario una contraseña a la apertura del documento; introduzca una contraseña en el apartado **Contraseña de apertura**.
- Para proteger un documento de una modificación, es decir, para solicitar a un usuario una contraseña en el momento en el que guarde las modificaciones realizadas, introduzca una contraseña en **Contraseña de escritura**.

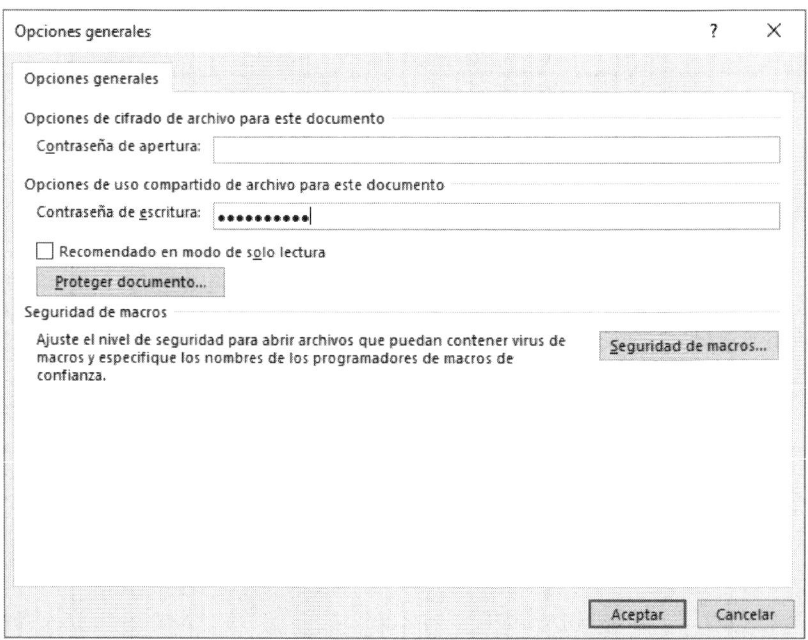

Se recomienda utilizar contraseñas "fuertes" que combinen letras mayúsculas y minúsculas, números y caracteres especiales. Las contraseñas deben tener en cuenta estos criterios.

- Para reforzar la protección, marque la casilla **Recomendado en modo de solo lectura**. Así, cuando se abra el documento, se le preguntará al usuario si desea abrir el archivo en modo de solo lectura.

  *Esta opción se puede combinar con la solicitud de una contraseña de escritura. Si se solicita esta última, el procedimiento para abrir un documento se modificará ligeramente. Aunque conozca la contraseña, Word le propondrá abrir el archivo en modo de solo lectura (en este caso, deberá hacer clic en **Sí** para abrirlo en modo de solo lectura o en **No** en caso contrario).*

- Pulse en **Aceptar**.
- Introduzca de nuevo la(s) contraseña(s) y después pulse en **Aceptar** para confirmarla(s).
- Pulse en el botón **Guardar**.

Tenga en cuenta que no es posible recuperar una contraseña, por lo que es recomendable guardarla en un lugar seguro y alejado del documento en el que debe utilizarse.

Para eliminar una contraseña asociada a un documento, seleccione con un clic y arrastre el contenido de la casilla de la **Contraseña de apertura** y/o de la **Contraseña de escritura**. Por último, haga clic en **Aceptar** y después en **Guardar**.

Proteger el contenido de un documento

Word permite proteger únicamente algunos elementos de un documento. Para ello:

- Abra el documento en cuestión y acceda a la pestaña **Revisar**.
- Pulse en el botón **Restringir edición** del grupo **Proteger** para acceder al panel **Restringir edición**.

  *También puede acceder a este panel pulsando en la pestaña **Archivo**, sección **Información**, botón **Proteger documento** y, por último, **Restringir edición**.*

- Seleccione la opción **Permitir solo este tipo de edición en el documento** en la zona **Restricciones de edición**; después seleccione una de las opciones propuestas en la lista correspondiente:

  Marcas de revisión: permite modificar el contenido del documento, pero todas las modificaciones aparecen resaltadas como marcas de revisión para que puedan ser localizadas fácilmente. Por lo tanto, se activa el control de cambios y no se pueden ni aceptar, ni rechazar las modificaciones aportadas.

  Comentarios: únicamente permite agregar comentarios. No obstante, puede autorizar la edición a todos los usuarios o a usuarios específicos de ciertas partes del documento.

© Editions ENI - Reproducción prohibida

Rellenando formularios: permite a los usuarios de un formulario rellenar los campos únicamente. El resto del documento no puede editarse. Cuando un formulario está dividido en varias secciones, el enlace **Seleccionar secciones** permite elegir aquellas que desee proteger.

Sin cambios (solo lectura): no permite modificar el contenido del documento. No obstante, puede autorizar a todos los usuarios o a usuarios específicos a editar algunas de sus partes.

*Si ha escogido la opción **Comentarios** o **Sin cambios (solo lectura)**, aparecerá una sección adicional llamada **Excepciones (opcional)** que permite autorizar la modificación de ciertas partes del documento. Por defecto, solo aparece la opción **Todos**, para autorizar a todos los usuarios a editar libremente las partes del documento escogidas. Sin embargo, si desea que únicamente usuarios específicos editen las partes escogidas, debe añadirlos a la lista de excepciones.*

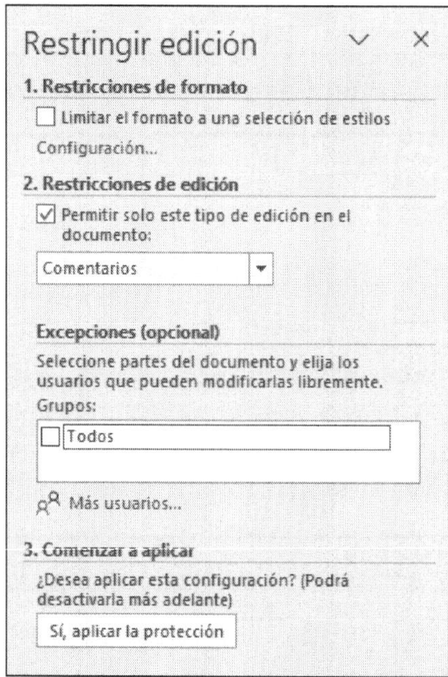

- En este caso, pulse en el vínculo **Más usuarios**, introduzca el nombre de usuario de Microsoft de las personas en cuestión separados por puntos y comas y, después, pulse en **Aceptar**.

*Los nombres de los nuevos usuarios aparecerán en la lista **Individuos**.*

A continuación, seleccione la parte del documento que se podrá editar y seleccione la casilla **Todos**, si desea que todos los usuarios cuenten con autorización para editar, o las casillas asociadas a los nombres de usuario de las personas específicas que tendrán acceso a la parte seleccionada. Debe repetir este proceso por cada una de las partes del documento a las que desee conceder acceso para editar.

Las zonas que se pueden editar aparecerán resaltadas. A cada usuario se le asigna un color diferente.

- Pulse en el botón **Sí, aplicar la protección**.
- Después, si lo desea, puede introducir una contraseña de un máximo de 15 caracteres en el campo **Escriba la nueva contraseña (opcional)**.

Aunque esta contraseña es opcional, es muy recomendable hacer uso de ella. Si no se asigna ninguna contraseña al contenido protegido, cualquier usuario podrá suspender la protección.

- Introduzca de nuevo la contraseña en el campo **Vuelva a escribir la contraseña para confirmar**.

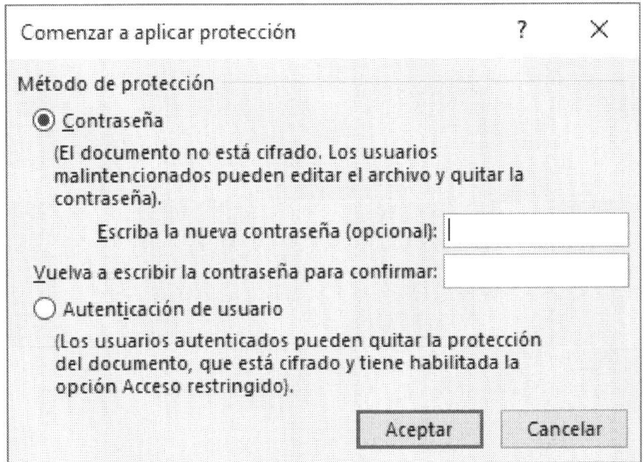

Los caracteres de la contraseña aparecen remplazados por puntos. Preste atención a las mayúsculas y minúsculas porque Word las diferencia.

- Para que solo los propietarios autentificados del documento puedan eliminar la protección, marque la casilla **Autentificación usuario**.
- Pulse en **Aceptar**.
- Guarde las modificaciones aportadas al documento y después ciérrelo.

© Editions ENI - Reproducción prohibida

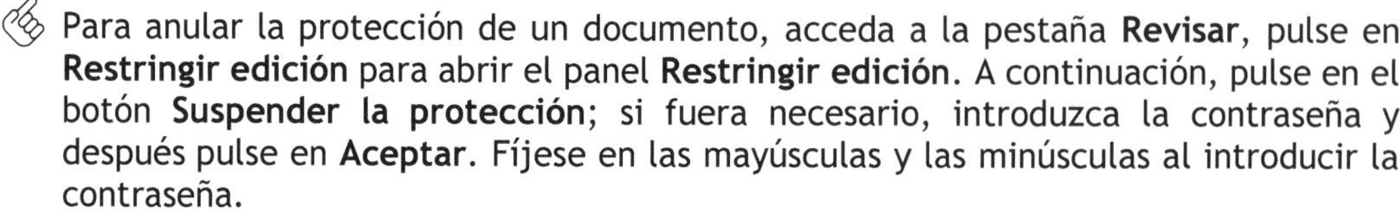

Para anular la protección de un documento, acceda a la pestaña **Revisar**, pulse en **Restringir edición** para abrir el panel **Restringir edición**. A continuación, pulse en el botón **Suspender la protección**; si fuera necesario, introduzca la contraseña y después pulse en **Aceptar**. Fíjese en las mayúsculas y las minúsculas al introducir la contraseña.

Si intenta modificar el contenido de un documento protegido sin autorización, en función de las restricciones establecidas puede que se abra el panel **Restringir edición** para informarle de las operaciones para las que cuenta con autorización. Además, si cuenta con autorización para editar ciertas partes del documento, aparecerán en el panel los botones adicionales **Encontrar la siguiente área que puedo editar** y **Mostrar todas las áreas que puedo editar**.

Restringir las autorizaciones para aplicar formato a un documento

Si desea que los usuarios de un documento no puedan aplicarle algunos estilos en concreto, puede inhabilitarlos y después proteger el documento. Para ello:

- Abra el documento en cuestión.
- Acceda a la pestaña **Revisar** - grupo **Proteger** - botón **Restringir edición** para abrir el panel **Restringir edición**.

  *Asimismo, puede acceder a este panel pulsando en la pestaña **Archivo**, sección **Información**, botón **Proteger documento** y, por último, **Restringir edición**.*
- Marque la opción **Limitar el formato a una selección de estilos** y después pulse en el vínculo **Configuración**.
- Asegúrese de que la opción **Limitar el formato a una selección de estilos** está seleccionada en el cuadro de diálogo que se abre.
- A continuación, seleccione los estilos que desee autorizar y deseleccione aquellos que desee inhabilitar.

  *El botón **Todos** permite seleccionar todos los estilos a la vez. En contraposición, el botón **Ninguno** permite deseleccionarlos todos y el botón **Mínimo recomendado** permite reducir las opciones de formato a un grupo de estilos recomendados.*

  *Los estilos deshabilitados desaparecerán de la galería de estilos y del panel **Estilos**.*
- Para conservar algunas funciones de formato automáticas (por ejemplo, la conversión de 1/2 a $^{1}/_{2}$), seleccione la opción **Permitir que Autoformato invalide las restricciones de formato**.

- Si no quiere que otros usuarios puedan cambiar el tema aplicado al documento, seleccione la opción **Bloquear el cambio de esquema o tema**.

  *Se deshabilitarán las opciones correspondientes del grupo **Formato del documento** de la pestaña **Diseño**.*

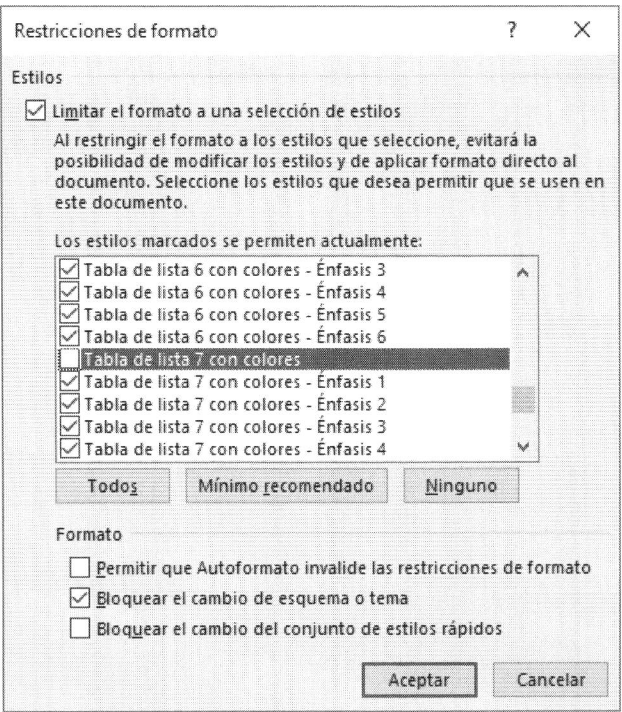

- Si no desea que otros usuarios modifiquen el conjunto de estilos aplicado al documento, seleccione la opción **Bloquear el cambio del conjunto de estilos rápidos**.

  *Se deshabilitará el botón **Conjunto de estilos** del grupo **Formato del documento** de la pestaña **Diseño**.*

- Después, pulse en **Aceptar**.

  Un mensaje le informará de que quizás el documento contenga algunos de los elementos de formato (negrita, cursiva, fuente...) que desea deshabilitar.

- Pulse en **Sí** si desea retirar los elementos de formato y estilos no autorizados de aquellas partes del documento a las que se hayan aplicado. En caso contrario, pulse en **No**.

© Editions ENI - Reproducción prohibida

- Por último, pulse en el botón **Sí, aplicar la protección**.
- Si lo desea, introduzca una contraseña de 15 caracteres máximo en el campo **Escriba la nueva contraseña (opcional)**.

  Aunque esta contraseña es opcional, es muy recomendable hacer uso de ella. Si no se asigna ninguna contraseña al contenido protegido, cualquier usuario podrá suspender la protección.
- Introduzca de nuevo la contraseña en el campo **Vuelva a escribir la contraseña para confirmar**.
- Pulse en **Aceptar**.
- Guarde las modificaciones aportadas al documento y después ciérrelo.

Para anular la protección de un documento, acceda a la pestaña **Revisar**, pulse en **Restringir edición** para abrir el panel **Restringir edición**. A continuación, pulse en el botón **Suspender la protección**; si fuera necesario, introduzca la contraseña y después pulse en **Aceptar**.

Asimismo, puede gestionar la disponibilidad de estilos a través de la pestaña **Restringir** del cuadro de diálogo **Administrar estilos**. Para acceder a él, pulse en la pestaña **Inicio**, abra el cuadro de diálogo del grupo **Estilos** y pulse en el botón **Administrar estilos** .

Marcar un documento como final

Antes de compartir un documento con otros usuarios, puede marcarlo como final para informarles de que se trata de una versión definitiva que no hay que modificar. Para ello:

- Abra el documento en cuestión; si fuera necesario, realice las últimas modificaciones y guárdelo.
- A continuación, acceda a la pestaña **Archivo** y en el apartado **Información** pulse en **Proteger documento**. Por último, pulse en **Marcar como final**.

Un mensaje le informará de que el documento se guardará una vez se haya marcado como final.

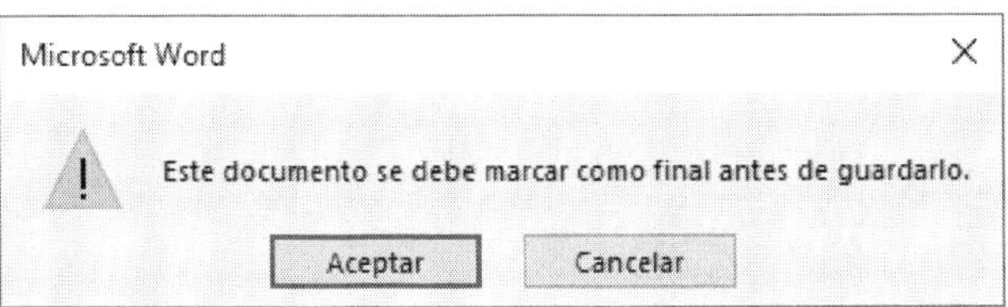

- Pulse en **Aceptar**.

  Un nuevo mensaje le informará de que el documento se ha marcado como final y le explicará las características de esta función.

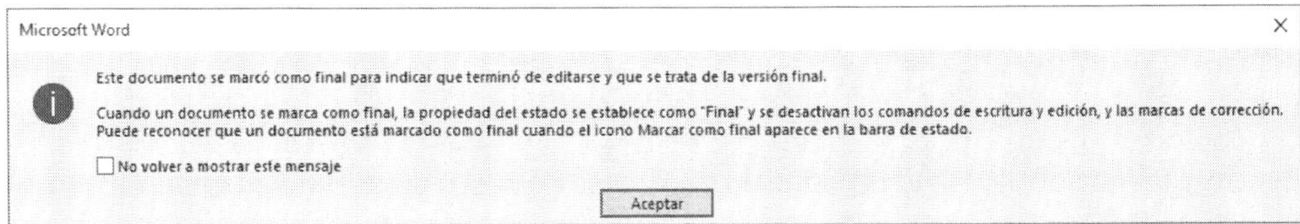

- Si no desea volver a ver este mensaje, seleccione la opción **No volver a mostrar este mensaje** y después pulse en **Aceptar**.

- Si lo desea, pulse en el botón para visualizar el documento y la barra de información **MARCADO COMO FINAL** que aparece bajo las pestañas. Asimismo, aparece el icono **Marcado como final** en la barra de estado.

Para editar un documento marcado como final, pulse en el botón **Editar de todas formas** situado en la barra de información **MARCADO COMO FINAL**. El icono desaparecerá de la barra de estado.

© Editions ENI - Reproducción prohibida

Introducción

El presente capítulo aborda tres aspectos estrechamente relacionados con el trabajo en equipo en Word: el uso compartido de documentos, la coautoría y el seguimiento de las modificaciones.

Word permite el uso compartido de un documento con otros usuarios, especificando si los autores tienen derecho a modificar el documento o solo a leerlo. Para ello, el propietario del documento debe haber guardado previamente el documento en un **espacio de almacenamiento en línea** como OneDrive personal o profesional; o si dispone de Microsoft 365, de una biblioteca SharePoint o de un equipo Teams. En un principio se estudian las posibilidades de compartir un documento.

Una vez que se ha compartido el documento con otros usuarios, si estos tienen la posibilidad de modificarlo, pueden trabajar de forma simultánea en el archivo. Esto se conoce como **coautoría**.

Por último, el modo **Control de cambios** permite a los usuarios visualizar las modificaciones aportadas por cada uno de ellos. Para ello, no es necesario guardar el documento en línea y compartirlo (por ejemplo, se puede enviar el documento a un usuario, para que aporte las modificaciones y envíe una copia con los cambios visibles gracias al modo Control de cambios), pero este modo puede también aplicarse a los documentos compartidos.

Compartir un documento con Word 2024

*Los documentos guardados en **OneDrive** o aquellos que deben compartirse con **usuarios externos** a la organización (siempre y cuando el administrador haya autorizado el uso compartido con personas externas), deben compartirse para que otros usuarios tengan acceso.*

Para utilizar esta función, debe estar conectado a su cuenta Microsoft y, si fuera necesario, poder acceder desde Word a su espacio compartido, añadiendo el servicio a su lista de ubicaciones (véase el apartado Añadir o eliminar servicios del capítulo Gestión de cuentas).

Uso compartido

- Abra el documento que desea compartir.
- Haga clic en el botón **Compartir** situado a la derecha de la cinta de opciones, y a continuación, en la opción **Compartir**.

  También puede acceder a través de la pestaña **Archivo** - **Compartir**.

  *Se abre el panel **Compartir**. Si el archivo no se ha guardado previamente en un espacio de almacenamiento en línea, Word lo indica:*

En ese caso, haga clic en el botón del espacio de almacenamiento en línea que desea utilizar.

© Editions ENI - Reproducción prohibida

Cuando el documento se ha añadido al espacio de almacenamiento, la ventana se actualiza:

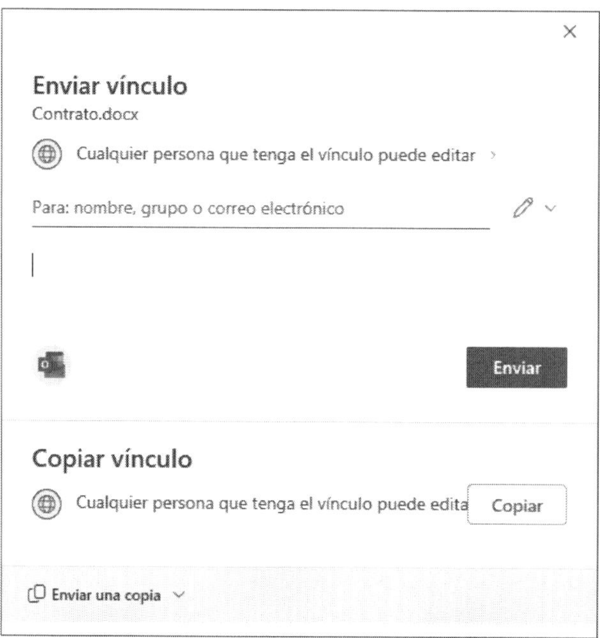

La ventana ofrece varios modos de compartir que describiremos a continuación.

Enviar vínculo

La primera sección de la ventana permite enviar un vínculo para compartir directamente por correo electrónico.

El enlace se encuentra junto a [icono] o [icono], según el caso, resume las condiciones del modo compartido.

Seleccione **Copiar vínculo** para configurar el uso compartido.

*Se abre la ventana **Configuración de vínculos**.*

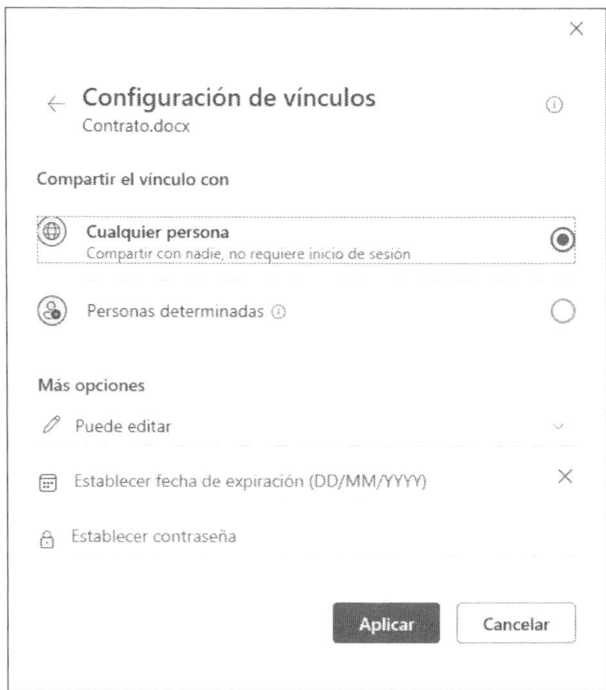

- Seleccione la opción **Compartir el vínculo con**:
  - **Cualquier persona** permite el acceso al archivo a cualquier persona que disponga del vínculo compartido, por ejemplo, si la persona a la que le ha compartido el vínculo lo comparte a su vez.
  - **Personas determinadas** permite el acceso al documento únicamente a las personas con las que lo ha compartido.
- En la sección **Más opciones**, abra el menú desplegable y seleccione la opción:
  - **Puede editar** permite a los usuarios que tienen acceso al documento (definido en la sección anterior) modificar el mismo.
  - **Puede ver** permite a los usuarios que tienen acceso al documento visualizarlo, pero no modificarlo.

© Editions ENI - Reproducción prohibida

*Los usuarios que disponen de una suscripción **Premium** en Microsoft tienen acceso a dos opciones adicionales en la sección **Más opciones**:*

- **Establecer fecha de expiración** permite establecer una fecha en la que deje de funcionar el vínculo compartido.
- **Establecer contraseña** permite proteger el vínculo compartido mediante una contraseña. Esta opción solo es posible cuando el vínculo se ha compartido con cualquier persona.

- Cuando haya realizado la configuración para compartir el vínculo del documento, haga clic en **Aplicar** para validar los cambios.
- En el campo **Nombre, grupo o correo electrónico** de la sección **Enviar vínculo**, introduzca las direcciones de correo electrónico o los nombres de las personas o los grupos con los que desea compartir el documento.

  *El menú desplegable que se muestra a la derecha del campo **Nombre, grupo o correo electrónico** también permite cambiar la autorizaciones de visualización o de modificación del archivo.*
- En el campo **Mensaje**, introduzca el texto que será el cuerpo del correo electrónico enviado.
- Haga clic en **Enviar**.

  El acceso al documento se envía por correo electrónico desde la dirección Outlook del usuario que ha compartido el documento:

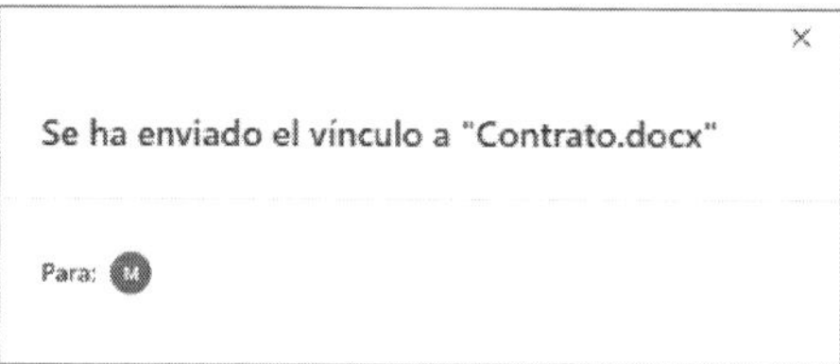

Para averiguar quién tiene acceso al documento, haga clic en la lista del botón **Compartir** y seleccione la opción **Compartir**. Los contactos con los que se ha compartido el documento, se muestran en la parte inferior de la ventana:

Copiar vínculo

*El procedimiento disponible en la segunda sección de la ventana (**Copiar vínculo**) permite obtener el enlace de un documento guardado en uno de sus almacenamientos en línea para, a continuación, pegarlo en un mensaje, en un documento de texto, en una página Internet; y dar así la posibilidad a que otros usuarios accedan.*

El vínculo se encuentra junto a o , según el caso, resume las condiciones del modo compartido.

- Haga clic en el vínculo para modificar la configuración del uso compartido.
- Si hace clic en la opción **Personas determinadas** introduzca el correo electrónico de las personas con las que se compartirá el vínculo:

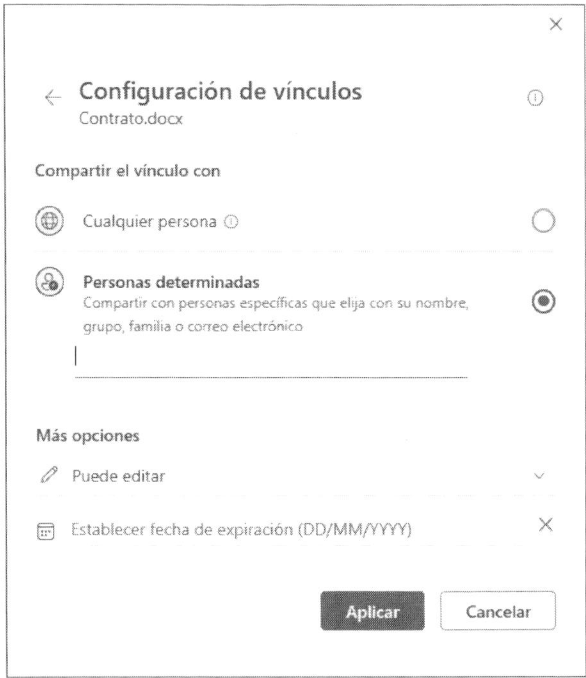

- Cuando haya realizado la configuración para compartir el vínculo del documento, haga clic en **Aplicar** para validar los cambios.
- Haga clic en **Copiar**.

© Editions ENI - Reproducción prohibida

El vínculo se guarda en el portapapeles, por lo que puede pegarlo donde desee para enviarlo a los usuarios que deban tener acceso.

También es posible copiar le vínculo directamente haciendo clic en la lista del botón Compartir y seleccionando la opción **Copiar vínculo**, que por defecto será un vínculo que permitirá modificar el contenido a cualquier persona que disponga del enlace. Para modificar esta configuración, haga clic en la mención que aparece debajo del vínculo copiado y realice las configuraciones necesarias. Por último, haga clic nuevamente en el botón **Copiar**:

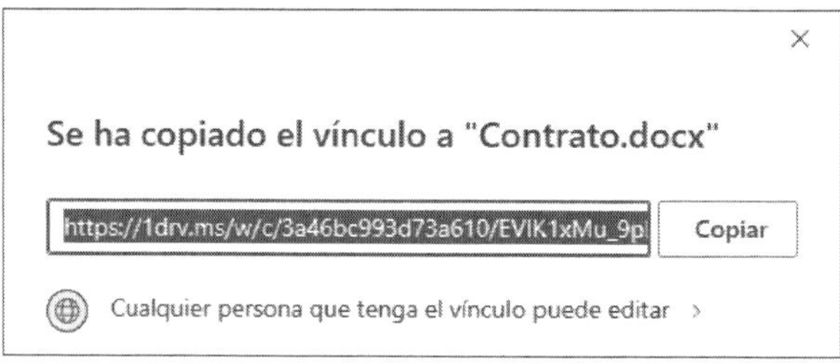

La lista **Enviar una copia** que aparece en la parte inferior de la ventana para compartir vínculos no permite compartir el acceso a un documento, sino adjuntar una copia en formato Word o PDF a un correo electrónico. Por lo tanto, esta opción no es adecuada para trabajar en equipo en un único archivo, pero permite enviar el documento de otra manera.

Para obtener más información sobre el envío de documentos Word por correo electrónico, consulte el apartado Enviar un documento como archivo adjunto del capítulo Documentos (parte Gestión de documentos).

Compartir un documento con Word Microsoft 365

Los documentos guardados en una biblioteca de documentos compartidos de un sitio equipado con SharePoint o en una lista de archivos de un equipo Teams son accesibles por todos los miembros del sitio o del equipo. Por lo que no es necesario compartirlos de nuevo.

Las razones y formas de compartir un documento en Word Microsoft 365 son similares a las de Word 2024 (véase la sección Compartir un documento con Word 2024), pero las interfaces y las opciones cambian ligeramente.

Uso compartido

- Abra el documento que desee compartir.
- Haga clic en la lista del botón **Compartir** situado a la derecha de la cinta de opciones, y después seleccione **Compartir**.

  También puede acceder a través de la pestaña **Archivo - Compartir**.

  *Se abre el panel **Compartir**. Si el archivo no se ha guardado previamente en un espacio de almacenamiento en línea, Word lo indica:*

- En ese caso, haga clic en el botón del espacio de almacenamiento en línea que desea utilizar.

© Editions ENI - Reproducción prohibida

Cuando el documento se ha añadido al espacio de almacenamiento, la ventana se actualiza:

Enviar una invitación de uso compartido

- Complete el campo **Nombre, grupo o correo electrónico** con los nombres y direcciones de correo electrónico de los usuarios con los que debe compartir el documento.
- Haga clic en el menú desplegable situado junto al nombre y seleccione una opción de los derechos de modificación: **Puede editar** para autorizar a los usuarios a ver, descargar y modificar el documento; **Puede revisar** para autorizar a sugerir cambios; **Puede ver** para autorizar la visualización y la descarga, pero no se puede realizar cambios en el documento; o **No se puede descargar** para autorizar la visualización, pero no la descarga ni la modificación del archivo.
- En el campo **Agregar un mensaje**, introduzca el texto que será el cuerpo del correo electrónico enviado.
- Haga clic en **Enviar** para enviar la invitación por correo electrónico.

Por defecto, el documento creado de esta forma solo permite el acceso a las personas a las que se les ha concedido el mismo.

Copiar vínculo

También es posible obtener un vínculo para compartir un documento y pegarlo en un mensaje, un documento de texto o una página de Internet para que otros usuarios puedan acceder a él.

- Para establecer las condiciones del uso compartido del documento durante la creación del vínculo, haga clic en el botón ⚙.

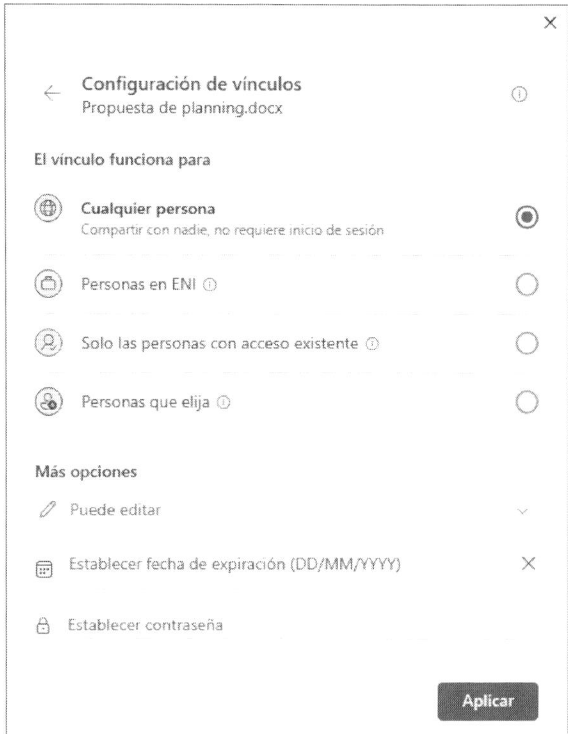

- Debajo del título **El vínculo funciona para**, seleccione una opción:
  - **Cualquier persona** permite el acceso a cualquier persona que disponga del vínculo compartido. Si la persona con la que ha compartido el documento lo comparte a su vez; esas otras personas también tendrán acceso.
  - **Personas en [Nombre de la organización]** permite el acceso al archivo a cualquier persona que tenga un correo electrónico que pertenezca a la organización.

© Editions ENI - Reproducción prohibida

- **Solo la opción las personas con acceso existente** permite el acceso únicamente a las personas con la que el archivo ya se ha compartido. Esta opción se utiliza, por ejemplo, cuando los usuarios con los que ya se ha compartido el documento, necesitan recordar la dirección de un enlace compartido anteriormente.
- **Personas que elija** proporciona acceso al documento solo a las personas con las que lo ha compartido.

En la sección **Más opciones**, abra la primera lista y elija una opción:

- **Puede editar** permite a los usuarios que tienen acceso al documento, ver, descargar y editar el mismo.
- **Puede revisar** permite únicamente a los usuarios sugerir cambios (modo Control de cambios).
- **Puede ver** permite a los usuarios que tienen acceso, visualizar y descargar el documento, pero no pueden modificarlo.
- **No se puede descargar** solo permite la visualización. No permite la modificación ni la descarga del documento.

También puede configurar las siguientes opciones:

- **Establecer fecha de expiración** permite definir la fecha en la que el enlace dejará de funcionar.
- **Establecer contraseña** permite proteger el vínculo compartido mediante una contraseña. Esta opción solo es posible cuando el vínculo se comparte con Cualquier persona.

Cuando haya realizado la configuración para compartir el documento, haga clic en **Aplicar** para validar los cambios.

Haga clic en **Copiar vínculo** para guardarlo en el portapapeles y pegarlo a continuación en el soporte deseado.

Administrar el acceso a un documento compartido

En cualquier momento, puede añadir o eliminar usuarios, o modificar el tipo de acceso al archivo.

Haga clic en el botón de la lista Compartir situado en la cinta de opciones y seleccione la opción **Administrar el acceso**.

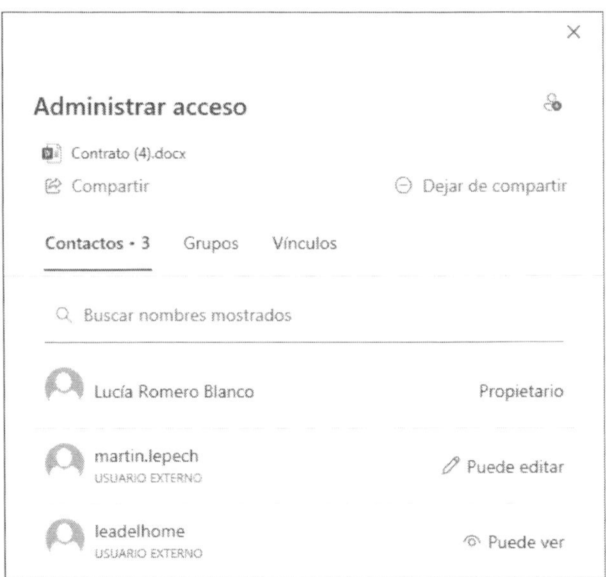

*La pestaña **Contactos** muestra los usuarios que tienen acceso al documento y sus derechos sobre el mismo.*

*La pestaña **Grupos** muestra los grupos con los que se ha compartido el archivo.*

*La pestaña **Vínculos** muestra los diferentes vínculos generados y los usuarios con los que se han compartido.*

*Las opciones de administración varían dependiendo de si el vínculo compartido en el momento de la creación, dio acceso a **Cualquier persona** o a **Personas determinadas**. Tenga en cuenta que las invitaciones realizadas con Word Microsoft 365 dan acceso a personas determinadas, mientras que con Word 2024, las funciones Enviar vínculo y Copiar vínculo requieren determinar el alcance del enlace compartido.*

En el ejemplo anterior, efectuado con Word 2024, el documento compartido con Martin Lepech es específico para él, mientras que el compartido con Lea Delhome también se ha realizado por correo electrónico, pero con un enlace que da acceso a Cualquier persona.

© Editions ENI - Reproducción prohibida

Administrar acceso compartido con personas determinadas

- En la pestaña **Contactos** (o **Grupos**), haga clic en el contacto cuyo acceso debe modificarse.
- En la parte superior se muestran los derechos de modificación del usuario seleccionado (**Puede editar**, **Puede revisar**, **Puede ver**, **No se puede descargar**). Para modificar los derechos de uso, abra la lista, después abra la lista del botón que aparece:

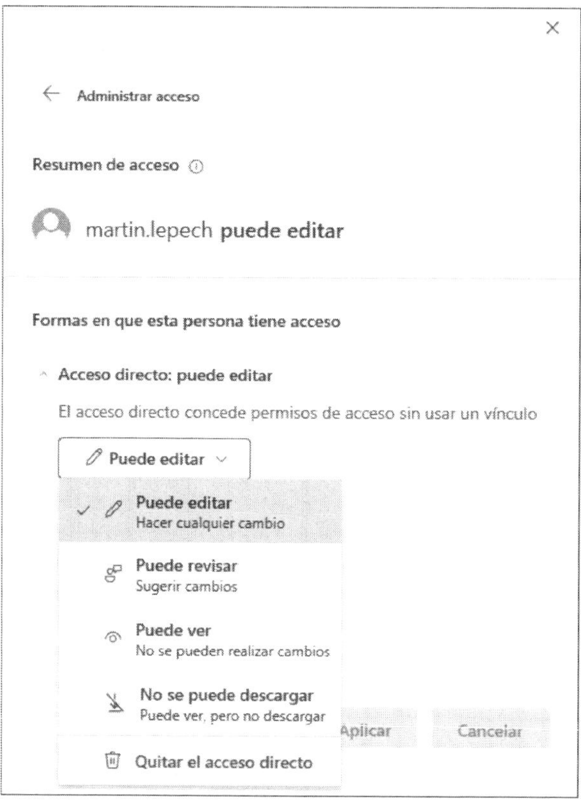

- Seleccione la opción que le interese: **Puede editar** para permitir al usuario modificar el documento; **Puede ver** para darle acceso, pero sin modificar el archivo; o **Quitar el acceso directo** para eliminar por completo el acceso directo. Word Microsoft 365, propone dos posibilidades adicionales: **Puede revisar** para sugerir cambios y **No se puede descargar** para permitir la visualización del documento, pero no la descarga ni la modificación.

- Haga clic en **Aplicar** para que las modificaciones se tengan en cuenta.

Administrar un documento compartido con Cualquier persona

- Accede a la pestaña **Vínculos**.

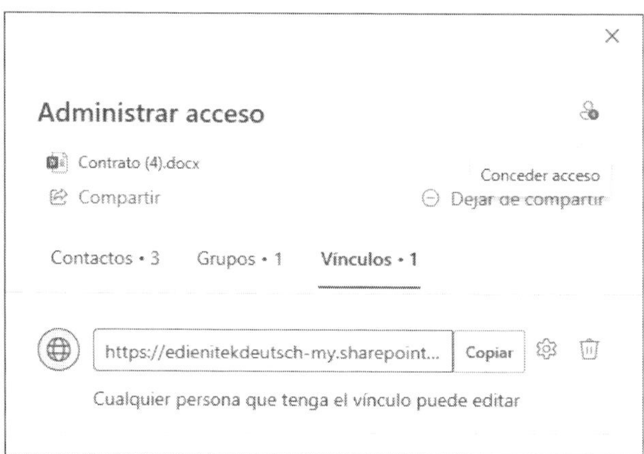

*Si el vínculo ha sido configurado durante la creación del mismo para dar acceso a **Cualquier persona**, los derechos de modificación (lectura, edición, descarga) no pueden modificarse; la única forma de cambiar este parámetro es crear otro nuevo vínculo.*

- Para compartir un vínculo existente con usuarios adicionales, haga clic en el botón **Copiar** y pegue el vínculo en el mensaje o en el soporte compartido mediante el que le comunicará al usuario quien deberá recibir el acceso.

- En caso de duda sobre la configuración de los vínculos existentes, haga clic en el vínculo **Compartir** situado en la parte superior y siga el procedimiento para crear un vínculo con los derechos deseados para compartir. Si la configuración para compartir es la misma que la aplicada para un vínculo existente, Word le proporciona el enlace existente; si a configuración para compartir es diferente, Word crea un nuevo vínculo.

- Para eliminar un vínculo, haga clic en el correspondiente 🗑. Una vez que se ha eliminado el vínculo, los usuarios con los que habían sido compartido, ya no tendrán acceso al documento.

© Editions ENI - Reproducción prohibida

Coeditar un documento

Cuando se comparte un documento con otros usuarios, los usuarios con derecho a edición pueden abrir el documento y trabajar en él de forma simultánea. Reciben un mensaje de este tipo que les permiten acceder al archivo.

*También es posible acceder a los archivos compartidos con OneDrive a través del vínculo **Compartido** del espacio OneDrive. El botón **Abrir** que aparece en el mensaje de invitación a compartir recibido permite acceder a él rápidamente.*

Al hacer clic en el vínculo o en el nombre del documento, este se abre en la aplicación Word para la Web mediante el navegador de Internet.

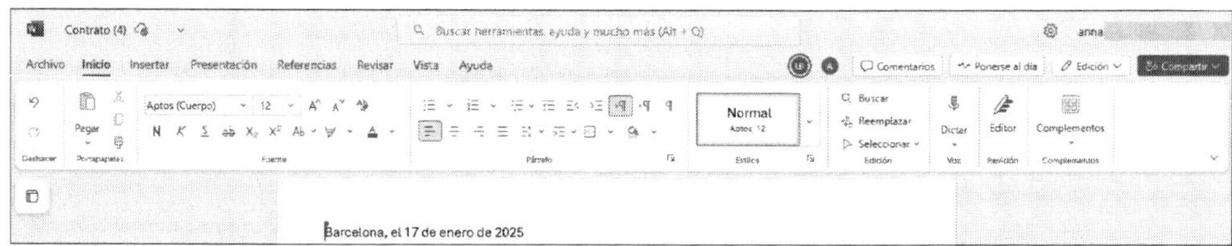

*Si hay otros usuarios modificando el documento, aparecerán círculos a la izquierda del botón **Compartir** y marcadores de colores en los lugares donde los usuarios han realizado modificaciones. La aplicación Word para la Web es la aplicación en línea de Word y no tiene todas las funciones de la aplicación de escritorio.*

- Para modificar el documento, en la aplicación Word instalada en el puesto de trabajo, haga clic en el botón **Editar documento** y seleccione la opción **Abrir en la versión de escritorio**.

  El documento puede modificarse incluso aunque otro usuario esté realizando cambios a la vez.

Coeditar un documento con la aplicación de escritorio de Word

- Si el documento se ha abierto en la aplicación Word del equipo, haga clic en el botón **Activar la modificación** visible en la barra de información (en la parte superior de la pantalla) para llevar a cabo los cambios.

  Los cambios que se están realizando por los usuarios en línea aparecen indicados mediante marcadores de color (aquí aparece la segunda marca). Al colocar el puntero sobre los marcadores, se muestra el nombre de la persona.

- Para guardar el documento con los cambios introducidos por los demás usuarios, haga clic en el botón **Guardar** de la barra de herramientas de acceso rápido.

Coeditar un documento en Word para la Web

  Si ha escogido abrir el documento en la aplicación en línea de Word, los botones a la izquierda del botón ***Compartir*** *indican quiénes son los usuarios que están editando el documento.*

- Para ver el nombre de los usuarios, haga clic en uno de los círculos.

© Editions ENI - Reproducción prohibida

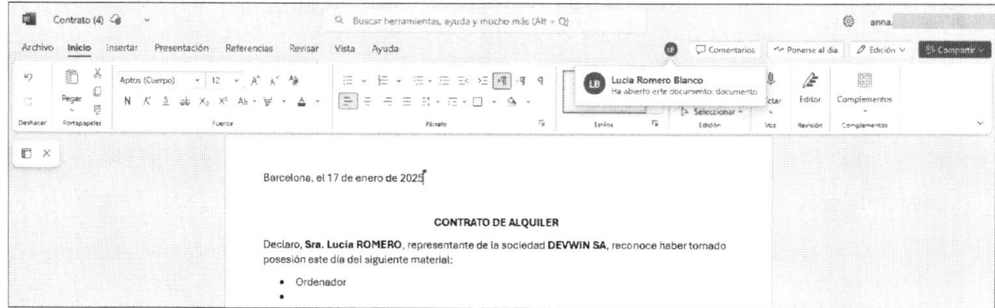

Los marcadores de color pueden verse también en el documento en los párrafos que están siendo modificados (en este caso, después de la fecha).

En la aplicación en línea, las modificaciones realizadas por los usuarios se guardan automáticamente.

- Use el botón **Comentarios** para comunicarse con los otros usuarios del documento.
- Para salir de la aplicación en línea, cierre la ventana del navegador.

Administrar los comentarios

Crear comentarios

Esta técnica le permite asociar comentarios a un texto. Los comentarios se utilizan sobre todo en documentos a los que varios usuarios tienen acceso. Es posible responder a los comentarios de otros usuarios.

- En la vista **Diseño de impresión**, seleccione el texto al que desea aportar un comentario.
- En la pestaña **Revisar**, haga clic en el botón **Nuevo comentario** que se encuentra en el grupo **Comentarios**.

  El punto de inserción parpadea en un globo que se muestra a la derecha del documento en el que aparece el nombre del usuario.
- Escriba el texto del comentario en el globo.

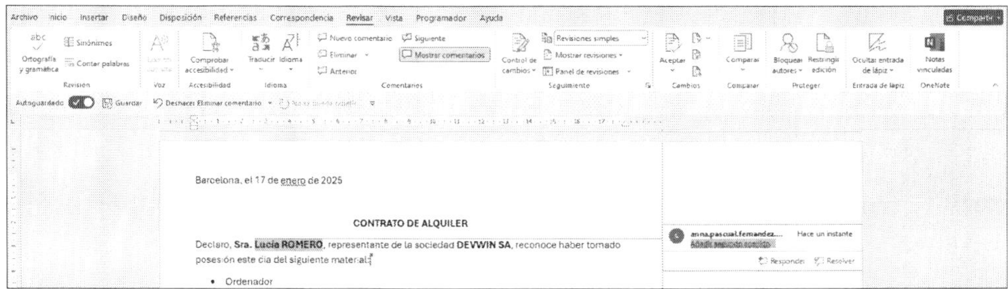

En el documento, el texto que se comenta aparece sobre fondo de color.

Si en el documento se han creado comentarios por parte de varios usuarios, los globos se muestran en distintos colores según el autor del comentario.

Haga clic en cualquier lugar del documento.

Si la opción **Revisiones simples** está seleccionada en la lista **Mostrar para revisión** del grupo **Seguimiento** (pestaña **Revisar**) y el botón **Mostrar comentarios** está desactivado en el grupo **Comentarios**, al crear un comentario aparece una ventana en lugar del globo y en ella deberá escribir el texto. También verá un pequeño globo a la derecha de la ventana.

Al hacer clic en el documento, la ventana desaparece; para volver a verla, haga clic en el globo .

En el modo de vista **Borrador**, los comentarios no se ven en los globos, es necesario mostrar el **Panel de revisiones** para verlas: en la pestaña **Revisar**, abra la lista asociada al botón **Panel de revisiones** que se muestra en el grupo **Seguimiento** y luego haga clic en la opción **Panel de revisiones vertical** o **Panel de revisiones horizontal** según la orientación que desee darle. Haciendo clic en el botón **Panel de revisiones** podrá mostrar u ocultar el panel.

Mostrar/ocultar los comentarios

- En la vista **Diseño de impresión**, haga clic en la pestaña **Revisar**.
- Para ver los comentarios de un documento, haga clic en el botón **Mostrar revisiones** que se encuentra en el grupo **Seguimiento** y luego haga clic en la opción **Comentarios** para activarla.

  *Cuando los comentarios están visibles en el documento, aparece una marca a la izquierda de la opción **Comentarios**.*
- Para ocultar los comentarios de un documento, haga clic en el botón **Mostrar revisiones** que se encuentra en el grupo **Seguimiento** y luego haga clic en la opción **Comentarios** para desactivarla.

  Si la opción **Revisiones simples** está seleccionada en la lista **Mostrar para revisión** del grupo **Seguimiento** (pestaña **Revisar**), utilice el botón **Mostrar comentarios** del grupo **Comentarios** para ocultar o mostrar los comentarios.

  Cuando los comentarios están ocultos, se muestra un pequeño globo a la derecha de las líneas que contienen los comentarios: al hacer clic en el globo aparece el comentario correspondiente.
- Para acceder al comentario siguiente o anterior, utilice los botones **Anterior** o **Siguiente** del grupo **Comentarios.**

  Para acceder a los comentarios también puede utilizar el panel de navegación (véase Utilizar el panel Navegación del capítulo Esquemas y tablas).
- De manera predeterminada, cuando los comentarios de un documento están visibles, se muestran los de todos los colaboradores. Si desea ocultar los comentarios de un usuario en particular, haga clic en el botón **Mostrar revisiones** del grupo **Seguimiento**, señale la opción **Personas específicas** y desmarque la opción correspondiente al nombre del usuario cuyos comentarios desea ocultar. De igual manera, para mostrar los comentarios de un usuario, marque la opción correspondiente al nombre del usuario cuyos comentarios desea visualizar; al activar **Todos los revisores** podrá ver de nuevo los comentarios de todos los usuarios.

Para ver el nombre del usuario que ha creado el comentario así como la fecha y la hora en que se creó el globo, compruebe que está activada la opción **Mostrar información sobre herramientas del documento al activar** del cuadro de diálogo **Opciones de Word** (pestaña **Archivo - Opciones** - categoría **Mostrar**), a continuación sitúe el ratón (sin hacer clic) en el globo del comentario en cuestión.

Modificar un comentario

- En la vista **Diseño de impresión**, compruebe que los comentarios estén visibles en la pantalla.
- Haga clic en el globo que contiene el comentario que desea modificar.
- Haga las modificaciones de texto que prefiera y, a continuación, haga clic en cualquier punto del documento.

Responder a un comentario

Puede responder a un comentario creado por otro usuario del documento.

- En la vista **Diseño de impresión**, compruebe que los comentarios estén visibles en la pantalla.
- Señale el globo que contiene el comentario al que desea responder y luego haga clic en **Responder**; si se muestra un pequeño globo en lugar del globo que contiene el comentario, haga clic en el pequeño globo antes de hacer clic en **Responder**.

  El punto de inserción parpadea debajo de su propio nombre de usuario que aparece debajo del nombre del usuario que creó el comentario.
- Escriba el texto de su respuesta.

- Proceda del mismo modo con cada respuesta que desee efectuar.

© Editions ENI - Reproducción prohibida

Marcar un comentario como resuelto

Cuando un comentario ha sido tenido en cuenta, puede marcarlo como resuelto para que sepa que no es necesario volver a revisarlo. De este modo le será muy fácil distinguir entre los comentarios que ya están resueltos y los que no.

- En la vista **Diseño de impresión**, compruebe que los comentarios estén visibles en la pantalla.
- Haga clic en el globo que contiene el comentario en cuestión; si se muestra un pequeño globo en lugar del globo que contiene el texto del comentario, haga clic en el pequeño globo para mostrar el contenido del comentario.
- Pulse en **Resolver**.

  El texto del comentario aparece entonces desactivado, así como todas sus respuestas si es que existen.
- Haga clic en cualquier punto del documento.

  En este ejemplo, el comentario y las respuestas se han marcado como resueltos.

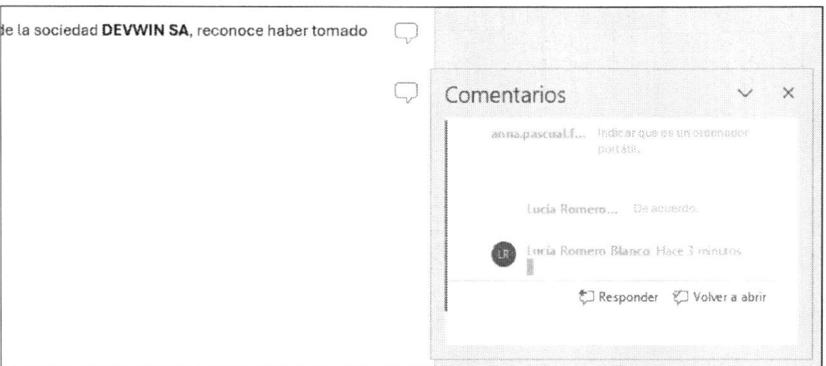

Para que un comentario o una respuesta dejen de estar marcados como resueltos, pulse en el comentario y después en la opción **Volver a abrir**.

Eliminar un comentario

- En la vista **Diseño de impresión**, compruebe que los comentarios estén visibles en la pantalla y haga clic en la pestaña **Revisar**.
- Haga clic en el globo que contiene el comentario que desea eliminar; si se muestra un pequeño globo en lugar del globo que contiene el texto del comentario, haga clic en el pequeño globo para mostrar el contenido del comentario.
- Si existen respuestas asociadas al comentario, haga clic en el texto del comentario inicial para eliminar el comentario y sus respuestas; si solo desea eliminar una respuesta, haga clic en esa respuesta.
- Haga clic en el botón **Eliminar** que se muestra en el grupo **Comentarios**.
- Para eliminar todos los comentarios del documento, abra la lista asociada al botón **Eliminar** y haga clic en la opción **Eliminar todos los comentarios del documento**.
- Para eliminar todos los comentarios de uno o más usuarios, muestre los comentarios de los usuarios en cuestión (véase el apartado Mostrar/ocultar los comentarios), abra la lista asociada al botón **Eliminar** y luego haga clic en la opción **Eliminar todos los comentarios mostrados**.

  Esta opción aparece desactivada, y por lo tanto no disponible, si están visibles los comentarios de todos los usuarios.

Para eliminar un comentario o una respuesta, también puede hacer clic con el botón secundario del ratón en el comentario o en la respuesta y, a continuación, seleccionar la opción **Eliminar comentario** en el menú contextual que aparece.

Imprimir comentarios

- Para imprimir los comentarios al mismo tiempo que el documento, asegúrese de que la vista **Diseño de impresión** está activada, muestre los comentarios en el documento (puede decidir imprimir solo los comentarios de algunos usuarios) y a continuación inicie la impresión del documento.
- Para imprimir la lista de comentarios, haga clic en la pestaña **Archivo** y luego en la opción **Imprimir**. Seleccione a continuación la opción **Lista de revisiones** en la primera lista del apartado **Configuración** y, a continuación, haga clic en el botón **Imprimir**.

  *Word imprime la totalidad del panel **Revisión**. La lista de los comentarios se muestra en el apartado **Comentarios y modificaciones del documento principal**.*

© Editions ENI - Reproducción prohibida

Activar el control de cambios

El control de cambios permite realizar un seguimiento de las modificaciones aportadas a un documento. Puede activarse antes de poner el documento a disposición de otros usuarios, de modo que se puedan visualizar las modificaciones efectuadas por cada usuario.

- Haga clic en la pestaña **Revisar**.
- Haga clic en la parte superior del botón **Control de cambios** que se encuentra en el grupo **Seguimiento** para activar el **Control de cambios**.
- Si no desea que los usuarios puedan desactivar el control de cambios ni aceptar o rechazar las modificaciones realizadas en el documento, abra la lista del botón **Control de cambios** del grupo **Seguimiento** y luego haga clic en la opción **Bloquear seguimiento**.

  Si lo considera oportuno, escriba la contraseña en el cuadro de texto **Escribir contraseña (opcional)** y luego escríbala otra vez en el cuadro de texto **Repetir para confirmar**.

  Aunque la contraseña es opcional, resulta especialmente conveniente. Si no se asocia ninguna contraseña al bloqueo, cualquier usuario podría fácilmente desactivar el bloqueo del seguimiento y desactivar el control de cambios (véase la primera observación).
- Modifique si lo desea las marcas que Word utiliza para mostrar los distintos tipos de modificación (véase Modificar las opciones del control de cambios).
- Guarde las modificaciones que se han añadido al documento.

Para desbloquear el control de cambios, en la pestaña **Revisar**, abra la lista del botón **Control de cambios** del grupo **Seguimiento** y luego haga clic en la opción **Bloquear seguimiento**. Escriba la contraseña, si fuera necesario, y luego haga clic en el botón **Aceptar**.

Para mostrar un mensaje que le avise antes de imprimir, guardar o enviar un archivo que contiene marcas de revisión o comentarios, active la opción **Avisar antes de imprimir, guardar o enviar un archivo que contenga marcas de revisión o comentarios** del cuadro de diálogo **Centro de confianza** (pestaña **Archivo - Opciones** - categoría **Centro de confianza** - botón **Configuración del Centro de confianza** - categoría **Opciones de privacidad**.

De manera predeterminada, solo el botón **Control de cambios** que se encuentra en la pestaña **Revisar** permite saber si el control de cambios está activo en el documento actual. También puede mostrar el indicador del control de cambios en la barra de estado haciendo clic con el botón secundario del ratón en la barra y haciendo clic en la opción **Control de cambios**: la etiqueta aparece entonces en la barra de estado con, según el caso, la palabra **Activado** o **Desactivado**. De esta manera se podrá activar o desactivar el control de cambios a partir de la barra de estado haciendo clic en la etiqueta **Control de cambios**. Para ocultar este indicador, bastará con hacer otra vez clic con el botón secundario del ratón en la barra de estado y luego hacer clic en la opción **Control de cambios** para desmarcarla.

Modificar las opciones del control de cambios

Si lo desea, puede seleccionar las modificaciones que prefiere visualizar en el documento y también puede modificar las marcas que Word utiliza para mostrar los distintos tipos de cambios.

- En la pestaña **Revisar**, haga clic en el selector de cuadro de diálogo del grupo **Seguimiento**.

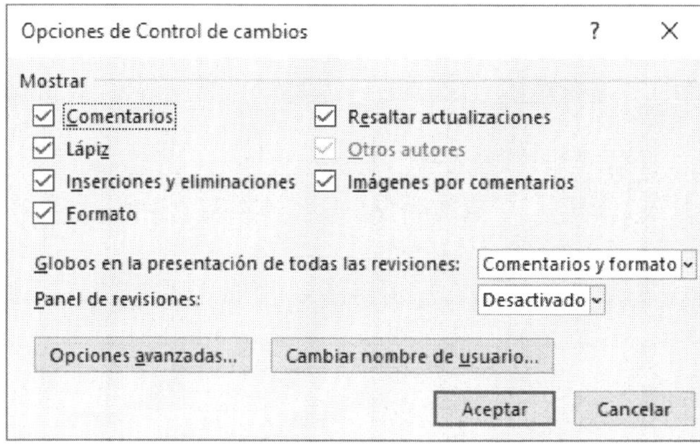

- En el apartado **Mostrar**, marque las opciones correspondientes a las modificaciones que desea mostrar en el documento y desmarque las que prefiere que no se muestren.

© Editions ENI - Reproducción prohibida

- En la lista **Globos en la presentación de todas las revisiones** escoja las modificaciones que desea mostrar en los globos cuando la visualización de **Todas las revisiones** está seleccionada:

Revisiones	Todas las modificaciones se muestran en globos: comentarios, formatos, inserciones y eliminación de texto.
Nada	No se muestra ninguna modificación en los globos.
Comentarios y formato	Los comentarios y las modificaciones de formato de caracteres y párrafos se muestran en globos; esta opción está seleccionada por defecto.

- Si desea mostrar el panel **Revisiones**, escoja la opción **Vertical** u **Horizontal** en la lista **Panel de revisiones**, en caso contrario, escoja la opción **Desactivado**.
- Para modificar las marcas que Word utiliza para mostrar los distintos tipos de modificación, haga clic en el botón **Opciones avanzadas**.

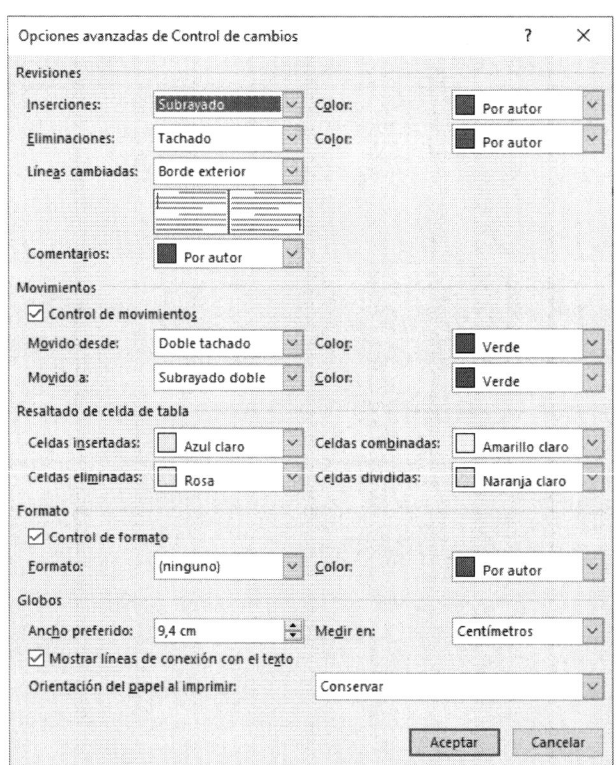

De manera predeterminada, las inserciones de texto aparecen subrayadas cuando el control de cambios está activado; las eliminaciones se muestran tachadas, las líneas en las que se encuentran las modificaciones vienen precedidas por una línea vertical. Los desplazamientos y las modificaciones de formato están señaladas en color.

Cambie la forma en que desea destacar estas modificaciones cambiando las opciones en este cuadro de diálogo.

*La opción **Mostrar líneas de conexión con el texto** permite unir cada globo de comentario al texto correspondiente.*

Haga clic en el botón **Aceptar**.

- Haga clic en el botón **Aceptar** del cuadro de diálogo **Opciones de Control de cambios**.

Aceptar o rechazar modificaciones

Las modificaciones efectuadas en modo Control de cambios por el usuario o los usuarios pueden ser rechazadas o incorporadas al documento.

- Si fuera necesario, desbloquee el control de cambios: en la pestaña **Revisar**, abra la lista del botón **Control de cambios** del grupo **Seguimiento** y luego haga clic en la opción **Bloquear seguimiento**. Si fuese necesario, escriba la contraseña y luego haga clic en el botón **Aceptar**.

  Los cambios no pueden ser rechazados o incorporados al documento si el control de cambios está bloqueado.

- Sitúe el punto de inserción en el lugar donde desea iniciar la revisión del documento.
- Haga clic en la pestaña **Revisar**.

© Editions ENI - Reproducción prohibida

- Escoja la forma en que Word debe mostrar los cambios en el documento seleccionando una de las siguientes opciones en la lista **Mostrar para revisión** del grupo **Seguimiento**:

Revisiones simples Word incluye en el documento todos los cambios. Cada modificación viene señalada con una raya vertical en el margen izquierdo. Si los comentarios se visualizan (véase el apartado Administrar los comentarios, al principio de este capítulo), podrá verlos dentro de globos al lado de los textos afectados; si los comentarios están ocultos, podrá ver un globo pequeño a la derecha de las líneas que contienen los comentarios: al hacer clic en un globo, se muestra el correspondiente comentario.

Todas las revisiones Word incluye en el documento todas las modificaciones y muestra en el documento todas las marcas de revisión. Los comentarios se pueden ver dentro de globos situados al lado de los textos implicados.

*Un clic en una raya vertical le permite pasar de la visualización **Revisiones simples** a **Todas las revisiones**, y viceversa.*

Sin revisión Word incluye todas las modificaciones en el documento y oculta todas las marcas de revisión, así como los comentarios.

Original El documento muestra el contenido que tenía antes de la inserción de las modificaciones; las marcas de revisión y los comentarios están ocultos.

- Si ha decidido mostrar todas las modificaciones en el documento, cambie, si fuera necesario, la manera en que desea mostrar las marcas correspondientes: haga clic en el botón **Mostrar revisiones** del grupo **Seguimiento**, señale la opción **Globos** y haga clic en una de las opciones propuestas.
- Si la revisión de las modificaciones del documento no atañe a todos los tipos de modificación, haga clic en el botón **Mostrar revisiones** del grupo **Seguimiento** y luego desactive las opciones que corresponden al tipo de modificación que desea marcar: **Comentarios**, **Inserciones y eliminaciones** y/o **Formato**: de manera predeterminada, todos los tipos de modificación están activados.

Los tipos de marcas correspondientes a las opciones desactivadas dejan de aparecer en el documento y, en consecuencia, las modificaciones correspondientes no podrán ser revisadas.

- Si la revisión de las modificaciones del documento no debe extenderse a las modificaciones aportadas por todos los usuarios, sino únicamente a las modificaciones de uno o varios usuarios específicos, muestre las modificaciones de los usuarios en cuestión y oculte las de los demás: para mostrar u ocultar las modificaciones de un usuario, haga clic en el botón **Mostrar revisiones** del grupo **Seguimiento**, señale la opción **Personas específicas** y active o desactive la opción correspondiente al nombre del usuario en cuestión.
- Si las modificaciones deben ser aceptadas una a una, utilice los botones **Cambio siguiente** o **Cambio anterior** (grupo **Cambios**) para ir a cada una de las modificaciones y, a continuación, haga clic en la parte superior del botón **Aceptar** (del grupo **Cambios**) para aceptar la modificación o en el botón **Rechazar** para rechazarla.

  *El hecho de hacer clic en la parte superior del botón **Aceptar** o del botón **Rechazar** equivale a escoger la opción **Aceptar e ir al siguiente** o **Rechazar y continuar con la siguiente** que se muestra en la lista asociada a los botones **Aceptar** y **Rechazar**. Las opciones **Aceptar este cambio** y **Rechazar cambio** que también se muestran en las listas **Aceptar** y **Rechazar** permiten aceptar o rechazar la modificación actual sin seleccionar la siguiente.*
- Para aceptar o rechazar los cambios de uno o de varios usuarios, muestre si es preciso las modificaciones de los usuarios en cuestión. A continuación, abra la lista asociada al botón **Aceptar** y haga clic en la opción **Aceptar todos los cambios mostrados** o abra la lista asociada al botón **Rechazar** y haga clic en la opción **Rechazar todos los cambios mostrados.**

  Si se muestran las modificaciones realizadas por todos los usuarios, estas dos opciones no están disponibles.
- Para aceptar o rechazar todas las modificaciones hechas en el documento, abra la lista asociada al botón **Aceptar** o la lista del botón **Rechazar** y haga clic en la opción **Aceptar** o **Rechazar todos los cambios.**
- Para aceptar o rechazar todas las modificaciones hechas en el documento y detener el seguimiento de las modificaciones, abra la lista asociada al botón **Aceptar** o la lista del botón **Rechazar** y haga clic en la opción **Aceptar** o **Rechazar todos los cambios y detener seguimiento.**
- Si fuera necesario, haga clic en el botón **No** del mensaje que le propone reanudar la búsqueda de cambios desde el inicio del documento.

© Editions ENI - Reproducción prohibida

- Guarde los cambios hechos en el documento y ciérrelo.

Combinar documentos

Cuando varios usuarios han trabajado con el modo Control de cambios en diferentes copias de un mismo documento, puede fusionarlas para reunir en un documento (el documento original, revisado o en un nuevo documento) las modificaciones (inserción, eliminación de texto, cambios de formato, etc.) y los comentarios efectuados por los distintos usuarios en las copias del documento.

- Haga clic en la pestaña **Revisar**.
- Haga clic en el botón **Comparar** del grupo **Comparar** y a continuación, haga clic en la opción **Combinar**.
- Indique el documento original en el apartado **Documento original** y el documento modificado en el apartado **Documento revisado**: haga clic en el botón , abra la carpeta que contiene el documento en cuestión y haga doble clic en el nombre del documento.

También puede abrir la lista correspondiente y hacer clic en el nombre del documento en cuestión.

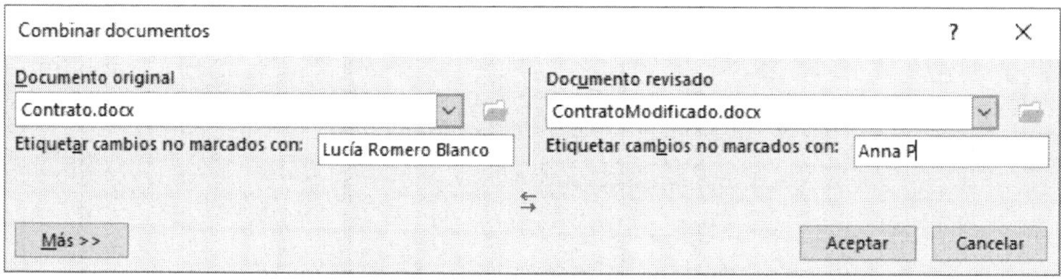

Haciendo clic en el botón puede intercambiar los documentos de los apartados ***Documento original*** *y* ***Documento revisado****.*

- Haga clic en el botón **Más** para mostrar todas las opciones del cuadro de diálogo **Combinar documentos**.

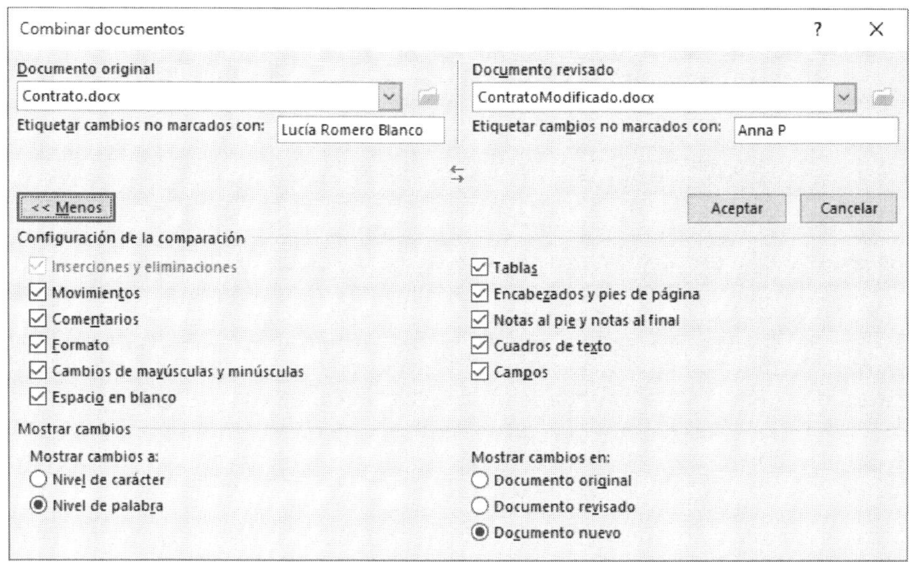

- Indique las opciones de comparación en el apartado **Configuración de la comparación**; de manera predeterminada todos los parámetros están seleccionados.

  Los parámetros seleccionados permanecen activos en las siguientes combinaciones de documentos, hasta que se vuelvan a cambiar.

- Active la opción correspondiente al nivel de comparación de los documentos:

  Nivel de carácter Los cambios se muestran a nivel de carácter. Si, por ejemplo, la palabra “casa” ha sido modificada a “casas”, el control de cambios resaltará únicamente el carácter “s”.

  Nivel de palabra Los cambios se muestran a nivel de palabra. Si, por ejemplo, la palabra “casa” ha sido modificada a “casas”, el control de cambios resaltará toda la palabra “casas”. Esta opción está seleccionada de manera predeterminada.

- Decida el documento en el que se debe realizar la combinación activando una de las opciones siguientes:

  Documento original La combinación se realiza en el documento seleccionado en la lista **Documento original**.

  Documento revisado La combinación se realiza en el documento seleccionado en la lista **Documento revisado**.

© Editions ENI - Reproducción prohibida

Documento nuevo	La combinación se realiza en un documento nuevo.

- Haga clic en el botón **Aceptar**.

Es posible que un mensaje le informe de que los documentos que están a punto de ser combinados contienen uno o varios cambios de formato conflictivos; deberá escoger el formato que prefiere conservar:

- Si fuera necesario, active la opción **Su documento** para conservar los cambios de formato del documento original o la opción **El otro documento**, para conservar los cambios de formato del documento revisado. A continuación, haga clic en el botón **Continuar con combinar**.

De manera predeterminada aparecen tres ventanas de documento: en una se muestra el contenido del documento combinado, en otra, el contenido del documento original y, en la tercera, el contenido del documento revisado. Se trata de tres vistas, pero no de tres documentos auténticos. El documento actual es aquel cuyo nombre aparece en la barra de título de la ventana Word.

A la izquierda de la ventana aparece el panel ***Revisiones*** *en el que se muestran los comentarios y los cambios efectuados por los distintos usuarios.*

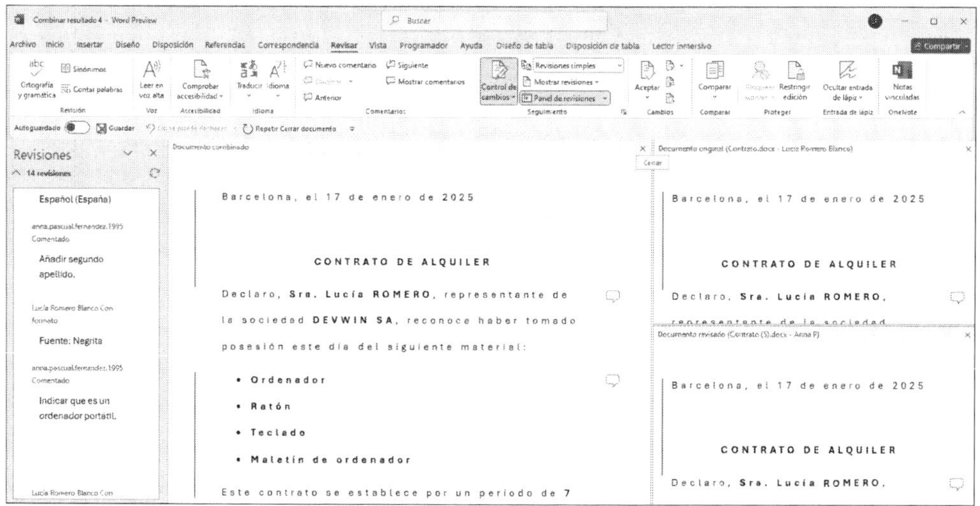

- Para cambiar los documentos fuente que desea mostrar en la pantalla, haga clic en el botón **Comparar**, haga clic en la opción **Mostrar documentos de origen** y luego haga clic en una de las opciones siguientes:

Ocultar documentos de origen	No podrá ver ni el contenido del documento original ni del documento revisado; solo se muestra el documento que contiene el resultado de la combinación (documento revisado).
Mostrar original	Se muestra el contenido del documento original y del documento que contiene el resultado de la combinación (documento combinado).
Mostrar revisado	Se muestra el contenido del documento revisado y el documento que contiene el resultado de la combinación (documento combinado).
Mostrar ambos	Se muestra el contenido del documento original, el del documento revisado y el documento que contiene el resultado de la combinación (documento combinado); esta opción está activa de manera predeterminada.

La opción seleccionada se mantiene activa en las siguientes combinaciones, hasta que se vuelvan a cambiar.

- Para ocultar el panel de **Revisiones**, pulse en la herramienta ☒ o abra la pestaña **Revisar**, haga clic en el botón **Panel de revisiones** que se muestra en el grupo **Seguimiento**; haciendo de nuevo clic en este botón, el panel vuelve a mostrarse.

En este ejemplo se muestra únicamente el documento que contiene el resultado de la combinación (documento combinado). Los comentarios y cambios de formato se muestran en los globos mientras que las otras revisiones se ven directamente en el texto. Le recordamos que, de la misma manera, para conocer el nombre del usuario que ha efectuado un cambio o creado un comentario, es necesario situar el puntero del ratón en el globo o en la marca correspondiente.

© Editions ENI - Reproducción prohibida

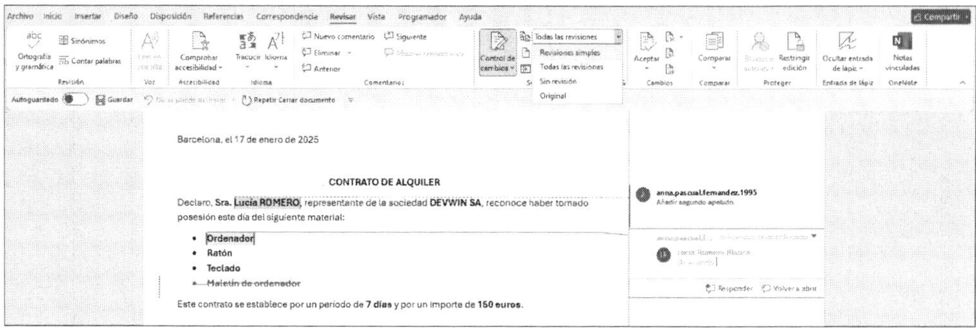

- Para cambiar la manera en la que desea mostrar las revisiones, haga clic en el botón **Mostrar revisiones** del grupo **Seguimiento**, señale la opción **Globos** y luego haga clic en una de las opciones que se ofrecen: **Mostrar revisiones en globos**, **Mostrar todas las revisiones en línea** o **Mostrar solo comentarios y formato en los globos**.
- Guarde las modificaciones hechas en el documento que contiene el resultado de la combinación; si la combinación se ha efectuado en un documento nuevo, guárdelo.
- Para cada copia del documento que desea combinar con este documento (documento activo en el que se realizó la primera combinación), proceda como se ha indicado anteriormente teniendo en cuenta las siguientes dos observaciones:
  - La combinación debe efectuarse en el documento original.
  - El documento original es aquel en el que se llevó a cabo la o las combinaciones anteriores.
- Cuando haya terminado las combinaciones, guarde los cambios hechos el documento y ciérrelo.

Puede comparar dos documentos incluso si el control de cambios no ha sido activado para uno u otro de los documentos. Para ello, en la pestaña **Revisar**, haga clic en el botón **Comparar** del grupo **Comparar** y luego en la opción **Comparar**. Proceda, a continuación, como para combinar documentos.

Copiar datos Excel en Word

Cuando se copian datos de una hoja de cálculo Excel en un documento Word, aparece el botón **Opciones de pegado** (Ctrl); señale el botón **Opciones de pegado** (Ctrl) que se muestra justo debajo de los datos pegados, abra la lista asociada y haga clic en una de las siguientes opciones:

Tipo	Papel	Importe
Papel cuché	Satinado	112.345,00
Papel con textura	Nacarado	82.303,00
Papel cuché	Mate	71.234,00
Papel no cuché	Con madera	64.321,00
Papel con textura	Entelado	56.587,00
Papel con textura	Vitela	56.455,00
Papel cuché	Brillante	54.321,00

(Ctrl)
Opciones de pegado:
Establecer Pegar predeterminado...

 Permite conservar el formato aplicado a las celdas (ancho, borde, etc.).

 Muestra los datos copiados en una tabla de Word; no se conserva el formato aplicado en las celdas Excel.

 Conserva el formato aplicado en las celdas en Excel, y establece un vínculo: todo cambio de datos o de formato en Excel se refleja inmediatamente en Word.

 Muestra los datos copiados en una tabla de Word y establece un vínculo con la tabla Excel.

 Inserta los datos copiados como una imagen en el documento Word; no existe ningún vínculo entre los datos de origen (Excel) y la imagen insertada en el documento Word.

© Editions ENI - Reproducción prohibida

 Solo se conserva el texto: cada dato se separa con una tabulación.

*Las herramientas , y no están disponibles cuando se utiliza el panel Office **Portapapeles** para pegar los datos de Excel en Word.*

- En el momento de copiar un gráfico Excel en Word, el botón **Opciones de pegado**  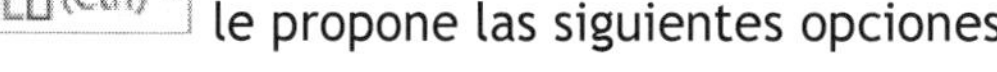 le propone las siguientes opciones:

 Los colores y las fuentes del tema asociado al documento se aplican al gráfico; no se conserva el formato aplicado al gráfico en Excel.

 El gráfico se inserta como objeto incorporado, es decir, no vinculado. El formato aplicado al gráfico en Excel se conserva.

 El gráfico se inserta como objeto vinculado; todas las modificaciones aportadas al gráfico en Excel se reflejan inmediatamente en Word. Los colores y fuentes del tema asociados al documento se aplican al gráfico.

 El gráfico se inserta como objeto vinculado; todas las modificaciones que se aporten al gráfico en Excel se reflejan inmediatamente en Word. El formato que se aplicó al gráfico en Excel se conserva.

 El gráfico se inserta como imagen; no existe ningún vínculo entre el gráfico de origen y la imagen insertada en el documento Word.

Crear una hoja de cálculo de Excel en Word

En esta parte se muestra cómo crear una hoja de cálculo a partir de un documento Word.

- Sitúe el punto de inserción en el lugar donde debe insertarse el objeto.
- En la pestaña **Insertar**, haga clic en el icono **Tabla** del grupo **Tablas** y, a continuación, seleccione la opción **Hoja de cálculo de Excel**.

  La hoja de cálculo aparece en un cuadro cuyos bordes están sombreados. La cinta de opciones de Word se ha reemplazado por la de Excel.

- Si fuese necesario, modifique el tamaño de la hoja de cálculo haciendo clic y arrastrando uno de los controladores negros del borde sombreado.

- Cree el objeto con la ayuda de las opciones y los iconos de Excel.

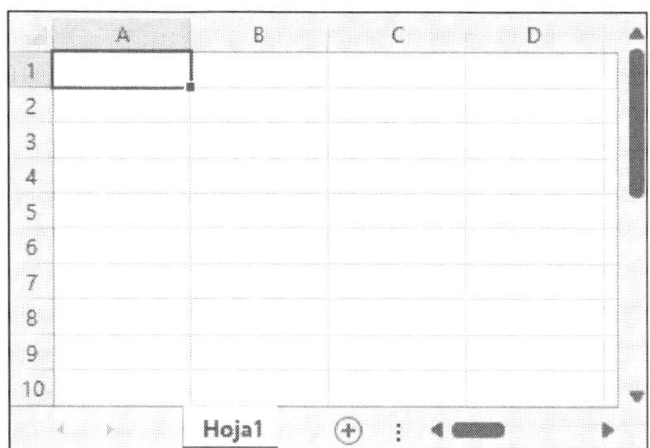

- Para ver el objeto en Word, haga clic en el documento Word.
- Para modificar el objeto, haga doble clic en el objeto incorporado. Efectúe las modificaciones y haga clic en el documento Word.

Para modificar un objeto Excel, si ya no tiene abierta la aplicación, seleccione el objeto y pulse el botón secundario del ratón en el objeto para abrir el menú contextual. Sitúe el puntero en la opción **Objeto Worksheet**, seleccione la opción **Convertir** y, a continuación, seleccione el formato del archivo administrado a través de una de las aplicaciones instaladas en el equipo.

Para modificar directamente en la ventana Microsoft Excel, seleccione el objeto y pulse el botón secundario para abrir el menú contextual. Haga clic en la opción **Objeto Worksheet** y seleccione la opción **Abrir**.

Insertar un hipervínculo

Un hipervínculo permite acceder rápidamente a un archivo o página web, a un lugar concreto del documento activo o a un nuevo mensaje de correo electrónico.

- Abra el archivo en el que se debe insertar el vínculo.
- Sitúe el punto de inserción en el lugar donde debe insertar el hipervínculo o, seleccione el texto, la imagen o el objeto gráfico que será el hipervínculo.
- En la pestaña **Insertar**, pulse el botón **Vínculo** del grupo **Vínculos**.

© Editions ENI - Reproducción prohibida

Crear un vínculo a un archivo o página web

- Pulse el botón **Archivo o página web existente** de la barra vertical **Vincular a**.

  *El botón **Crear nuevo documento** permite crear un vínculo a un documento que todavía no existe.*

- En la casilla **Texto**, escriba o modifique, si fuese necesario, el texto que desea atribuir al hipervínculo.

- Escriba la **Dirección** utilizando uno de los siguientes métodos:

  - Escriba directamente, en la casilla **Dirección**, el nombre (ruta completa) del archivo o página web (dirección URL) al que el vínculo debe hacer referencia.
  - Pulse el botón **Carpeta actual**. En la lista **Buscar en**, seleccione la unidad, la carpeta y luego el archivo al que el vínculo debe hacer referencia. Si el vínculo se refiere a una carpeta, cuando se activa, la carpeta en cuestión aparece seleccionada en la ventana del Explorador de Windows.
  - Pulse el botón **Páginas consultadas** y seleccione, de la lista de páginas web que se han consultado con el navegador, la página a la que el vínculo debe hacer referencia.
  - Pulse el botón **Archivos recientes** y seleccione, de la lista de los archivos utilizados recientemente, aquel al que el vínculo debe hacer referencia.

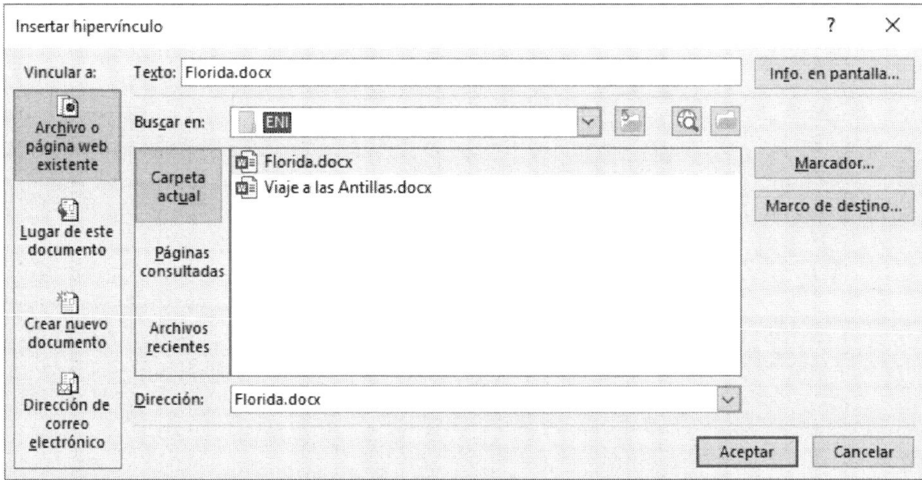

- Pulse, si fuese necesario, el botón **Info. en pantalla** y escriba el texto que se mostrará cuando se sitúe el puntero en el vínculo. Si no lo hace, Word muestra, por defecto, la dirección del hipervínculo en la información en pantalla.

- Con el botón **Marcador**, seleccione el nombre del marcador al que desea asociar el hipervínculo.
- Pulse el botón **Aceptar**.

  Si el hipervínculo se ha creado con un texto, éste aparecerá de color azul. Si el hipervínculo se ha creado con un objeto gráfico o una imagen, no hay ninguna muestra de que existe un vínculo asociado a la imagen o al objeto correspondiente.

  Si no se ha efectuado ninguna selección (texto, imagen u objeto), el vínculo se materializa con la ruta de acceso al documento. En todos los casos, cuando se sitúa el puntero en el vínculo (sin hacer clic), aparece un texto en una información en pantalla.

- Para activar el hipervínculo, mantenga pulsada la tecla Ctrl y haga clic en el vínculo; si el hipervínculo se ha creado con una imagen o un objeto gráfico, no es necesario seleccionar la imagen o el objeto correspondiente para activar el vínculo.

  En pantalla se abre el documento o la página web.

De esta manera, puede crear varios hipervínculos en un mismo documento, que le remiten a todo tipo de documentos (Word, Excel, página web, etc.).

Crear un vínculo a un lugar concreto del documento activo

Esta operación supone que previamente se han creado marcadores y/o se han aplicado estilos de títulos (Título 1, Título 2, etc.) a los párrafos del documento.

- Pulse el botón **Lugar de este documento** situado en la barra vertical **Vincular a**.
- En el cuadro **Seleccione un lugar de este documento**, haga clic en el título o el marcador al que el vínculo debe hacer referencia.
- En la casilla **Texto**, escriba o modifique, si fuese necesario, el texto que desea asignar al hipervínculo.

© Editions ENI - Reproducción prohibida

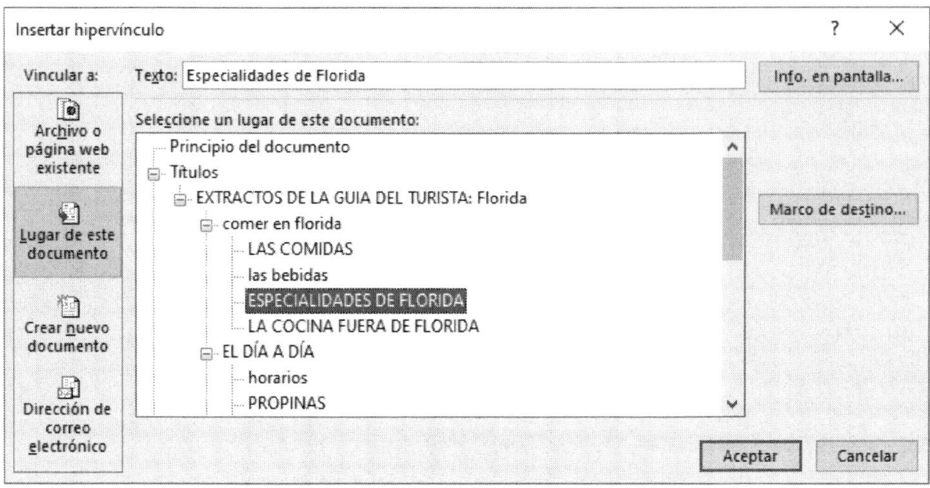

- Pulse, si fuese necesario, el botón **Info. en pantalla** y escriba el texto que se mostrará cuando se sitúe el puntero en el vínculo. Si no lo hace, Word muestra, por defecto, **Documento activo** en la información en pantalla.
- Pulse el botón **Aceptar**.
- Para activar el vínculo, mantenga pulsada la tecla Ctrl y haga clic en el vínculo.

El botón **Dirección de correo electrónico** permite crear un vínculo hacia una dirección de correo electrónico: al hacer clic, aparece un mensaje vacío que contiene la dirección de correo asociada al vínculo.

Personalizar la barra de herramientas de acceso rápido

Agregar una herramienta

- Si la herramienta debe agregarse en un documento o en una plantilla concreta, abra el documento o la plantilla.

  Si la herramienta debe agregarse en todos los documentos, abra cualquier documento.

- Pulse el botón de la derecha de la **barra de herramientas de acceso rápido** para abrir la lista correspondiente.
- Si uno de los comandos que se ofrecen en la lista corresponde a la herramienta que desea agregar, selecciónela; si no, haga clic en la opción **Más comandos**.

  *La categoría **Barra de herramientas de acceso rápido** está seleccionada en el cuadro de diálogo **Opciones de Word** que se muestra en pantalla. El cuadro de la izquierda muestra la lista de los comandos disponibles y el de la derecha, las herramientas que contiene la barra de herramientas de **acceso rápido**.*

- Abra la lista **Barra de herramientas de acceso rápido** y seleccione si la herramienta debe estar disponible **Para todos los documentos (predeterminado)** o solo **Para "el documento actual"**.
- Abra la lista **Comandos disponibles en** y seleccione la categoría que contiene el comando que desea agregar.

  Los comandos correspondientes aparecen en el cuadro situado debajo de esta lista.

- Seleccione, en el cuadro de la izquierda, el comando que desea agregar a la **barra de herramientas de acceso rápido** y pulse el botón **Agregar**.

  A partir de ese momento, el comando agregado también aparece en el cuadro de la derecha.

© Editions ENI - Reproducción prohibida

*En la imagen, la herramienta **Buscar** estará disponible para todos los documentos.*

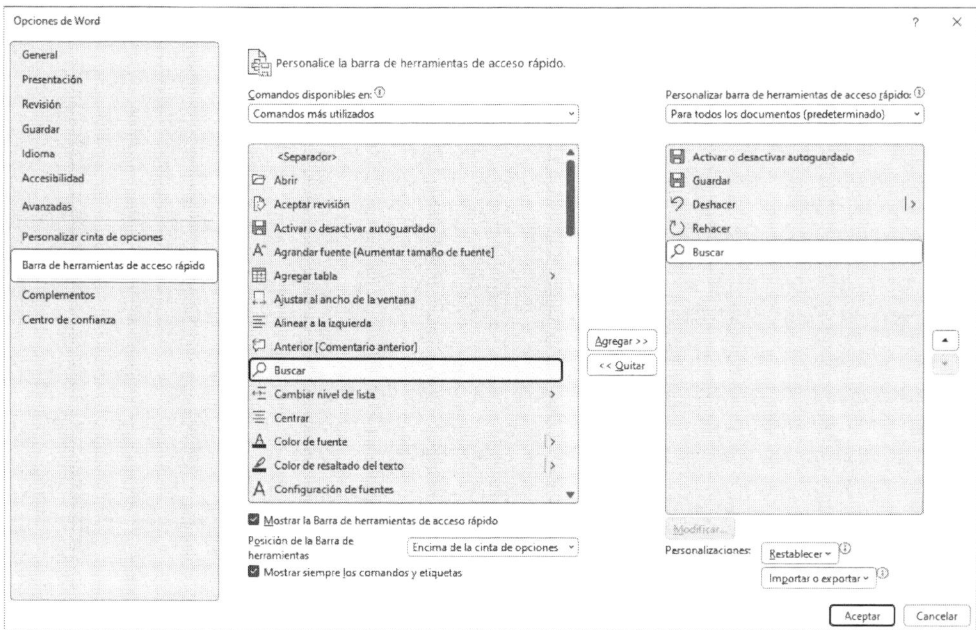

Cuando haya agregado todas las herramientas deseadas, pulse el botón **Aceptar** del cuadro de diálogo **Opciones de Word**.

Para agregar una herramienta a la barra de herramientas de **acceso rápido** a partir de la cinta de opciones, haga clic con el botón secundario del ratón en la herramienta en cuestión, y luego haga clic en la opción **Agregar a la barra de herramientas de acceso rápido**.

Acceder a la personalización de la barra de herramientas de acceso rápido

Existen varios métodos:

- Pulse en el botón situado en el extremo derecho de la barra de herramientas de **acceso rápido** y, después, pulse en **Más comandos**.
- Pulse con el botón derecho del ratón en cualquier punto de la barra de herramientas o de la cinta de opciones y, después, en la opción **Barra de herramientas de acceso rápido**.

Personalizar la interfaz

Quitar una herramienta

- En la ventana **Personalice la barra de herramientas de acceso rápido** del cuadro de diálogo **Opciones de Word**, abra la lista **Personalizar barra de herramientas de acceso rápido** y seleccione si la herramienta que desea eliminar está disponible **Para todos los documentos** o solamente **Para "el documento actual"**.
- Seleccione, en el cuadro de la derecha, el comando que corresponde a la herramienta que desea quitar y pulse el botón **Quitar**.
- Cuando se hayan quitado todas las herramientas deseadas, pulse el botón **Aceptar** del cuadro de diálogo **Opciones de Word**.

Para restablecer el contenido original de la barra de herramientas de **Acceso rápido**, haga clic en el botón **Restablecer** del cuadro de diálogo **Opciones de Word** y luego en la opción **Restablecer únicamente la barra de herramientas de acceso rápido**. A continuación haga clic en el botón **Sí** del mensaje que aparece.

Para eliminar una herramienta de la **Barra de herramientas de acceso rápido**, también puede pulsar el botón secundario del ratón en la herramienta correspondiente y seleccionar la opción **Eliminar de la barra de herramientas de acceso rápido**.

Desplazar una herramienta

- En la ventana **Personalice la barra de herramientas de acceso rápido** del cuadro de diálogo **Opciones de Word**, seleccione la herramienta que desea desplazar en el cuadro de la derecha y utilice el botón ▲ para desplazarla hacia arriba o el botón ▼ para desplazarla hacia abajo.
- Cuando haya desplazado todas las herramientas deseadas, pulse el botón **Aceptar** del cuadro de diálogo **Opciones de Word**.

De forma predeterminada, la barra de herramientas de **acceso rápido**, se sitúa por encima de la cinta de opciones, pero puede situarla debajo de la cinta de opciones: haga clic en el botón situado a la derecha de la barra de herramientas de **Acceso rápido** y luego en la opción **Mostrar debajo de la cinta de opciones**; la opción **Mostrar encima de la cinta de opciones** del botón permite mostrar otra vez la barra por encima de la cinta de opciones.

Personalizar la cinta de opciones

Acceder a la personalización de la cinta de opciones

Utilice uno de los siguientes métodos:

- Acceda a la pestaña **Archivo** - **Opciones** - categoría **Personalizar cinta de opciones**.
- Acceda al menú contextual de la barra de herramientas de acceso rápido o de la cinta de opciones y pulse en **Personalizar la cinta de opciones**.

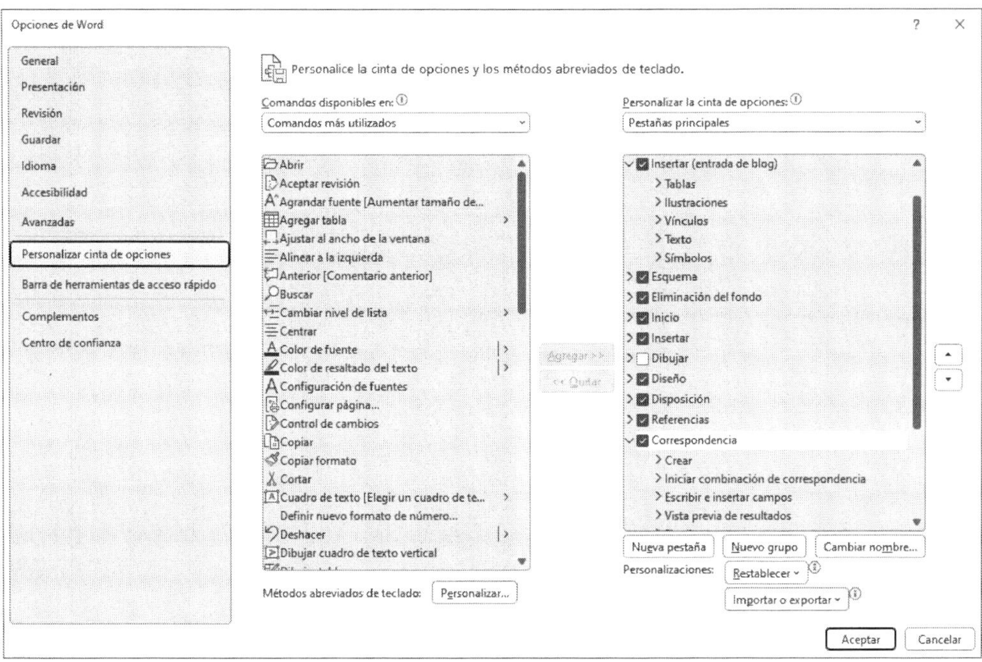

Personalizar la interfaz

Mostrar/ocultar pestañas

- Abra la lista **Personalizar la cinta de opciones** y luego haga clic en una de las opciones que se proponen en función de las pestañas que desea visualizar en la zona situada por debajo de la lista: **Todas las pestañas**, **Pestañas principales** o **Pestañas de herramientas**; de manera predeterminada, en la lista solo se muestran las pestañas principales.

  *Las **Pestañas de herramientas** son las pestañas contextuales que aparecen en la cinta de opciones solo cuando determinados elementos han sido seleccionados en el documento. Por ejemplo, al seleccionar una imagen, se muestra una pestaña suplementaria que se llama **Formato de imagen**. Esta pestaña desaparece de la cinta cuando la imagen ya no está seleccionada.*

- Para mostrar los grupos contenidos en una pestaña, haga clic en el botón ▷ asociado a la pestaña en cuestión; a la inversa, haga clic en el botón ▽ para ocultar los grupos de una pestaña.
- Para mostrar una pestaña en la cinta de opciones, marque la casilla situada a la izquierda de su nombre.
- Para ocultar una pestaña de la cinta de opciones, desmarque la casilla que se encuentra a la izquierda de su nombre.

  *De manera predeterminada, solo las pestañas **Programador** y **Dibujo** no están presentes en la cinta de opciones.*

- Haga clic en el botón **Aceptar** para aplicar los cambios a la cinta de opciones.

Crear una nueva pestaña/un nuevo grupo

- Para agregar una nueva pestaña, seleccione aquella por debajo de la cual desea crear la nueva pestaña y haga clic en el botón **Nueva pestaña**.

  *Se muestra una **Nueva pestaña** y, de manera predeterminada, se ha creado también un grupo.*

- Para agregar un nuevo grupo a una pestaña, haga clic en el botón ▷ de la pestaña en cuestión para mostrar los grupos que contiene. Seleccione el grupo por debajo del cual desea crear el nuevo grupo y haga clic en el botón **Nuevo grupo**.

  *La etiqueta **(personalizada)** se añade al nombre de las pestañas y de los grupos personalizados.*

- Haga clic en el botón **Aceptar** para aplicar los cambios a la cinta de opciones.

© Editions ENI - Reproducción prohibida

Administrar las pestañas/los grupos

- Para cambiar el nombre de una pestaña o un grupo, selecciónelo y luego haga clic en el botón **Cambiar nombre**.

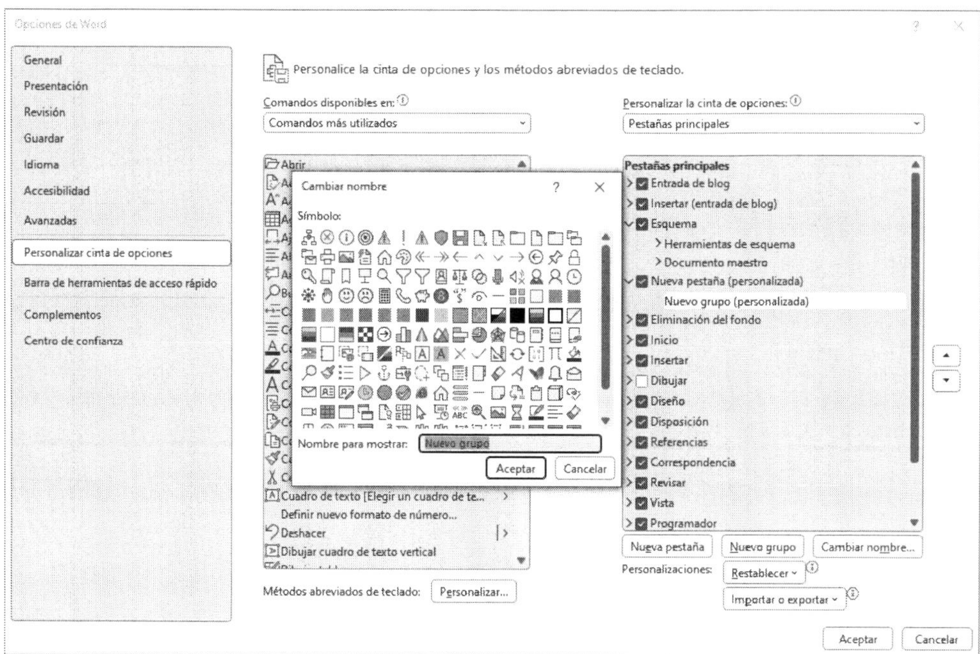

Escriba el **Nombre para mostrar** de la pestaña o del grupo en el cuadro de texto correspondiente; en el caso de un grupo, seleccione el **Símbolo**, que desea asociarle. Haga clic en el botón **Aceptar**.

- Para eliminar una pestaña o un grupo, haga clic con el botón secundario del ratón y luego haga clic en la opción **Quitar** o utilice el botón **Quitar**.

  Solo se pueden quitar las pestañas personalizadas.

- Para desplazar una pestaña o un grupo, selecciónelo y luego pulse tantas veces como sea necesario el botón ▲ para moverlo hacia arriba o en el botón ▼ para desplazarlo hacia abajo.
- Haga clic en el botón **Aceptar** para aplicar los cambios a la cinta de opciones.

Añadir/eliminar comandos a grupos personalizados

Los comandos solo se pueden agregar a los grupos personalizados.

- Seleccione el grupo personalizado en el que desea agregar el nuevo comando.

  *La etiqueta **(personalizada)** se añade al nombre de los grupos personalizados.*

- Abra la lista **Comandos disponibles en**, y seleccione la categoría que contiene los comandos que desea agregar.

  Los correspondientes comandos se muestran en el área visible debajo de esta lista.

- Seleccione, en el área de la izquierda, cada comando que desea agregar al grupo, y luego haga clic en el botón **Agregar**.

  Los comandos que se añaden se muestran en el grupo correspondiente en el área de la derecha.

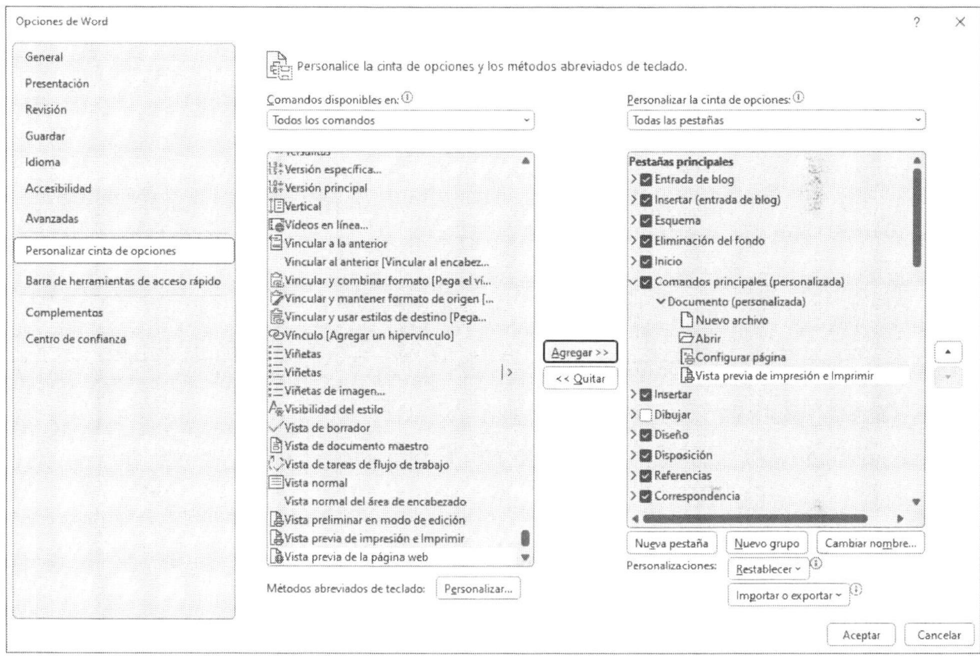

- Para eliminar un comando de un grupo personalizado, selecciónelo y luego haga clic en el botón **Quitar**.

© Editions ENI - Reproducción prohibida

- Haga clic en el botón **Aceptar** para aplicar los cambios en la cinta de opciones.

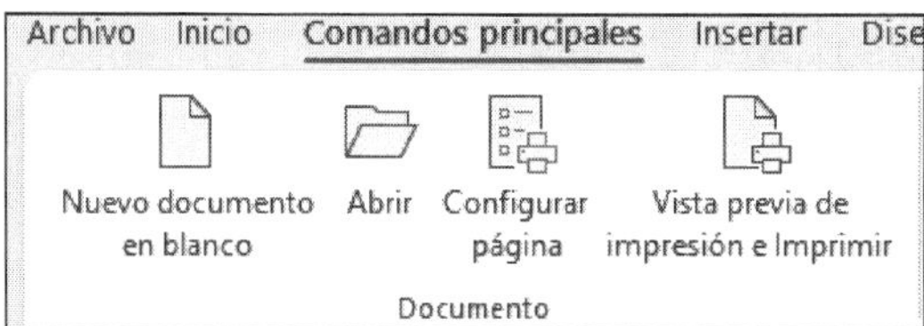

Restablecer la configuración predeterminada

Puede anular la personalización de la cinta de opciones y recuperar, así, la configuración predeterminada por Word.

- En la ventana de personalización de la cinta de opciones, si solo se trata de restaurar una pestaña, selecciónela.
- Haga clic en el botón **Restablecer** y luego en una de las opciones siguientes:

  Restablecer únicamente la pestaña de cinta seleccionada: para eliminar todas las personalizaciones aportadas a la pestaña seleccionada y recuperar su configuración predeterminada.

  Restablecer todas las personalizaciones: para eliminar todas las personalizaciones aportadas a la cinta de opciones y a la barra de herramientas de **Acceso rápido** y recuperar la configuración predeterminada.
- Si ha optado por restablecer todas las personalizaciones, haga clic en el botón **Sí** del mensaje de confirmación que aparece en pantalla.
- Haga clic en el botón **Aceptar** del cuadro de diálogo **Opciones de Word**.

Exportar/importar personalizaciones

*Las personalizaciones aportadas a la cinta de opciones y a la barra de herramientas de **acceso rápido** pueden ser exportadas a un archivo que, a continuación, podrá ser importado en otros ordenadores.*

- Acceda a la ventana de personalización de la cinta de opciones.
- Para exportar las personalizaciones de la cinta y de la barra de herramientas de **acceso rápido** a un archivo, haga clic en el botón **Importar** o **Exportar** y luego en la opción **Exportar todas las personalizaciones**.

  Seleccione la carpeta en la que desea guardar el archivo de exportación, escriba su **Nombre de archivo** en la zona correspondiente y haga clic en el botón **Guardar**.

Word crea un archivo con la extensión ***.exportedUI****.*

- Para importar un archivo de personalización, haga clic en el botón **Importar** o **Exportar** y después en la opción **Importar archivo de personalización**.

  Seleccione el archivo de personalización con la extensión **.exportedUI** y haga clic en el botón **Abrir**.

  Haga clic en el botón **Sí** del mensaje de confirmación que aparece.

  Las personalizaciones existentes se ven reemplazadas por las personalizaciones contenidas en el archivo importado.

- Haga clic en el botón **Aceptar** del cuadro de diálogo **Opciones de Word**.

Definir métodos abreviados de teclado

- Abra, si fuese necesario, la plantilla o el documento en el que desea agregar un método abreviado de teclado.
- Haga clic en la ficha **Archivo** y luego en **Opciones**.
- Seleccione la categoría **Personalizar cinta de opciones** y haga clic en el botón **Personalizar** que se encuentra a la derecha de la opción **Métodos abreviados de teclado**.
- Compruebe, en la lista **Guardar cambios en**, el nombre de la plantilla o del documento afectados por la incorporación del método abreviado de teclado.
- En la lista **Categorías**, seleccione la pestaña en cuestión o, si desea asociar el método abreviado de teclado a un estilo, una fuente, un bloque de creación, una macro o un símbolo, seleccione la opción correspondiente en esta lista.
- Seleccione, en la lista correspondiente, el comando, la macro, la fuente, el bloque de creación, el estilo o el símbolo a los que desea asociar un método abreviado de teclado.

  El nombre de esta lista cambia en función de la categoría seleccionada.

- Haga clic en el cuadro de texto **Nueva tecla de método abreviado** y escriba el método abreviado de teclado que prefiera.
- Compruebe que el texto **[sin asignar]** aparece al lado de la opción **Asignada a**.

© Editions ENI - Reproducción prohibida

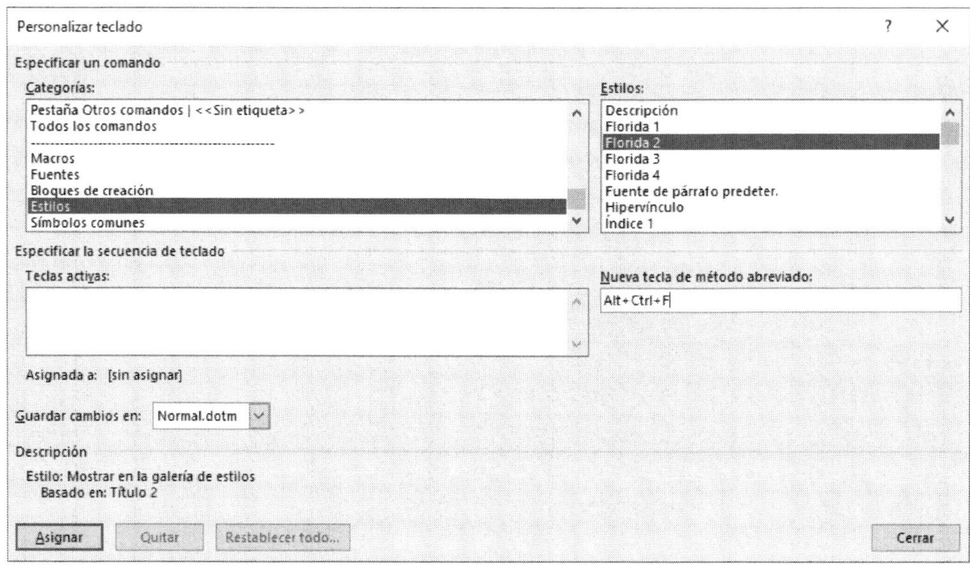

- Haga clic en el botón **Asignar**.

  El método abreviado de teclado se muestra en el área ***Teclas activas****.*

- Haga clic en el botón **Cerrar** y luego en el botón **Aceptar**.

El botón **Restablecer todo** del cuadro de diálogo **Personalizar teclado** permite recuperar los métodos abreviados de teclado originales de Word para la plantilla o el documento seleccionado en la lista **Guardar cambios en**.

Para eliminar un método abreviado de teclado, selecciónelo en el área **Teclas activas** del cuadro de diálogo **Personalizar teclado** y luego haga clic en el botón **Quitar**.

Para imprimir la lista de los métodos abreviados de teclado personalizados, haga clic en la pestaña **Archivo** y luego en la opción **Imprimir**. Abra la primera lista del apartado **Configuración** y seleccione la opción **Asignaciones de teclas**. Inicie la impresión haciendo clic en el botón **Imprimir**.

Administrar los bloques de creación

*Un **bloque de creación** es un elemento predefinido como, por ejemplo, un encabezado o pie de página, un elemento rápido, una numeración de páginas o una tabla que se puede utilizar en todos, o en parte de los documentos Word, según la plantilla en la cual se guardó. El usuario tiene a su disposición un buen número de bloques de creación predefinidos, pero como se ha visto en capítulos anteriores, es posible crear bloques de creación personales.*

- En la pestaña **Insertar**, pulse el botón **Elementos rápidos** situado en el grupo **Texto** y seleccione la opción **Organizador de bloques de creación**.

*El cuadro de diálogo **Organizador de bloques de creación** se abre en pantalla. Contiene la lista de todos los bloques de creación. En el apartado de la derecha, se muestra una vista previa del bloque de creación seleccionado.*

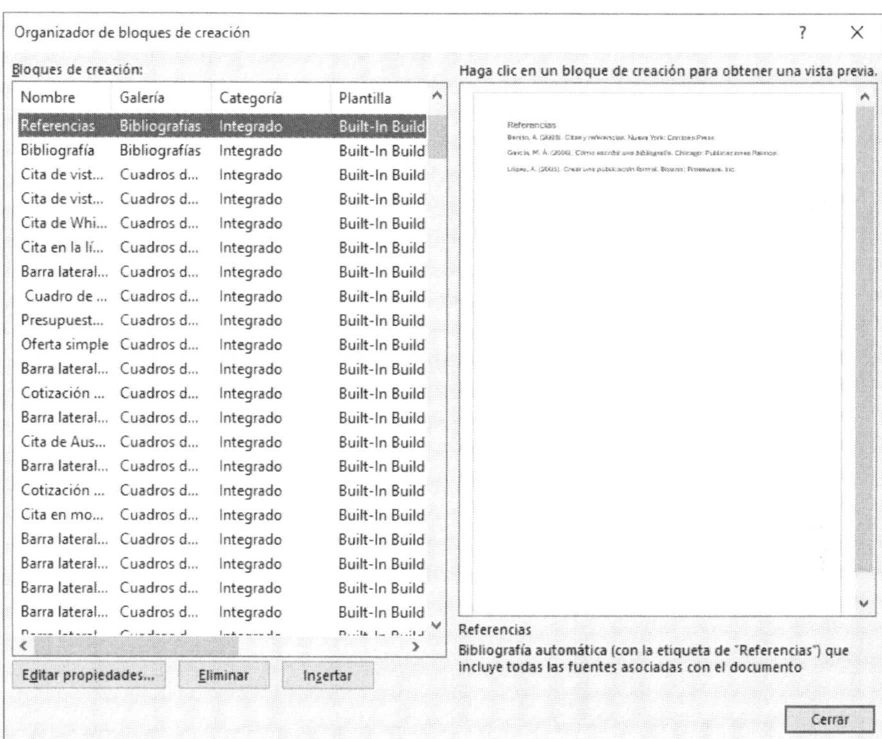

© Editions ENI - Reproducción prohibida

- Para ordenar la lista de los bloques de creación, haga clic en el encabezado de la columna según la ordenación que debe efectuarse: los elementos se ordenan de forma ascendente.

  En el ejemplo anterior, la lista de los bloques de creación se ha ordenado de forma ascendente de la galería.

- Para cambiar las propiedades de un bloque de creación, selecciónelo en la lista y pulse el botón **Editar propiedades**. Modifique las propiedades que desee, pulse el botón **Aceptar** y el botón **Sí** del mensaje que le pregunta si desea volver a definir la entrada del bloque de creación.

  Para más información sobre las propiedades de un bloque de creación, véase los apartados en los que se habla de cómo guardar un bloque de creación como, por ejemplo, el apartado Administrar encabezados y pies de página - Guardar un encabezado o un pie de página, que se encuentra en el capítulo Configurar página.

- Para eliminar un bloque de creación, selecciónelo en la lista, pulse el botón **Eliminar** y, a continuación, pulse el botón **Sí** del mensaje de confirmación que aparece.

- Cuando haya terminado de administrar los bloques de creación, pulse el botón **Cerrar** del cuadro de diálogo **Organizador de bloques de creación**.

El botón **Insertar** del cuadro de diálogo **Organizador de bloques de creación**, permite insertar el bloque de creación seleccionado en el lugar del documento actual donde se encuentra el punto de inserción.

Para insertar un bloque de creación, también puede escribir su nombre en el lugar del documento donde lo desea insertar y pulsar la tecla F3.

Introducción a las cuentas de usuario

Windows es un sistema operativo multiusuario, es decir, varias personas pueden trabajar usando un mismo ordenador. Al iniciar el ordenador, deberá introducir sus datos (dirección de correo electrónico y contraseña de su cuenta Microsoft), la dirección de correo suele ser una dirección Hotmail (ejemplo: garcia@hotmail.es), outlook.com (ejemplo: garcia@outlook.com), Messenger, Xbox Live, etc.

Para usar servicios de Microsoft como OneDrive (espacio de almacenamiento online) o Windows Store (sitio de descarga de aplicaciones), deberá disponer de una cuenta Microsoft. Podrá entonces utilizar esos servicios, independientemente del terminal que esté utilizando y acceder, por ejemplo, a los archivos almacenados en OneDrive a partir de su ordenador de sobremesa, de su tablet o incluso de su smartphone. También podrá acceder a sus contactos o a su agenda, independientemente del terminal en el que se encuentre.

También podrá disponer de varias cuentas de usuario (una cuenta personal y otra profesional, por ejemplo) y activar una u otra en función de sus necesidades.

Añadir una cuenta

- Haga clic en la opción **Archivo** y luego en **Cuenta**.
- En el panel central, haga clic en **Conectar** en caso de no estar conectado a una cuenta Microsoft o en **Cambiar cuenta** en caso contrario.

  Si dispusiera ya de varias cuentas, en la ventana ***Cuentas****, la que está activa aparece en la parte superior de la lista, la o las otras aparecen debajo.*

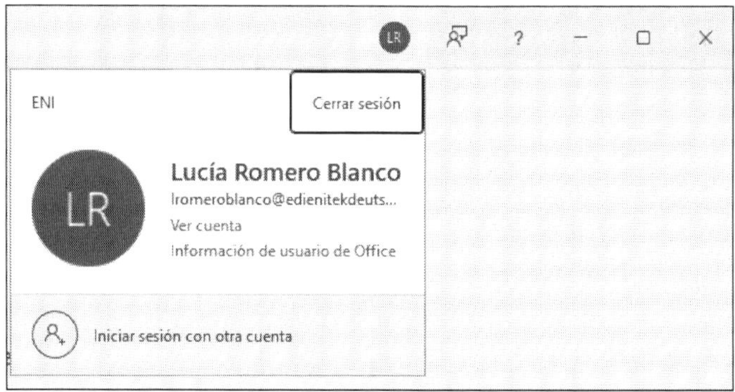

- Para añadir una cuenta, haga clic en el botón **Iniciar sesión con otra cuenta**.

© Editions ENI - Reproducción prohibida

- Introduzca la dirección de correo electrónico asociada a la cuenta Microsoft que desea utilizar y haga clic en **Siguiente**.
- En la ventana que aparece a continuación, introduzca la **Contraseña** en el espacio correspondiente y haga clic en **Iniciar sesión**.

  Cada cuenta dispone de sus propios parámetros.

Activar una cuenta

Si tiene varias cuentas (véase Añadir una cuenta), puede cambiar entre ellas.

Cada cuenta tiene sus propios accesos y características. Por ejemplo, la cuenta de conexión Microsoft 365 le permite acceder a los datos guardados en SharePoint, la cuenta de conexión Windows le permite acceder a sus cuentas de redes sociales Facebook, Flickr, etc.

- Haga clic en el nombre de la cuenta activa situada en la parte superior derecha de la pantalla Word.

*También puede usar la pestaña **Archivo**, la opción **Cuenta** y hacer clic en el enlace **Cambiar de cuenta**.*

- Haga clic en la cuenta que desea activar.

Añadir o eliminar servicios

Este procedimiento consiste en asociar a su cuenta activa, sus otras cuentas de almacenamiento online (Microsoft 365, SharePoint o OneDrive) para poder acceder a los datos de esas cuentas a partir de las aplicaciones de Office.

- Active la cuenta a la que desea añadir el servicio.
- Haga clic en la pestaña **Archivo** y en la opción **Cuenta**.

*El servicio o servicios a los que el usuario está conectado aparecen en la lista **Servicios conectados**.*

- Active el botón **Agregar un servicio**.

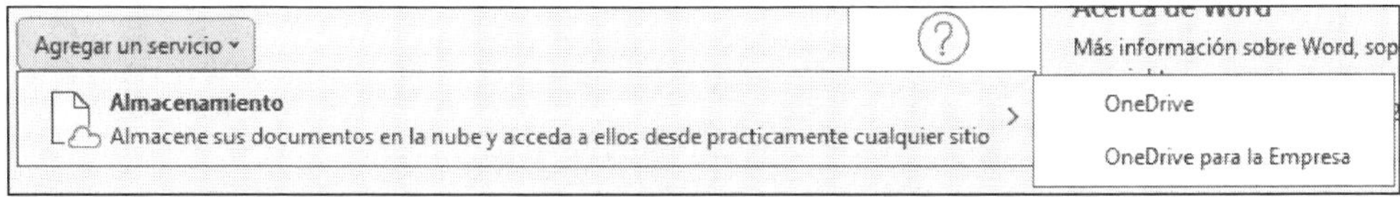

- Pulse en el servicio de almacenamiento que desee añadir.
- Introduzca el correo electrónico y la contraseña y pulse en **Iniciar sesión** para confirmar.

*Los servicios añadidos aparecen a continuación en la lista de **Servicios conectados**.*

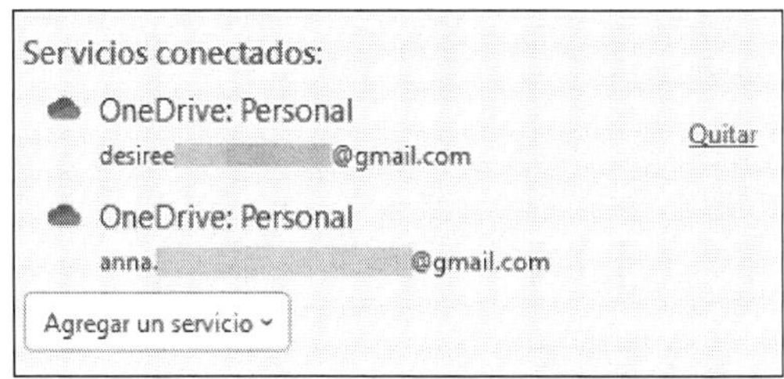

En este ejemplo, Anna cuenta con acceso al espacio de almacenamiento OneDrive de Désirée.

© Editions ENI - Reproducción prohibida

- Para eliminar servicios conectados, haga clic en la opción **Quitar** situada junto al servicio que desea eliminar y confirme haciendo clic en **Sí**.
- Asimismo, para añadir un espacio de almacenamiento OneDrive o SharePoint, puede acceder a la pestaña **Archivo - Guardar como - Agregar un sitio**.

Modificar el fondo y el tema de Office

- Acceda a la pestaña **Archivo** y pulse en **Cuenta**.
- Abra la lista **Fondo de Office** y sitúe el puntero sobre los modelos propuestos para ver una vista previa en la zona de la barra de título de la aplicación.

  *Aquí el modelo **Fondo marino** personaliza la barra de título de Word para este usuario.*

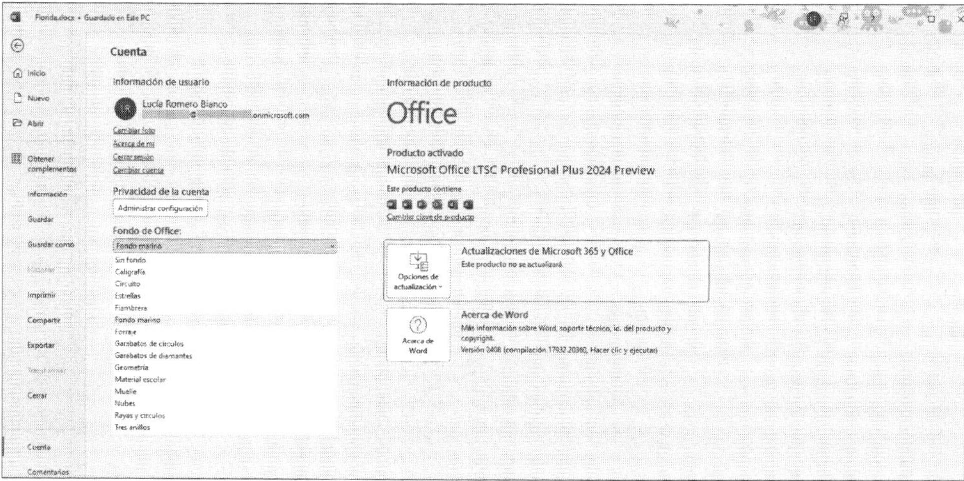

- Haga clic en el fondo deseado.
- Para cambiar el color de la interfaz, haga clic en la lista **Tema de Office** y después en **Multicolor**, **Gris oscuro**, **Negro**, **Blanco** o **Utilizar la configuración del sistema**.

  Recuerde que este fondo se vinculará a la cuenta del usuario conectado.

Administrar las actualizaciones de Office

La primera vez que abre alguno de los programas del paquete Office, aparece un mensaje en el que se le propone que acepte las actualizaciones automáticas de los programas de la suite Office.

El procedimiento descrito a continuación permite activar las actualizaciones en caso de que no aceptara hacerlo y, en ese caso, iniciar las actualizaciones en el momento que lo desee.

- Active la pestaña **Archivo** y a continuación **Cuenta**.
- En el panel derecho, haga clic en **Opciones de actualización**.

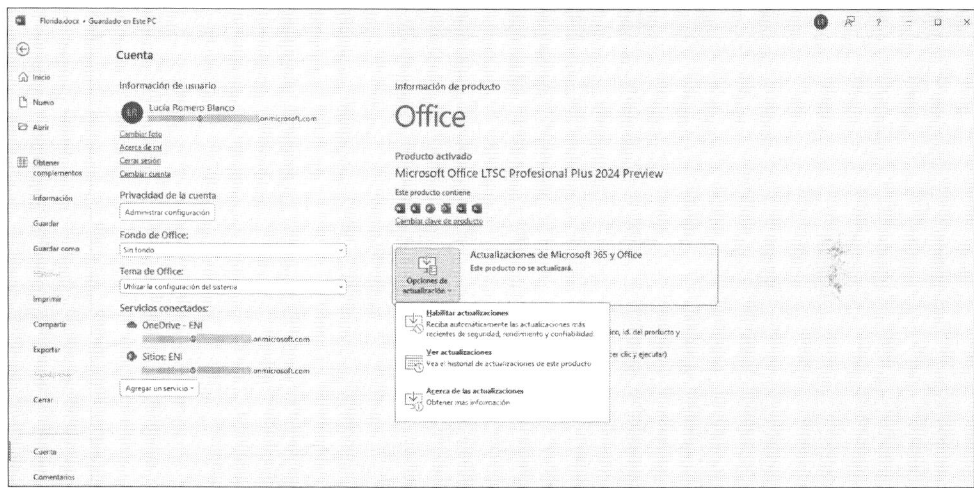

- Seleccione una de las opciones propuestas.

Abrir la pestaña Programador

*La pestaña **Programador**, que comprende entre otras las opciones asociadas a las macros, no aparece de forma predeterminada en la cinta de opciones de la aplicación Word.*

- Haga clic con el botón secundario del ratón en una pestaña de la cinta de opciones y haga clic en la opción **Personalizar la cinta de opciones**.
- Compruebe que la opción **Pestañas principales** esté seleccionada en la lista **Personalizar la cinta de opciones**.
- Marque la opción **Programador** en el área que se encuentra debajo de la lista **Personalizar la cinta de opciones**.
- Pulse el botón **Aceptar**.

Encontrará algunas opciones asociadas a las macros en el grupo **Macros** de la pestaña **Vista**.

Crear una macro

Una macro es una serie de comandos que el usuario guarda: cuando se ejecuta la macro, todos los comandos se ejecutan automáticamente. Una macro está escrita con el lenguaje de programación Visual Basic. Las macros se almacenan en un documento o en una plantilla de documento.

- Si la macro debe guardarse en un documento o en una plantilla concreta, ábralo (en el caso de una plantilla, puede abrir un documento que esté asociado a ésta).
- Haga clic en la pestaña **Programador** y pulse el botón **Grabar macro** del grupo **Código** o haga clic en el icono de la barra de estado.

  *Si la pestaña **Programador** no es visible, para verla consulte el apartado Personalizar la cinta de opciones del capítulo Personalizar la interfaz.*
- Introduzca el **Nombre de macro** en la casilla correspondiente.
- Indique el documento o la plantilla de documento en la que se guardará la macro con la lista **Guardar macro en**.

  *Las macros pueden guardarse en la plantilla general (**Todos los documentos (Normal.dotm)**), en el documento actual o en la plantilla en la que se basa el documento actual.*

- Escriba una posible **Descripción**.

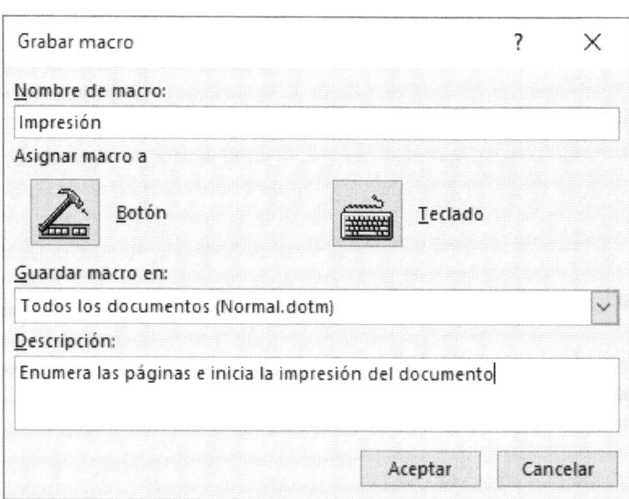

- Para ejecutar fácilmente la macro, asígnele un botón y/o un método abreviado de teclado pulsando uno de los botones siguientes:

Botón	Permite agregar la macro (que aparece en el cuadro de la izquierda) a la **barra de herramientas de acceso rápido**.
Teclado	Permite asignar un método abreviado de teclado a la macro.

- Pulse el botón **Aceptar**.

  *En la cinta de opciones, el botón **Grabar macro** es reemplazado por el botón **Detener grabación**. El botón ☐ se muestra en la barra de estado.*

- Efectúe todas las operaciones que desea que se memoricen en la macro.

  Si desea efectuar operaciones que no deben ser grabadas, interrumpa la grabación de la macro pulsando el botón **Pausar grabación** del grupo **Código**; para reanudar la grabación, pulse el botón **Reanudar grabación**.

- Cuando haya efectuado todas las operaciones, pulse el botón **Detener grabación** del grupo **Código** (pestaña **Programador**).

  También puede pulsar el botón ☐ situado en la barra de estado.

© Editions ENI - Reproducción prohibida

- Guarde el documento y ciérrelo; si la macro se ha guardado en una plantilla que no es Normal.dotm, pulse el botón **Sí** del mensaje que ofrece guardar las modificaciones efectuadas a la plantilla.

Ejecutar una macro

- Haga clic en la pestaña **Programador** y pulse el botón **Macros** del grupo **Código**. También puede pulsar el método abreviado Alt F8.

  *En pantalla se abre el cuadro de diálogo **Macros** con la lista de todas las macros de la plantilla actual.*

- Abra, si fuese necesario, la lista **Macros en** para seleccionar el documento o la plantilla en la que se encuentra la macro que desea ejecutar.
- Haga doble clic en el **Nombre de macro** que desea ejecutar o seleccione el nombre y pulse el botón **Ejecutar**.

El botón **Seguridad de macros** situado en la pestaña **Programador**, permite modificar los parámetros de seguridad de las macros.

Si ha asociado un botón o un método abreviado de teclado a la macro mientras la grababa, pulse el botón correspondiente en la **barra de herramientas de acceso rápido** o utilice la combinación de teclas asociada a la macro para ejecutarla.

Modificar una macro

- Haga clic en la pestaña **Programador** y pulse el botón **Macros** del grupo **Código**. También puede utilizar el método abreviado de teclado Alt F8.
- Seleccione el **Nombre de macro** que desea modificar.
- Pulse el botón **Modificar**.

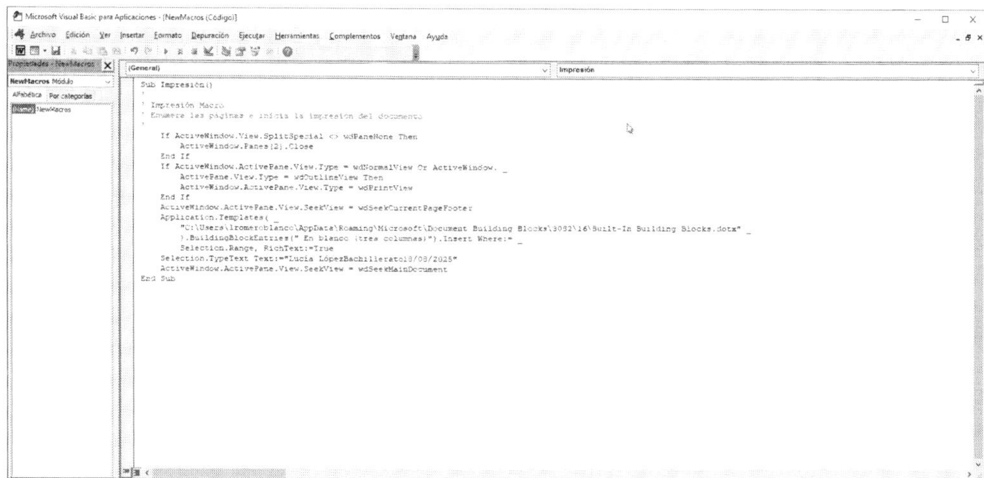

La ventana de Microsoft Visual Basic para Aplicaciones muestra la lista de las macros en lenguaje de programación Visual Basic.

- Efectúe las modificaciones que prefiera y salga de la aplicación Microsoft Visual Basic a través de **Archivo - Cerrar y volver a Microsoft Word** o Alt **Q**.

Eliminar una macro

- Haga clic en la pestaña **Programador** y pulse el botón **Macros** del grupo **Código**. También puede pulsar el método abreviado Alt F8.
- Abra la lista **Macros en** para seleccionar el documento o la plantilla que contenga la macro que desea eliminar.
- Seleccione el **Nombre de la macro** que desea eliminar y haga clic en el botón **Eliminar**.
- Confirme la eliminación haciendo clic en el botón **Sí**, y haga clic en el botón **Cerrar**.

© Editions ENI - Reproducción prohibida

Copilot en Word Microsoft 365

Definiciones

Microsoft Copilot es una plataforma que reúne las múltiples soluciones de **inteligencia artificial** (IA) integradas en el ecosistema Microsoft. Adopta la forma de un agente conversacional o de bot de chat que puede recibir solicitudes, llamadas **prompts,** formulados en lenguaje natural, es decir, expresados en lenguaje cotidiano. Los prompts se envían mediante campos de texto llamados **campos de indicación**.

Copilot es una **IA generativa** (como ChatGPT, Google Gemini, DeepSeek, Midjourney o DALL-E, por ejemplo), lo que significa que es capaz de crear contenido original como respuesta a los prompts. Lo que la diferencia de otras IA es que Copilot puede integrarse directamente en las aplicaciones de Microsoft, incluido Word.

Suscripciones

Copilot no es una única herramienta, sino que ofrece una gama de funcionalidades de inteligencia artificial integradas en los componentes Microsoft. Algunas funciones son gratuitas, pero otras están disponibles mediante suscripciones de pago dirigidas tanto a particulares como a empresas.

En el caso concreto de Word, el acceso a Copilot solo está disponible para usuarios que disponen tanto de Microsoft 365 como de una licencia Copilot.

Con esta licencia Copilot está disponible en Word Microsoft 365 en línea o en la aplicación de escritorio. Puede haber ciertas diferencias entre las dos versiones. En las imágenes que aparece a continuación, se muestra la versión de escritorio.

¿Para qué puede utilizarse Copilot en Word?

Las acciones que Copilot es capaz de realizar en Word se pueden clasificar en varias categorías principales:

- **redactar un texto** ya sea desde cero o basándose en el contenido ya existente en el documento;
- **reescribir** un texto o transformarlo;
- **resumir** el texto o las partes de un texto;
- **analizar** la información contenida en un texto o buscar información;
- **enriquecer** el documento, por ejemplo, generando imágenes o sugiriendo ideas en relación con el texto.

En las siguientes secciones de este capítulo encontrará ejemplos de estas categorías.

© Editions ENI - Reproducción prohibida

Limitaciones

Copilot integra la inteligencia artificial en Word, lo que puede resultar una ayuda diaria considerable. Tenga en cuenta que todas las acciones realizadas por Copilot en Word pueden realizarse manualmente por un usuario humano: las opciones de Word son las mismas.

Además, en la actualidad, Copilot es capaz de analizar o generar texto, pero no es capaz de modificar el formato del texto ni del documento. Sin embargo, puede explicarle cómo realizar las acciones en Word como si de una ayuda se tratara.

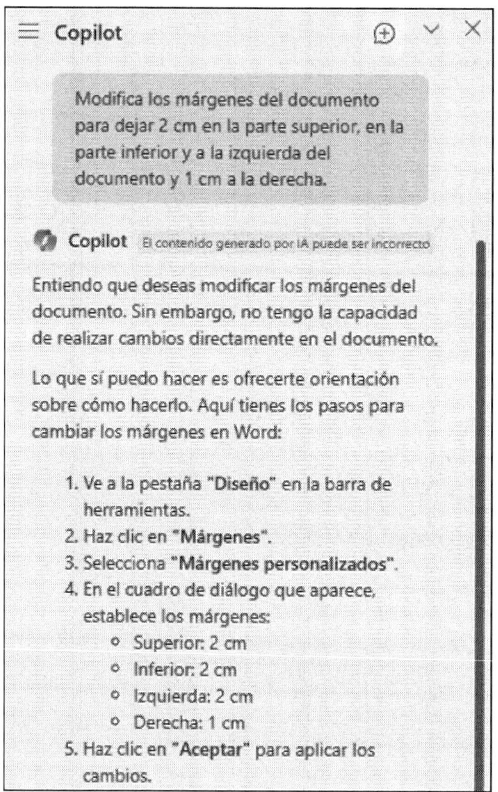

Copilot, como cualquier IA, **puede cometer errores**, por ello es necesario comprobar las respuestas.

Redactar

Redactar un borrador en un nuevo documento

Cuando se crea un nuevo documento, Copilot muestra un campo de indicación, llamado ***Describir lo que le gustaría escribir*** *en la parte superior de la página.*

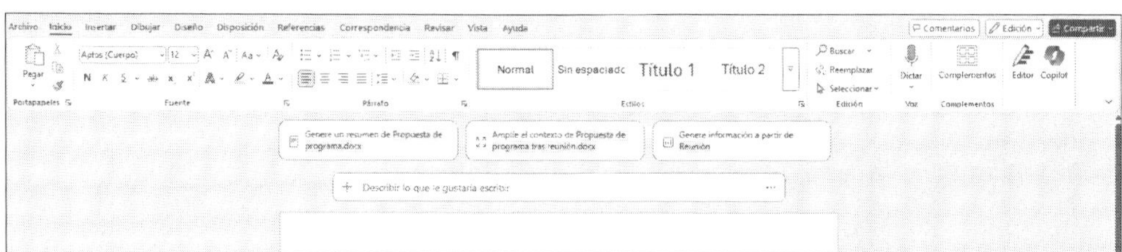

Si este campo no se muestra y el documento está vacío, haga clic en el icono **Copilot** que aparece en el margen de la página para que este se muestre nuevamente.

Introduzca el prompt directamente en el campo de indicación.

Haga clic en **Enviar** .

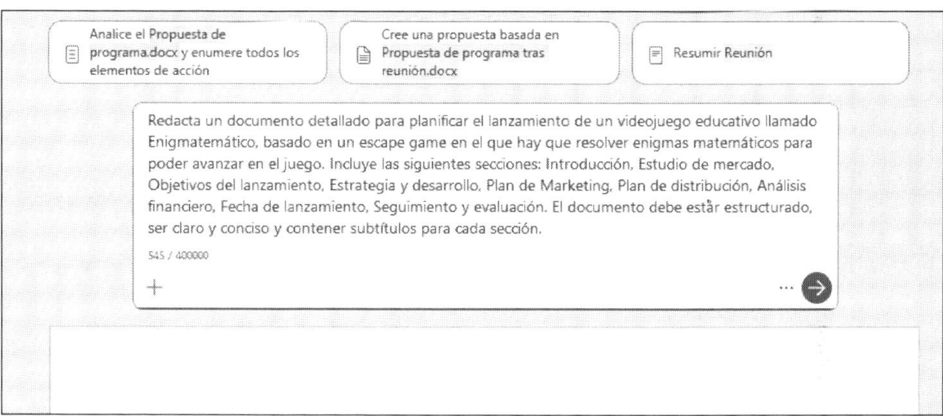

A continuación, Copilot genera un borrador que sirve de punto de partida para su trabajo.

Puede interrumpir la generación del texto haciendo clic en el botón **Detener** o pulsando la tecla esc.

© Editions ENI - Reproducción prohibida

El borrador obtenido no se puede modificar directamente.

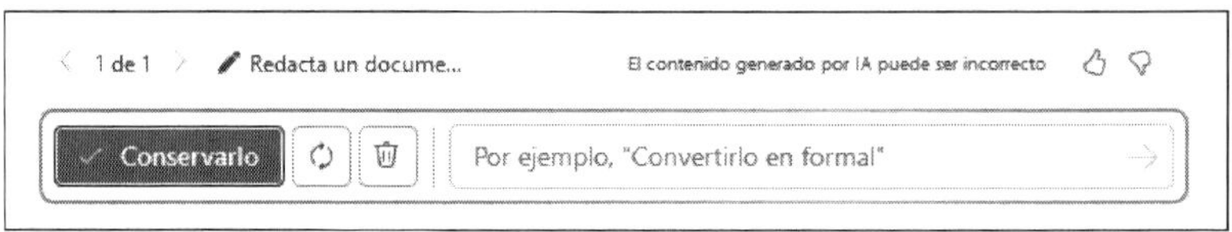

- Haga clic en la herramienta **Regenerar** para obtener otro resultado con el mismo prompt.
- Para perfeccionar el prompt inicial, por ejemplo, especificando el tono o un elemento que debe añadirse; haga clic en el campo de la barra de herramientas, introduzca su solicitud adicional y haga clic en la herramienta **Generar** → al final del campo.
- Haga clic en la herramienta que aparece en la parte superior de la barra de herramientas para editar íntegramente su solicitud inicial. Valide con el botón **Enviar**.
- Cuando se generan varias posibilidades, tiene la posibilidad de navegar entre ellas con ayuda de las flechas disponibles en la parte superior de la barra de herramientas.

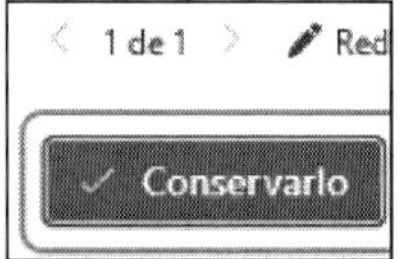

- Para eliminar todos los borradores y cerrar la barra de herramientas, haga clic en el botón **Descartarlo** .
- Para conservar uno de los borradores propuestos, sitúese en el borrador con ayuda de las flechas de la barra de herramientas y a continuación, haga clic en el botón **Conservarlo**.

  A continuación, el texto propuesto se integra en el documento y puede ser modificado por el usuario.

Redactar en el contexto

También puede generar un borrador en un documento que contiene texto, por ejemplo, para añadir un párrafo o una sección.

- Sitúe el cursor en una línea vacía, ya sea al final del texto o creando un nuevo párrafo.
- El icono **Copilot** se muestra en el margen: haga clic sobre el mismo para abrir el campo de indicación **¿Qué quiere que Copilot redacte?**

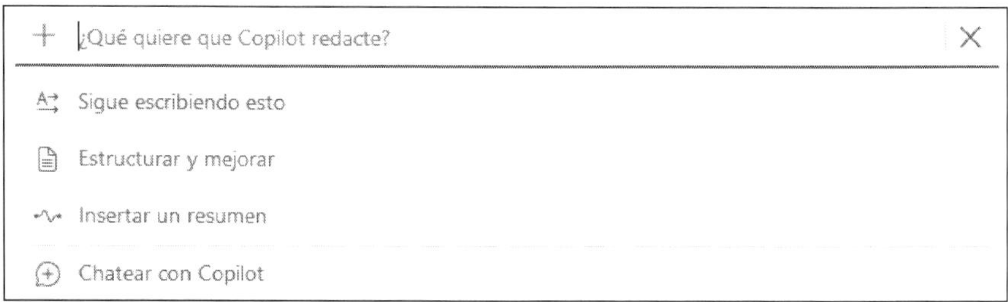

- Introduzca y envíe el prompt haciendo clic en el botón **Enviar**.

El texto generado no se puede modificar directamente. La barra de herramientas es la misma que en el apartado Redactar un borrador en un nuevo documento; utilice estas herramientas para aceptar, modificar o eliminar las propuestas.

Redactar a partir de una selección

- Seleccione la parte del documento en la que Copilot debe intervenir.
- Haga clic en el icono **Copilot** que se muestra en el margen.
- Seleccione la opción **¿Qué quiere que Copilot redacte?**
- Escriba su solicitud en Copilot relacionada con el apartado seleccionado y valide haciendo clic en **Enviar**.

© Editions ENI - Reproducción prohibida

Reescribir

Reformular una parte del documento

- Seleccione la parte del documento que desea reformular.
- Haga clic en el icono **Copilot** que se muestra en el margen.
- Seleccione la opción **Reescritura automática**.

  Copilot sugiere automáticamente varias alternativas de formulación. Estas no se pueden modificar directamente.

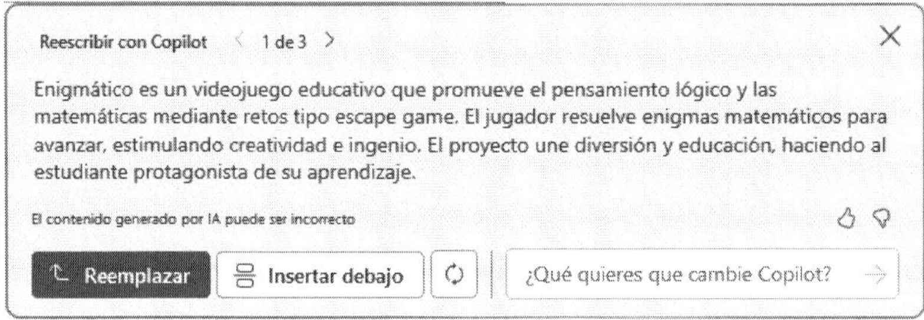

- Haga clic en la herramienta **Regenerar** para obtener sugerencias adicionales.
- Para afinar sus expectativas con la reformulación, haga clic en el campo **¿Qué quieres que cambie Copilot?** introduzca el cambio deseado (tono o longitud, por ejemplo). A continuación, envíe el prompt haciendo clic en **Enviar** → situado al final del campo.
- Cuando se generen varias posibilidades, navegue entre ellas con ayuda de las flechas situadas en la parte superior de la ventana **Reescribir con Copilot**.
- Si está interesado en alguna de estas sugerencias, muéstrela en la ventana de reescribir y, continuación:

  Haga clic en **Reemplazar** para modificar la parte seleccionada inicialmente por la sugerencia mostrada.

  Haga clic en **Insertar debajo** para pegar la sugerencia mostrada a continuación de la parte seleccionada inicialmente.

  Una vez que se ha añadido la sugerencia al texto, esta pueda modificarse.

  Si no está satisfecho con ninguna sugerencia, cierre la ventana. Las sugerencias no se guardan.

Visualizar el texto como una tabla

- Seleccione el texto que desea modificar.
- Haga clic en el icono **Copilot** que aparece en el margen.
- Seleccione la opción **Visualizar como una tabla**.

Copilot genera automáticamente una tabla. Proceda como en los casos anteriores para modificarlo, aceptarlo o descartarlo.

Pegar con Copilot

Copilot puede utilizarse también para copiar-pegar texto.

- Copie el texto deseado y péguelo en el documento en el que esté trabajando.
- Abra el menú contextual **Pegar con Copilot**.

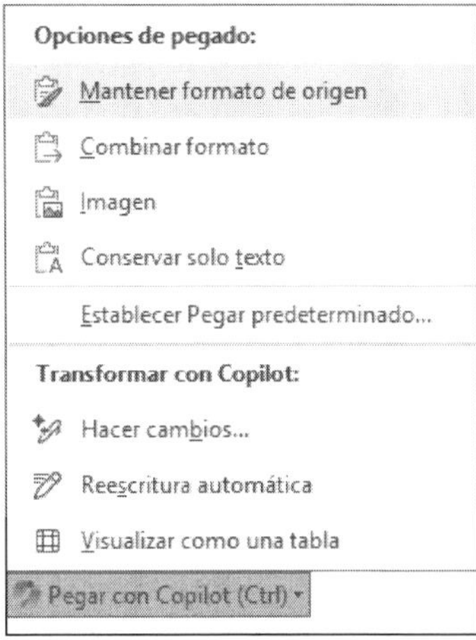

Se añaden opciones para transformar el texto a las opciones tradicionales de pegado:

- **Hacer cambios** para realizar una solicitud a Copilot basándose en el texto que se ha pegado;
- **Reescritura automática** para reescribir el texto;
- **Visualizar como una tabla** para transformar la información que se han pegado en una tabla.

- En el caso en el que fuera necesario, seleccione la opción deseada y proceda como en los casos anterior para modificar o validar la respuesta.

© Editions ENI - Reproducción prohibida

Resumir y aprovechar las respuestas del panel Copilot

Descubrir el panel Copilot

En la cinta de opciones, en la pestaña **Inicio**, haga clic en la herramienta **Copilot.**

Este panel incluye las sugerencias de acciones que Copilot puede realizar, y muestra su conversación con Copilot. En la parte inferior aparece el campo de prompts del panel.

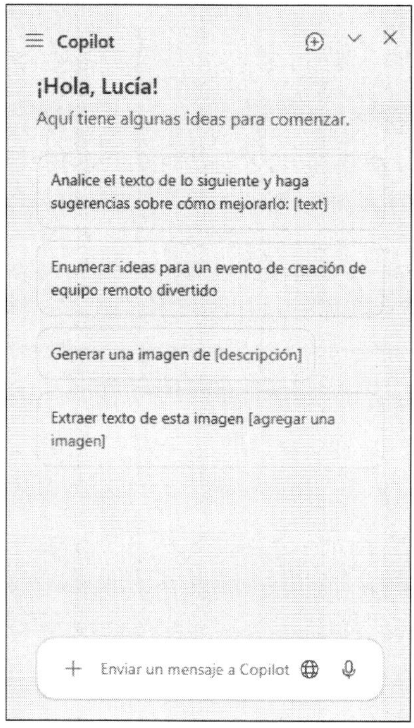

El campo de prompts contiene varias herramientas:

- La herramienta **Agregar** + da por ejemplo acceso a la opción **Agregar una imagen**, para añadir una imagen al prompt así como a la opción **Ver indicaciones** para acceder a una galería con sugerencias de prompts de Copilot en Word. Las sugerencias de prompts Copilot se aborda en otra sección.
- La herramienta **Administrar preferencias de contenido** permite buscar e instalar plugins en Copilot (opción aún en desarrollo).

- La herramienta **Micrófono pausado** permite dictar prompts, siempre y cuando su dispositivo disponga de un micrófono.
- La herramienta **Enviar** para enviar el prompt. También es posible enviar el prompt haciendo clic en la tecla .

Solicitar un resumen

Copilot puede, por ejemplo, resumir el documento completo o tan solo una parte; en forma de texto escrito o con puntos clave.

- Abra el panel Copilot haciendo clic en la herramienta disponible en la pestaña **Inicio**.
- Escriba el prompt, especificando las limitaciones o el objetivo del resumen.
- Haga clic en la herramienta **Enviar** o haga clic en .

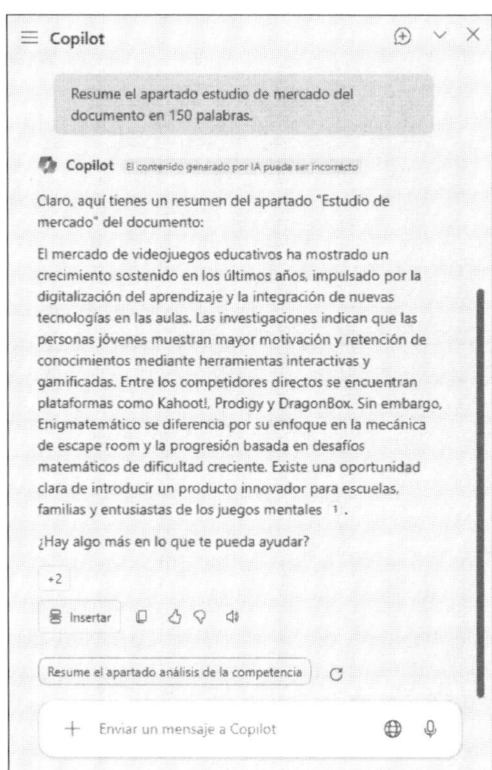

© Editions ENI - Reproducción prohibida

Utilizar las respuestas de Copilot

Las respuestas de Copilot que se muestran en el panel, no se pueden modificar directamente. Para aportar modificaciones al texto, sería necesario pedirle a Copilot que lo haga mediante un nuevo prompt; o bien, insertar la respuesta en el texto y después modificarla manualmente. Para insertar la respuesta en el texto, tiene dos opciones:

- Sitúe el cursor en el lugar donde debe insertar el texto y, a continuación, haga clic en el botón **Insertar**; el resumen se añade en el lugar donde se encuentra el cursor.
- Haga clic en el botón **Copiar** para copiar la respuesta en el portapapeles y péguela en el lugar deseado.

Utilizar las referencias

La respuesta de Copilot contiene referencias de texto numeradas. Se muestran en el texto y aparecen enumeradas al final de la respuesta. Si no aparecen todas en la lista, puede hacer clic en el número situado a la derecha del resumen para visualizarlas.

- Señale una referencia para averiguar a qué parte del texto nos dirige.
- Haga clic sobre la referencia para ir directamente al pasaje referenciado. A continuación, este aparece resaltado momentáneamente.

Otros usos de Copilot en Word

Copilot puede realizar numerosas acciones gracias al campo de indicación del panel. A continuación se muestran algunos ejemplos de uso.

Analizar el documento

Copilot puede analizar o buscar información precisa en el documento.

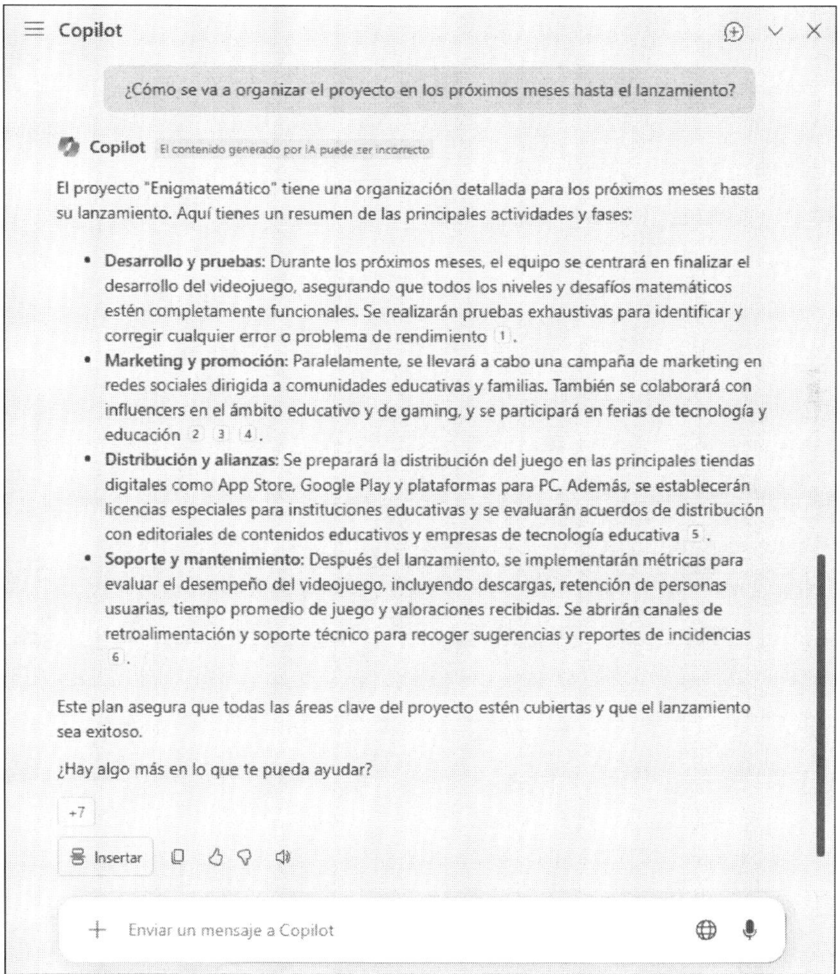

© Editions ENI - Reproducción prohibida

Sugerir ideas

Para aumentar su creatividad, puede pedir a Copilot que le proporcione ideas o preguntas para desarrollar un aspecto del documento.

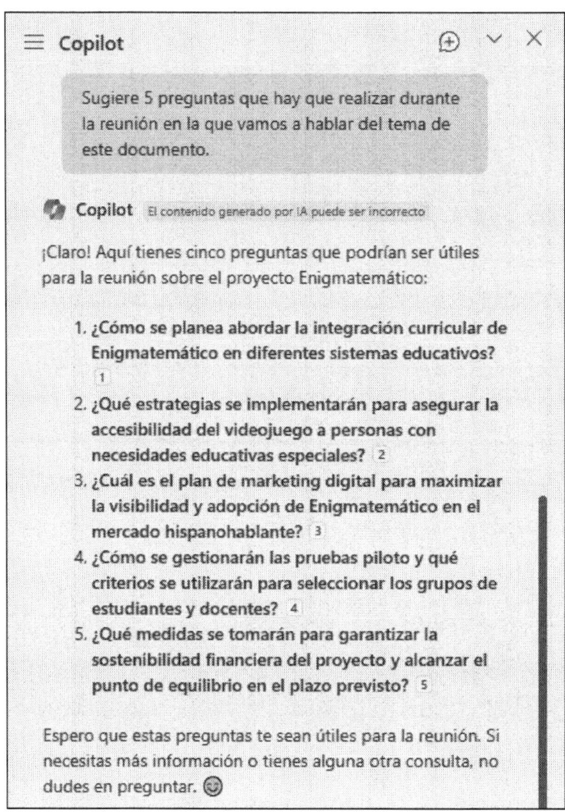

Insertar imágenes

El generador de imágenes Designer está ahora integrado en Copilot, en Word. Así pues, puede pedirle que genere imágenes y las integre a su documento.

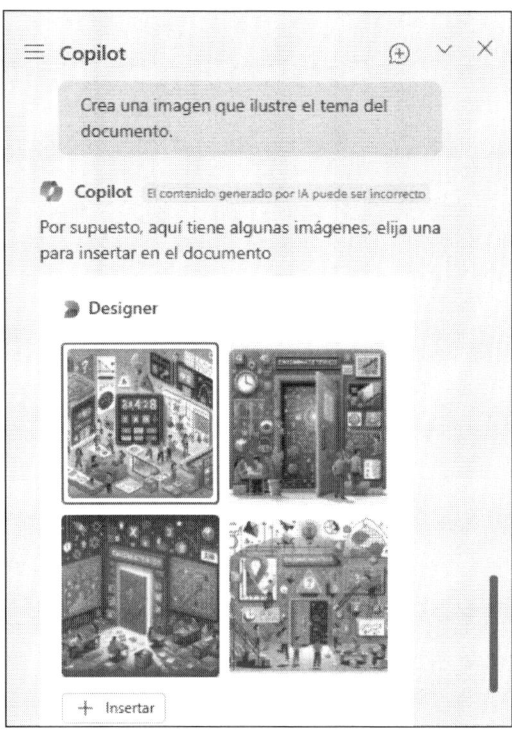

- Para insertar una imagen, sitúe el cursor en el lugar donde desea agregarla.
- Seleccione la imagen en la respuesta Copilot y, a continuación, haga clic en **Insertar**.

© Editions ENI - Reproducción prohibida

Hacer referencia a otro elemento

Existe la posibilidad de pedir a Copilot que utilice otro archivo, e-mail o contacto diferente del documento activo, siempre que el elemento referenciado se encuentre en el entorno Microsoft 365 del usuario.

- Active un campo de indicación Copilot.
- Introduzca el prompt.
- Cuando desee citar el archivo que quiere utilizar, introduzca una barra oblicua / en el campo de indicación una barra y, a continuación el nombre del elemento que quiere agregar.

- Envíe el prompt como lo hace habitualmente.

Algunos campos de invitación contienen un botón o herramienta **Hacer referencia a un archivo** que también puede utilizarse para hacer referencia a contenidos externos, en lugar de la barra oblicua /.

Se puede hacer referencia a varios archivos en un solo prompt.

Utilizar las sugerencias de Copilot

Copilot proporciona ejemplos del tipo de acción que puede realizar en Word. Puede utilizar estas sugerencias para hacerse una idea del tipo de acción que puede pedirle.

Sugerencias espontáneas

- Cuando crea un nuevo documento, Copilot muestra algunas sugerencias de prompts en la parte superior de la página. Si alguna le interesa, haga clic sobre la misma para copiar el prompt en el campo de indicación, complételo y, a continuación, haga clic en **Enviar** .

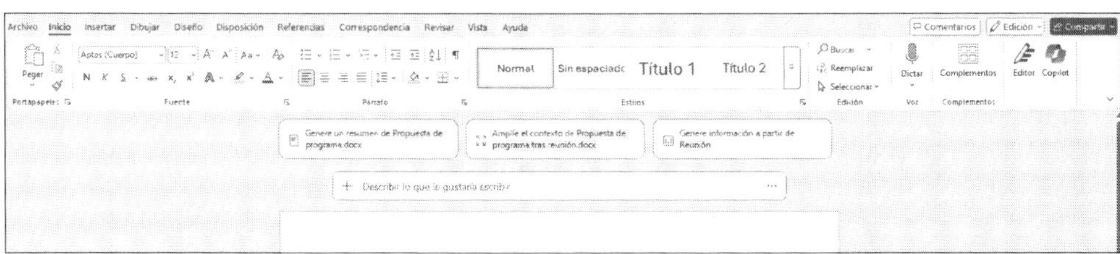

- Cuando abre el panel Copilot, se muestran algunas sugerencias en la parte superior. Si alguna le interesa, haga clic sobre la misma para copiar el prompt en el campo de indicación, complételo y, a continuación, haga clic en **Enviar** .

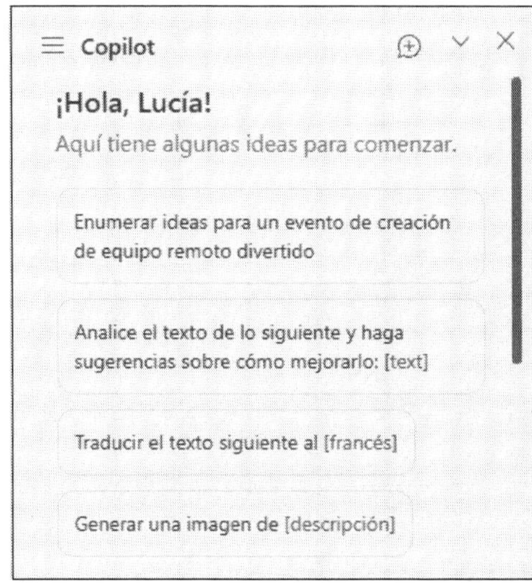

- Tras una respuesta de Copilot, este último muestra sugerencias en la parte superior del campo de indicación que permiten profundizar o completar la respuesta. Para actualizar las sugerencias aportadas, haga clic en el botón **Actualizar** . Si le interesa alguna de ellas, haga clic sobre la misma. De forma general, estos prompts se inician de forma automática.

© Editions ENI - Reproducción prohibida

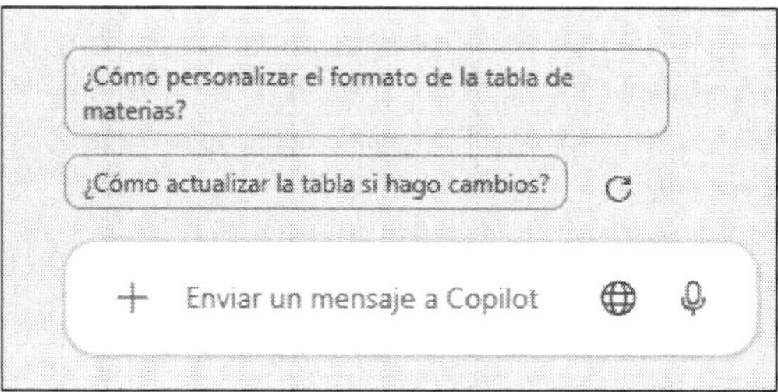

Utilizar la galería de indicaciones de Copilot

La galería de indicaciones de Copilot es una biblioteca de sugerencias de prompts.

Para acceder, haga clic en la herramienta **Ver indicaciones** del campo de indicación del panel de Copilot.

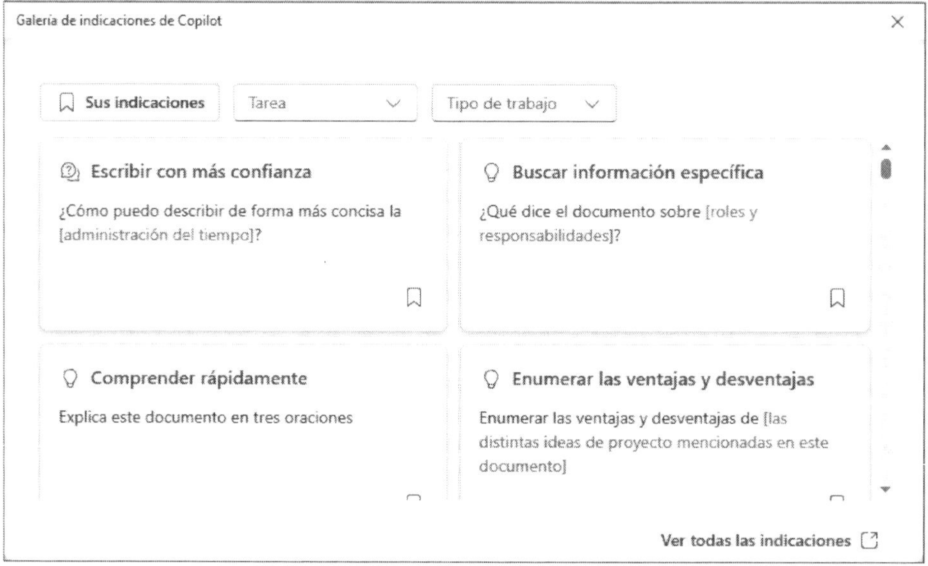

La Galería de indicaciones muestra las sugerencias de prompts predeterminadas de Copilot. Microsoft ha informado que será posible compartir prompts entre trabajadores de una misma empresa, sin embargo, esta opción aún no está disponible.

Se pueden filtrar las sugerencias con ayuda del menú **Tarea** (Preguntar, Comprender, Editar, Analizar, etc.) y **Tipo de trabajo** (dependiendo del departamento o del sector de actividad).

- Haga clic en la herramienta **Guardar solicitud** situada en el recuadro de un prompt para guardarla. El botón **Sus indicaciones** da acceso a la lista de solicitudes guardadas.
- Haga doble clic para seleccionar una solicitud. Esta se incluirá de forma automáticamente en el campo de indicación.
- Si fuera necesario, modifique el prompt y, a continuación, valídelo haciendo clic en **Enviar** o haciendo clic en .

© Editions ENI - Reproducción prohibida

Las buenas prácticas

Un problema habitual de la inteligencia artificial es que esta puede seguir las instrucciones al pie de la letra sin resolver el problema, tal y como se esperaba.

Para que Copilot comprenda lo que esperamos de él, debemos adoptar ciertas buenas prácticas. Por un lado, los prompts deben ser **claros**, **precisos** y **específicos**. Por otro lado, debemos ser **exigentes** con los resultados obtenidos.

Ser claro

- Evite las frases demasiado largas y la información superflua. Estos elementos dificultan la comprensión de Copilot.
- Además, las formulaciones ambiguas pueden llevarle por el camino equivocado.

> Ejemplo de claridad:
>
> «Resume los puntos clave de la reunión del 25 de febrero de 2025. Incluye las siguientes secciones: participantes, orden del día, decisiones que se tomaron, acciones que deben llevarse a cabo. Utiliza un tono profesional».
>
> Contraejemplo:
>
> «Resume lo que se dijo durante la reunión».

- Copilot ha sido diseñado para ejecutar acciones. Por lo que expresiones negativas como el hecho de pedirle que no haga una acción, pueden resultarle confusas. Por lo tanto, utilice formulaciones positivas en lugar de negativas.

> Ejemplo de claridad:
>
> «Incluye datos demográficos».
>
> Contraejemplo:
>
> «No olvides incluir los datos demográficos».

- Para facilitar la comprensión de Copilot, empiece precisando el objetivo principal. Estructure el resto del prompt. En la sección Estructurar los prompts encontrará más información al respecto.
- Antes de enviar el prompt, vuelva a leerlo y asegúrese de que es comprensible por alguien que desconozca el contexto.

Ser preciso

- Cuanto más preciso sea al prompt, más probabilidad habrá de que la respuesta cumpla con sus expectativas. Así pues, sea lo más preciso posible y evite todo lo superfluo.
- Cuantifique las solicitudes si fuera necesario y precise la longitud de la respuesta o el número de puntos que desea que se traten.
- Si fuera necesario, precise igualmente el formato, el estilo o el tono de la respuesta.

> Ejemplo de precisión:
>
> «Redacte una carta de presentación para un empleo de desarrollador web. Secciones que deben incluirse: introducción, experiencia profesional, competencias y conclusión. El tono debe ser formal, 1 página máximo, fuente Times New Roman, tamaño 12. Utilice mi CV en adjunto como fuente».
>
> Contraejemplo:
>
> «Escribe una carta de presentación para un empleo de desarrollador».

Ser específico

Para evitar que la respuesta de Copilot sea demasiado genérica o esté fuera de contexto, es recomendable introducir el contexto en el prompt.

- Explique el por qué hace la pregunta y/o cómo será utilizada la respuesta.
- Si fuera necesario, especifique a qué público irá destinado o la posición que debe adoptar Copilot.
- Puede proporcionar fuentes o ejemplos para ilustrar el tipo de respuesta deseado.

> Ejemplo de especificidad:
>
> «Desde el punto de vista de un inversor, redacta un artículo de blog sobre las tendencias tecnológicas de 2025 para informar a mis clientes. El artículo debe tener entre 800 y 1000 palabras y estar dividido en subtítulos. Utiliza el artículo adjunto como ejemplo».
>
> Contraejemplo:
>
> «Redacta un artículo sobre las tendencias tecnológicas del año».

© Editions ENI - Reproducción prohibida

Ser exigente

Ser exigente quiere decir, no contentarse con la primera respuesta de Copilot.

- Evalúe la respuesta y compruebe que está completa y que responde a sus expectativas. Compruebe que los datos son fiables y están actualizados.
- Si fuera necesario, modifique el prompt inicial o aporte precisiones.
- Envíe el nuevo prompt para obtener una nueva respuesta. Siga aportando las modificaciones o precisiones a su prompt durante el tiempo que fuera necesario.

> Primer prompt:
>
> «Redacta un artículo sobre los beneficios de la actividad física».
>
> Segundo prompt:
>
> «Redacta un artículo sobre los beneficios de la actividad física para la salud para el periódico local. Incluye secciones sobre los beneficios para el corazón, el control del peso y la salud mental».
>
> Tercer prompt:
>
> «Redacta un artículo sobre los beneficios de la actividad física para la salud para el periódico local. Incluye secciones sobre los beneficios para el corazón, el control del peso y la salud mental». Cita estudios científicos recientes que respalde cada punto».

Adapte los prompts a sus necesidades

Existe una gran variedad de prompts. Algunos pueden resultar sencillos y otros mucho más complejos. Las buenas prácticas son válidas para todos los prompts, pero los puntos de vigilancia no son los mismos en función del objetivo del prompt.

Obtener información

- Utilice palabras clave pertinentes.
- Precise en contexto del prompt y la longitud de la respuesta deseada.

> «Como parte de preparación del consejo de administración sobre los resultados financieros de la empresa en el último trimestre, analiza el informe financiero y resume los puntos clave, incluidos ingresos, gastos, beneficios y previsiones. La respuesta debe tener entre 300 u 400 palabras».

Realizar una acción

- Comience con un verbo de acción.
- Si fuera necesario, indique las etapas que deben seguirse o ejemplos que puedan orientar la generación de la respuesta.
- En caso necesario, proporcione modelos.

> «Redacta un documento de 1000 palabras a partir de los documentos X e Y para preparar un proyecto educativo sobre historia del arte. Primero resume los dos documentos en 100 palabras cada uno, después haz una lista con las similitudes y las diferencias».

Generar contenido

- Los prompts para generar texto son a menudo abiertos y flexibles lo que deja más espacio a la exploración. Sin embargo, y para que el resultado sea pertinente, precise de forma clara el uso que tiene previsto para el contenido generado.
- Especifique el tono y el estilo deseado.

  Puede ser pertinente incluir ejemplos.

> «Añade al documento 5 eslóganes con gancho para una campaña de marketing de productos ecológicos dirigida a los jóvenes adultos concienciados con el medioambiente. Utiliza un tono cercano y atractivo. Por ejemplo, "Opta por lo natural, elige la vida"».

Analizar datos o información

Los prompts de análisis piden a la IA que examinen en detalle los datos o informaciones. Suelen utilizarse para redactar resúmenes, comparaciones o críticas.

- Para obtener preguntas originales a partir de sus datos, haga preguntas abiertas.
- Para sintetizar información, pida un resumen conciso o los puntos clave.

© Editions ENI - Reproducción prohibida

- Para analizar datos desde un punto de vista, precise el enfoque que debe adoptarse.

> «Analiza los datos de ventas del último trimestre disponibles en el documento adjunto. ¿Cuáles son los principales factores de crecimiento?»
>
> «Resumen los puntos clave del acta de la última reunión estratégica».
>
> «Basándose en las tendencias actuales del mercado inmobiliario (tipos de interés al 3 %, inflación al 2 %, crecimiento demográfico del 0,5 % al año), predice las evoluciones probables en los próximos cinco años.
>
> Céntrate en los siguientes aspectos: precio de las viviendas, demanda de alquiler y desarrollo de las zonas urbanas frente a las rurales. Incluye un gráfico con los precios y una sección "Riesgos y oportunidades" para los inversores».

Estimular la creatividad

Los prompts creativos tienen como objetivo encontrar nuevas ideas, por ejemplo mediante brainstormings.

- Pide que se generen muchas ideas. Las mejores se perfeccionarán más tarde. El marco general debe ser claro, pero flexible.

  En el prompt se puede explícitamente pedir ideas innovadoras, novedosas o poco convencionales.

> «Propón diez conceptos innovadores para una nueva aplicación móvil de fitness, destacando las funciones interactivas y personalizadas».

Redactar prompts eficaces

Estructurar los prompts

Son cuatro los elementos que pueden ser decisivos para redactar un prompt: el objetivo del prompt, el contexto, las expectativas del usuario y las fuentes que se deben utilizar.

- El **objetivo** del prompt define claramente la tarea que Copilot debe realizar. Todos los prompts deben incluir un objetivo conciso y directo.
- El **contexto** sitúa la pregunta o la tarea que debe realizarse en un marco específico. Un contexto bien definido permite obtener de Copilot una respuesta más acertada. En el caso de Copilot en Word, el contexto lo proporciona el texto con el que Copilot trabaja, así pues, es importante aportar toda la información contextual necesaria que no haya sido mencionada directamente en el mismo.
- Las **expectativas** especifican las restricciones que debe respetar Copilot: esto puede hacer referencia al formato, los puntos específicos que deben obtenerse o a cualquier otra especificidad.
- Al precisar una **fuente**, el usuario indica a Copilot dónde buscar la información que debe utilizar. A falta de la fuente específica, Copilot utiliza todo el documento o su propio modelo de aprendizaje.

«Analiza los efectos de la contaminación en la salud humana. La respuesta se utilizará en un informe para concienciar a los estudiantes de nuestra universidad de los peligros de la contaminación del aire. El documento debe tener entre 600 y 700 palabras y debe estructurarse en secciones: Introducción, tipos de contaminación, efectos para la salud, casos prácticos y conclusión. Utiliza el informe de la Organización Mundial de la Salud (OMS) sobre la contaminación del aire y de la salud publicado en 2022».

Tenga en cuenta que un prompt puede incluir esos cuatro elementos, pero también puede incluir solo una parte, si por ejemplo, si no tiene ninguna fuente que indicar.

© Editions ENI - Reproducción prohibida

Elegir el orden de los elementos en un prompt

El orden de los elementos en el prompt puede modificar las respuestas.

De forma general, para guiar a Copilot a que siga de forma adecuada su forma de pensar, es mejor comenzar el prompt aportando información general y luego proporcionar los detalles específicos.

Tenga en cuenta que los modelos de lenguaje utilizados por la inteligencia artificial tienen tendencia a dar más importancia a las primeras informaciones que reciben. Como consecuencia, puede resultar conveniente iniciar el prompt con los elementos a los que desea que Copilot le preste más atención.

Utilizar los diálogos en cascada

La técnica de los diálogos en cascada consiste en crear una serie de prompts donde cada interacción se base en las respuestas anteriores, perfeccionando de forma progresiva los resultados obtenidos.

Esto permite dividir las tareas complejas en subtareas más fáciles de controlar. Lo que facilitaría la redacción de los prompts de forma clara y precisa. El usuario también puede adaptar los prompts progresivamente, en función de las respuestas parciales obtenidas.

Supongamos que debemos crear un plan de proyecto detallado para el lanzamiento de un nuevo producto.

- Comience por definir los objetivos.
- A continuación, defina las etapas clave.
- Detalle cada etapa con la información que debe utilizarse en cada etapa.

Para el diálogo en cascada se siguen las mismas instrucciones que para los prompts individuales: cada prompt debe ser claro y específico.

- Para evitar malentendidos, avance paso a paso sin saltarse etapas.
- En cada etapa, evalúe la respuesta y ajuste los prompts siguientes en consecuencia.
- Haga referencia a las respuestas anteriores para guiar los siguientes prompts. Esta continuidad proporciona un contexto que enriquece el prompt para Copilot.

<u>Prompt 1</u>

«A partir del documento, define los objetivos principales para el lanzamiento de un nuevo producto».

<u>Prompt 2</u>

«Identifica las etapas clave del proyecto».

<u>Prompt 3</u>

«Detalla la primera etapa clave: búsqueda de mercado».

<u>Prompt 4</u>

«Identifica las fuentes necesarias para la búsqueda de mercado».

De forma general, anotar los prompts que funcionan correctamente puede resultar útil para un uso posterior. Este tipo de documentación puede resultar particularmente útil en el caso de diálogos en cascada.

© Editions ENI - Reproducción prohibida

Métodos abreviados de teclado

Formatos

De caracteres

Ctrl Mayús > / Ctrl Alt <	Aumentar/disminuir en un punto el tamaño de los caracteres
Mayús F3	Cambiar mayúsculas y minúsculas
Ctrl Mayús **L**	Formato versalitas
Ctrl **N**	Formato negrita
Ctrl **K**	Formato cursiva
Ctrl **S**	Formato subrayado
Mayús Ctrl **D**	Formato doble subrayado
Ctrl + (teclado alfanumérico)	Formato superíndice
Ctrl =	Formato subíndice
Ctrl Espacio o Ctrl Mayús **Z**	Fuente predeterminada
Ctrl Mayús **Q**	Fuente Symbol

De párrafos

Ctrl **2**	Interlineado doble
Ctrl **5**	Interlineado de 1,5 líneas
Ctrl **0** (cero)	Agregar/eliminar un espacio de una línea antes de un párrafo
Ctrl **T**	Alineación centrada
Ctrl **Q**	Alineación a la izquierda
Ctrl **D**	Alineación a la derecha
Ctrl **J**	Justificar párrafo
Ctrl **H**/ Ctrl Mayús **R**	Aplicar/quitar sangría a la izquierda
Ctrl **F**/ Ctrl Mayús **H**	Crear/reducir sangría francesa
Ctrl **W**	Quitar formato de párrafo

© Editions ENI - Reproducción prohibida

Diversos formatos

Ctrl Mayús A	Aplicar el estilo Normal
Ctrl Mayús C	Copiar formato
Ctrl Mayús V	Pegar formato

Desplazamientos/selecciones y textos

Texto

Ctrl ⟵	Eliminar una palabra a la izquierda
Ctrl Supr	Eliminar una palabra a la derecha

Desplazarse

↓ / ↑	Línea siguiente/anterior
→ / ←	Carácter siguiente/anterior
Fin / Inicio	Inicio/fin de línea
Re Pág / Av Pág	Pantalla anterior/siguiente
Ctrl Alt Av Pág / Ctrl Alt Re Pág	Final/principio de la ventana
Ctrl Inicio / Ctrl Fin	Inicio/final del documento
Ctrl ↑ / Ctrl ↓	Párrafo anterior/siguiente

Selecciones

F8 / Ctrl Mayús F8	Selección de texto/columna
Mayús F8	Selección anterior
Ctrl E	Seleccionar todo el documento

Insertar caracteres/contenidos particulares

Mayús ↵	Salto de línea
Ctrl ↵	Salto de página
Ctrl Mayús ↵	Salto de columna

Métodos abreviados de teclado

Ctrl Mayús Espacio	Espacio de no separación
Ctrl Mayús -	Guion de no separación
Ctrl -	Guion opcional
F3	Insertar un bloque de creación
Alt Mayús H	Insertar un campo hora
Alt Mayús F	Insertar un campo fecha
Alt Mayús P	Insertar un campo página
Ctrl Alt C	Símbolo de copyright
Ctrl Alt R	Símbolo de marca registrada
Ctrl Alt T	Símbolo de marca comercial
Ctrl Alt . (teclado alfanumérico)	Puntos suspensivos

Métodos abreviados específicos

Campos

F11	Ir al campo siguiente
Mayús F11	Ir al campo anterior
F9	Actualizar campo
Ctrl F9	Insertar campo
Mayús F9 / Alt F9	Mostrar/ocultar código del campo señalado/de todos los campos
Alt Mayús F9	Reemplazar un campo por su resultado

Tablas

Tab / Mayús Tab	Seleccionar el contenido de la celda siguiente/anterior
Alt Fin / Alt Inicio	Última/primera celda de la fila
Alt AvPág / Alt RePág	Última/primera celda de la columna
Ctrl Tab	Uso de un marcador de tabulación que no sea decimal

© Editions ENI - Reproducción prohibida

Esquemas

Alt Mayús ←	Nivel superior
Alt Mayús →	Nivel inferior
Alt Mayús **1** (o 2 o 3...)	Mostrar nivel de título
Alt Mayús **+**	Expandir el texto de un título
Alt Mayús **-**	Contraer el texto de un título
Alt Mayús **T**	Mostrar todo el documento (títulos, subtítulos y textos)
Alt Mayús ↑	Mover un título hacia arriba
Alt Mayús ↓	Mover un título hacia abajo

Combinación y correspondencia

Alt Mayús **D**	Combinar un documento
Alt Mayús **I**	Imprimir un documento combinado
Alt **M**	Modificar un documento de datos

Índice

!

A

B

© Editions ENI - Reproducción prohibida

Índice

C

Índice

© Editions ENI - Reproducción prohibida

Índice

© Editions ENI - Reproducción prohibida

Índice

© Editions ENI - Reproducción prohibida

© Editions ENI - Reproducción prohibida

Índice

Índice

© Editions ENI - Reproducción prohibida

© Editions ENI - Reproducción prohibida

Índice

La **Biblioteca Online**
es la solución de libros digitales TI
del grupo ENI

Desarrollo, sistemas y redes, seguridad, data, cloud y virtualización, gestión de proyectos, inteligencia empresarial, etc. y de ofimática.

Acceso ilimitado a todos los libros y vídeos de ENI

www.ediciones-eni.com/suscripcion

Fórmese ahora

gracias a nuestros libros digitales TI.

Aproveche nuestra oferta de prueba por 9,90 € en vez de 29,99 €

Para solicitar su código de descuento,
envíenos el justificante de compra de este libro a
librodigital@ediciones-eni.com

*Oferta válida hasta 3 meses después de la compra del libro impreso (se tendrá en cuenta la fecha de la factura).
Primer mes por 9,90 €, siguientes meses por 29,99 €.
Podrá cancelar su suscripción cuando desee desde su cuenta en el sitio web de Ediciones ENI.
No aplicable a cuentas Webpro ni otras promociones en curso.

La inteligencia artificial explicada

De los conceptos básicos
a las aplicaciones avanzadas de IA

¡Adquiera un ejemplar de nuestro libro en **www.ediciones-eni.com** o descúbralo en la Biblioteca Online gracias a su suscripción!